Bertrand Russell and
Analytic Philosophy
Reexamining Modern British-American Mainstream Thought

罗素与分析哲学
现代西方主导思潮的再审思

丁子江 ◎著

北京大学出版社
PEKING UNIVERSITY PRESS

图书在版编目(CIP)数据

罗素与分析哲学:现代西方主导思潮的再审思/丁子江著.—北京:北京大学出版社,2017.1

ISBN 978-7-301-27775-1

Ⅰ.①罗… Ⅱ.①丁… Ⅲ.①罗素(Russell,Bertrand 1872—1970)—哲学思想—研究 Ⅳ.①B561.54

中国版本图书馆 CIP 数据核字(2016)第 283344 号

书　　　名	罗素与分析哲学——现代西方主导思潮的再审思 LUOSU YU FENXI ZHEXUE——XIANDAI XIFANG ZHUDAO SICHAO DE ZAI SHENSI
著作责任者	丁子江　著
责任编辑	魏冬峰
标准书号	ISBN 978-7-301-27775-1
出版发行	北京大学出版社
地　　　址	北京市海淀区成府路 205 号　100871
网　　　址	http://www.pup.cn
电子信箱	weidf02@sina.com
新浪微博	@北京大学出版社
电　　　话	邮购部 62752015　发行部 62750672　编辑部 62750673
印　刷　者	三河市北燕印装有限公司
经　销　者	新华书店
	965 毫米×1300 毫米　16 开本　25.25 印张　413 千字 2017 年 1 月第 1 版　2017 年 1 月第 1 次印刷
定　　　价	68.00 元

未经许可,不得以任何方式复制或抄袭本书之部分或全部内容。
版权所有,侵权必究
举报电话:010-62752024　电子信箱:fd@pup.pku.edu.cn
图书如有印装质量问题,请与出版部联系,电话:010-62756370

三种简约而又无比强劲的激情驾驭着我的一生:对爱情的渴望,对知识的探求,以及对人类苦难不可遏制的悲悯。这些激情,好似飓风一般,在浩瀚无边的苦海上,疯狂地把我刮来刮去,一直刮到濒临绝望的边缘。……爱情和知识,尽可能地将我引入天堂,而悲悯总将我带回尘世。悲惨呼号的回声在我心中震荡,饥饿的儿童,被压迫者拷打的受害者,为子女看作负担的无助老人,以及遍布孤寂、贫穷和痛苦的整个世界,都是对人类应有生活的讥讽。我祈求减轻那些邪恶,然而我无能为力,甚至连我自身也遭遇磨难。

——罗素《自传:序言 我为何而活着》①

世界上再没有任何事物,甚至包括毁灭与死亡,比思想更令人畏惧。思想具有颠覆性、革命性、破坏性及可怕性。思想不会偏袒那些特权,既定制度以及安逸的习俗。思想直窥地狱深处而不畏缩。思想是伟大的、疾速的、自由的,它是世界之光,也是全人类的荣耀之首。

——罗素《社会重建的原则》②

我一直坚持外在关系说及多元论,而这两者是互相结合的;我一直坚持一个孤立的真理可以为真;我一直坚持分析并非虚假。

——罗素《我的哲学发展》③

我曾对现代分析经验论建立了一个不同于洛克、贝克莱和休谟的哲学纲领,因它是与数学以及强大逻辑技术的发展相联

---

① 丁子江译自 Bertrand Russell,"What I Have Lived For." The Prologue to the *Autobiography*, 1956。
② 丁子江译自 Bertrand Russell, *Principle of Social Reconstruction*, Routledge, 1997, p.115。
③ 丁子江译自 Bertrand Russell, *My Philosophical Development*, Simon and Schuster, 1959, p.63。

系的。

——罗素《西方哲学史》①

我对真理的定义是,当某一信念与某一事实对应时,它就是真实的。但怎样才能获得这种对事实的对应性?我的答案是,当我们没有预期的许多事实时,就先确认其中某些事实:我们可以得到我们自己的情感或感觉,而它们似乎就是先前已证实的某些信念。因此,我认为,我们能说存在着这样的事物,它是在一定情况下,也只有在一定情况下,作为凭借与它对应的事实而得到证实的某个信念;我们还能说,存在着一种庞大的超级建筑而与上述情况正相对立。也许在对"对应性"的最终分析中,我们可以达到期待的结果。

——罗素《通向世界的三条道路》②

---

① 丁子江译自 Bertrand Russell, *A History of Western Philsophy*, New York: Simon & Schuster, 1945, p.834。

② Bertrand Russell, *Three Ways to the World*, 1922, p.18. 丁子江译,下同。

罗素:20世纪世界级的哲学大家

读丁子江教授的《罗素与分析哲学》(代序)

胡军(北京大学哲学系教授)

提起罗素的大名,中国现代学术界几乎无人不知,无人不晓。20世纪20年代初罗素曾来中国讲学十个月之久,在当时的国内社会产生了一定的影响。杜威则比罗素早一年多就来中国讲学。可以说,20世纪20年代前期中国思想界几乎被罗素和杜威的思想所笼罩。

国内学术界比较容易接受杜威的哲学思想,而罗素的哲学思想几乎是无人能懂。当初梁启超等人之所以邀请罗素来华讲学的初衷是想听听他对于十月革命后苏联的看法,来华之前罗素曾去过苏联访问。但罗素来华的五大演讲却只涉及认识论、逻辑分析方法等哲学方面的问题,而国内又没有真正懂得这些哲学及其方法的学者,中国传统文化真正缺乏的就是逻辑和认识论方面的深入系统的研究。这也是为什么自与西方文化接触之后,中国文化陷于积贫积弱的根本原因。即便杜威本人在其来华讲学时谈到罗素也这样说道:当时世界哲学范围内能够真正懂得罗素哲学的不超过二十人,他本人就不在此范围之内。

由于上述的原因,杜威来华讲学的影响在当时确实要比罗素的要大。奇怪的却是,杜威来华讲学的影响不久就逐渐消沉下去。直到现在,中国哲学界对杜威哲学思想有研究兴趣的学者简直是寥寥无几,研究成果也很少见。罗素的数理逻辑思想及认识论思想虽然在中国社会上没有产生很大的影响,却在不久之后走进了中国的学术精英圈内,如清华大学哲学系创立者之一的金岳霖接受的主要就是罗素的数理逻辑方法和认识论思想。清华大学哲学系遵循的主要是罗素创立的分析哲学的传统。其中的教员如冯友兰、张申府、张岱年等人都不同程度地受到了罗素哲学思想的影响。

我在北京大学攻读硕士学位和博士学位所撰写的学位论文都是关于金岳霖的哲学思想的，这就迫使我不得不花了大量时间研读罗素的有关哲学著述，曾读过罗素的《哲学问题》《我们关于外在世界的知识》《物的分析》《心的分析》《人类的知识》等大作，获益良多，加深了我对金岳霖相关哲学思想体系的解读与研究。这方面的研读也引导我比较关注国内关于罗素哲学思想研究的进展情况。我也于是深切地认识到罗素哲学思想及其方法论的重要意义及其研究罗素哲学思想的困难之处。

罗素无疑是20世纪重要的哲学家之一，他关于数理逻辑的研究具有开创的意义；他是分析哲学的奠基者，分析哲学主要是沿着他开创的路径发展和演变的。更为重要的则是，分析哲学就是20世纪哲学的主流。从此着眼，研究罗素哲学思想也就具有极其重要的意义。如果我的理解没有错的话，罗素哲学思想的研究与其他哲学家思想体系的研究相比的困难在于，罗素首先有一套严密而系统的数理逻辑体系，然后再从事其哲学思想体系的建构。如果不能理解他的数理逻辑思想体系，那么也就很难把握他的哲学思想体系。就我本人而言，理解罗素前后期的认识理论思想基本没有太大的问题，但对于罗素的数理逻辑那套思想体系却感到一筹莫展，始终找不到入门的途径，所以也就没有任何话语权。国内研究罗素哲学思想的学者也遭遇到类似的困境，即将数理逻辑的研究与罗素哲学思想的研究不能很好地结合起来，所以研究罗素思想的成果不少，但全面、综合、深入、系统地研究罗素思想的成果还是凤毛麟角。

可以说，丁子江教授的《罗素与分析哲学——现代西方主导思潮的再审思》是国内迄今最为系统深入、全面客观的研究罗素哲学思想与分析哲学的大作。虽然是应作者之邀，但我仍利用了将近三周时间仔细读了本书书稿。尤其是书中第二章、第三章涉及数理逻辑的内容，反复阅读后，自己感到收获很大。深深地感觉到作者对于罗素数理逻辑思想体系，对于罗素的分析思想的起源及形成有着细致、准确、系统和精深的研究。正是由于作者有这一方面的独到研究，所以他对罗素与分析哲学的研究也就有着重大的学术意义。

丁先生早年在北京大学攻读硕士学位时，其论文研究的对象即是罗素的思想。毕业后在北大外国哲学研究所工作，研究方向仍然是罗素与英美分析哲学。后去美国学习和工作。在近三十年的学习、研究和教学的漫长生涯中，罗素其人及其哲学思想始终是丁子江先生学术关怀的核心内容。

无疑,他对罗素的关怀主要是学术方面的。但细读丁子江先生的书,我们却不难发现,他心甘情愿将自己生命中最宝贵的大段时间用来研究罗素思想的这一"关怀"最初却来自对"罗素"这一中文译名的深刻印象;其次则是阅读罗素一系列著述强烈地感觉到"一缕缕智慧、良知与正义的阳光,沿着白纸黑字"照进了他"饥渴的灵魂"。可以说,正是这种"深刻的印象",尤其是"灵魂的饥渴"引领着丁子江先生在近三十年漫长的岁月里如饥似渴地阅读、研究着罗素的哲学思想。我们为什么要研究学术?或者更进一步的追问则是我们为什么而活着?《罗素与分析哲学》的作者清楚地告诉我们道:"灵魂的饥渴"而不是功利性的目的才是学术研究和进步的真正源泉。行文至此不禁使我想起了《罗素自传》的序言《我为什么而活着》最初的几句话:"对爱情的渴望,对知识的追求,对人类苦难不可遏制的同情心,这三种纯洁但无比强烈的激情支配着我的一生。这三种激情,就像飓风一样,在深深的苦海上,肆意地把我吹来吹去,吹到频临绝望的边缘。"我突然悟到,丁子江先生也有着罗素那样深藏在内心深处的孜孜不倦地追求知识的激情,渴望着人类的正义的激情。我们在《罗素与分析哲学》一书中就可以看到,作者既有对罗素数理逻辑思想体系及分析哲学方法理论的深入研究,同时也深入挖掘了罗素究竟如何运用分析方法来研究社会与人性方面的得与失。这是本书的又一个很重要的特色。一般研究者往往会忽略罗素这一领域的研究成果。毫无疑问学者都会具有知识的追求、爱情的渴望这样的激情,当然很少有人能达到罗素的高度。但是却很难说他们都具有"对人类苦难不可遏制的同情心"这一激情,尤其是国内学术界真正具有这样激情的不多。记得自己读罗素的传记时,最震撼我心灵的就是罗素的这一激情。更令我敬仰不已的则是,罗素不只有激情,更通过积极努力奋斗将这样的激情落实在自己的实际行动中,他本人因此而遭受过种种的灾难和痛苦,但始终不反悔。国内的相关研究一般不注重这一方面的研究。可以说,《罗素与分析哲学》一书填补了这一空白。

早在以前我就注意到罗素的哲学思想以善变而著称,《罗素分析哲学》一书也对罗素哲学思想善变的原因做了详细的研究。该书指出:罗素思想善变的根本原因在于,他本人好怀疑,不但怀疑历史上哲学家们的思想及其结论,而且对于自己以前的思想也严格地挑剔求疵。必须注意的则是，罗素的怀疑绝对不同于当前网络世界那种没有原则的怀疑，而是紧跟着论证走，且这样的论证有着系统而严谨的方法理论和结构性的过程。罗素创立的数理逻辑理论就是这样的方法理论。不得不承认的是，上述的方法理论却也有着过于繁琐的弊端。更重要的是形式化的语言毕竟是难于完全代替自然语言的。

罗素哲学思想善变还有一个重要的原因在于，他始终密切地关注与跟踪科学发展的历程。这从罗素关于认识理论的研究历程中就能清楚地看到。哲学本就与科学有着密切的关联。这方面我是完全同意丁先生的看法的。遗憾的却是，中国现代哲学的那些名家似乎缺乏的就是科学方面的知识与方法理论方面的训练，所以在讨论认识论方面的问题时常常以想象的东西来代替实证科学的知识。可见，要实现中国哲学的现代化必须要向罗素学习。

学术研究必须秉持客观公正的立场，要严格遵守论证的方法，而不能仅仅满足于对哲学家思想的注疏如目前中国哲学史界学者的研究模式。丁先生敬仰罗素及其思想，但是却也准确地指出了罗素思想中的不足与偏颇。如他指出罗素的哲学有偏见，认为罗素的世界观与其方法论之间有矛盾。他尖锐地批评说，罗素没有一条正确的途径能完全达到他所希望的一切。更何况罗素本人所希望的许多东西本身就是不合理的。如此等等。

总之，丁先生的《罗素与分析哲学》是一本我所读过的研究罗素哲学思想的最全面、系统而深入的优秀的学术著作。此书与作者的其他两部著作(即：《罗素：所有哲学的哲学家》，九州出版社，2012 年 8 月版；《罗素与中华文化——东西方思想的一场直接对话》，北京大学出版社，2015 年 3 月版)组成了"罗素研究三部曲"。说来凑巧，在写作此序时我接到了一个邀请，约我作为嘉宾于 10 月上旬参加在北京一家书店举办的《罗素传》(英国哲学家瑞·蒙克撰写，中文译本由浙江大学出版社 2016 年 7 月出版)的宣传活动。看到《罗素传》汉译本的出版我当然高兴。我更感到高兴的是华裔美籍学者丁子江教授的"罗素研究三部曲"的出版。我坚信上述关于罗素及其哲学思想的研究著述的出版将进一步推动和提升国内哲学界对于罗素哲学思想及西方哲学思想的传播与研究。

自　　序

　　读者面前的这部题为"罗素与分析哲学——现代西方主导思潮的再审思"的书,可说是与著者其他两部拙作《罗素:所有哲学的哲学家》(九州出版社,2012年8月版)与《罗素与中华文化——东西方思想的一场直接对话》(北京大学出版社,2015年3月版)构成了"罗素研究三部曲"。这三者所不同的是,前两者注重的是人物评传与跨文化研究,而这本书则完全强调罗素的"纯粹"哲学思想,尤其是他对西方20世纪分析哲学运动的独特贡献。

　　倘若外星智慧生物于20世纪来到地球,要求拜见人类知识界两个最有智慧的代表,恐怕其中一个是爱因斯坦,另一个就是罗素了。

　　伯特兰·罗素(Bertrand Russell,1872—1970)是现代西方最负盛名的学者和社会活动家之一;可被誉为古希腊亚里士多德以来西方最博学的哲学大师。他为发展人类知识和世界正义事业做出了不懈的努力。他认为求知、爱情以及对苦难的同情是自己毕生的三大动力。作为学者的罗素孜孜不倦地吸取人类知识的精华,形成了自己的理论体系,并提出了不少很有价值的创见。

　　本书著者的青少年时期,印象最深的一个西方大哲就是罗素。最初是因为这个名字好记、好念。"罗素"的确是一个绝佳的中文人名翻译,"罗"这个姓氏,在中国历史上叫得很响,如"罗成"等;而"素"则是一个意味很深,涵盖颇广的字,如"元素""因素""素质""素性""素朴""素材""素净"等。像很多人一样,我知道他是哲学家,并非读他的哲学著作,而是读着他的各种散文体文章走近了他。

　　那时,还没有用"阳光"来形容一类人,如时下流行的"阳光青年"。而我在眼前一亮之际,就把"阳光哲学家"的桂冠加在罗素头上。一缕缕智慧、良知与正义的阳光,沿着白纸黑字,落进我饥渴的灵魂!在迎面而来的人生路标上,总是深深地刻着阳光的印记。尽管它并不能将人世间一切阴暗暴露在光天化日之下,也无法晒除所有霉菌与腐垢,但我感到了人文信念不可扭曲的硬度。再往后,走进"学术"生涯,我感到自己就像一块毛坯,不断地被罗素的"知识之光"所锤炼。

罗素曾作为客座教授,在我所就读的北京大学进行近一年的讲学,对中国思想界产生过重大影响。罗素回忆说:"我讲课的北京大学是一所十分优秀的高等学府。校长与副校长都是热衷推动中国现代化的人士。"当时罗素在北京的学术讲演,尤其是专业性很强的讲演,大多安排在北京大学;其余较为通俗的课题,则安排在高等师范学校、女子高等师范学校等地。

作为研究现代英美分析哲学的第一批研究生,在任华教授和洪谦教授指导下,本书著者在北大的硕士论文就是研究罗素;后来,留校在北京大学外国研究所从事研究工作,主攻方向仍是罗素与英美分析哲学。

罗素曾作为访问学者在本书著者攻读博士学位的美国普渡大学哲学系作过精彩讲演,至今那里的老教授还记得其中一个题目是"思维的物理条件",其中谈了他对麦卡锡和联邦调查局的看法;此外在这之前,他还撰文批判了美国与普渡大学所在地印第安纳州的教育制度,因而有人攻击他为"反美主义者",据他所说:在那里停留的时间"刚好够躲避私刑"。

罗素曾作为特邀教授在本书著者所研读过的美国芝加哥大学哲学系举办大型研讨班,吸引了卡尔纳普和莫利斯等人参加。研讨很成功,但罗素不喜欢芝加哥的环境和气候,与那个校长相处得也不很愉快。

罗素曾作为访问学者在本书著者研读过的美国西北大学哲学系作过讲演,那里产生过好几位罗素研究专家,如主编过研究罗素最重要文献之一《罗素的哲学》一书的谢尔普(P. Schilpp)教授以及对罗素极力推崇的英语专家内瑟考特(A. H. Nethercot)教授等。编辑过《逻辑与知识》等罗素著述的马什(R. C. Marshi)教授说道:"1944年,在西北大学的内瑟考特教授向我推荐了罗素哲学。1951年,我以研究罗素哲学的论文获哈佛博士学位。自那时起,我有幸常同罗素勋爵探讨哲学问题。"

罗素曾在本书著者目前工作和居住的美国洛杉矶和南加州地区居住了两年,他非常喜欢这个人称天使城之地常年的阳光灿烂,在这里的学术界到处留下了他活动的痕迹。罗素任客座教授的加州大学洛杉矶分校哲学系是我学术交流很多的地方。

还有一件有意思的事,本书著者在北大当研究生的时候,为了练习英语,便在著名农学家王云章先生的夫人汤汉芬教授(其姐是美籍华人病毒学专家李振翩教授的夫人汤汉志)的推荐下,为一位访华美国教授当临时翻译,听说本书著者正在研究罗素,她便兴趣盎然地大谈起这位大哲在她所任教学校因受到迫害,而引出一场举世闻名的大风波。原来她就来自所谓罗素案件的发源地——纽约市立大学(当时叫纽约市立学院)。后来,我到美国留学后,到纽约拜访这位教授,顺便到这所当年闹得沸沸扬扬的大学探视了一番。

在本书著者多年的教研中,罗素是一个贯穿始终的人物,这是因为其智慧、知识、思想、阅历以及人格的巨大张力,无论讨论到什么领域的主题都能与他的探索和见解挂得上钩。罗素所热衷的数理逻辑也是本书著者常年教研的课程之一。自从早年对罗素产生了兴趣,本书著者曾涉猎了罗素大部分著作,有的是精读,有的是通读,有的是选读,当然还有的只是草草的翻读。本书就是对这位划时代甚至超时代思想大师主体哲学最有代表性的部分,即分析哲学思想进行阅读、思考和评判后的结果。

对著者写这本书以及先前出版的上述两本,早有多位同行朋友劝阻道:在中国,有关罗素的东西已经太多,以致过滥;他名目繁杂的作品可说是翻译较多之一,他博大精深的思想也可说是最常引用的之一,他丰富多彩的生平更可说是为人们最津津乐道的话题之一;不但是哲学,而且另外不少领域,几乎人人言必称罗素;因此极难写出精彩,写出风格,写出创意,再多出一本,也只会淹没在书海中。著者还是写了,因为长期的积压,若不加以释放,是一件难以忍受的煎熬。

也许写罗素之难,就难在他写的东西太多了,太杂了;从最技术最枯燥的,一直到最浪漫最奔放的。在所有的思想家中,罗素恐怕是最多产的。很凑巧,1980年代初,为了练习英语口语,著者在国际旅行社当编外导游时,曾接待过罗素的遗嘱执行律师,他谈了不少有关这位当事人的著述情况。据他所掌握的数字,罗素共出版过至少80部著作以及5000多篇各类文章,此外还有大量私人信件,其中有不少遗失或毁掉,例如与罗素合著《数学原理》的著名哲学家怀特海去世后,他的夫人根据丈夫遗嘱将所有罗素的来信通通焚烧了。根据本书著者的统计与收集,罗素成书的著作有97部(见本书附录"罗素著作列表"),其中《西方哲学史》是2卷本,《罗素自传》是3卷本,《罗素文集》是29卷本;若全部相加就有129部。此外还有很多编者根据某种主题而编辑的罗素著作或小册子,就难以计算了。

罗素是当之无愧世界级的一代思想大师！而我们的时代却是一个缺乏大师的时代！除了纯国学领域(因为属于自己的文化)和某些自然科学领域(因为属于客观的世界)之外，现代中国(包括两岸三地和海外)没有产生过真正世界级的大师，更没有产生过真正世界级的哲学大师。我们所说的世界级大师，不是仅对某一国家有所影响的"大师"。所谓世界级大师至少有三个层面的含义：高一层是其划时代的发明、发现和思想体系足已影响全人类的认识和社会的进程，如爱因斯坦、马克思等；中一层是某一领域的巨匠，其自成一体的理论知识体系达到顶尖的高度，并有国际性的指导作用；低一层的是某一行业或专业的开拓性领袖人物，其创新理念或其理论知识已集大成及其应用的有效性，已达到国际充分认可和效仿的水平。在现代中国以及整个海外华人社会，这高一层的世界大师只存在古代，如孔子、老子、庄子这一类大哲或祖冲之这样的发明家；中一层的在现代非常罕见；而低一层的也极少，如那些华人诺贝尔奖获得者以及贝聿铭这一类的专家等。在中国两岸三地最多有一些国内水平的大师。

读罗素一类哲学大师的意义远远超出哲学范畴。人类存在的所有特点，都可以从阅读中领悟；人类全部的思想精华，都对读者无限敞开；大师们指向的精神高度，能使我们从日常生活经验中跃起、上升，点燃信念之灯，照亮深邃的生命。然而，在我们整个民族的文化习惯中，阅读大哲并不普遍。据联合国教科文组织的一项调查显示：全世界每年阅读书籍排名第一的是犹太人，一年平均每人是 64 本。上海在中国排名第一，只有 8 本。而中国 13 亿人口，扣除教科书，平均每人一年读书一本都不到。也就是说，犹太人平均读书量是中国人的 64 倍。这种持久的忽视，更使著者本人在埋头于本书写作时感到来自内心深处的催促。但愿这种催促能够企及更多的人，能够在阅读的荒原上点亮星星之火。如果可能，每个试图了解有关大哲的人只读一遍，星星之火，也就有了燎原之势。

不少罗素著述都译成了中文，但因著者本人手头上没有那些译本，再加上对原文的理解与那些译者有所不同，故本书所用的资料绝大多数来自英文原著或其他英文文献。

本书是著者 20 多年教学与研究生涯的重要心得体会之一，也是对一代大哲罗素的思想和方法进行考察与探讨的学术结晶。本书除导言"罗素——引领西方分析思潮的一代大哲"外，共分 10 章，首先对现代英美分析哲学运动作了简短的概述，回顾了从亚里士多德到笛卡尔的方法论发展,英美分析哲学的起源、发展、危机与面临的挑战,英美分析哲学的各种支派与变体,英美分析哲学对欧洲大陆哲学的排斥与交集等;接着较全面地探讨了罗素分析哲学的缘起,促使其思想和方法不断反叛、成型、变化、发展的各种主客观条件;与其他一些大哲如摩尔、怀特海、维特根斯坦等的思想互动;并深入审思了罗素对逻辑主义和理想语言的创制,分析方法的理论概括,与分析哲学其他支派如科学实在论及其变体的关系等;此外,较详细阐述了罗素分析方法对哲学各个领域以及人文社会方面的应用等;最后还考察了罗素分析方法对中国一些著名哲人的重要影响。

罗素在其后期最成熟的名著《人类知识》一书的序言中,称自己的著作与笛卡尔、莱布尼兹、洛克、贝克莱和休谟的著作一样,都并非为职业哲学家,而是为非专业的普通读者而作的。实际上,他的这本书产生的效应是深者见深,浅者见浅。也许这就是哲学著述应达到的一种境界。本书的写作目的正是朝这个方向的努力。

在罗素多变的思想发展中也蕴含着基本不变的东西。罗素在晚年时总结说尽管早年思想发生过许多转变,但有几点却始终毫不动摇。在《我的哲学发展》一书中,他声言:"我一直坚持外在关系说及多元论,而这两者是互相结合的;我一直坚持一个孤立的真理可以为真;我一直坚持分析并非虚假。"[1]可以说,多元论、外在关系说和分析方法是三位一体的和密切相关的,它是罗素哲学的主脉和其世界观、方法论的具体体现。如果撇开或孤立地观察其中任何一点,都无法了解罗素的整个学说。因此,我们从这具有相对稳定性的三点来研究罗素变动不居的总体思想以及整个分析哲学运动的发展是有益的。

丁子江

2015年7月于美国洛杉矶

---

[1] Bertrand Russell, *My Philosophical Development*, Simon and Schuster, 1959, p.63.

目 录

导言　罗素——引领西方分析思潮的一代大哲　　1
一、罗素哲学是三对发展线索的交汇点　　1
二、罗素哲学始终没有走向极端　　5
三、罗素哲学勇于摈弃陈腐和谬误　　11

第一章　现代英美分析哲学运动的历史概述　　12
一、西方哲学方法论：从亚里士多德到笛卡尔　　12
二、分析哲学的起源、发展、危机与挑战　　22
三、分析哲学的各种支派与变体　　33
四、分析哲学对欧洲大陆哲学的排斥与交集　　61

第二章　罗素分析思想的缘起　　80
一、"教父"穆勒的无形楷模　　80
二、对新黑格尔主义绝对一元论的反叛　　94
三、皮亚诺符号逻辑的影响　　96
四、多元主义世界观的形成　　98
五、数理逻辑与数理哲学　　99
六、与摩尔"常识分析"的分道扬镳　　104

第三章　罗素与怀特海的《数学原理》　　107
一、数学原理的宗旨　　110
二、解决悖论的尝试　　116
三、摹状论对逻辑的贡献　　128

四、《数学原理》中的数学意义　133

第四章　罗素与维特根斯坦的相互影响　148
一、忘年之交的两位大哲　148
二、罗素与维特根斯坦的前期互动　153
三、罗素与维特根斯坦的后期互动　155
四、罗素终身的"维特根斯坦"情结　158

第五章　罗素对理想语言的构思创制　161
一、语言的功用　161
二、经验主义的语言观　163
三、语言中的形而上学（玄学）影响　167
四、语言中的某些哲学问题　169
五、自然语言的缺陷　184
六、人工语言的创制　185

第六章　罗素对分析方法的理论探讨　191
一、对内在关系说的批判　192
二、多元论与外在关系说　195
三、逻辑主义是分析运动的前导　204
四、分析方法的功用　207
五、对分析的界定和分类　210
六、分析方法的科学前提　217
七、分析的"本体"基础——逻辑原子主义　220
八、分析的范围　222
九、分析方法的目的　225
十、分析方法的一般原则　228

第七章　罗素分析方法在认识论上的应用　232
一、对心与物的分析　239
二、对熟知与描述的分析　246
三、对共相与殊相的分析　252
四、对真理与谬误的分析　255
五、对哲学与科学的分析　258

第八章　罗素对科学实在论思潮的影响　285
一、科学实在论的思想前导　286
二、心物二元分析的翻版　288
三、罗素与维特根斯坦语言观的双重影响　292
四、结构实在论——科学实在论的改良形式　294

第九章　罗素分析方法在社会人文上的运用　299
一、罗素分析方法影响了社会人文的研究　299
二、罗素对个人主义的分析　303
三、罗素对社会人性的分析　308

第十章　罗素分析方法对中国哲人的影响　316
一、对金岳霖、冯友兰的影响　318
二、对张申府的影响　321
三、对洪谦、沈有鼎、王浩的影响　328
四、对唐君毅、牟宗三的影响　341

简要结论　345

后记　349

主要参考文献　353

罗素著作列表　359

罗素重要分析哲学著作列表　363

罗素重要分析哲学论文列表　364

西方学者有关罗素分析哲学的重要英文著作列表　366

罗素著作中文译本列表　375

罗素生平年表　382

罗素访华大事记　385

导言 罗素——引领西方分析思潮的一代大哲

被学术界公认的罗素研究专家伍德(Alan Wood)曾这样评价说:"罗素是没有哲学的哲学家,但这同样的观点也可表述为,他是所有哲学的哲学家。"①另一位著名罗素传记作家摩尔海德(Moorehead)将罗素尊为"最后一位大众智者"②。在哲学史上,几乎没有人像罗素一样经历了那么多的思想演变,用他自己的话说就是:我决不耻于变化。正如著名哲学家桑塔亚那(G. Santayana,1863—1952)所指出的,罗素的思想不断地在变,他的每一部新著作或每一次新讲演都在改变着自己学说的一部分。英国学者斯蒂文斯(Graham Stevens)评价说:"罗素也许比任何其他哲学家更勇于公开承认自己的错误,并对早先失败的理论试图进行修改。"③著名英国科学哲学家兼哲学史家布劳德(C. D. Broad④)也说道:罗素"每几年就会创造出某种新的哲学"。的确,多变性、过渡性和不稳定性正是罗素哲学的主要特点之一。为什么罗素具有这个特点?为什么他的哲学具有较强的生命力?最根本的原因是他基本跟上了自然科学的潮流,注意汲取人类知识的精华。

一、罗素哲学是三对发展线索的交汇点

我们可以发现,罗素的思想是哲学史上三对发展线索的"交叉点"。

其一,新现象主义(Neo-phenomenologism)与新实体主义(Neo-substantialism)的"交叉点"。自然科学的发展要求不断地得到哲学的概括

---

① Bertrrand Russell, *My Philosophical Development*, Simon and Schuster, 1959, p. 260.
② Caroline Moorehead, *Bertrand Russell*, Sinclair-Stevenson Ltd,1992, p. 2.
③ Graham Stevens, *The Russellian Origins of Analytical Philosophy: Bertrand Russell and the Unity of the Proposition*, Routledge,2005, p. 1.
④ C. D. Broad,"Critical and Speculative Philosophy," *Contemporary British Philosophy: Personal Statements* (First Series), ed. J. H. Muirhead (London: G. Allen and Unwin, 1924), p. 79.

和认识论的解答,从而迫使哲学观经常改换自己的形式,只要是守旧,都已不能够应付自然科学对于世界观的挑战。从 1894 年至 1898 年,罗素认为有可能用形而上学(指玄学)来证明有关宇宙的各种事物。罗素最初倾向于新黑格尔主义,以后转为新实体主义和新实在主义,然后又从后者转变成为多元的现象主义。被分析哲学史视为形而上学(玄学)的实体主义是亚里士多德以来传统西方哲学的发展主流,一直到近代,休谟与康德以现象主义颠覆了实体主义主宰。在分析哲学家中,罗素是最形而上学(指玄学)的一位。在早期,罗素将语言的哲学研究看成是"哲学语法的构建",也是形而上学(指玄学)的一个准备阶段,即作为实现形而上学目标的实在特性的途径。罗素虽然主张哲学不解决根本问题,却又认为由于不可避免仍需要解决。他就是以这种态度来对待所谓心物关系的。他还提到,虽然自己一直相信哲学的基本工作都是逻辑的,但仍然以形而上学为论题。后来,罗素的《心的哲学》和《我们关于外部世界的知识》是以马赫感觉论为出发点,根据当时数理逻辑的发展写成的,同卡尔纳普的名著《世界的逻辑构造》一样,企图发展马赫的现象主义。罗素把世界仅归结为一种构造甚至一种主观的构造,这是其现象主义的典型表现。但罗素以某种构造入手考虑问题仍不失为一种有益的方法。现代科学的发展使哲学物质观必须适应新的要求,而罗素等人对物质观的探讨是值得借鉴的。

一般来说,罗素并不直接认同"纯粹的"唯物论,但从某一侧面则肯定了它的某些合理性,而经常用"实在论"来代替某种形式的唯物论,甚至用实在论作为与唯心论对立的哲学范畴;例如他认为唯物论"在哲学家中很少见,但在一些时期的科学家中却很普遍"①;"唯心论主张,除了思想没有其他什么东西能被认识,而我们所知的实在都是精神性的;相反,实在论则强调,我们以感觉直接认识客体……"②;"……所有我主张的是,避开那些困扰实在论和唯心论的难题,还要避开它们那些已被逻辑分析所揭示出的歧义性概念"③。正是在哲学观新旧形式的再一次交替之际,罗素利用自然科学的某些成果,试图用一种所谓新自然主义与新中立主义的态度来解释世界,即贯彻休谟的第三条路线,形成了自己的逻辑原子论

---

① Bertrrand Russell, *The Analysis of Mind*, George Allen and Unwin LTD, 1956, p.10.
② Bertrrand Russell, *The Analysis of Mind*, George Allen and Unwin LTD, 1956, pp.19—20.
③ Bertrrand Russell, *Mysticism and Logic*, Dover Publications, 2004, p.123.

和中立一元论思想。

其二,新经验主义(Neo-empiricism)与新唯理主义(Neo-rationalism)的"交叉点"。传统经验论发展到休谟(D. Hume)是一个顶点,而传统唯理论发展到莱布尼茨(G. W. Leipniz)也是一个顶点。由于它们把各自所执的一端片面化、凝固化和绝对化,因此,无法应付自然科学对于哲学认识论的挑战。自然科学的发展初期必然从经验开始,但到了20世纪初,由于相对论和量子力学的产生,科学已不满足于经验的描述,借助公设、定理比仅局限于经验更为有益,因此,它更多地运用了复杂的逻辑思想和想象力。在这种情况下,唯理论必然兴起,例如爱因斯坦的相对论单靠经验是根本概括不出来的。罗素看到了上述两派别所具有的优点与某些弊端,试图把经验论同数学和数理逻辑结合起来,把后者说成是经验材料之间的最一般的联系。他一方面认为,经验和常识可以供给哲学分析的材料,另一方面又宣称自己的一个哲学成见就是不满于狭隘的经验论,认为从前人们过于强调经验,几乎没有一个哲学家能理解"用不着知道任何单个的甲就可知道'凡甲是乙'的命题"。

他自认激烈地倾向经验主义,但却不信"2+2=4"是从经验获得的一种归纳概括。人们从研究经验的事实中知道苏格拉底是人,而用不着经验,便可知三段论在抽象形式中是正确的。因此,有一类命题与经验得出的命题不相同,它具有重言式的特性。他承认虽然要想解释怎样才能获得超经验的知识是困难的,但否认有这种知识也是站不住脚的。他确信世界充满着可能性,因此,逻辑的任务是推论未知物可能存在,不过最终判定其有无,还须靠经验来验证,即逻辑把无数日常未知的构造排列出来,让经验在逻辑所赋予的许多世界中选择一个。

罗素指出:"有一个哲学上极为重要的问题,其中对科学与逻辑句法的仔细分析将导致一个对于我以及几乎所有逻辑实证主义者们来说都很不愉快的结论。这个结论是:强硬的经验主义是站不住脚的。除非假设某种不必依赖经验而建立的推理的一般原则,否则就不可能从有限的观察中推出一般的命题。"[①]然而,罗素并未摆脱经验主义的束缚。他不能正确处理感性与理性的关系,例如他在晚年提出准永恒性的公设、分立的因果线公设、结构的公设等,并以此作为科学推论的基础,但并没有把它

[①] 罗素:《逻辑实证主义》,丁子江译,载《外国哲学资料》第7辑,北京:商务印书馆1984年版。英文原作载罗素的《逻辑与知识》*Logic and Knowledge*,George Allen and Unwin LTD,1977, pp.365—382。

们深化到理性认识。结果,这些公设又与他早年提出的那种柏拉图似的共相类似。

其三,新实证主义(Neo-positivism)与新实在主义(Neo-realism)的"交叉点"。实证论从根本上说是英国经验主义者由贝克莱(G. Berkeley)和休谟发端的。贝克莱公然鼓吹神学和上帝,是因为1688年所谓"光荣革命"后,英国资产阶级与贵族妥协,他们对地产投机买卖的兴趣超过了工业,因而对发展自然科学尚无强烈要求,从而使英国的自然科学在牛顿力学建立后的几十年里相对停滞,表面上没有对哲学造成威胁。18世纪中叶,工业资产阶级羽翼渐丰,工业革命已进入准备阶段,自然科学方开始向哲学敲起了警钟。比贝克莱晚生27年的休谟正赶上了这一时期。他尽量与自然科学合拍,强调经验与观察,肯定数学的必然真理,也不公开否认客观外界的存在,而采取了不可知论。孔德(A. Comte)与休谟相差七八十年,当时各门自然科学都有所发展,哲学也就必须押上自然科学发展的韵律,因此,在孔德看来,不应该回避自然科学,相反应该通过它来说明哲学已进入了实证阶段,从而反对神学和形而上学。斯宾塞(H. Spencer)活动时期正是达尔文学说盛行之时,因此,他提出了庸俗达尔文主义和社会达尔文主义的观点,但随着物理学的迅猛发展,他的思想很快就落伍了。19世纪末,马赫(E. Mach)跟上物理学的发展,用物理学来说明哲学。他大讲科学的统一、物理与心理的统一,而统一的结果是在思维经济的原则下提出了中立一元论和要素论,从而进一步上了所谓第三条路线。但由于当时只有物理学单独挺进,因此马赫只把科学看作是经验的描述,而不注重数学和逻辑的抽象思维。20世纪初,罗素悖论的发现导致了"数学危机",这一危机既促使数学基础和数理逻辑的发展,又要求从认识论上得到哲学的解答。到此时,老实证主义已无法担负这个使命,必须进行第三次改装。罗素在早年与摩尔(G. E. Moore)一道反判新黑格尔主义以后,便转入了新实在论。

20世纪初的美国,出现了新实在论思潮。培里(R. B. Perry)等人的《六位实在论者的方案和初步纲领》一文的发表,就说明美国新实在论已形成了一种有组织的运动。不久,这些人又出版了一本很有影响的代表作《新实在论》(1912年)。美国的新实在论公开声明"新实在论主要是研究认识过程和被认识的事物之间的关系的学说"[①]。他们一般承认外界

[①] 霍尔特(E. B. Holt)等:《新实在论》,中译本第8页,北京:商务印书馆1980年版。

物理客体的存在,坚持认为被认识的事物是真实独立的,而反对一些实用主义的主观主义认识论。他们也像罗素那样主张多元论、外在关系说、分析方法和柏拉图式的"共相",但他们强调一种直接呈现说,认为不用通过任何摹写和媒介就可以直接认识外界事物本身,被认识的事物受到意识的作用就会直接变成意识的内容。因此,他们往往称自己为"直接实在论"。

新实在论与马赫主义细微的差别就是把感觉材料看作是既心又物的,不过比后者更重视逻辑和数学。罗素说道:"我喜欢将我的哲学描述为逻辑原子论,而不是实在论……"①罗素不满足摩尔的常识哲学以及其他新实在论者那种柏拉图式的客观理念主义,决心更彻底地从逻辑和数理逻辑方面来研究哲学。于是,罗素思想的二重性,即继承性和更新性,使他在实证论和新实在论的基础上,开拓了一个新的哲学研究方向——分析哲学。从开创的角度说,罗素为逻辑实证主义运动以及整个20世纪分析思潮的发展奠定了基础,其逻辑观和"逻辑构造"(logical construction)概念起到了至关重要的作用。

二、罗素哲学始终没有走向极端

现代分析哲学有两个重要特征:一是经验主义;一是形式主义。经验主义走向极端主要表现为"证实原则",而要做到这一点,本身是非常困难的,其结果势必会轻视理论抽象思维和逻辑推理以及科学的假说,以致跟不上自然科学的发展而衰落下来。于是,结构主义作为经验主义的反动便开始兴盛起来了,因为它比较注重唯理论。形式主义走向极端,主要表现在拒绝研究除了语言和逻辑以外的任何问题。这样就远离了自然界、社会和人,势必也会衰落下去,而使存在主义得以盛行。本来,在20—30年代,由于物理学和数理逻辑的发展,反对科学思潮的存在主义很难涉足于哲学。在逻辑实证主义一度统治之后,当极端的形式主义令人厌恶之时,存在主义大谈人的问题便立即受到欢迎。此外,结构主义强调从整体上研究哲学以及从自然科学上来研究哲学,也打破了形式主义的某些狭隘性。这就迫使分析哲学改变方式,例如美国实用主义分析哲学家奎因(W. O. Quine),在其引起强烈反响的"经验主义的两个教条"(Two Dog-

---

① Bertrand Russell, *Logic and Knowledge*, George Allen and Unwin LTD, 1977, p. 323.

mas of Empiricism)一文中指出:"现代经验主义受两个教条的束缚:一个是它相信不依赖事实的分析真理与以事实为基础的综合真理之间有着本质的区别;另一个是它强调还原论,即主张所有有意义的陈述都等值于以指称直接经验的名词所组成的某种逻辑构造。"①再如分析哲学家克里普克(K.Kripke)也反对把哲学仅限于语言,他还批判了罗素等人的摹状词理论,而提出了"历史因果命名理论"②。

著名科学哲学家图尔敏(Stephen Toulmin)深刻地批评道,当年罗素与维也纳学派提倡"科学中公理模型明显地赋予马赫本人的新休谟主义以'科学认识论'的美名"③,今天的哲学家如果仍以"传统的"或逻辑经验主义者的方法来对待科学哲学而变得困难,有诸方面原因:或高度专业化的,或技术性的,抑或较为一般和哲学上的。从最低限度的困难着手,一些当代哲学家承认科学理论的逻辑结构是或应当是公理化的,但对原来那种以为有一个单一的、整体性的、强制性公理形式的统一科学之理想表示怀疑。于是,一些哲学家认为科学理论有一个基本逻辑结构,但却怀疑这个结构是否必须公理化;而另一些哲学家却允许科学理论有理性结构,但怀疑这一结构是否是在"逻辑的"或"数学的"模型之上有效地构造出来,并对有成果的理论的实际应用极为关注。最为激进的一部分人则确信,完全以"结构"或"系统"的术语来讨论自然科学的概念和假说已毫无益处,更不必说用与"逻辑结构"和"公理化系统"有关的静态术语了。其实,任何当代科学哲学家保留多少传统的分析,完全取决于这个人对传统方式产生怀疑的激烈程度。其中一个极端是,他继续满足于遵守公理模型,并继续用数理逻辑符号,来讨论在一门或另一门自然科学中已经得到应用的所有不同的公理化形式。另一个极端是,他会论证把科学的理性内容描述为"逻辑结构"的这种观念本身就包含人为抽象,这种抽象仅能应用于少数像理论力学那样的非典型的、首尾一致的科学,而且只应用于以往历史上发展着的理性活动的单一而短暂的某个阶段。他为这种抽象辩护,甚至宁愿用"科学事业的合理发展"问题来替代处于科学哲学中心的"科学系统的逻辑结构"问题。

---

① W. V. Quine, *From a Logical Point of View*, Harvard University Press, 1980, p.110.
② S. A. Kripke, *Naming and Necessity*, Harvard University Press, 2006, pp.96—136.
③ 图尔敏:《科学理论的结构》,丁子江译,载《哲学译丛》1983年第 期,第65页。英文原作载 F. Suppe, *In The Structure of Scientific Theories*, 1973。

正如图尔敏总结的：

> 如果科学哲学家的确决定由理论演算的传统的静态的或"照相"观点走向科学事业的动态观点，会发现将面临一系列全新问题。例如，在任何科学事业中，对已完成的科学的所有解释目的来说，目前的概念为什么不能完全达到解释科学的目的，而是引发关于概念问题的争议？解决当前概念问题的理论方法，是如何由不同理性策略支配的？新颖观念是怎样因理论上的可能性而得以传播、并受到合理批评的？人们是如何判定不同的探究对这些可能性的要求在经验上有关与否的？在当前情况下，作为可行性解释的某些方式究竟是怎样挑选出来的？修改过的概念在一定时候是怎样在当前科学思想主体中获得固定地位、并成为确立了的变化的？简言之：通行于有关科学的任何阶段的概念和概念系统，是怎样合理地发展成为后继阶段的概念和概念系统的？所有这些问题，不应以抽象的术语回答，而要以引导各种"科学事业"发展的解释目的、并持应有的历史态度来回答。一旦科学哲学达到这个阶段，那么，它将不再关心科学理论或"公理演算"的"传统"观念，而代之以全新的传统。①

从亚里士多德的自然哲学方法论到以笛卡尔、莱布尼茨、培根、洛克、休谟、康德、伽利略、牛顿等近代科学哲学方法论，都试图以一种开放性的进取精神从自然界发现对真理的认识。在哲学促进下，从宗教中分化并与之对立的科学构造了公理化体系。当时的科学发展使哲学方法从创造性地发现真理改变为保守性地辩护真理，而采取了被动型思维方式，即在既定的纯逻辑封闭性框架中进行保守性的验证，19 世纪的马赫等实证主义者，尤其是罗素与 20 世纪的逻辑实证主义者（或称逻辑经验主义者），就是这一哲学转向的主要代表。例如马赫明确提出了理解科学本质的要求，即切身感受数学和科学的发现，并达到其最终的逻辑结果。由此，对

---

① 图尔敏：《科学理论的结构》，丁子江译，载《哲学译丛》1983 年第 期，第 65 页。英文原作载 F. Suppe, *In The Structure of Scientific Theories*, 1973, pp. 70—71。

科学逻辑,尤其对其各种重要概念进行静态分析成了哲学研究的一个重要趋势,如对假说、命题、定理、规则、模型以及可检验性、可重复性、可证实性的概率等概念的逻辑分析。

波普尔(K. R. Popper)将这种保守逻辑方法论推向了一个新阶段,并将科学发现的逻辑进一步封闭在演绎模型的窠臼里,而对由穆勒等人提出的归纳方法做出批判性的排斥。为此,他应用证伪法分析了理论、问题、命题、假说、辅助条件、初始条件的实证意义,假说命题的先验和经验意义,演绎推理得出的结论的解释意义和预言意义等。

从实证主义到历史主义,是科学哲学发展的一个重大飞跃。那种单纯、静态、保守、封闭、被动和辩护性的逻辑分析框架再也不能适应科学本身发展的迅猛步伐,相反,一种强调多元、动态、创造、开放、主动和进取的方法论再次成为科学哲学的潮流。罗素以后的科学哲学家如汉森(N. R. Hanson)、库恩(Thomas Samuel Kuhn)、费耶阿本德(Paul Feyerabend)、夏佩尔(Dudly Shapere)、拉卡托斯(I. Lakatos)、瓦托夫斯基(M. W. Wartofsky)、图尔敏(Stephen Toulmin)、劳丹(L. Laudan)、萨普(F. Suppe)、科恩(I. B. Cohen)以及斯台格弥勒(W. Stegmuller)等为代表的历史主义哲学学派,企图打破自培根以来形成的科学发现的逻辑模式以及实证主义保守逻辑传统,提出了范式、常规科学、科学革命、科学研究纲领、反对理性方法等变革性的观念,从而建立起一种更有张力和活力的科学理论新架构。正如著名科学哲学家科恩所说:"过去的十年中,科学史家和科学哲学家掀起了一场对科学革命或科学进步的方式进行各种各样分析的热潮。在这些科学史家和科学哲学家中,有费耶阿本德、库恩、拉卡托斯、劳丹、波普尔、夏皮尔、图尔敏及我本人。"①

很多哲学家认为,实证主义的认识论既缺乏说服力又缺乏创见;真正有活力的科学认识论观点是建构主义,它是建立在图尔敏等科学哲学家新思维基础之上的,即科学理论是经验材料和科学史实的架构,也就是说对这些个别、分散的材料和史实加以系统化和整体化的解释。根据科学

---

① Robert S. Cohen, *Revolutions in Science*. Cambridge: Harvard University Press, Chapter 5.

发展的历史事实以及对众多科学哲学家方法论的比较,也许可以在图尔敏科学建构主义中找出更多有益的思想。正如爱因斯坦曾在《物理学的进化》一书中所指出的:"科学没有永恒的理论。一个理论所预言的论据常常被实验所推翻。任何一个理论都有它的逐渐发展和成功的时期,经过这个时期以后,它会很快地衰落。"①

从17世纪早期开始,而且几个世纪之后更是如此,科学研究越来越分划为不同的、泾渭分明的学科。每一个独立的科学分支都有其特殊的抽象方法,各学科确定自身研究对象的定义,使得它们能够把属于其他学科的问题抽象出去,从而可以进行独立的考察和讨论。由于这种抽象,从前辩论自然问题时所集中讨论的"宇宙的内部联系性"这类广泛而一般的问题,被其他一些更加专门的学科取而代之。

就其实际内容来看,19世纪和20世纪初的科学已变成各学科研究成果的总和,而不是它们的统一。科学历史主义者提出了一个更接近于科学实践,并且更有助于理解科学发展的历史模型。然而遗憾的是,他们由于过分强调某种动态和量变的格局,便在一定的程度上,从反对维也纳学派的逻辑绝对主义,走向了某种历史相对主义和非理性主义。19世纪的科学哲学受到以进化论为主要代表的生物学的影响,而20世纪的科学哲学则受到以相对论为主要代表的物理学的影响。不过,图尔敏的建构性模型所考察的对象以及对科学成果的解释缺乏全方位的整合,故仍然相当片面、局部和分散,因而对物理学以外的自然科学,如生物学等,似乎说服力并不很大。图尔敏科学理论的结构并不适用对现实整体的普遍考察,而只适用对一些互不相关的学科的分散解释。图尔敏等人对科学哲学的有益工作就是:坚持科学理论决非单纯的语句系统,而是多元的、综合的概念工具;作为开放系统的科学活动结合了语言、方法论和认识论,而使之成为一种不断发展的社会事业。有一点必须指出的是,图尔敏与夏皮尔、萨普、科恩等人,在对罗素和逻辑实证主义进行批评的同时,还对

---

① 爱因斯坦、英费尔德著,周肇威译,《物理学的进化》,上海:上海科学技术出版社,1962年版。

历史学派中的库恩、费耶阿本德等人的非理性主义倾向进行了批判。①图尔敏等人反对这样一种观点,即科学哲学就是分析科学理论之所以得到采纳或抛弃的各种社会心理因素。

20世纪兴起的分析哲学在早期和晚期并不非常极端,只是在中期很极端。罗素完整地经历了这三个发展时期,有一度曾比较偏狭,但他始终

---

① 1984年,本书著者曾在美国哲学学会东部年会上,亲耳听到库恩(T. Kuhn)就合理性与理论选择(Rationality and Theory Choice)问题与柏林学派的创始人、科学和分析哲学的元老之一亨普尔(C. G. Hempel)进行了面对面的辩论。能容纳近500人的会议大厅座无虚席,以至不少人干脆坐在地板上。库恩回顾了与亨普尔密切的学术关系以及自己从这位大师那里得到的许多教益。他认为,在他们之间经常交流的一个重要论题,就是如何对科学理论的选择进行估价的问题。亨普尔曾以认真并抱有欣赏的态度审视了库恩的观点,而不像某些人那样设想库恩主张理论选择的不合理性(Irrationality),但他很了解那些人为什么会这样设想。亨普尔批评库恩把描述的概括(Descriptive Generalization)改为常规的概括(Normative Generalization)是缺乏论证的,并怀疑他是否分清了解释行为与证明行为(Explaining and Justifying Behavior)。当把理论看作判断的理论基础时,究竟在什么情况下,可以正确地提出某些科学家所遵守的规范呢? 1976年,库恩与亨普尔都同意这样一种看法,即对理性选择规范的估价需要对那种选择所达到的目的进行预先的说明。库恩假设科学选择理论的目的在于最广义地解释所谓"解谜"(Puzzle Solving)的工作。根据这个观点,理论就被看作是与实验和观察的结果相吻合的预言。1981年,亨普尔指出:"在估价理论时,如果需求被刺激起来,并且它们不是作为像解谜那样的一种独立说明的结果,而是作为科学探究所期望的它们自己本身的目标,那么,库恩理论选择学说的某些困难就可以克服。"在库恩看来,亨普尔的阐述是一种对自己学说的改进,他比自己更不满意那些解决理论选择合理性问题的方法,甚至把它们称为像重言式(Tautology)那样的"近乎烦琐"(near-trivial)的东西。亨普尔强调,如果规范是从科学本质方面的描述派生的,那么,作为近乎烦琐方法前提的描述的选择就需要我们所不能提供的那种证明。但库恩认为:那种近乎烦琐的方法本身比亨普尔所设想的要深刻和重要得多。亨普尔正确指出,这种方法从前从未能解决归纳的问题,但它现在也开始致力于这种工作了。像质量和力、科学和艺术以及合理性和证明性等,都是相互定义的术语。因此,我们一方面必须服从逻辑的制约,即可以用其揭示出得到证明理论选择的常规;另一方面必须服从经验的制约。这两个方面都能告诉我们什么是合理的东西。在归纳问题上,我们必须依赖经验,但这不是为了经验的证明,而是为了解释既涉及"归纳法"、又涉及支撑我们生活方式的那种整个语言游戏的生存能力(Viability)。亨普尔在答辩中指出,库恩认为在科学理论估价中表达了规范合理性的那些陈述是必要的,之所以如此,是因为它们凭借科学理论的基本定律(如牛顿第二定律)而被显示出来。因而牛顿的"质量"和"力"等术语只能作为第二定律的例证(Reference),并且,这条定律的更换将破坏性地改变牛顿学说所赋予这个世界的整个体系。库恩的"偶然概括"(Contingent Generalization)传递了(mediate)第二定律对自然界的应用,同样偶然定律的更换在理论网络中也会引起变化。库恩的"范畴差别说"(Categorical distinction)反对进行各种特殊解释的企图。像他的"需求说"那样,"差别说"即使没有得到精确的阐述,也是富有成果的。在库恩看来,像经验学习、坚持一贯性、强调对理性选择的需求以及合理性等一类的特征是科学所必需的。上述观点的根本实用性具有极大的意义。库恩虽提出了有关科学语言和理论的有效性问题,并思考了如何解决当今科学中各种相互冲突的概念,但这一切还仅仅是初步的设想。那么,在库恩学说中,人们称之为科学所必要的合理性在弗伊阿本德(Feyerabend)的学说中会成为偶然和虚假的吗? 这个问题引起了两种对立理论的比较问题。无穷退或迂回的威胁看来是不可避免的。显然,不可能存在一种明确的、完善的证明。有意思的是,两位大师在辩论中也提及罗素及其观点。

没有走向最极端,他分析的对象和探讨的问题较为广泛,即是因为他比较善于跟上自然科学的发展潮流。卡尔纳普(R. Carnap)断言,现代哲学就是逻辑,其任务不包括物质与意识的关系问题。他指出:"形而上学(指玄学——作者)的危害就是它的欺骗性,因为它给人们以虚假的知识,而非真正的知识,这就是我们为什么要反对它的原因所在。"① 他起初研究物理学,并使之与哲学研究相结合,但后来却拒绝研究语言以外的东西,提出科学哲学的任务只是通过对语言体系或命题系统的逻辑分析,彻底清除科学中全部没有意义的论断和伪命题,从而为之建立一个理想的逻辑构造。如此一来,卡尔纳普便忽略了自然科学的实际应用和发展。

三、罗素哲学勇于摈弃陈腐和谬误

罗素从少年起就开始渴望探知自然界和人类的奥秘。他在整个学生时代打下了坚实的自然科学基础,并广泛涉猎了人文和社会科学的各个领域,在知识的广度和深度方面,几乎没有任何现代西方学者能与其媲美。勤奋治学、努力探索的一生,使他逐渐成为博大精深、百科全书式的多产作家。有人认为再没有比否定自己更为痛苦的了,然而罗素将自己的学说与人类知识的精华对照之后,一旦发现陈腐和谬误,便毫不留情地抛弃。当然,我们不是说罗素可以完全正确地分清真理和谬误,并且吸取的都是人类知识中真正有价值的东西,而是说他对于知识的态度是健康、积极和可取的。

然而,在罗素多变的思想发展中也蕴含着基本不变的东西。罗素在晚年时总结说尽管早年思想发生过许多转变,但有几点却始终毫不动摇,"我一直坚持外在关系说及多元论,而这两者是互相结合的;我一直坚持一个孤立的真理可以为真;我一直坚持分析并非虚假"②。

可以说,多元论、外在关系说和分析方法是三位一体的和密切相关的,它是罗素哲学的主脉和其世界观、方法论的具体体现。如果撇开或孤立地观察其中任何一点,都无法了解罗素的整个学说。因此,我们从这具有相对稳定性的三点来研究罗素变动不居的总体思想以及整个分析哲学运动的发展是有益的。

---

① R. Carnap, *Logical Syntax*, Harcourt, Brace, and Company, 1937, p. 31.
② Bertrand Russell, *My Philosophical Development*, Simon and Schuster, 1959, p. 63.

第一章　现代英美分析哲学运动的历史概述

正同所有的思潮和哲学运动一样,现代英美分析哲学运动并非完全凭空而造,而是有着自己的历史渊源。从其以方法论为主体的特征出发,我们可做以下几方面的考察。

一、西方哲学方法论:从亚里士多德到笛卡尔

方法论(methodology)曾是传统西方哲学中一个重要的组成部分。古希腊时期,亚里士多德可以成为第一个系统阐述哲学和科学方法论的哲学家,他的《工具论》和《形而上学》等著述是有关方法论的经典之作,而他创立的整个逻辑体系更是开了西方思维方式的先河。古代印度与古代中国也为方法论做出了各自的贡献。真正意义上的方法论是在文艺复兴后,随着近代资本主义工业化和商业化以及科学技术的发展而兴盛起来的。培根的《新工具论》、笛卡尔的《论方法》等经典著述,以及洛克、休谟、斯宾诺莎、莱布尼兹、康德、黑格尔、穆勒等大哲孜孜不倦的探索,都为方法论长足和全方位的发展,奠定了坚实的基础。方法论,也可称方法学,现在已分离出来而成为一个独立研究的分支,但它涉及了人类所有知识领域,包括自然科学、社会科学以及人文学科等。任何一种研究都必须在方法论指导下应用一定的方法,否则根本无法展开与进行。

方法论"是对在某一研究领域所用方法加以系统化的理论分析,或对与某一知识分支有关的方法和原则的整体加以理论的分析。在通常情况下,它所包括的概念有范式,理论模式,阶段以及定量或定性的技术等"[1]。也可将方法论简化为"对方法的研究与描述"[2]。方法论这一术语

---

[1] Irny, S. I. and Rose, A. A. 2005. "Designing a Strategic Information Systems Planning Methodology for Malaysian Institutes of Higher Learning (isp-ipta)." *Issues in Information System*, Volume VI, No. 1, 2005.

[2] Baskerville, R. 2009. 35. "Computer and Information Security Handbook aha." *Computers & Security*. Morgan Kaufmann Publications. p. 605.

"经常以不同甚至是矛盾的方式得到应用"①。尽管存在分歧,"但仍有可能将方法视为知识创立的科学方式与非科学探索之间的分界标准"②。按照这种观点,有学者将方法界定为"创造知识的指导原则"③。这些原则应与潜在的认识论假设相一致,而且应该适应问题的其他考察;"通过依赖在认识论的位置,该方法提供了理论和数据之间的联系,但他们仍然是不同的理论和独立的数据。"④总之,方法论就是对各种具体、个别、特定的方法进行考察、分析、比较、批判、判定以及整合。

在本书著者看来,所谓元方法论是一个理论系统,其宗旨在于考察和检验各种具有特定目的的方法论,并分清方法与方法论之间的不同。它有以下几点特征:一、阐明某一方法论的目的、任务、含义、结构、功能以及标准等;二、揭示这一方法论的独特性、有效性、可行性、可操作性以及可成功性,并同时指出其局限性、不完善性等;三、预设、察验、修订、促进和完善这一方法论实施的过程和步骤。我们还可以发现方法、方法论、元方法论以及元元方法论之间不同层阶的关系:一、某一方法作为第一层阶直接处理和解决具体问题;二、某一方法论作为第二层阶选择和判定某一方法的适用性、正当性、有效性;三、某一元方法论作为第三层阶选择和判定某一方法论;四、某一元元方法论作为第四层阶选择和判定某一元方法论。

罗素的分析方法论是对西方从亚里士多德到笛卡尔批判、摈弃、吸取和创新的结果。其中,虽作为英国经验主义对立面的笛卡尔思想也是罗素认识论和方法论的源泉之一。

在一定意义上,笛卡尔之所以成为近现代哲学之父,最根本就在于他的方法论。罗素在《西方哲学史》上评价:

> 若内·笛卡尔(René Descartes,1596—1650),通常都把他看成是近代哲学的始祖,我认为这是对的。他是第一个禀有高超哲学能力、在见解方面受新物理学和新天文学深刻影响的人。

---

① Lehaney, B. A. and Vinten, G. 1994. "Methodology: An Analysis of Its Meaning and Use." Work Study, pp.43, 3, 5—8.
② Nachmias, D. and Nachmias, C. 1987. Research Methods in the Social Sciences. 3rd edition, New York: St. Martin's Press.
③ Arbnor, I. and Bjerke, B. 1997. Methodology for Creating Business Knowledge. 2nd Edition, Thousand Oaks, London and New Delhi: Sage Publications.
④ Mulkay, M. 1991. Sociology of Science: A Sociological Pilgrimage, Milton Keynes and Philadelphia: Open University Press.

固然,他也保留了经院哲学中许多东西,但是他并不接受前人奠定的基础,却另起炉灶,努力缔造一个完整的哲学体系。这是从亚里士多德以来未曾有的事,是科学的进展带来的新自信心的标志。他的著作散发着一股从柏拉图到当时的任何哲学名家的作品中全找不到的清新气息。从柏拉图到笛卡尔之间,所有的哲学家都是教师,沾着这行职业素有的职业优越感。笛卡尔不以教师的身份写哲学,而以发现者和探究者的姿态执笔,渴望把自己的所得传达给人。他的文章笔调平易不迂腐,不是供学生们念的,而是给一般生活中明白事理的人看的。并且,这还是一种异常出色的文笔。①

以哲学为例,在西方人看来,"哲学"与古希腊如苏格拉底、柏拉图和亚里士多德等的思想影响以及欧洲文化传统有着不可分割的联系,并在启蒙运动后,如受到笛卡尔、培根、洛克、休谟、康德的思想影响而得到加强。虽作为英国经验主义继承人,罗素本人也曾受到笛卡尔的影响。他15岁的时候曾产生过与笛卡尔主义者十分相似的想法。一定意义上,罗素经常以笛卡尔等为参照,在比较中,逐渐建立了自己的方法论。例如,他批判笛卡尔派的学者拒斥心与物之间的任何相互作用,从而增大了心物区别的绝对性。罗素追求确定的真理性知识,这从其早期对逻辑与数学的探讨以及后期对休谟有关归纳的怀疑论的考察就可以看出。如同笛卡尔,罗素先在数学中发现确定知识的范例,但证明它则从公理出发,而这点会受到质疑,于是,他便转向了逻辑。在人类的认识史上,笛卡尔式的积极的怀疑精神始终是一种强大的动力,它促使人们一方面不断地修订、改善和深化已有的知识,另一方面又不断探索、追求和掌握尚未获得的知识。罗素正是以一种比较积极的怀疑精神为动力,在科学的旗帜下,采取了分析的方法,并走上了反神秘主义和反形而上学的道路。罗素一生始终坚持怀疑的方法,并把它作为逻辑分析的工具,换句话说,他的分析方法就是为了一点儿一点儿地消除怀疑,拨开神秘主义的谜团,打破形而上学的体系,像笛卡尔那样要求"清楚明白",直到每一个细节确定为止。罗素在《人类知识》一书中,称自己与笛卡尔、莱布尼兹、洛克、贝克莱和休谟的著作一样,都是为非专业的普通读者而作的。有趣的是,1950

---

① 罗素:《西方哲学史》,中译本下卷,第 79 页。Bertrand Russell, *The History of Western Philosophy*, Simon & Schuster/Touchstone, 1976, p.557.

年底,罗素来到斯德哥尔摩参加诺贝尔文学奖颁奖仪式。当时那里正值严冬,他竟然联想起,300多年前,笛卡尔应克里斯蒂娜女王之邀来到斯堪德那维亚,竟因寒冷而死。

为什么罗素这样的大哲会受到笛卡尔思想的影响?一是强调怀疑精神,决不盲从任何权威;二是坚信数学与逻辑的确定性。

笛卡尔(René Descartes,1596—1650)是公认的现代西方哲学的奠基人和开拓者,创制了"怀疑论"方法,掀起了"唯理论"思潮,并首次创立了一套完整的哲学体系。笛卡尔的方法论尤其对科学与哲学从中世纪向近代的过渡是一个决定性的推动。笛卡尔曾站在柏拉图、亚里士多德等先前巨人的肩膀上,但也让更多的大哲站在他巨大的肩膀上。我们可以毫不夸张地说,笛卡尔不仅是一代宗师,而且是跨越几代的人类宗师。

笛卡尔对另一位唯理论大哲斯宾诺莎(Benedictus de Spinoza,1632—1677)产生过决定性影响,为此后者专门撰写了生前唯一用真名出版的著作《笛卡尔哲学原理》;同斯宾诺莎一样,唯理论巨擘莱布尼茨(Gottfried Wilhelm Leibniz,1646—1716)也是凭借检验笛卡尔哲学构建了自己的体系;而洛克、贝克莱、休谟等一代经验论大哲的分析中都有着笛卡尔主义的启迪。康德对认识论的"哥白尼式革命"也由笛卡尔所驱动;在《哲学史讲演录》中,黑格尔明确指出:"笛卡尔事实上是近代哲学的开创者",是"一个彻底从头做起,带头重建哲学基础的英雄"[①]。20世纪现象学运动的创始人胡塞尔(E. Edmund Husserl,1859—1938)也受到笛卡尔的重大影响,他曾出版过专著《笛卡尔的沉思》(*Méditations cartésiennes*)。在本书引论中,胡塞尔承认,笛卡尔的《沉思录》"完全直接影响了已形成的现象学向先验哲学的一种新形式的转变",而几乎将自己的现象学贴上"新笛卡尔主义"的标签;尽管胡塞尔现象学的企图之一是消除笛卡尔从柏拉图和亚里士多德那里继承下来的传统存在论。胡塞尔赞扬并评价道:"具有令人惊异的深刻性的笛卡尔的基本思考,已经接近现象学,然后它又出现在洛克学派的心理主义中。休谟几乎踏上了它的领域,但失之盲目。"[②]把现象学和笛卡尔传统联系起来的法国当代哲学家米谢尔·亨利(Michel Henry,1922—2002)提出:在笛卡尔的我思构成了现象学的诞生行为的条件下,现象学研究不仅仅是可能的,而且是唯一

---

① 黑格尔:《哲学史讲演录》第4卷,北京:商务印书馆1981年版,第63页。
② 胡塞尔:《纯粹现象学和现象学哲学的观念》,李幼蒸译,北京:商务印书馆1992年版,第160页。

的可能。"我要提倡一种对笛卡尔的'我思'的现象学阅读",他认为"对'我思'的现象学研究不仅仅是可能的,而且是唯一的可能。现象学应该确定唯一能够进入'我思'中被思考和应该被思考的内容的途径"①。

著名哲学家马利坦(Jacques Maritain,1882—1973)认为:笛卡尔在哲学史上的意义无法估价,其思想对几个世纪的人类历史有着深刻影响。② 法国当代著名笛卡尔和现象学专家马里翁(Jean-Luc Marion,1946—)谈到自己哲学演变的心路历程:"开始,我只是研究笛卡尔本人——也就是确定形而上学理性的现代转折的基础和限制(《笛卡尔的灰色本体论》1975),后来的《笛卡尔的白色神学》(1981),试图重建笛卡尔和上帝类似的造物主的中世纪理论的批判,以保证对象科学的最终基础。由于注意到笛卡尔思想的'模糊性',我不得不对是否面对笛卡尔工程的形而上学——因为这不是自然而然的——的同一性问题做出选择(《笛卡儿形而上学多棱镜》,1986)。我把笛卡尔形而上学的特别概念和海德格尔所谓的形而上学的本体神学的构建作比较,我在笛卡尔那里辨认出不仅仅是两种并不错迭的本体神学(思维的和原因的神学),而同样辨认出形而上学的内在和外在的各种限制比较,这种形而上学以慈悲的动机回归帕斯卡尔的第三种范畴。由此,我不能避免两种探索。第一:人们是否能够以形而上学的风格进行哲学思考?胡塞尔确立的现象学的新开始能够允许吗?第二:现象学的事业是否真的依靠自我?这个自我,是否在笛卡尔意义上理解?尽管胡塞尔、海德格尔对他有批评,对他的主体性有批评。这就是把我从笛卡尔引向现象学的路线。而当今世界的两个主要哲学潮流——现象学和分析哲学——其实是分享着共同的始源,尽管后来发生了各种对立,一种出自新康德主义土壤,无疑围绕着布伦塔诺及其遗产的始源。"③

法国著名解释学哲学家利科(Paul Ricoeur,1913—)认为,胡塞尔的《笛卡尔的沉思》的首要意图就是在哲学史中置入现象学的先验动机。如果说,在笛卡尔之后,还有一种宣称结束思想的各种变化并且重新开始哲学的历史,那是因为笛卡尔并不足够彻底,或没有足够忠实于他的彻底

---

① 参见亨利:《笛卡尔的开端和现象学的观念》,载《在今天阅读笛卡尔》,卢汶哲学书库,Editions Peeters,卢汶—巴黎版,1997年,第199页。

② J. Maritain, *The Dream of Descartes*, Tr. Mabelle L. Andison, New York: Philosophical Library, 1944.

③ 马里翁:《应该重新看待的形而上学》,《文学杂志》第342期,1996年4月。

性。因此,如果哲学把其使命进行到底,那就会超越自己的历史,并实现自己的"永恒意义"。《笛卡尔沉思》设定了这个观念:在哲学史趋向通过真正开始意义上的进步消除其自己历史的限度内,哲学史才具有意义。胡塞尔在彻底开始的观念中探索,走得比笛卡尔更远。"我思"应该彻底化。胡塞尔的笛卡尔不是吉尔松的,也不是拉波特和阿尔基耶的,而是一个新康德主义者阅读的笛卡尔:胡塞尔认为笛卡尔的伟大在于:他在普遍科学的体系中,创立了一种同时是科学和所有科学基础的哲学计划。合法的我思,是先验的主体,也就是先验的"自我"。① 正如人们所说的,我们仍然在讨论笛卡尔讨论过的问题,由这位先哲在《沉思录》中的观点引发,福柯(Michel Foucault,1926—1984)与德里达(Jacques Derrida,1930—2004)曾在我思(Cogito)与疯癫(Madness)等问题上进行了繁杂的缠斗,后果是不仅中断了他们的友谊,还引起了两者长达15年的不和,在一定意义上反映了结构主义与解构主义之间的论争。

本书著者同意我国著名法国哲学专家杜小真的看法:笛卡尔是法国当代哲学的真正源头。无论什么地方来的外来哲学,都会打上笛卡尔传统的印记。现象学是从认识主体回归自身起步的。因此应该在笛卡尔那里认出它的一位奠基之父。笛卡尔提出的最重要的问题,或者说笛卡尔最伟大的创新,不是提出全新的"主体"问题,而是西方哲学史上始终没有解决的或始终在争论的个别和普遍的关系问题。普遍,到底有没有独立的存在性?他要找到一个可靠的起点。找到一个绝对不会错的起点,然后用数学的方法去推演,就出不了错。那就是要靠怀疑一切,排除掉一切可以怀疑的东西。但有一个东西是不能怀疑的,那就是"我怀疑",就是蕴涵在"怀疑"中的"我思",这类似巴门尼德的思路。这样就把"我思"推向"我在",这里的"我"就作为一个实体的我肯定存在,似乎就成了个体和普遍的结合体(这个我表面看来是个个体,但又是一个纯思想的"我",这个纯思想的东西应该说是代表普遍性的,并不限于一个当下的"我")。所以,笛卡尔的"我"结合了个别与一般。把这个重要的问题推进一步,使他成为近代西方哲学的开创者。②

笛卡尔在中世纪经院哲学的氛围中长大,但却成为它的掘墓人。虽然笛卡尔最终背叛并颠覆了经院哲学的传统,但他是在这个传统下长大

---

① 利科:《胡塞尔〈笛卡尔沉思〉研究》第一节:"胡塞尔和笛卡尔",载《致现象学派》,弗兰出版社1998年版。
② 杜小真:《德里达与现象学》,《人文与社会》,2006年11月。

的,他的思想受到经院哲学很大的影响;而这一点常常被人所忽视,甚至有人认为笛卡尔对传统哲学不甚了解,而且说正是因为这种无知笛卡尔才可能做出革命性的突破;这是一种误解;其实,如果不了解经院哲学的背景,我们很难充分理解笛卡尔的哲学体系;笛卡尔是现代哲学的创始人,是经院哲学的终结者,但现代哲学是在经院哲学的土壤上长出来的;笛卡尔的哲学是承前启后的,因此如果完全脱离经院哲学来了解笛卡尔的哲学,我们不可能得到完整的理解。笛卡尔在很多领域都有杰出的贡献,包括数学、物理、生理学以及哲学。他因将几何坐标体系公式化而被认为是解析几何之祖。笛卡尔的成就是革命性的。迄今为止我们仍然在笛卡尔所构建的框架里探索研究,甚至反对派在抨击笛卡尔的思想时,依然挣脱不出笛卡尔的框架。这些框架中的最重要之一就是掌控"思与在"或"心与身"关系的框架——即所有哲学家和心理学家思考问题的初始点。笛卡尔的思想对人类社会的各个方面也有着广泛深入的影响,包括政治文化生活的各个方面。而且,笛卡尔的这些贡献又是紧密联系在一起的,组成了一个有机的整体。笛卡尔是一个革命性的人物,他给欧洲思想界带来根本性的改变。谦虚的牛顿后来说他之所以能够做出一些发现(例如万有引力理论),是因为他站在巨人的肩膀上;毫无疑问,笛卡尔就是那些巨人中的一员。①

笛卡尔生于法国安德尔—卢瓦尔省,英年早逝于瑞典斯德哥尔摩,他54岁的一生丰富多彩。8岁的时候就被送到法国最好的天主教会学校拉夫赖士(La Fleche)学习,受到良好的古典学以及数学训练,但对所学的科目没有什么兴趣。1616年从普瓦捷大学法律专业毕业后,20岁的笛卡尔开始游历欧洲,专心寻求"世界这本大书"中的智慧。他曾在荷兰、巴伐利亚和匈牙利的三国军队中短期服役,不过并未亲历任何实战。直到22岁遇到一个喜好科学的荷兰医生毕克曼,笛卡尔才重新拾起了对数学的爱好。1619年11月10日,夜,一系列神奇的梦给23岁的笛卡尔指明了方向。由于担心自己的思想会受到教会的制裁,笛卡尔的写作和出版都很小心,而他也长期居住在荷兰。53岁的时候,笛卡尔应瑞典女王克里斯蒂娜邀请到Stockholm去做她的老师。但是不喜欢早起的笛卡尔却不得不在早晨5点钟起床给女王上课。加上瑞典严寒的冬天,笛卡尔在这

---

① 参见孙为民:《笛卡尔:近代哲学之父》,《东西方思想家评传系列》(丁子江主编),北京:九州出版社2013年版。

块"狗熊、冰雪与岩石的土地"上很快染病不起,并于来年2月故去。世人,包括学术界对这位一代宗师的逝世置若罔闻,只有某报发了一篇负面报道,竭尽冷嘲热讽之能事:"有一疯子在瑞典死了,他以为人都可随意活着。"与他生前的坎坷一样,死后的笛卡尔的遗骸也几经周折,从冷落到荣耀。骇人听闻的是,在移灵时,法国大使切下笛卡尔右手的大拇指留为纪念,接着因铜棺过小,便将头与身割开分别运送,结果头颅遭一军官盗走,被当成收藏品多次转让,直到一个半世纪后才寻回。最后笛卡尔总算厚葬在柏雷斯的圣日曼(Saint-Germain-des-pr & egrave)教堂中,墓志铭上写着:"笛卡尔——自欧洲文艺复兴以来,为人类力争与确保理性权利的第一人"。

怀疑论者又是二元论者的笛卡尔自认为一个虔诚的天主教徒,却不为教会权威认可。即便在一些最宽容的新教国家如荷兰等,笛卡尔也被指控为无神论者。这是他方法论的一个必然后果,其内里所藏的锋芒是掩盖不住的,尽管创造者本人并没有完全意识到。笛卡尔去世13年后,梵蒂冈将笛卡尔的全部著作列为禁书;又过了8年,路易十四下令在法国学校中禁止讲授笛卡尔的学说。一直到1740年,当局为了对当时流行的牛顿世界体系需求替代物而解除了禁令。从未结婚的笛卡尔与一位叫海伦(helene)的女仆生了一个女儿,起名为法兰西妮(Francine),有纪念自己祖国的意思。然而这唯一的女儿却在5岁时早夭,这是笛卡尔终生最大的悲痛。[①] 人们对笛卡尔有着不少传奇虚构,其中提到他曾制造一位也叫法兰西妮的女机器人一同漫游世界。麦克尔·哈特将笛卡尔列为历史上影响最大的100人中的第49位。

笛卡尔的学术生涯可分为科学阶段与哲学阶段。在科学阶段,他写了论述物理学的《宇宙论》(*The World*)和检验生理学的《人类论》(*The Human*),并从物理学与生理学而科学地走向心理学。在哲学阶段,他从彻底的怀疑出发,而试图建立确定无疑的知识。传统的经典虽然有着权威的支持,但是权威并不能保证其正确无误。在《沉思录》中,经过一系列的大胆怀疑,笛卡尔最终发现了一个清楚自明无可怀疑的命题:"我思故我在(Cogito ergo sum)",从而突出了"我"的主体性地位,标志着近代哲学的真正开端。在此基础上,笛卡尔构建了他的整个哲学体系。除了该

[①] Steven Gaukroger, *Descartes*: *An Intellectual Biography*, Oxford University Press, 1997, p. 294.

哲学系统有其独到的价值之外（笛卡尔的哲学至今仍被广泛研究），笛卡尔更重要的贡献在于他理论构建的怀疑方法（这个开启了哲学史上认识论的转向），和由此带来的主客体对立的思维框架（这是现代哲学的一个标志）。笛卡尔的主要哲学著作有：《论世界》(Le Monde, 1633)、《论人类》(Traite de I'homme, 1633)、《方法谈》(Discours de la Methode, 1637)、《形而上学的沉思》(Meditationes de Prima Philosophiaor Méditations métaphysiques, 1841)和《哲学原理》(Les Principes de la philosophie, 1644)等。正如罗素在自己后期成熟著作《人类知识》序言中所感叹的："以下的篇幅并非仅为或主要为职业哲学家而写的，也是为那些更多数的广大读者；这些人对哲学问题感兴趣，而又不愿或不能付出较多时间来探索它们。笛卡尔、莱布尼兹、洛克、贝克莱和休谟的著作都是为这类读者而作的；我认为很不幸在以往大约160年的时期里，哲学已被视为几乎与数学同样的东西。"笛卡尔本人在《形而上学的沉思》所附录的信中，曾打算将它作为大学教科书。

笛卡尔哲学受到左右两方面的继承：左的如拉美特里(La mettrie, 1709—1751)、狄德罗(Diderot, 1713—1784)、爱尔维修(Helvetius, 1715—1771)等，右的如马勒布朗士(Malebranche, 1638—1715)等；它也受到左右两面的批判，左的如同代人如伽桑狄(Pieere Gassendi, 1592—1655)[①]和霍布斯(Thomas Hobbes, 1588—1679)等，右的如经院哲学家和教会权威等。除影响了斯宾诺莎、莱布尼兹之外，笛卡尔还深刻影响了洛克、康德、胡塞尔等大哲，但也受到康德等以及后代人如罗素、海德格尔、维特根斯坦和福柯等的强烈抨击。对笛卡尔的批判内容包括其体系与方法之间的矛盾，如折中论、先验论、天赋观念、形而上学、循环推论、谬误推论、二元虚构、主体不证自明等。不过，笛卡尔本人对各种批评相当开明。例如在《形而上学的沉思》完稿后，他将抄本分送给卡特罗斯(Caterus)、霍布斯、伽桑狄、阿诺尔德(Arnauld)、莫森尼(Mersenne)等征求意见，并对收到的六组驳难逐一答辩，而后作为附录收入书中。罗素曾批评说："灵魂与肉体的区别最初是形而上学的深奥精妙之处，后来逐渐成了公认常识的一部分，直到当今仅有极少几个玄学家仍敢于质疑这种区别。笛卡尔派的学者拒斥心与物之间的任何相互作用，从而增大了心

---

① 见伽桑狄：《对笛卡尔〈沉思〉的诘难》，《十六—十八世纪西欧各国哲学》，北京：商务印书馆1975年版，第183—287页。

物区别的绝对性。"①存在主义大师海德格尔(Martin Heidegger,1889—1976)针对"我思故我在"提出了尖锐的批评,指出笛卡尔将之作为哲学基石不证自明的命题从根本上是不清楚的,因为它未对"我"这个思维体的存在方式或"我在"的存在意义加以检验,而未能深入思考人之思如何思以及人之在如何在,"笛卡尔发现了'Cogito sum'(我思故我在),就认为已为哲学找到了一个新的可靠的基地。但是他在这个'激进'的开端处没有规定清楚的就是这个能思之物的存在方式,说得更确切些,就是'我在'的存在的意义"②。而另一个存在主义大师萨特(Jean Paul Sartre,1905—1980)驳斥了笛卡尔心物二元论主次关系,则将"我思故我在(cogito ero sum)"换位成了"我在故我思(sum ergo cogito)",对他来说,这是事物本身的自然秩序。

当代语言或分析哲学家几乎都反对将心、思和内在尊为第一位的笛卡尔式心理主义倾向。在《心的概念》一书中,语言哲学大师赖尔(G. Ryle,1900—1976)批评笛卡尔的心—身二元论是一种"类的错误",心只能存在于具体行为之中;否则心是什么就无法加以观察和测量。分析哲学一代宗师维特根斯坦(Ludwig Wittgenstein,1889—1951)抨击了笛卡尔的一个误导,这就是相信那种并不存在着的内在客体和心理历程。维特根斯坦企图通过语言方式来解决不甚注意语言功用的那种笛卡尔式"心—身"或"思—在"二元论。按照后期维特根斯坦对语法命题与事实命题的二分法,"我思故我在"是一个语法命题,而非一个事实命题;"我思"是一种纯心灵的活动,"我在"则是一种思维状态,因此"我思维故我在思维"是有意义的命题;然而笛卡尔将"我在"视之为一个"实体存在"或"思维之外的客观存在",这样一来,"我思故我在"就变为"我思维故我是实体存在"。本来,人们无法从语法命题推导出事实命题,也就是无法从"我思"推导出实体的"我在";笛卡尔的"我思"与"我在"无法构成推导性的逻辑关联。从维特根斯坦"私人语言"与"公共语言"的二分法以及前者可能引起的谬误和困境,如私人感觉的不可接近性,私人语言规则的不可遵守性以及私人语言在游戏中的不可表达性,可以看出他的主要目的之一就是拒斥笛卡尔式二元论以及反直指和反对象—指称模式。

当前在西方学术界比较普遍地认为,对于笛卡尔的心灵论来说,他的

---

① Bertrand Russell: *Human Knowledge: Its Scope and Limits*, Simon and Schuster, 1948, pp. 52—53.

② 海德格尔:《存在与时间》,北京:三联书店1987年版,第31页。

二元论方式所引起的困惑远多于他所能解决的,尤其他有关人类心灵特性及其与物质世界的关系所产生的难题始终无法得到解决。长期以来,人们甚至为笛卡尔是否是一个怀疑论者而争论不休,本书著者同意孙卫民教授的观点:笛卡尔最终的目标是要建立确定的知识体系,因此怀疑论的结论是他无法接受的。最终笛卡尔要确认我的心灵的存在,上帝的存在,以及数学知识和正常情况下感性知识的可靠,因此怀疑在他的哲学里没有位置。笛卡尔只是用怀疑的方法来颠覆旧的知识大厦,而且用怀疑来作新的知识的检验标准。"事实上,在其一生之中,笛卡尔可能从来没有陷入到怀疑论的深渊里去。"①

当代大多数文化和社会的研究是基于实证主义(positivistic)的传统。通过这个途径,人们可寻找模型,理论以及具有相当程度外部有效性的法律式原则。因此,跨文化研究的典型方法是作为技术的探索,其特征表现为概念化、操作化、设计研究、构思假设、建造工具、收集数据以及建构理论。② 哲学研究形式与内容上应不断地革新,所谓研究的形式主要表现在方法论上,我们也可以从元方法论(Meta-methodology)的角度来加以衡定。"元方法论"可称为方法论的方法论,即以方法论作为审思对象,"简言之,理论是关于世界的,方法论是关于理论的,而元方法论是关于方法论的"③。

二、分析哲学的起源、发展、危机与挑战

可以说,分析哲学运动至今约有百年历史,"现今是西方哲学的主导力量"④。

> 分析哲学发端于20世纪早期,当今已成为哲学的主导传统。当然,分析哲学并非还保持当初那个样子。正如其他一切运动或传统一样,分析哲学经历了各种政治灾变事件,科技的发

---

① 孙卫民:《笛卡尔:近代哲学之父》,北京:九州出版社2013年版,第56页。
② Hamid Yeganeh, Zhan Su and Elie Virgile M. Chrysostome. "A Critical Review of Epistemological and Methodological Issues in Cross-Cultural Research." *Journal of Comparative International Management*, 2004, Vol. 7, No. 2, pp. 66—86.
③ Husain Sarkar, 1980. "Imre Lakatos' Meta-Methodology: An Appraisal." *Philosophy of Social Science*, 10 (1980) 397—416.
④ J. Searle, "Contemporarary Philsophy in the United State", in Bunnin and Tsui-James (eds.), *The Blackwell companion to Philosophy*, Blackwell, 1996, pp. 1—2.

展以及其他领域的影响,此外,它还接受了自我审思与批判。分析哲学的发展得益于很多来源,如英国经验主义传统(就像前面罗素所说的),19世纪末和20世纪初自然科学,尤其是物理学的发展。然而,最主要的动力是19世纪和20世纪初,逻辑学、集合论以及数学基础的革命性发展。对于哲学来说,最重要的变革是数理逻辑的发展,它成为分析哲学家观念不可或缺的工具和源泉。分析哲学家从英国经验论、形式逻辑、数学和自然科学中获得他们的灵感、观念、论题以及方法。……分析哲学家们将弗雷格、罗素、维特根斯坦和摩尔尊为这个哲学大家族的四大鼻祖。①

什么是分析哲学?也许不同分析哲学家有不同的回答:

> 对分析哲学而言,最重要的是以追求清晰性为特征,它坚持哲学上的明确论证,并要求任何所表述的观点必须经过严格的批判性评估以及同行的研讨。②

在2008年推出的《什么是分析哲学?》(*What is Analytic Philosophy?*)一书中,格洛克(H. J. Glock)认为,分析哲学是一个松散的运动,作为历史和类的范畴,因某些影响与某种的"家族相似性"而结合在一起。他比较了各类有关分析哲学定义的利弊,以及因此而引发的史学和哲学问题,并提出分析哲学是否可避免伦理与政治理论?分析哲学是否是中性和保守的?分析哲学是否是进步的和革命性的?等一系列问题。此外,他还探讨了产生英美分析哲学与欧洲大陆哲学之间鸿沟的文化影响。"我的雄心是力图用分析哲学与欧洲大陆哲学相结合的新方式解决问题……虽然我本人是一个分析哲学家,但并不主张分析哲学在任何条件下都是一种完善的哲学。……在本书中,我的主要研究计划是为描述性而非指定性的元哲学做出贡献。"③

2012年,在《分析哲学简史:从罗素到罗尔斯》(*A Brief History of Analytic Philosophy: From Russell to Rawls*)一书中,史瓦兹(S. P.

---

① S. P. Schwartz, *A Brief History of Analytic Philosophy: From Russell to Rawls*, Blackwell, 2012, p. 2.

② European Society for Analytical Philosophy, http://www.dif.unige.it/esap.

③ Hans-Johann Glock, *What is Analytic Philosophy?* Cambridge University Press, 2008, p. 3.

Schwartz)将罗素视为分析哲学运动的开创者,此作第 1 章的标题就是"罗素与摩尔",着重评述了罗素的数学观、数理逻辑、逻辑主义、摹状词理论、感觉材料等。此书作者还列出了 28 位重要的分析哲学家:

弗雷格(Gottlob Frege,1848—1925,German)
罗素(Bertrand Russell, 1872—1970,British)
摩尔(George Edward Moore,1973—1958,British)
纽拉特(Otto Neurath,1882—1945,Austrian)
石里克(Moritz Schlick,1882—1936,German)
维特根斯坦(Ludwig Wittgensein,1889—1951,Austrian/British)
卡尔纳普(Rudilf Carnap,1891—1970,German/American)
莱辛巴赫(Hans Reichenbach,1891—1953,German/American)
赖尔(Gibert Ryle,1900—1976,British)
波普(Karl Popper,1902—1994,Austrian/British)
塔斯基(Alfred Taski,1902—1983,Polish/American)
亨普尔(Carl Hempel,1905—1997,German/American)
哥德尔(Kurt Godel,1906—1998,Austrian/American)
古德曼(Nelson Goodman,1906—1998,American)
蒯因(Willard Van Orman Quine,1908—2000,American)
斯蒂文森(Charles Leslie Stevenson,1908—1979,American)
布拉克(Max Black,1909—1988,Russian/British/American)
艾耶尔(Alfred Jules Ayer,1910—1989,British)
奥斯汀(John Austin,1911—1960,British)
马尔克姆(Norman Malcolm,1911—1990,American)
塞拉斯(Wilfrid Sellars,1912—1989,American)
图林(Alan Turing,1912—1954,British)
格赖斯(Herbert Paul Grice,1913—1988,British)
奇瑟姆(Roderick Chisholm,1916—1999,American)
戴维森(Donald Davidson,1917—2003,American)
安斯康比(Gertude Elizabeth Margaret Anscombe,1919—

2001,British)

海尔(Richard Mervyn Hare,1919—2002,british)

斯特劳逊(Peter Frederich Strawson,1919—2006,British)

2013年,牛津大学出版社推出了宾内(Michael Beaney)所编辑的《牛津分析哲学历史手册》一书,这部由41位著名学者参与编写,厚达近1200页的巨著对现代英美分析哲学的来龙去脉进行了详细的评述。此书在导言"分析哲学及其史学"的4章中,介绍了分析哲学的概念与定义,分析哲学的史学研究,分析哲学的编年,分析哲学的文献和史料等,在第一部分"分析哲学的起源"的10章中讨论了反康德主义,19世纪科学哲学的规范与结构,弗雷格与分析哲学,分析哲学学派与英国哲学,分析哲学的数学与逻辑基础,摩尔与剑桥分析学派,以及维特根斯坦的逻辑哲学论等;第二部分"分析哲学的发展"的13章中,审思了牛津实在论,早期逻辑经验主义与维也纳学派,卡尔纳普、哥德尔、塔斯基的逻辑贡献,维特根斯坦后期哲学,蒯因、克瑞普克和普特南姆的哲学,逻辑行为主义与认同论的起源,意义理论的发展,因果论的兴衰,分析哲学中的形而上学(玄学),元伦理学,20世纪规范伦理学,分析美学,以及分析政治学等;第三部分"分析哲学历史中的主要论题"的12章中评述了功能问题,赖尔的思想,分析哲学中的逻辑完美语言,分析哲学中的语言转折,知觉与感觉材料,摩尔对外部世界的证明,模型论,推理论与规范性,实用主义与分析哲学,分析哲学中的现象学作用等。在全书39章中,罗素的思想几乎贯穿始终,其中有多处章节专门讨论了罗素对这个思潮的贡献,如第1章第1节"分析哲学的起源(The Origins of Analytical Philosophy)";第2章第3节"罗素在分析哲学构建中的作用(Russell's role in the Construction of Analytical Philosophy);第11章"罗素与摩尔对英国唯心论的反叛";第12章"罗素摹状词的理论与逻辑构造论的理念(Russell's Theory of Descriptions and the Idea of Logical Costruction"等。①

普林斯顿大学出版社计划推出著名语言学家兼分析哲学史家索姆斯(Scott Soames)5卷本巨著《哲学中的分析传统》(*The Analytic Tradition in Philosophy*),主要揭示了从1879年现代逻辑的发明一直到20世纪末分析哲学的历史脉络,提供了目前为止对分析哲学的发展最充分最

---

① 参见 Michael Beaney(ED.),*The Oxford Handbook of The History of Analytic Philosophy*,Oxford University Press,2013。

详细最有深度的评述,其中不少资料未曾公布过。索姆斯针对分析运动的各个重大的里程碑似的发展阶段,做出了前所未有的探索。2014 年已出版了其中第 1 卷《开创性的巨匠们》(Volume 1: *The Founding Giants*, Princeton University Press, 2014)。此卷有 680 页之厚,阐明了分析哲学开创时期的三大巨头——弗雷格、罗素和摩尔等在数学、认识论、形而上学、伦理学、哲学、语言哲学等领域的划时代贡献。索姆斯解释了这三位开创者在 1920 年代,以一种前所未有的方式将逻辑、语言和数学三者结合,并使之成为哲学的核心部分。不过,尽管逻辑、语言和数学当今已被认作达到传统目的的有力工具,但始终并未真正地对哲学加以界定。这种状况得到转变,在第 1 卷的结尾,索姆斯引介了第四位开创者,即天才的大哲维特根斯坦:1922 年,《逻辑哲学论》(*Tractatus*)的英文版问世,迎来了持续数十年的"语言学转向"哲学。此书第 1 卷共有 12 章,其中就有 6 章,即约一半的篇幅,阐述了罗素及其思想,如第 7 章"罗素早期的逻辑、哲学和《数学原则》",第 8 章"罗素的摹状词理论'论指称'",第 9 章"罗素的真理、谬误与判定",第 10 章"罗素的逻辑主义",第 11 章"罗素的《我们外界的指示》",第 12 章"罗素的逻辑原子论哲学"等。索姆斯声称自己在第 1 卷中关注的七大焦点是:

  1. 弗雷格与罗素所开创数理逻辑的非凡发展;2. 弗雷格与罗素数理哲学的突破性转型;3. 弗雷格与罗素如何应用在逻辑—数学的考察中获得的概念和方法,来建立语言系统研究的基础;4. 在 1905 年至 1918 年,罗素坚持不懈地应用逻辑和语言分析的方法,来抨击认识论与形而上学(玄学)的传统问题,并且力图建立作为哲学主要方法论的分析手段;5. 摩尔与罗素对康德主义—黑格尔主义式唯心主义的反叛,而后者在 19 世纪至 20 世纪初叶曾主宰英国哲学;6. 摩尔的元伦理学造成了近半个世纪的争论;7. 摩尔的常识认识论至今还影响着哲学界。[①]

1996 年,在《罗素与分析哲学的起源》(*Bertrand Russell and the Origins of Analytical Philosophy*)一书中,一些著名哲学家和罗素研究学者,如格里芬(Nicholas Griffin)、希尔顿(Peter Hylton)、格雷林(A. C. Grayling)、凯尔密斯特(C. M. Kilmister)等,探讨了罗素与分析哲学的

---

① Scott Soames, *The Analytic Tradition in Philosophy*, Volume 1: *The Founding Giants*, Princeton University Press, 2014, p. xii.

渊源关系，以及他对这个运动独特和持久的重要贡献，对其观点进行了详细分析，并探讨了其哲学思想的变化过程。[①]

分析哲学学派在世界许多地区都盛行，但最主要在英语国家，尤其是英国和美国。罗素认为，自然语言往往误导哲学，而理想语言可以揭示真正的逻辑形式。因此，在传统的观点上，分析哲学诞生于这一语言的转向。这种理性的分析哲学被誉为一个宏大规模哲学革命，不仅是反抗英国的理想主义，而是反对整个传统哲学。

分析哲学经历了数次内部的微型革命，可将其历史大致分为五个阶段：

第一阶段约从 1900 年到 1910 年。主要特征为摩尔和罗素的实在论的兴起，它以某种准柏拉图形式来替代唯心主义；这种实在论在"命题"和"意义"的用语中得到表达和维护，因此它涉及一种语言的转向。然而，这种实在论的另一个重要特征是远离哲学宏大的系统或宽泛的合成，而转向提供狭义的讨论，探讨单个特定的、孤立的问题，并注重精确和细节的方法。

第二阶段约从 1910 年到 1930 年。主要特征为逻辑原子论和理想语言分析的兴起，摩尔与罗素都摒弃了那种命题实在论，但前者强调一种常识的现实哲学，而罗素则与维特根斯坦一起发展了逻辑原子论和理想语言分析。

第三阶段约从 1930 年到 1945 年。主要特点为逻辑实证主义的兴起，由维也纳学派的成员开创，并由英国哲学家艾耶尔(A.J. Ayer)推广。

第四阶段约从 1945 年到 1965 年。主要特征为日常语言分析兴起，由剑桥哲学家维特根斯坦和约翰·维斯德姆(John Wisdom)以及牛津哲学家吉尔伯特·赖尔(Gilbert Ryle)、约翰·奥斯丁(John Austin)、彼德·斯特劳森(Peter Strawson)和保罗·格莱斯(Paul Grice)所发起。在20世纪60年代，来自内部的批评，并没有引起分析运动放弃其语言形式。

第五阶段约从 60 年代中期到 20 世纪末。主要特征为折中主义和多元主义，语言哲学赋予形而上学(玄学)以及哲学的各种分科以新的方式。这种后语言分析哲学不能由一套共同的哲学观点或兴趣，而可由其某种

[①] Ray Monk and Anthony Palmer (Eds.), *Bertrand Russell and the Origins of Analytical Philosophy*, Thoemmes Pr, 1996.

宽松的风格来界定,这就对某个狭窄的题目往往注重精确性和彻底性,而对广泛的议题却并不再挑剔非精确性或随意性。

即使在其早期阶段,对分析哲学很难界定其内在特征或根本的哲学承诺。因此,它一直依赖于与其他方法相比性,用以澄清其自身的性质。最初,它反对英国的理想主义,然后扩展为拒斥整个"传统哲学"。后来,它发现自己反对古典现象学(如胡塞尔)及其衍生的学派,如存在主义(如萨特、加缪等等),还有"欧洲大陆"或"后现代"哲学(如海德格尔、福柯和德里达)。虽然古典实用主义与早期分析哲学有某些相似性,尤其是皮尔士(C. S. Peirce)和刘易斯(C. I. Lewis)的工作,但实用主义者通常被理解为构成一个独立的传统或学派。①

人们对其历史发展的兴趣日益增长。也有人尖锐地抨击分析哲学正走向"消亡",或面临严重"危机",抑或"患了严重的疾病"②。这种危机感不仅在批评家的嘴里,一些分析哲学的领军人物也有同感。冯·莱特(Von Wright)注意到在进入哲学构建的革命性运动中,分析哲学变得如此多样,以致似乎丢失了本来的面目。③ 还有其他学者认为英美分析哲学与欧洲大陆哲学的分界已经过时。④ 丧失认同仅是一种一般的担忧,而丧失活力则更为严重。普特南姆(Putnam)曾反复号召要为分析哲学"注入新的生命力"⑤。辛提卡(Hintikka)呼吁"分析哲学的幸存依赖于维特根斯坦后期工作所提供的可能构造"⑥。甚至作为最坚定和最不妥协的谢勒(J. Searle),也承认"在革命性的少数观念转变为普遍认可的观念之后,分析哲学逐渐丧失了活力"⑦。一些对分析哲学多少抱有怀疑态度的人竟提出,应以"后分析哲学"取代之。⑧ 这样一些"胜利与失利相结合"的状况,提供了一种机缘,即从新的角度来审思分析哲学的本质。

---

① Aaron Preston,"Analytic Philosophy," *Internet Encyclopedia of Philosophy*,2006. http://www.iep.utm.edu/analytic/.
② Leiter,2004a,1,12;Biletzki and Matar 1998 xi;Preston 2004,445—7,463—4
③ Von Wright,1993,p. 25.
④ Glendinning,2002;May 2002;Bieri,2005
⑤ Putnam,1992,p. ix
⑥ Hintikka,1998
⑦ J. Searle,"Contemporaraty Philsophy in the United State", in Bunnin and Tsui-James (eds.),*The Blackwell companion to Philosphy*,Blackwell,1996.
⑧ Baggini and Stangroom,2002,p. 6.

本来,整个哲学各个领域都出现严重的危机与挑战。以比较哲学为例,有美国学者阐述道:比较哲学独特的方式也会造成独特的困境和挑战,但这并非是一个特定传统哲学的特征。这些应当避免的困难包括描述性的沙文主义(在自我想象中杜撰一个传统),规范性的怀疑(仅仅讲述或描绘不同的哲学家和传统观点,忽略有关其充分性的所有判断),不可通约性(incommensurability,无法找到作为比较基础上传统之间的共同点),以及永恒主义(perennialism,未能认识到哲学传统的演变,即其在单一或静态下不是永久的)。此外,由于比较哲学涉及一种在哲学学术中不占主导地位的方式,因而它为行业的主流所忽视。① 有学者分析说:其一,有人强调不可通约性。如果比较哲学是不可比较或不可翻译,那它就不能成功。然而,大多数人认为概念、语言、传统之间的差异不能做比较是不可能的。理论的原因(例如,唐纳德·戴维森的论证)和实践的例证(看似成功的比较哲学)提供了证据,因此,这一挑战是可以克服的。其二,有人主张哲学是简单的一件事,因而没有"比较"的空间。当哲学的界定非常狭隘时,可能对比较哲学的各种发展没有足够的空间。但极少人认为,哲学是一个狭窄的视野。其三,有人担忧不同的哲学传统缺乏足够的共同关切点。许多人认为,我们事实上已经发现在我们交叉传统的工作中有共同关心的领域,并且怀疑任何先验的论证,即否认我们能够做到这些。应指出"共同关注"并不需要寻求概念或问题所认同的公式,而各种具体的实例加强了这一想法。其四,比较哲学教学和研究缺乏足够制度性的支持,学生难以获得所需的培训。② 还有学者尖锐指出:"有些哲学家试图用不可通约性来避免困境。然而这种做法将各种文化变成'孤岛',并将日常生活归结为市场行为:人们仅互相购买货物,而非理念。"③

有中国学者尖锐地评估:较之比较文学、比较语言学、比较文化学等等而言,"比较哲学"这个名目,无论在学理建构上、还是在学科建制上,都还属于所谓"空白"。但这不等于说这么些年来我们根本就没有比较哲

---

① Ronnie Littlejohn. "*Comparative Philosophy*." *Internet Encyclopedia of Philosophy*, http://www.iep.utm.edu/comparat.

② Manyul Im. 2008. "Minimal Definition and Methodology of Comparative Philosophy." Warp, Weft, and Way: *Chinese and Comparative Philosophy*, http://warpweftandway.com/2008/08/07/minimal-definition-and-methodology-of-comparative-philosophy/.

③ U. Libbrecht. 2009. "*Comparative Philosophy: A Methodological Approach*," in (eds), *Worldviews and Cultures: Philosophical Reflections*. Edted by Nicole Note, R. Fornet-Betancourt, J. Estermann and Diederik AERTS. 2009. Springer. p.31.

学。实际上,自西学东渐以来,我们一直就在进行着比较哲学研究,尤其中西比较哲学的研究,只不过我们名之为"中西哲学比较研究"而已。但唯其不自觉,或惟其具有一种不恰当的自觉,"其间问题多多,不可不辩"①。以本书著者的看法,东西方比较哲学研究的危机主要表现在:哲学本身是否灭亡?中国有无哲学?参与的双方有无可比性?有无哲学比较的统一标准?什么是哲学的合法性?

在黑格尔(G. Hegel)看来,"中国哲学"不能称作"真正的哲学",甚至不能称作"思想"。②对德里达(J. Derrida)而言,中国拥有"思想"而没有"哲学",这是由于"哲学本质上不是一般的思想,哲学与一种有限的历史相联,与一种语言、一种古希腊的发明相联,……它是一种欧洲形态的东西,在西欧文化之外存在着同样具有尊严的各种思想与知识,但将它们叫做哲学是不合理的"③。在与他人合著的《大设计》(*The Grand Design*)一书中,当今世界上最知名的物理学家斯蒂芬·霍金(Stephen Hawking)宣称哲学死了。对他来说,原本属哲学疆域的东西现转为科学的任务。哲学死了,因为它没有跟上现代科学,特别是物理学的发展。在对知识的追求中,科学家们已经成为火炬手。哲学真的死了么?对于这个问题,哲学家们分为三派:即乐观者,悲观者和折中主义者。如果依照悲观者的看法,既然哲学本身都死了,当然也就不存在什么东西方哲学比较了。

20 世纪以来,分析和科学哲学以技术性、数理性、逻辑性及语言概念游戏性为哲思特征。休谟曾这样宣称过,那些既不能经观察所证实,又不能为数学所计算的东西都是"臆说";而所谓本体和上帝的那些传统哲学就是这样的臆说。人们都知秦始皇焚书,却不知英国 18 世纪大哲休谟(David Hume,1711—1776)也主张焚书。不过,他的出发点并非为思想统治,而是为其鼓吹经验主义学术门户之见。休谟劝世人:如果走进图书馆,看见有许多藏书,只有两类书可保留:一类是那些记录用观察(observation)、感觉和经验才可验证的知识的书,例如对于眼前这盘沙拉,我们可用视觉感知其中蔬菜水果和其他配料的颜色和形状,用嗅觉闻到它们不同的香味,用味觉尝到它们不同的口味,用听觉辨出咀嚼它们时发出的不同声响,用触觉摸出它们不同的质感和硬度。总之,从五官的感觉,人

---

① 黄玉顺:《"中西比较哲学"之我见》,《爱思想》,2005 年 7 月 25 日。
② 黑格尔:《哲学史讲演录》第 1 卷,贺麟、王太庆译,北京:商务印书馆 1983 年版,第 98—125 页。
③ 德里达:《书写与差异》,张宁译,北京:三联书店 2001 年版,第 9—10 页。

们加以归纳和抽象可得到有关沙拉的知识,即可验证的知识。另一类是用数学或逻辑计算(calculation)推衍出的知识,例如,3+2=5,这种知识也是可靠的。除此以外,其他的书,如关于上帝和宗教、关于物质还是精神等所谓最终本体的书,既不能用经验来验证,又不能用数理或逻辑来计算和推演的"知识",通常是胡说八道的"形而上学",故应统统烧掉。休谟把洛克和贝克莱的经验主义哲学发展到了它的逻辑终局。自从他著书以来,可以说,反驳他一向是形而上学家(指玄学),即传统欧洲大陆学派中间的一种时兴消遣,而鼓吹他也一向是反形而上学家,即分析哲学家中间的一种清谈风气。作为其主要哲学著作,休谟早年的《人性论》(*Treatise of Human Nature*)没有受到世人的关注。就连受到他深刻影响的康德,似乎也没听说过这部著作。如同休谟自己说的,这本书从印刷机生下来就是一个死胎,而他是一个乐天派,很快就从这个打击下振作起来,而改为散文的写作,并出版了第一部散文集。1744 年,休谟企图在爱丁堡大学得到一个教授职位未成;在这方面既然失败,他先做了某个狂人的家庭教师,后来当上一位将军的秘书。在生活有了某种保证后,再度向哲学进军。他浓缩了《人性论》一书,将其间精华部分以及大部分结论的根据删除,以《人类理智研究》(*Inquiry into Human Understanding*)为新书名出版。结果,此书反而比《人性论》成功得多,从而成为把康德从独断的睡梦中唤醒过来的动力。休谟似乎给人类的知识指点了迷津,把人们从盲从中解救出来,但又把他们引进一条狭窄的穴道。

正如前面所说的,传统经验论发展到休谟是一个顶点,而传统唯理论发展到莱布尼茨(G. W. Leipniz)也是一个顶点。但在此之后,便难于应付自然科学对于哲学认识论的挑战。自然科学的发展初期必然从经验开始,但到了 20 世纪初,由于相对论和量子力学的产生,科学已不满足于经验的描述,借助公设、定理比仅局限于经验更为有益,因此,它更多地运用了复杂的逻辑思想和想象力。在这种情况下,唯理论必然兴起,例如爱因斯坦的相对论单靠经验是根本概括不出来的。实证论从根本上说是英国经验主义者由贝克莱(G. Berkeley)和休谟发端的。休谟肯定数学的必然真理,不公开鼓吹上帝,也不公开否认客观外界的存在,而采取了不可知论。追随休谟,而走向极端经验论的人,一定认为"东方哲学"既不可观察又不可计算,显然是一种臆说,也无法与经验主义的西方哲学相比较。同样那些追随极端唯理论的人,也会觉得"东方哲学"浸透着神秘主义或辩证诡辩,当然也与唯理论的西方哲学无法比较。前面提过,经验主义与形式主义是分析哲学的两个重要特征。其中任何一个走向极端,都会带来深刻的危机和挑战,就会迫使分析哲学改变方式。例如分析哲学的某些最新代表开始反对把哲学仅限于语言等。对一些极端的分析哲学家来说,别说是"东方哲学",即使传统的欧洲哲学都不算哲学。从这个狭隘的角度看,既然东方哲学并非哲学,当然也根本谈不上所谓东西方比较哲学了。

一些哲学界,尤其是分析哲学界的人士认为,东西方哲学之间没有"可比性",它们根本是两种不同的思维方式、价值体系或精神文明的存在形式;东西方哲学各自的文本与话语系统之间存在着无法逾越的"不可通约性"和"不可翻译性"是进行比较的最大障碍。从另一角度上看,哲学的一般性、普遍性与抽象性与现实各种社会文化的特殊性、个别性与具象性相脱节,易使东西方陷入徒劳;此外,哲学是智慧化、玄学化、主体化、群体认同化,还是知识化、科学化、客体化、个体认同化,都会陷入极大的困境。有印度学者指出:"自从 1923 年马森奥塞尔(P. Masson-Oursel)《比较哲学》一书问世后,学者们对比较哲学的任务与方法进行了很多的研究和探讨⋯我们发现比较哲学中的不少原则与方法在哲学上是站不住脚和没有成果的。"[①]在《激进的儒家》(*Radical Confucianism*)一书中,美国学者罗斯蒙特再一次向比较哲学提出了挑战,在他看来,这种挑战可成为一种"后现代主义的相对推力"。这种推力引起的挑战构成了两种主张:文化的依赖性与各种文化之间的不可逾越性。"之所以造成后者的那种障碍是由于非正统不可通约的概念方案,各种文化通过这个方案来观察世界。这种观念对很多哲学家来说是很有吸引力的。"[②]

哲学界有着不少偏见,故在某种层面带来研究的难度。如最近有西方学者仍声称:"的确,古希腊与古印度的思想传统是比较哲学的最基本点。这两大文明的先人们首先将哲学界定为人文的特征。"[③]本书著者不同意这种观点,因为它仅强调最终而绝对的双边或两极关系对比,将中华文明的思想传统排除在外。

---

① Joseph Kaipayil. 1995. *The Epistemology of Comparative Philosophy: A Critique with Reference to P. T Raju's Views*. Center for Indian and Inter-religious Studies. p. 130.

② Ewing Chinn. 2007. "The Relativist Challenge to Comparative Philosophy." *International Philosophical Quarterly*, Volume 47, Issue 4, December 2007, pp. 451—466.

③ Thomas McEvilley. 2013. *The Shape of Ancient Thought: Comparative Studies in Greek and Indian Philosophies*. Allworth Press. Forward.

三、分析哲学的各种支派与变体

20世纪90年代以来,随着社会文化的变革与发展,英美分析哲学产生了各种各样的支派与变体。2013年,英国分析哲学家班内(Michael Beaney)精辟地指出:

> 在当今,分析哲学从总体上被视为英语世界占主导地位的哲学传统,它生成于20世纪中叶。最近20年来,这种哲学在非英语国家也得到稳步的发展。一个标志是在全球,分析哲学的学会数量增多。然而,此种分析传统的扩张并不意味着意图、方法和观念的趋向同一。与此相反,分析哲学比以往更囊括了广泛的方法、观念以及立场。在逻辑和数理哲学中(例如弗雷格与罗素)以及在伦理学和判断理论中(例如摩尔),从原初关注认识论和形而上学(玄学)的问题转向了哲学的所有领域。除了作为分析哲学主流的语言、逻辑、数学、心灵以及科学的哲学以及分析伦理学,还出现了分析美学、分析马克思主义、分析女权主义、分析神学、分析托马斯主义等。此外,还产生了完全叛逆和多元的观点。①

20世纪以来,主宰美国学院哲学殿堂的分析哲学和科学哲学,仅在象牙塔中被哲人们赏玩于掌,品味于口。学者们以技术性、数理性、逻辑性及语言概念游戏性的哲思特征,远离社会活动和人类行为。一句话,远离了可贵的人文哲思精神。当代社会的种种"怪物"及其变种:工业化、都市化、科技化、法制化、民权化、全商品化、高消费化、强竞争化、泛福利化、职业白领化、族裔冲突化及环境污染化等给人们带来了形形色色的社会、政治与精神危机。尤其20世纪90年代以来,天灾人祸纷沓而至,经济状况久衰不振,社会冲突又复尖锐。前苏联东欧阵营的崩溃与冷战的终结,把世界引向了另一种失掉相对均衡的格局。这一切使美国这块原本得天独厚的"乐土",面临着从未遭遇过的困境和挑战。反映人类最高理性思维活动的哲学,不可能对社会发展和变迁漠不关心。于是乎,作为美国主导思想的分析哲学方法逐渐向社会各个研究蔓延,吹皱了哲学界的一潭

---

① Michael Beaney(ED.), *The Oxford Handbook of The History of Analytic Philosophy*, Oxford University Press, 2013, pp.3—5.

滞水。一时间,分析社会和人生问题成为各路哲学诸侯的时尚话题。①

(一) 分析方法与"社会本位"哲思取向

用分析方法对社会和各种人类文化现象的探索,日益成为美国哲学一个很热门的领域,其内容相当宽泛。广义而言,它包括社会哲学、政治哲学、宗教哲学、法律哲学、历史哲学、文化哲学、道德哲学、社会科学的哲学以及社会科学的方法论等诸多方面。一个有趣的现象是,在古希腊原本囊括一切知识的哲学,一方面,在近代与自然科学、社会科学及人文科学的诸方面相分离,各自成为独立学科;另一方面,在现代又与各自独立的学科相结合,而成为专门领域的哲学。本来,在欧洲有思辨和人文社会的两种哲学传统。在当代,法兰克福学派、西方马克思主义、批判理论及存在主义等,就是继承上述人文社会传统,即社会和人为本位的哲学研究。

美国的"社会哲学"主要有六个思想来源:(1) 土生土长的,即以杜威(J. Dewey)、詹姆斯(W. James)等人为代表的实用主义社会观;(2) 以洛克(J. Locke)、霍布斯(T. Hobbes)、斯宾塞(H. Spencer)等人为代表的英国经验主义和实证主义社会观;(3) 马克思主义的社会观;(4) 以霍克海姆(M. Horkheimer)、马尔库塞(H. Marcuse)和哈贝马斯(J. Habermas)等人为代表的德国法兰克福学派和批判理论派社会观;(5) 以涂尔干(E. Durkheim)、韦伯(M. Weber)为代表的德法结构—功能主义社会观;(6) 以萨特(J. P. Sartre)等为代表的法国存在主义社会观。一定意义上说,"美国社会哲学"的美国主要代表人物有帕森斯(T. Parsons)、罗尔斯(J. Rawls)、纳坦森(M. Natanson)、福勒(S. Fuller)、纳格尔(T. Nagel)、拉温(T. Lavine)、洛兹克(R. Nozick)、麦克茵提瑞(A. MacIntyre)、威廉姆斯(B. Williams)、威斯特(C. West)、高蒂尔(D. Gaothier)、考亨(E. A. Cohen)等人。20 世纪 90 年代以来,美国学者除了继续深入讨论

---

① 在某种程度代表整个西方哲学权威组织的美国哲学学会,20 世纪 90 年代初期两届年会的六位分会主席(东部、中部以及太平洋三个分会),各自在长篇就职演说中阐述的研究重点,均为伦理学或有关社会、政治、法律哲学的问题。六位哲学分会会长的长篇就职演说的题目是:"人的自然主义观念"(1991 年东部分会会长贝尔)、"正义就是奋斗"(1991 年太平洋分会会长哈姆普谢尔)、"难寻善人"(1991 年中部分会会长克勒)、"人之迷惘的热情"(1992 年东部分会会长弗朗克福特)、"同情性、心与道德"(1992 年太平洋分会会长高尔德曼)、"传统、卓见与限制"(1992 年中部分会会长沃尔特斯多夫)。与此相应,这两届分会的年会所提交的大部分论文,也沿此方向进行了详尽讨论。

民主、自由、平等、权威、法治及社会发展的老问题外,还着重讨论了以下几个论题:(1) 社会现象的认识基础;(2) 社会公正的理论前提;(3) 社会冲突的理性协调;(4) 社会责任的道德原则;(5) 社会成员的权利义务;(6) 社会活动的法律保证;(7) 社会研究的方法问题等。

　　大多数美国哲学家仍坚持英国经验主义和实证主义的立场,并以此观察社会现象。有的学者把这种认识方式还原为"社会经验主义",即以科学性认识的责任感对社会现象做出判断;或还原为"认识论个人主义",即个人分担社会经验。凯伦(H. Kallen)把洛克的"社会实体"看成是分立的"伦理社区";杜威称之为"流动联合体的抽象化";基尔伯特(Gilbert)则简洁地视之为社会的"多元主体";还有人用"能够进行文化接触的实体"对之下定义。然而,人们很难理解,为什么那些有关稳固社会实体的理论并不能真正提供信息、不能有效地行使解释和预测的功能?沃尔特斯多夫认为洛克的认识观在一种文化或社会"渴虑"(Anxiety)中形成,即不同宗教和文化背景的人,怎样以和平与公正的方式共存于一个单一政体。不仅如此,洛克的认识论作为探求伦理和宗教问题的新实践,还力图克服上述这种渴虑。自然主义和反自然主义的认识论也对美国社会哲学有重大的影响,其争论焦点在于,社会科学可否还原为物理语言的词汇。与经验主义和实证主义相关,自然主义强调实验主义和实用主义。反自然主义则受到阐释学和现象学的影响,主张自然和文化上的认识论以及本体论的差异,必须采用完全不同的方法论来分析。在《社会科学的哲学》一书中,纳坦森区分客观与主观两种世界观,并试图持现象学的立场超越自然主义。他认为,反自然主义必须拒斥经验主义、新实证主义科学哲学及语言哲学等。在自然与文化关系上,仍然有两种相对立的观点:一种是继续追随马克思、米德及杜威等人的体系;另一种则是沿着胡塞尔、海德格尔的路线发展。还有一些哲学家批评科学哲学家们过于忽视对社会的认识。

　　自亚里士多德以来,社会正义是争论最激烈的问题之一,在当代美国仍热闹非凡。罗尔斯的《正义论》打破了分析哲学和元伦理学的铁幕,另辟蹊径,引起整个哲学界和人文社会科学界的轩然大波。当然,它对以人文社会为本位的哲思取向,更具推动性。美国的哲人们继续闯进罗尔斯挑开的迷帷,登台亮相,各持己见。威廉姆斯在其著《伦理学与哲学限度》中批评罗尔斯,指其理论纯为有利于社会统治和政治生活,而非有利于个人行为的指导,仅为某种简单观念的精致化。一个安排好的"公平制度"

(Fair System),实际上是一个忽略个人利益、各政党间可互相协调的制度。结果,人们仅囿于原初地位的虚构,并在"无知面纱"的遮盖下选择社会原则。由此产生一个严重后果,即它从根本上抹杀了人们原本各自可得的社会地位以及个人口味和兴趣。罗尔斯的模式竟然假设历史知识对科学性的社会理解有无皆可,故表现为某种非历史主义的思想倾向。麦克茵提瑞的《德性之后》一书,更是激烈地驳斥罗尔斯,指其思想对正义问题毫无裨益。例如,罗尔斯主张社会与经济的不平等性早已排定,仅为在最不利的条件下谋取最大利益。从历史渊源看,罗尔斯只是休谟和穆勒的继承者。他把德性看成情绪,即由更高层的欲望而引发的性情和爱好,这种情绪必与某种伦理原则相合,故显出一种非理性的倾向。罗尔斯认为,人们选择"正义"时,浑然不知各自的社会地位、阶级状态、才能气质、善的观念、生活目的及应遵守的政治、经济、文化和社会等秩序。

哈姆谢尔特别批判了罗尔斯正义原则的有限性。他列出两条反对意见:其一,在一个总体自由民主的社会里,保守和反民主的公民并无理由接受自由至上的正义原则,而且,那些以宗教权威建立善恶观的人也不会认同正义的自由原则;其二,这种正义原则的限制性忽略了一个重要的政治问题,即由善的单一理念决定整体生活方式的传统社会,并不同于那种承认或鼓励善的多元理念的自由民主社会。有学者探究了哈贝马斯有关作为社会交流标准的"对话性正义"的观点,还有人讨论了正义的分类、正义的相对性及个人主义、社会主义、"反自由主义"和"新实用主义"的正义观等。斯德尔巴(J. Sterba)的著作《怎样使人们获得正义》提出了五个有关当代社会正义的基本概念,即自由主义的、福利自由主义的、社会主义的、女权主义的及共产主义的"正义观",并对此进行了详尽的论证,从而引起学术界的注意。

由于社会冲突日趋加剧,如何对此进行理性协调成了学者们着重商讨的问题。沃尔特斯多夫大声疾呼,人们应关注怎样才能在多元文化的背景下生活于和平公正之中。在校园里,有人进行种族和性别歧视的"仇恨演说"(Hate Speech),为此,许多学校当局制定校规加以禁止,于是便产生了是否限制言论自由的问题。学者们对此情况论证了仇恨演说的定义以及是否破坏自由精神等。为了解决社会冲突,寻找由多元主义带来的对抗原因,泰勒(C. Taylor)和华尔泽(M. Walzer)试图阐明建立于善的多元性之上的多维社会的自由理念,女哲人沃尔夫(S. Wolf)则强调以自律责任感的理性观来引导社会行为的选择。沿此方向,一些学者比较了考恩(J. Cohen)提出的"慎思型民主"和哈贝马斯提出的"松散型民主"等一系列"合法民主化"的各种模式。他们就哈贝马斯的"后传统的普遍性"和"民主宪制主义"的论断对垒相攻,并同时对黑格尔的"民族认同性"的观念大打笔仗。

在对社会对抗的研究中,马克思主义仍有重大影响。20世纪90年代以来,以G. A.考亨为首的"分析的马克思主义"学派正在崛起,它试图在逻辑分析或其他新方法论的基础上,创立一种"全新"的马克思主义理论构架,并以此解释当前复杂的社会现象,如"中产阶级化""阶级剥削的新趋势""对阶级的新挑战"及"阶级调和与向社会主义过渡"等问题。有学者还具体剖析了个人与集体对社会行为的不同理性抉择、自我意识的民主性、方法论的个人主义、权威的非对称性、利益集团的非对称权利、具有密切关系的社团的权利、个人的积极与消极权利、人权的悖论性困惑、司法的合理裁决形式与惩罚的公正决策等。

(二) 分析方法与"伦理本位"哲思取向

两千多年来,伦理学一直是哲学家最重视的研究之一,它历经两次革命:第一次是以康德为代表的义务论向以亚里士多德为代表的目的论挑战;第二次是以摩尔为代表的元伦理学或非规范伦理学向以亚里士多德和康德为代表的整个传统规范伦理学的发难。尤其是第二次"革命",改变了整个英语世界伦理学的方向,使之仅成为占主导地位的分析哲学的附属品。如果说传统规范伦理学是以伦理实践即人们道德的动机和行为为研究对象的话,那么,元伦理学则是以伦理语言本身为研究对象,即仅讨论伦理词汇概念的意义、用法、逻辑状态及伦理论证的性质和构架。于是,把人们原本活生生地反映社会人生问题的探索,变成了一种纯文字概念的游戏,尽管这种研究方式对明确概念的歧义及划清论域的界限有不容否认的贡献。

由于社会变迁和发展的需要,美国哲学界越来越多的学者转向以伦理为本位的哲学探索,主要代表人物有罗尔斯(J. Rawls)、麦克茵提瑞(A. Mcyintyre)、高谢尔(D. Gaothier)、威廉姆斯(B. Williams)、哈曼(G. Harman)及斯特尔巴(J. P. Sterba)等。上述这种转向表现为两种方式:(1)对伦理学进行本体论和认识论的深化研究。例如,道德实在论与道德反实在论、道德客观主义与道德主观主义、道德理性主义与道德非理性主义、道德相对主义与道德绝对主义的论争等。前一个论争在伦理学界最引人兴趣,其焦点在于是否存在一种客观的"伦理事实"。例如,"一个孩子烧死了一只猫""一个人吃狗肉",这样的事实是否具有伦理的客观性。道德实在论者认为,上述这类事实,显然是带有客观性的,可称为"伦理事实"。道德反实在论者则持异议:任何伦理判断都是主观的,客观事实本身并不具有伦理性,所谓"伦理"事实,是具有主观伦理标准的人强加在一个事实之上的。"吃狗肉"这一事实,用现代西方价值观来衡定,因为"狗是人类最好的朋友","吃狗肉"几乎等同于"吃人肉",如此一来,自然是不道德的。然而在韩国,狗肉店比比皆是,是人们日常的饮食习惯,就像西方人吃鸡肉和牛肉一样,并无任何道德判断的问题。因此,对某一事实的道德判断,是人们各自的价值观使然。(2)把伦理学加以应用化和具体实践化。伦理学家或者试图用现有的各种传统理论(如功利主义、利他主义、利己主义、实现主义、行为主义等)来解释当代各种社会现象和伦理问题,或者把当代新发生的道德行为加以理论概括。

由此,以分析方法为工具,但并不仅局限于语言逻辑的意义,对当代伦理问题进行案例化的分析研究开始蔚然成风。一些学者把现实的社会伦理行为归结为下列五类社会"公正性"的问题。

1. 经济领域的公正性。其主要表现为分配的公正性问题。什么是公正分配的标准? 尽管分歧很大,但学者们还是有一些比较一致的标准,如个人的能力、努力、奉献及功劳等。也有人坚持以需要为分配标准。另一个争论是只给予人们平等的机会,还是给予人们绝对平等的结果。许多争论的焦点往往最后涉及资本主义的财产权问题。例如,财产继承权的合理性问题。至于人们是否有义务帮助穷人或穷国,三种意见大相径庭:一种认为,人类所有的成员都有平等的权利来获得生活必需品以免除饥寒交迫,也有义务帮助他人摆脱困境和危难;另一种认为,若援助成为义务,就会实际助长穷人或穷国的惰性,损害其自力更生的活力,更严重的是最终威胁人类本身的发展;再一种认为,援助仅为善举,并非义务,故只能取决于援助人所具有的实际能力,大则多做,小则少做,无则不做。

2. 人权领域的公正性。在这个领域,许多争论牵扯有关性道德的问题,其中包括性行为的决定因素、性实在的可接受性、性的真诚性与增进性、性与婚姻爱情的关系等。此外,还考察了同性恋、婚外恋、婚前性行为、性骚扰及色情文学和书报检查与言论自由的关系等问题。同性恋问题在性道德的争论中最为激烈,学者们讨论了同性恋的界定、统计数字及其合理存在的理由,讨论的焦点在于:是自然的、正常的,还是病态的、非正常的;是有利于还是有害于人类;人们是否有权利选择同性恋的生活方式等。此外,性骚扰广泛影响社会的各个层面,也是伦理学家较棘手的难题之一。在有关人权的伦理问题中,一个重要的争论是所谓歧视与逆歧视(Reverse & Discrimination)。逆歧视是20世纪下半叶发生的一个新的社会问题。美国政府为了克服歧视问题而制定了一个称作"确认行动"(Affirmative Action)的法令。规定任何组织机构、学校、部门在雇聘或招生时,为照顾女性和少数族裔,必须有一定的比例,这就使不少原本合格的白人男性失掉了机会。于是就有人抱怨说,这实际上是制造另一种不平等,变相剥夺白人男性参与公平竞争的权力,使他们成为新的歧视对象,即所谓"逆歧视"。对于这种现象,有两种各执一端的伦理论证:一种认为,逆歧视表现为某种形式的不平等,损害了男性白人的利益,纵容了那些不一定具备合格能力的人,从而浪费了最佳的人类资源;另一种则认为,"逆歧视"本来就是一种补偿性的公正,也就是说,在美国历史上,白人男性倍享特权,而女性和少数族裔则长期受压,故应补偿,如此一来,可消除不安因素、缓冲社会冲突,是避免种族和性别歧视的唯一之路。

  3. 医疗领域的公正性。学者们把深刻影响美国社会政治法律的堕胎问题置于分析伦理学的研究,寻求其道德和非道德的基础。按对这个问题的态度,可划分为:推崇生命者(Pro-life)—反堕胎者、推崇选择者(Pro-choice)—赞成堕胎者。学者们首先研究了人类胎儿的两种状态:一种是所谓的本体论状态,涉及人类胎儿的权利及其应有的合理待遇问题,例如胎儿是否已为生命个体、胎儿是否在生物学上形成肉体存在的人、胎儿是否在心理学上形成意识存在的人、胎儿是否已获得了人格性等等。另一种是所谓的伦理学状态,涉及胎儿或未出生者是否有生存权利。学者们接着又研究了妇女是否有权利主宰自己的身体、是否有生育子女的选择。最根本的伦理争论是:在什么样的条件下堕胎是道德的。正面的意见认为:有的怀孕是危险的,故可能损害妇女的健康;有的胎儿已成为畸形或残疾;有的胎儿的出生会影响家庭生计;有的怀孕因为强暴或乱伦……其中最主要的是:因为女性有权利主宰自己的身体,当然就有权利主宰作为自己身体一部分的胎儿,他人不应干涉。反面意见则认为:堕胎就是谋杀,会制造有害的先例;对妇女的心理、生理健康皆有害;忽略了妇女性行为的责任问题。所谓安乐死是另一个有关医疗的公正性问题。学者们讨论了安乐死的狭义和广义的解释,并把其分为自愿的(即本人不堪病痛、有意向要求安乐死)和不自愿的(即本人已成为植物人,由家庭或他人决定安乐死)两种。持肯定意见的人认为:个人有权利决定自己的生死;有权利带尊严而死;安乐死可缩短病痛过程;安乐死可减少自然资源的浪费和社会的负担。持否定态度的人则指出:很难确定决定安乐死的人是否出于自愿;有的病症可能是误诊,而且不断有新的可能医治或减轻病痛;由他人决定的安乐死可能因财产、怨恨等原因而被滥用。在医疗公正方面,学者们还讨论了对穷人是否有救死扶伤的道德等问题。

4. 罚罪领域的公正性。伦理学界主要分析了死刑的道德基础。学者们一般认为,任何刑罚应包含五要素:(1)使受罚者觉得痛苦;(2)施用于触犯刑律的行为;(3)施用于被判定有罪的人;(4)由罪犯之外的人行使;(5)由适当的权威机关行使。学者们论证了四种不同的刑罚目的,即报复性、阻止性、恐吓性和感化性的道德合理性。学者们还讨论了死刑是否符合宪法的问题。持废除死刑观的人认为:生命是神圣的,不能以一种谋杀代之另一种谋杀;死刑不可能吓阻犯罪,它往往带有阶级偏见,再加上认知的局限,故可能滥杀无辜;报复性的目的很不文明,死刑排除了感化的可能,从根本上损害了整个司法制度。相反,坚持死刑观的人则主张:死刑是唯一吓阻某些犯罪的有效方式;对等性偿报是正义的,可使判决的各个方面得以平衡;死刑是以一种经济的、节省有限资源的方式去处理罪犯。

5. 商务领域的公正性。伦理学的另一个热门研究是商务与职业伦理学,可以说主要是对资本主义化社会经济行为和活动的道德思考。在一定意义上,其中心议题是资本主义市场经济行为和活动的社会责任感问题。20世纪90年代以来,公司企业的社会责任感问题最受重视。人们在强调经济活动的有效性时是否应注重道德义务?既然公司企业的存在功能,以致整个资本主义市场经济的目的都在于追求最大的利润,那为什么还要提倡社会的责任感?怎样看待公司企业的法律责任与道德责任之间的关系?政府的干预与公司企业的道德自律化有无必要?学者们在这些问题上歧见颇大,没有定论。与此相关的一些问题,如公司企业与消费大众、环境保护、社区服务、股东利益、政争游说以及与其他竞争者之间的关系等问题也做了详尽的讨论。公司企业的人际关系是一个极令人困惑的问题。什么是雇员的权利与责任?如何规定人权、公民权利、法律权利、隐私权利、福利权利、知情权利等的意义、范围、作用和限度?如何保障工作条件、安全保险及特惠待遇?如何行使、遵守和发挥职业良心与组织忠诚、商务秘密与职业保密、规章制度与个人自由?与此相关,还有什么是雇主的权利与责任等等问题。同样,如何规定其管理权利、决策权利、制规权利、人事权利、保密权利、法律责任、业务责任、道德责任等问题,学者们也是各执一端,众说纷纭。在上述论题讨论之后,学者们还讨论了雇主与雇员的矛盾与协调问题,其中包括:平等机会与不平等结果;工会的适当功能;消除职业歧视,如种族、性别、宗教、残障、地域、年龄、相貌及文化习俗歧视等。聘雇、解雇、提升和褒奖的公正性也为学者们所关注,他们研讨了什么是正确的衡定标准,即是根据能力、人品、经验、教育、成就、功过及整体长远利益,还是根据权势、门第、私交、歧视或个人恩怨偏见。一些学者还把眼界放宽,试图对公司企业在全球化市场经济活动中所面临的问题寻求答案,如公司企业与文化的多元性和伦理的相对性、跨国公司的道德义务、国际竞争与有害商品的倾销、人道精神与国际责任感、国际商务活动中的道德自律化等问题。

(三) 分析方法与"后现代本位"哲思取向

所谓后现代主义(Post-modernism)是最模糊的概念之一,当然它所形成的文化语境也是很模糊的。后现代主义是一种来源于美学、建筑学和哲学的社会运动。[①] 后现代主义者往往并非是"自称",而是"他称",即许多当事者并不自认是"后现代主义"者,而是他人主观的归类。"后现代主义"并无确定的定义。詹克斯(C. Jencks)认为,后现代主义是一种悖论式的"二元论"或"双重性代码",可将之看作是现代主义的延续和超越。在一定意义上,后现代主义是最新阶段的现代主义或现代主义极端夸大了的变种。[②] 格林伯格(C. Greenberg)把后现代主义称为"人们所有热爱物的反题",或可当成在工业主义前提下文化民主主义美学标准的"弱化"。[③] 也可以说,后现代语境可以被视为现代主义发展到一个极端变种形式的语言代码。

原本"现代主义"就是一个很模糊的概念,它至少有四个基本含义:(1)社会性含义,表现为文明发展的现代阶段,以工业化、都市化、民主化为基本特征,来拒绝旧的权威、秩序、制度和社会形态;(2)宗教性含义,表现为任何在现代科学、哲学和社会政治观的影响下,对基督教传统的质

---

① Bishop, Ryan. 1996. "Postmodernism." In David Levinson and Melvin Ember (eds.), *Encyclopedia of Cultural Anthropology*. New York: Henry Holt and Company.

② C. Jencks. 1994. *What is Post-Modernism*, Academy Press.

③ C. Greenberg. 1980. "Modern and Postmodern," *Arts 54*, No. 6, February 1980.

疑、革新、挑战和批判运动;(3)哲学性含义,表现为用现代自律批判性的理性主义或经验主义的个人主义世界观、认识论、方法论、价值观来解释和探索自然界和社会生活;(4)艺术性含义,表现为以现代的创作手法,如立体主义、未来主义、达达主义、超现实主义、抽象主义、印象主义等颓废主义和形式主义的倾向,来表现绘画、音乐、小说、诗歌、戏剧、电影、建筑等。总之,现代主义是对古典主义的一种否定和反动,以唯我主义和个人主义的标新立异向固有的形式和既定的规范挑战。现代主义是现代社会文化以及政治经济在思想观念上的反映。批判哲学的代表人物哈贝马斯宣称现代社会的科学、伦理和艺术变成自律的领域,换句话说,认识工具、伦理实践关系表达的理性结构操纵在专家手中。

现代主义与后现代主义之间的差异示意图[①]

现代主义 Modernism	后现代主义 Postmodernism
浪漫主义/象征主义 romanticism/symbolism	精神物理学/达达主义 paraphysics/Dadaism
目的 purpose	活动 play
设计 design	机会 chance
等级 hierarchy	无政府 anarchy
征服、理性 mastery, logos	耗竭、沉默 exhaustion, silence
艺术对象、完成品 art object, finished word	过程、表演 process, performance
距离 distance	参与 participation
创造、整体化 creation, totalization	消解化 deconstruction
合题 synthesis	反题 antithesis
出席 presence	缺席 absence
集中 centering	分散 dispersal
类型、边界 genre, boundary	文本、互联文本 text, intertext
句法 semantics	修辞 rhetoric
范式 paradigm	语段 syntagm
形合 hypotaxis	意合 parataxis
隐喻 metaphor	转喻 metonymy
选择 selection	联合 combination
深度 depth	表面 surface
翻译 interpretation	反对翻译 against interpretation
阅读 reading	误读 misreading

---

① Hassan,"The Culture of Postmodernism" *Theory, Culture, and Society*, V 2 1985, pp. 123—124.

(续表)

所指 signified	能指 signifier
可读 lisible (readerly)	可写 scriptible
叙事 narrative	反叙事 anti-narrative
大故事 grande histoire	小故事 petite histoire
主码 master code	个语 idiolect
症状 symptom	欲望 desire
型式 type	变体 mutant
生殖器 genital, phallic	多形体 polymorphous
偏执狂 paranoia	精神分裂症 schizophrenia
起源、原因 origin, cause	差别 difference-difference
圣父 God the Father	圣灵 The Holy Ghost
形而上学 Metaphysics	嘲讽 irony
确定性 determinacy	不确定性 indeterminacy
超越 transcendence	内在 immanence

现代和后现代思维方式之间的对比:①

	现代 Modern	后现代 Postmodern
推理 Reasoning	自下而上 From foundation upwards	推理多种层次的多种因素:网络 Multiple factors of multiple levels of reasoning. Web-oriented
科学 Science	普遍乐观主义 Universal Optimism	局限性现实主义 Realism of Limitations
部分/整体 Part/Whole	部分构成整体 Parts comprise the whole	整体大于部分之和 The whole is more than the parts
上帝 God	违反自然律的行动或日常事物内在性的行动 Acts by violating "natural laws" or by "immanence" in everything that is	自上而下的因果性 Top-Down causation
语言 Language	参考 Referential	通过社会语境中所应用的意义 Meaning in social context through usage

在这一列表内的最后一行,可以看出后现代主义与现代主义一个显著区别是强调"通过社会语境中所应用的意义"。

后现代主义的开先河者罗塔德(J. F. Lyotard)以否定的态度揭示了所谓现代主义的思维特征。据他称,现代主义是一种以元论述(Metadis-

---

① http://private.fuller.edu/~clameter/phd/postmodern.html.

cause)使之合理的思想体系,它借助诸如精神辩证法、意义阐释学、理性解放、劳动阶级的解放或财富的创造等"雄辩"(Grand Narratives)得以发展,而以伟大历史和科学的描述来表达真理正义的社会则可称为"现代社会"。以工业化、商品化、竞争化再加上民主化为特征的现代物质文明的高度发展,也给社会本身带来了自然界的惩罚——生态破坏和环境污染;带来人类本身的对抗、仇视、犯罪、争斗,甚至杀戮;也带来了来自人们内里的精神性和价值观的变态、反常、蜕化和解体。一些哲人把这一切都归结于现代主义带来的灾难。因此,他们寻求一种新途径来解决社会弊端和精神危机。于是,这种特征的思想探索便贴上了"后现代主义"的标签。[1] 以此类推,与这种相符的语境便可成为后现代语境。

　　班纳德(W. D. Bannard)尖锐地指出:后现代主义是一种无目的的、无政府主义的、无定型的、兼容并包的、表现为"边际型结构"的思想倾向,其目的在于我行我素的"通俗性"。[2] 胡森斯(A. Huyssens)乐观地称后现代主义为西方社会的"文化改革"。[3] 威廉姆斯(R. Williams)把后现代主义视作"感情的结构"。[4] 意大利批评家塞维(Bruno Zevi)则干脆将后现代主义归结为"古典主义的赝品"。[5] 还有人把后现代主义等同于"虚无主义""折中主义""多元主义""通俗主义""非理性主义""反科学主义""后结构主义""后马克思主义""新保守主义""后工业主义"及"晚期资本主义"等。后现代主义以其不确定性引来了许多代名词,如"超现代主义"(Super-modernism)、"反现代主义"(Anti-modernism)、"非现代主义"(Non-modernism)及"晚现代主义"(Late-modernism)等。所谓后现代的语境化就是所有上述各种思潮提法的折光反射。在一定程度上,后现代语境是一切对现代主义社会语境进行否定的形形色色思想形式和趋向的"大杂烩",也可称为因对付现代主义而构成的最广泛的统一战线。不过在后现代主义中,不乏相互对立的派别,敌人的敌人并非一定是"友军",正如德·哈维(D. Harvey)所说,后现代主义成了各种冲突意见和不同政治势

---

[1] J. F. Lyotard. 1984. *The Postmodern Condition*, Manchester University Press.
[2] W. D. Bannard. *Arts*, February 1984, p. 69.
[3] A. Huyssens. 1987. *After the Great Divide: Modernism, Mass Culture, Postmodernism*, Indiana University Press.
[4] R. Williams. 1995. The Postmodern Novel in Latin America: Politics of Culture and the Crisis of Truth, Palgrave Macmillan.
[5] Bruno Zevi. 1978. *Modern Language of Architecture*, University of Washington Press.

力的"战场"。① 甚至可说,后现代主义及其语境是现代主义自身演化而不断脱胎出来的变种,并与其母体有着千丝万缕的联系。

后现代主义运动的主要原则包括:一、作为存在基本现象的文本和语言高度;二、对一切现象文学分析的应用;三、对现实性和代表性的质疑;四、对元叙事(metanarratives)的批判;五、对方法和评估的否定论证;六、聚焦于权力关系和霸权;七、对西方制度和知识的一般批判等。总之,"后现代主义者追寻从尼采、韦伯、弗洛伊德、德里达、福柯以及其他当代后现代主义者所引发的有关真相的怀疑论以及由此产生的相对主义"②。划分后现代主义及其语境的两个显著特征:一是"仿造化",二是"精神分裂化"。现代主义建立在个性化发明之上,而形而上学则为这种个人主义的理论基础。资产阶级的个性主体以一种"过去之物"的形态显现,但不外乎海市蜃楼,实乃神话的虚构。在当今社会,个性风格的发展已随风飘逝,只有"仿造品"才独领风骚。这种仿造的实践和对死去类型的模拟,可在许多"怀旧"的影片中重现。人们既不能注重现在,也难以在历史上安置自己,甚而整个社会也无法对付时间。后现代主义以拉康的所谓"精神分裂"理论来解释时间的观念。所谓精神分裂,是一种语言失序。诸如暂时性、时间性、过去、现在、将来、记忆及个人认同等概念都是语言的效应,因为只有语言有过去时和将来时,故可在时间中移动。精神分裂者的经验表现为暂时的、非连续性的,故是一种孤立的、无关联的物质象征。一方面,精神分裂者具有更多的有关世界的当下经验;另一方面,它又不具有个性的认同。后现代主义的语境观导致了一种新历史主义的辩论,即过去的语境化如何在当前的历史写作中得到表达;其争论的焦点以将历史当成一个言语构造为前提。正如哈钦所指出的,这个论证揭示了,过去只能在"作为文学或历史的文本及其轨迹中而被认知"③。卡勒(Jonathan Culler)提示道:"历史……在叙事结构中体现自身,所有被设计好的故事通过叙事秩序而产生意义。"④然而,一个主要难题是,历史问题在当代理论中都是历史性的话语。历史话语在语境化的过程中产

---

① D. Harvey. 1991. *The Condition of Postmodernity*, Wiley-Blackwell.
② Lawrence A. Kuznar. 2008. *Reclaiming a Scientific Anthropology*, AltaMira Press. p. 78.
③ Hutcheon, Linda. 1994. "Historiographic Metafiction: Parody and Intertextuality of History," in Con Davis, Robert and Schleifer, Ronald (eds), *Contemporary literary Criticism: Literary and Cultural Studies*, New York, London: Longman, pp. 3—32.
④ Culler, Jonathan. 1989. *On Deconstruction: Theory and Criticism after Structuralism*, Ithaca, N.Y.: Cornell University Press.

生，从而所有意义系统都由历史所决定。历史叙述是以卡勒所称谓"历史上的发音(the historicity of articulations)"①为标志。但历史性本身不能单独作为历史知识的基础，因为其文本的性质是不可避免的。历史话语无法诉诸被记录的真相。格林布拉特(Stephen Greenblatt)强调："历史的证据是不可靠的；甚至在没有社会压力的情况下，人们很容易对自己最虔诚的信念说假话，更何况在残酷的压迫中他们不得不撒谎。"②因此，历史知识只能通过文本而获得；而且"对文本的考察会拒斥证据和相关性"③。

后现代主义在政治层面上主要批判马克思主义，在文化层面上则批判抽象的表现主义和存在主义。大多数后现代主义者反对采用确定性与不确定性、指示者与被指示者、潜性与显性(弗洛伊德)以及现象与本质(马克思)等模式。在哲学特征上后现代主义主要表现为否定自启蒙时期以来作为蒙昧主义和盲从主义对立物的、以个人自律为标志的理性主义，并以一种非理性主义取而代之。对后现代主义可作广义和狭义两种理解：从广义上说，现代不少大思想家，大哲学家都具有某种"后现代主义"的色彩。一切对资本主义进行批判的哲人，像涂尔干、韦伯、霍克海姆、班杰明、阿道尔诺、卢卡其、弗罗姆、萨特、马尔库兹和哈贝马斯等，皆是如此(但在思维特征上又可以是现代主义者如哈贝马斯等)。从狭义上说，是指以拉康、德里达、福柯和罗塔德等为代表的后结构主义、阐释学、消解主义等思潮。这些人的理论和思想都必须在后现代语境中加以解译。

美国后现代主义的主要代表人物有詹姆森(F. Jameson)、德鲁兹(G. Deleuze)、卡勒(J. Culler)、哈维(D. Harvey)、哈桑(I. Hassan)、罗蒂(R. Rorty)及女权哲学家哈钦(L. Hutcheon)等，他们进一步发挥了法国后现代主义思想家罗塔德等人的理论。他们大致同意罗塔德对后现代主义社会条件的讨论，如对社会的媒体化、繁荣化、消费化、官僚化、多族裔化、电脑信息化及后工业化等的分析。他们指出，后现代主义是随着新的社会经济秩序和新的文化特征而产生的一种周期性概念。作为新思潮，

---

① Culler, Jonathan. 1989. *On Deconstruction: Theory and Criticism after Structuralism*, Ithaca, N. Y.: Cornell University Press., p. 129.

② Greenblatt, Stephen. 1994. "Invisible Bullets," in Con Davis, Robert and Schleifer, Ronald (eds) *Contemporary literary Criticism: Literary and Cultural Studies*, New York, London: Longman, pp. 474—506.

③ Genovese, Elizabeth Fox. 1997. "Literary Criticism and the politics of the new historicism," in Jenkins, Keith (ed) (1997) *The Postmodern History Reader*, London, N. Y.: Routledge, pp. 84—88.

它不赞成任何以伟大哲学为表现形式的元描述(Metanarratives)方式。因此,这些哲人在一种新社会语境中,更加反形而上学(玄学),并更加接近大众化的人性、情感与非理性的诉求。

詹姆森在其名著《后现代主义或晚期资本主义的文化逻辑》中,从文化、意识形态、经济、语言、空想主义及艺术等方面详尽讨论了后现代主义。他认为,后现代主义是在现代化过程完结时产生的,它具有更充分的人性。不过,在此世界,文化变成可变的"第二自然"。后现代主义并非全新社会秩序的文化主宰者。人们爱用这个词,却不求甚解。只有明了这个概念的哲学和社会功用,才能打破其神秘化。我们并不能一劳永逸地完全理解和掌握它。后现代主义是彻底商品化的消费过程,是对消费资本主义的逻辑运用。在后现代条件下,甚至美学的生产与商品的生产也融而为一。后现代主义注重大众生活的固有领域和文化层面的日常变化。与罗塔德如出一辙,詹姆森也反对现代主义的描述或元描述的方式,反对将之奉为认识范畴的结构。由于并不完全赞同后结构主义的看法,他指出,有的理论大师的描述尚属有用。他还认为,从现代主义向后现代主义的转型是以主体的"分化"(Fragmentation)代替主体的"异化"为标志的,因此,个性主体、唯一性以及个人风格便被仿造性所替代。[①] 可以说,主体的分化是后现代语境的显著标志之一。

罗蒂是一名具有实用主义倾向的分析哲学家,其力作《哲学与自然之镜》对哲学界颇有影响。近年来,他是美国后现代主义思潮的主要领袖之一。罗蒂批判了从笛卡尔到尼采的一系列哲学家,因为他们的思想与具体创造了当代北美文化的那种社会工程的历史南辕北辙,尽管这种社会工程对文化有利有弊。哲学不可能在探索中界定永恒的认识论架构。哲学家的唯一作用在于:斥责那种为避免具有"有关具有观点"的观点时,而具有一种观点的看法。伟大哲学家的政治观不必比自己的哲学观更严肃认真。任何观念与现实的关系,道德状况以及哲学写作,纯粹为暂时性、偶然性的。于是,一种新的研究方式不再是对文学生产的评估,也不再是理智历史、道德哲学、认识论和社会预言,而是一种新样式的重新组合。罗蒂把尼采、詹姆斯、海德格尔、维特根斯坦和杜威称作"形而上学的破坏者",因为他们摧毁了奠定知识根本训练的哲学基石。使福柯与实用主义者相融合的原因,在于他们都主张:(1)并不存在本身非处于创造实践过

[①] Jameson, Frederic. 2001. "Postmodernism or, the Cultural Logic of Late Capitalism," *Media and Cultural Studies Key Works*. Ed. Meenakshi Giri Durham and Douglas M. Kellner. UK: Blackwell publishing, pp. 550—587.

程中而创造的那种标准;(2) 并不存在本身非诉诸上述标准的那种理性准则;(3) 并不存在本身非服从人们自己传统的那种严格论证。罗蒂本人继承实用主义的衣钵,拒绝把真理看成以哲学兴趣进行理论探讨的东西,而是将其看作不过是全部真实陈述所具有的物的名称而已。罗蒂指明德里达的"原创性"(Originality)会产生某种悖论,如很难区别新创、原创与改善。原创性在现代条件下值得商榷,因为它使自我意识、反人性主义、反身性(Reflexivity)以及原作化(Textualization)等许多后现代主义的基本特征,难以从现代主义旧框架中解脱出来。人们有可能公正地拒斥元描述,但理论总是试图寻求"自动的确定化"而不能贯彻自身,因此它应是一种使自身开放的社会实践的任务。罗蒂站在培根的立场上,批判笛卡尔一类哲学家应加固论述的基础、知识分子应成为政治领袖的观点。① 尽管罗蒂在后现代主义者与现代主义者的论争中,与哈贝马斯"相视为敌",但又与之有着某种不解之缘。罗蒂与其他后现代主义同伙们如罗塔德等人也谈谈打打,不全志同道合。总的说来,美国的后现代主义哲学家与他们的欧洲同道一样,坚持着一种非历史化、非个性化、非建构化、非描述化、非差异化、非整体化、非专门化、非理性化以及非政治化的思想倾向与社会文化语境。②

---

① R. Rorty. 1981. *Philosophy and the Mirror of Nature*, Princeton University Press.

② 1984年美国哲学学会东部分会年会上,本书著者曾亲身聆听过罗蒂题为"超现代派的资产阶级自由主义"的讲演。根据他的见解,现在人们抱怨知识分子没有社会责任感,这主要表现为知识分子使自己边缘化(marginalization)。他们利用自己在其他一些社团的身份而从另一些社团中脱离出来。这种边缘化普遍存在于知识分子和矿工中,例如,早期美国矿工不相信周围的法律和政治制度,而只忠实于他们自己成员之间的关系。在这一点上,他们就像两次大战之间的文学和艺术的先锋派。但这种批评很不正确,决不能仅由于一个人不愿承认自己属某个社会的成员就被斥责为无社会责任感。如果这种批评能够站得住脚,那么,就会出现一种人们必须加入的超级社团。当某人与自己的家庭、部落或民族关系破裂时,就会投靠这个社团,而有些人相信事实上存在着这样一种社团。有的人属于"康德主义者",他们认为存在着固有的人类尊严和权力以及在伦理要求和谨慎行事之间的某种超越历史的区别;还有的人则属于"黑格尔主义者",他们认为"人性"并非是伦理的而是生物学的,任何人类尊严都是来自某些特殊社团的尊严。英语世界的大多数当代社会哲学都处于三角争论之中:一是像罗尔斯(J. Rawls)和多金(R. Dworkin)那样的学者,他们企图坚持那种超越历史和慎行的区别,并把它作为制度和实行民主的支柱;二是欧洲后马克思主义哲学的左翼盎格(R. Onger)和麦克因泰尔等,他们企图废除那些制度,因为他们假想了一种值得怀疑的哲学;三是奥克绍特(M. Oakeshott)和杜威(J. Dewey)等,他们则企图在放弃自己传统的新康德主义的同时保留制度。"超现代派的资产阶级自由主义"听起来像是一种矛盾修饰法(oxymoronic),这是因为:(1) 那些把自己看作超越形而上学和元叙述(meta-narrative)的人,同样也把自己看作是已经放弃选择作为资产阶级的人;(2) 人们很难把资产阶级自由制度从由启蒙时期传继下来的那些制度的词汇(如18世纪天赋人权等词汇)中解脱出来。这些词汇是建立在伦理和慎行的区别之上的,而且通过这些词汇和这种区别会得到有利于超现代派资产阶级自由主义需要的重新解释。这些自由主义者应深信忠于自身的社会是充满伦理精神的,而且这种忠诚不再是超越历史的。他们应以对社会的信任(它需要对自己的传统负责,而不是对道德法律负责)来摆脱背在他们身上的所谓无社会责任感的"黑锅"。

在一种新社会语境中,后现代主义试图从三个来源寻求有效的思想武器:一是"以古代否定现代""托古改制",表现为某种"怀旧"的心态,即从古希腊和传统思想来源上找出可改头换面的原始素材,并对其加工后用以批判现代主义;二是"以东方否定西方""东为西用",表现为某种"猎奇"的心态,即从东方文化传统思想来源上找出某些相对有价值的东西,进行加工,之后同样用以批判现代主义;三是"以明天否定今天""诉求未来",表现为某种"空想"的心态,即以某种超越现代社会思想条件的可能的具有理想价值的假想,来批判现代主义(但在某种意义上它又反对传统空想主义的思维与论述方式)。

美国社会学家(Richard E. Nisbett)尼斯贝特指出,社会学家对于未来有两种争论的看法:一是如福山那样预言政治和经济制度以及价值观终将合流;另一是如亨廷顿那样预言它们将始终保持差异。究竟是"历史的终结"还是"文明的冲突"?换句话说,也就是福山的"趋同论"与亨廷顿的"趋异论"哪一个正确地预测了人类的未来?这样的社会差异如此之大,以致会导致冲突么?尼斯贝特认为不会,"我相信两个部分(the twain)应凭借其他方向的每一移动而得到满足"。"倘若经济与政府的形式在任何地方是相同的,这就使人们的心理特质也会相同。但在另一方面,'文明的冲突'的观点则坚持思维的习惯始终保持差异。"他绘声绘色地调侃道:一方面整个世界都似乎在"西方化",例如人人都穿牛仔裤、T恤衫和耐克鞋,喝可乐,听美国流行音乐,看美国好莱坞大片和电视;甚至教育体制都相当西方化,如强调分析、批判、逻辑以及解决问题的形式化方式等;另一方面分歧将日益严重:国际冲突不断加剧。尼斯贝特又指明了第三种观点:世界将会以合流为主,而非分歧为主,"但这种合流并不仅建立在西方化,而且也建立在东方化,并且建立在社会制度和价值融合的新认知形式上。……东方与西方都能为一个大融合的世界做出贡献,在这种世界上,两种文明的社会与认知方面不但得到表达而且相互转化……"①。

近年来,"后现代主义的消亡"这一说法已引起越来越广泛的辩论。2007年,在其对《20世纪文学杂志》一个题为"后现代主义之后"特辑的导言中,霍伯瑞克(Andrew Hoborek)指出,"后现代主义消亡的声明已经形

---

① Richard E. Nisbett. 2003. *The Geography of Thought*: *How Asians and Westerners Think differently and Why*, The Free Press, pp. 219—229.

成了一个重要的共同点"①。一小群批评者提出了一系列的理论,其目的是在后现代主义之后描述文化或社会。其中最显著的有艾舍尔曼(Raoul Eshelman)的演示主义(performatism),里泼维斯基(Gilles Lipovetsky)的超现代性(hypermodernity),波瑞德(Nicolas Bourriaud)的改换性现代(Altermodern),科比(Alan Kirby)的数字现代主义(digimodernism)或伪现代主义(pseudo-modernism),此外还有后后现代主义(post-postmodernism)等等。不过上述这些新标签都并未得到广泛的认同。②

正如近来有学者所声称的:"后现代主义关注在全球化与资本主义过程中爆发的差异性对抗:人类相互影响的加速,跨文化经常互动中日益加深的冲突以及地区与全球知识的必然联系等。"③有学者运用后现代主义方式,对跨文化人员之间交往的研究范式和主导理论取向进行了批判,质疑了本质主义(essentialism),实证二元主义(positivist dualism)以及欧洲中心主义(eurocentricity)等。认识论,本体论和价值论所考察的问题是由理论基础的本质差异所引发的,因为它们不加批判地接受二元论,而逻辑实证主义的统治地位作为导向的范式,却是由话语帝国主义(discursive imperialism)引发的偏见。④ 本体论处理现实性的问题,而认识论则必须解决人们如何获得有关现实性的知识。⑤ 一些学者运用后现代主义和后结构主义等作为理论法式对非西方文化,如亚洲、非洲、拉丁美洲等进行了跨文化的研究,如后殖民主义与后现代主义的关系等。"当今,仍然存在着在后现代方式下进行贸易的全球化后现代殖民主义。"⑥还有的学者尖锐地批判分析了在后现代国际环境下,美国军事力量对全球其他文明或跨文化的干涉与影响。⑦

---

① *Critical Theory* (Google eBook), by Wikimedia Foundation, p. 95.
② 参见 http://en.wikipedia.org/wiki/Postmodernism.
③ Daniel Salberg and Robert Stewart, Karla Wesley and Shannon Weiss.
④ Jandt F. E. and Tanno D. V, 2001. "Decoding Domination, Encoding Self-Determination: Intercultural Communication Research Processes." Howard Journal Of Communications, Volume 12, Number 3, 1 July 2001, pp. 119—135.
⑤ Rueyling Chuang. 2003. "Chapter 2: A Postmodern Critique of Cross-Cultural and Intercultural Communication Research: Contesting Essentialism, Positivist Dualism, and Eurocentricity." in William J. Starosta & Guo-Ming Chen (ed). *Ferment in the Intercultural Field: Axiology/Value/Praxis.* SAGE Publications.
⑥ William H. Thornton. 1997. "*Prose Studies: History, Theory, Criticism.*" Volume 20, Issue 2, 1997, pp. 108—124.
⑦ Remi Hajjar. 2013. "Emergent Postmodern Military Culture." Armed Forces & Society. http://www.academia.edu/Documents/in/Cross_culture_studies.

当下，人人似乎都在谈"后现代"，以致这种谈论本身也成了某种"后现代"现象。我们可将所谓后现代思潮，用一种"后现代"方式，而通俗地归结为八大社会文化现象，这就是：大众消费、大众参与、大众分享、大众娱乐、大众模仿、大众经验、大众情商、大众怀旧。再通俗一点就是：让人人都变成"复印猫"（copy cats）。所谓复印猫，原是好莱坞的一部惊悚影片，表现的是一个连环凶案发生后，不少人尤其是青少年都像复印机一样纷纷模仿；后来这个词就成了在非意识形态化商业与市场效应下，于社会文化各个层面，那些狂热追随、盲目拷贝、情绪化模仿行为的代名词。美国是上述八大后现代现象的大本营国度，好莱坞、迪士尼、麦当劳、沃尔玛、拉斯维加斯大赌城等就是最典型的"后现代"样板。在这种后现代的语境中，几乎所有交往言辞与文本的应用都带有某种大众化显著特征。当下社会生活的一切几乎都可归入"后现代"的描述系统，如房间的装饰、建筑的设计、电影的编导、广告的构制、报刊的编排等等。此外，"认识论中反目的论的倾向，对当下形而上学的攻击，感情的减退，战后婴儿潮一代面对失望中年而产生的集体懊恼和病态的预测，以及反思的困境，修辞的组合，表面的扩展，商品拜物教的新阶段，对图像、代码和样式的迷恋，文化政治分裂或危机的过程，主体的散乱，对元叙事的怀疑，单一权力向多元权力的更换，意义的内聚，文化层次的崩溃，核毁灭的威胁，大学的没落，广泛的社会和经济转变成一种'媒体''消费者'或'多民族'的阶段，无固定位置及其放弃（批判的区域主义），空间对时间坐标的普遍替代等等。所有上述现象都可能用后现代的时髦术语加以描述"①。由此可见，后现代的语境建立在全球性大众消费主义，大众参与主义，大众分享主义，大众娱乐主义，大众模仿主义，大众经验主义，大众情商主义以及大众怀旧

---

① John Storey (ed). 2006. "Kùnjìng" duì fǎnshēn xìng (reflexivity), yī zǔ biǎomiàn de kuòsàn, zài shāngpǐn bàiwùjiào yīgè xīn de jiēduàn, túxiàng, dàimǎ hé yàngshì de mèilì, wénhuà de, zhèngzhì de huò cúnzài suìpiàn hé/huò wéijī de guòchéng zhōng, "xiūcí bǐyù, Dìng xīn" de zhǔtǐ, huáiyí xiǎng "yuán xùshì", quánlì/huàyǔ de xíngchéng duō gè de dānyī quánlì zhōu de gēnghuàn, nèi bào de yìsī shì bēngkuì de wénhuà céngcì, wēixié suǒ zàochéng de kǒngjù Hé zìwǒ huǐmiè, xiàjiàng de dàxué, zài xīn de wēixíng huà jìshù hé gōngnéng hé xiàoguǒ, guǎngfàn de shèhuì hé jīngjì zhuǎnbiàn chéng yīgè "méitǐ", "xiāofèi zhě" huò "kuàguó gōngsi" jiēduàn, cóng mǒu zhǒng yìyì shàng shuō (zhè qǔjué yú shuí nǐ dú) "Yún chen wénhuà shìshí yè gǔfèn yǒuxiàn gōngsi" huò fàngqì yún chen wénhuà shìshí yè gǔfèn yǒuxiàn gōngsi ("pīpàn dì dìyù zhǔyì"), huò (ōu) de guǎngyì kōngjiān dàitì shíjiān de zuòbiāo.

"Postmodernism and 'the Other Side'", *Cultural Theory and Popular Culture: A reader*, London: Pearson Education.

主义的基础上。所有的政治、经济、教育、宗教、文学以及其他一切社会文化活动,若想真正获得成功和发展,没有上述这八大"大众化"是不可能实现的。当下,在这样一个全方位、无限量和超普及的商品化时代,在这样一个将几乎所有男女老少贫富雅俗通吃的高科技电子数控的网络和手机的时代,也许东西方研究的学者们必须面临两难的选择:一是如何克服在商业消费大潮裹挟下的功利浮躁和学术腐败,洁身自好,潜心向学;另一是如何为了走出象牙塔,努力对接社会地气,放下身段,了解大众的动态与需求,而使原本深奥的学术研究更具实践性与应用性。

(四) 分析方法与"女权本位"哲思取向

20世纪90年代以来,美国的一些女性或女权哲学家,试图把原本囿于社会政治法律范畴之内的女权运动,加以世界观、认识论和方法论上的哲理深化,这种现象姑且称为"女权哲学化"或"哲学女权化"运动。尽管某些正统保守的学者颇不以为然,但也不敢公开笔伐,为避侵犯女性权利的"瓜李之嫌",便"男人不见女人怪"。也有不少自由开明的男性哲学家对此略尽推波助澜之力。当代女权哲学的主要代表人物有哈钦(L. Hutcheon)、扬格(I. M. Yuong)、扎格(A. Jaggar)、本哈贝(S. Benhabib)、蔻德(L. Code)、哈定(S. Harding)和隆基玛(H. Longima)等人。

千百年的哲学王国堪称男性独霸的天下。从前苏格拉底一直到这个世纪初,大概是"女性并非理性动物"的观念作祟,在西方哲学史上找不到一位可见经传的女性大哲或思想巨擘。20世纪起,随着社会地位的相应提高,女性在哲学界的状况略有改善。1918年,在东部分会——美国哲学学会最大的一个分会,女哲人玛丽·卡尔金斯登上了会长的宝座。直到1991年,女教授安勒特·贝尔成功获选,该学会一共只出现过5位女性主席,仅占89位主席人数的5.6%。①

女权哲学家对"男权本位化"的哲学史首先提出诘难。她们认为,人类哲学和思想发展中的世界观、认识论、方法论、价值观、美学观等,从来并非是中性的,而是偏见的产物。哲学从古以来都是男权统治,它是由父权文化脱胎而来的。所谓男权哲学观,就是以男性为人类两性的中心,并以其理想规范作为全人类的规范,进而以男性的想象、经验、思维方式及

---

① 其他三位女性会长分别为拉古纳(1941年)、基尔伯特(1946年)和拉泽洛维兹(1975年)。

由其特有的生理条件和社会地位而形成的肉体与精神状况,来观察解释自然界、超自然界及社会的理想和生活的价值。因此,随着女权运动的深入发展,一场更深入本质的思想精神运动必然相伴而生,这就是以女权哲学化或哲学女权化来否定男权哲学化或哲学男权化,最终达到哲学的中性化。(当然,激进的女权主义者强调用女权哲学化彻底全盘代替男权哲学化或强调两种哲学化的势不两立)换言之,女权哲学化就是要打破男权哲学独霸的一统天下,恢复人类哲学世界观的本来面貌。就像任何占统治地位的体系、制度、学说、主义都标榜中性,从而代表全人类那样,男权为本位的哲学观也标榜自己为中性,当然为全人类思想认识的理论反映。当男权哲学观把握两性共创的人类知识总体时,必然严重歪曲自然界和社会人生的本来面貌。

如何促成女权哲学化或哲学女权化?女权哲人们提出了两种可能的"规划":一为"消解型规划",另一为"重建型规划"。所谓前者,是将重点放在批判男权哲学,从而全面揭示建立在男性经验基础上的男性观,如何在哲学和自然科学领域形成最基本规范的系统思想。它还揭示了男性对自身经验的理解构成了亚里士多德的生物学和形而上学,构成了柏拉图、笛卡尔、霍布斯和卢梭等有关哲学的定义,构成了本体论中哲学推理的范式,构成了现代哲学心理学以及个性化原则的"对立方法"和社会与自然科学理论、革命理论、政治学方法论、马克思的政治经济学及对客观探索的概念化。而后者,则从正面阐释了女权哲学化或哲学女权化的基本观点。也就是说,女性经验足以为更代表人类理解的理论架构提供充分的源泉;在社会实践和科学探求中,女性经验为认识论、形而上学、方法论和科学哲学建立更充分和坚实的基础。

女权哲学家指责,"大多数伟大的哲学家们"显然鼓吹男人自然具"高贵性",而女人则具"卑微性"。亚里士多德堪称这种观念的始作俑者。这位大哲,把性别差异编织在他的哲学经纬中,并深刻影响了其整个的思想体系。亚里士多德的生物学理论不可避免地引出一个结论:"女人绝非理性动物""女性最完美的功用在于为男性的扩展创造条件",因而,女人仅仅是"为聚合的男性灵魂与男性种类的延续而在运动中所设的物质"。由此,亚里士多德的伦理学和政治思想指明,男人主宰女人,并使之屈从,是值得赞许的德性,而平等对待女性则为耻辱。从女权运动的立场看,对亚里士多德性别歧视论的挑战,使我们必须对其全部思想进行重估。人们不能把亚里士多德的性别歧视论同其他哲学思想割裂开来。亚里士多德的政治理论与他的灵魂论相一致,正像灵魂的理性部分具有凌驾非理性部分的权威性那样,社会的理性部分也应具有凌驾非理性部分的权威性。这种权威性不仅表现在阶级,也表现在男女之间。由此可见,亚里士多德的政治理论来源于他的形而上学。然而,亚里士多德的有关自然秩序的假设,仍误导了当代政治学的大部分重要著作。尽管政治学家自诩以个人、组合或阶级等术语进行思考,而实际上,他们仅以家庭的概念来论及政体,尤其当谈论女性时更是如此,结果导致"混合的分析加上混乱的思维"。罗尔斯的《正义论》——当代最负盛名的著作之一,也是这种混乱思维的产物。例如,他在讨论家庭和不同代之间的正义时,把重点放在男性家长和那些将成为这种家长的人们,而对妻子、母亲和女儿则大吝笔墨。当考察所谓下一代时,也是重男轻女。

自然科学由生活于特定时空、其思维方式作为社会反映的人们所创立。因此,科学思想与产生科学的社会政治意识形态相一致。在产生科学的社会中,所接纳的真实东西,实质上来自对女性生物性的解释。就像社会科学一样,自然科学也仅仅是一种对男性社会经验的男性理解。人们把两个相关的概念——匮乏性与竞争性,以对自然的家长式或父权式的想象,引入到现代的进化与生态思想,对自然界理解便成为片面和歪曲的。鉴于此因,对自然更可靠的理解,应建立在更正确反映自然秩序的女权观念——充足性与合作性,而非匮乏性与竞争性。父权社会对性别差异过分的夸大损害了人类本身,只有把女性看作完全的人和历史的行动者,才能建立更具稳固基础的社会秩序。

仅仅在男性思想范畴中增加某些有关女性的内容,或像镜子反射那样简单重复男性的概念,并不能使男女平等成为现实。相反,只有在进行革命式而非改良式的变动,即引介历史性、物质性和价值性等作为根本认识范畴时,才有可能。女权哲学应对规范思想进行强有力的挑战。用库恩的术语来说,女权哲学为对人类的理解提供了崭新的范式,女权哲学有关性别特殊性的新范畴,将创造一种更接近于人类本来思维模式的逻辑语言。在哲学本体论与语言哲学的历史上,有关"个性化"与"认同化"原则,是建立在性别歧视基础上的。例如,从亚里士多德、莱布尼兹到路易斯、奎因、克里普克,都强调以显然突出男性的模式,对世界的各个组成部分赋予个性和认同。而实际上,女权哲学则可以对西方哲学的抽象方面提出更为全面的理论问题。谈到范式,人们常把侵争性的男性行为作为哲学推理的范式或作为整个哲学方法论的模式。这对于男性是自然的,有利于他们展示自己,而对女性则完全相反。显然,所谓哲学方法论仅局限于男性世界。而这种把批判性思维归于对立范式的局限性,便是错误解释哲学史的原因之一。它限制了哲学论证的合理范围,并导向荒谬的推理。因此,彻底抛弃把对立性方法作为哲学唯一合理范式的做法,将可以促进建立更多元、更富有创造性的哲学方法。

男性为中心的科学批判主义也充满狭隘性。20世纪以来,科学哲学主流的宗旨是把科学方法从形而上学中割裂开来,认为科学可以提供避免形而上学的假设而获得对自然和人类本身的理解。这种批判主义的范围仅囿于理智过程。过去科学家常从自身阶级和男性主宰作用出发,歪曲形而上学观点,并在科学研究中加以强化。例如,功能主义在生物学和社会政治中,以男性专业和西方式的社会经验来歪曲女性非专业、非西方式的自然和社会政治的经验。因此,只要阶级、性别和等级制在科学殿堂和社会生活中存在,科学"认知权威性"对实在性的界定便既不公正又不合理。从当代社会研究及其对科学史的重新考察中,可以看出,科学客观性受到男性文化原型的不良影响。首先,人们把科学家视作"超级男性",就像培根把自然当做科学家的"新娘"来加以控制和主宰那样。拿后弗洛伊德精神分析的理论来说,男性化过程划分了男性的"自我"与其他"自我"的界限。这种男性的"自我",为获自身的认同性而必须控制其他"自我"。再拿现代哲学心理学来说,许多著名哲人,如普特南姆、里维斯、大卫德森、奎因和维特根斯坦等认真分析了情绪、意向、信念、德行与邪恶等,但他们忽略了他们所关注的东西可以在个人的基础上得以理论化。这种状态,可以在一种父权制的社会里——男性性心理和男性自我划界的发展中找到社会根源。

从认识论说,女权哲学必须思索男性经验如何被当作人类的思想条件而加以夸大。例如,像心身、内外、理性与感性等的关系问题,反映了由劳动的性别分工而产生的男性经验。为了建立女权的社会理论,人们必须首先建立真正的认识论。女权哲学能够运用由马克思对由阶级和劳动分工而造成的无产阶级地位的分析,作为认识论工具,来了解在制度化的劳动性别分工中,女性结构性的地位。由劳动分工带来的男女结构性经验和行动方式的不同,可当作某种认识论和本体论的前提,并以此了解自然和社会生活,从而有效地反对各种形式的统治。认识论需要一次革命,因为现存的经验主义、功能相对主义以及马克思主义的认识论都存在着局限性。女权主义决不能陷于这些认识论方法。为了使这个运动深入而广泛地发展,开拓一种新型的认识论途径,实属必要。

(五) 分析方法与"心本位"哲思取向

有关人的心与身、自心与他心以及内心与外物等的关系问题,也是近来美国哲学界普遍关注而且争论不休的问题。人文哲思贯彻到底最终必回复到对人的本身及其精神现象、意识活动和主观能动性的探索。人总是试图了解宇宙和周围的世界,然而却并不真正了解自身的奥秘。人对人生与外界的态度、情感、价值观、精神状态、认识能力、逻辑思维以及理性的决策决定了社会关系的复杂性。20 世纪以来,原属哲学的心理学和行为科学从其母体脱胎出来,成为完全独立的学科,并以一种经验的、实验的、数理统计的和科技化的方式,得到研究和发展。甚至有人极端地预言,就连认识论也要从哲学中分化出去,成为心理学和行为科学的组成部分。信息时代的到来,更是带来人的认知能力的巨大飞跃。人的认识一方面无限地向外——向自然界、宇宙太空以及一切最终本体或超自然的力量扩展;另一方面又无限向内——向自身心灵、精神活动和认知能力深入。由于人们并不了解自身和"心"的奥秘,宗教才可占据灵魂、静思及心的超渡性问题等地盘。美国哲学家把心的研究当作哲学的一个分支,称之为"心的哲学"或"心理的哲学"。其实,从历史上看,古今中外的思想大哲们,无不对心的问题倍加重视,只不过今天的学者们在新的社会文化和科学条件下,对这一古老的论题加以新的解释罢了。

这种心本位化的哲学研究,实际上是试图揭示人对自然、超自然、其同类构成的社会所产生的精神活动和现象,并试图揭示作为万物之灵的人的主观能动性的性质、状态、结构、范围、限度、功用、过程和关系等。例如经验与理性、动机与行为、头脑与意识、意识与物质、自我与他我、自我与自由意志、精神活动的硬体与软体等问题。哲人们或继承和发展了某些旧的理论框架,如唯物论、唯心论、二元论、实在论、怀疑论、唯我论等;或是以新的方法论提出新的理论范式,如行为论、表达论、归元论、功能论、物理论、标准论、认同论、意向论等。这个研究方向的美国的主要代表人物有哈姆普谢尔(S. Hampshire)、纳格尔(T. Nagel)、丘其兰德(P. M. Churchland)、普特南姆(H. Putnam)、登内特(D. Dennett)、希尔(J. Searle)、巴赫(K. Bach)、斯蒂奇(S. Stich)以及霍夫斯塔德特(D. R. Hofstadter)等。

科学哲学家普特南姆重构了认知科学,他把精神状态视作抽象数码电脑的功能性状态，正像电脑程序的操作，思维成为对某种抽象符号的"操纵"，而且，心灵由符号在世界中指示事物而获得意义。由此功能，哲学成为心的哲学的主导学说。然而，后来随着反对功能主义的经验证据越来越多，普特南姆本人也意识到功能主义有着逻辑的不一致，于是，在其新著《表述与实在》中，揭示自己学说的哲学谬误，甚至指明为什么功能主义作为心之哲学必然失败。这种失败给语言学、人工智能以及认知性与发展性心理学带来了巨大的冲击。书中，普特南姆还探讨了意义与唯心论、意义与他人和世界、真理问题以及作为狭性内容可观察性的功能和概念作用等。罗蒂评价说，普特南姆以其新著为代表的后期思想，是在心的哲学中对归元主义所做的最彻底、最认真的批判，它将指导电脑与人类类比的研究。

另一位科学哲学家丘奇兰德的新著《物质与意识》，提供了重要的论证方法论和经验材料来研究心的哲学。他试图表明，只有认知科学的经验性才能解决基本的哲学问题。为此，他创造了一种把人工智能、神经科学与人品论（Ethnology）结合在一起的方法，并指出，人们有关心灵的思维将发生剧烈的变化。丘奇兰德对各种不同的智能进行广泛的探讨，并结合伦理学系统地讨论了心身的本体论、认识论、方法论以及句法等问题，其中包括意向性、他心、自我意识、认知方式等内容。

作为心的哲学先驱者之一，登内特在其《内容与意识》一书中，试图结合哲学与科学两种途径来研究"心"，把神秘精神的现象分解为数个独立现象，并把它们作为头脑物理行动的基础。他讨论了有关心的本体论问题，例如心的存在与认同、心之语言的内容、意向性、信息的理智用途、以目的指导的行为及解释性人格与亚人格的层次，还讨论了意识的各种问题，如确定性、注意力、想象力、思维推理、意志力、意向行为及知与理解等。登内特还在与霍夫斯塔德特合著的《心之我》一书中，结合宗教学来研究"心"，探讨了自我灵魂、心灵、自由意志以及内视（The Inner Eye）。

与此相关，斯蒂奇针对人们在信仰和欲望问题上的困惑，推出了一套理论架构，即把信仰看作是精神的句型而加以分析。他还分析了信仰的内容观、信仰概念与认知科学的关系、心的强表述与弱表述理论、心的句法理论以及通俗心理学与认知科学的关系问题。女哲学家P·丘奇兰德称斯蒂奇的《从通俗心理学到认知科学》是研究内容及其作用的一个新的转折点。纳格尔的《无中生观》一书从更人文性的角度探讨了心身关系，如个人的认同与例证、客观自我、知识思想、自由价值、伦理原则、生存权利以及生死与生命的意义等。

（六）分析方法与"爱本位"哲思取向。

人的存在必定要涉入与社会、自然界、超自然界（如终极本体和神灵世界）以及自身心灵与肉体的关系。其中人与人的关系是最本质的关系。例如，是否正确地对待自然，注意生态平衡、环境保护和资源利用等问题，是在人的相互关系中得到回答，最终必由人类自身承担结果的。再如，是否心诚地对神灵进行膜拜，其判定也往往回复到对人类自身的态度，即行善还是为恶。

美国哲学界的一部分有识之士，力排传统哲学之规，把"爱"作为本位化的研究方向，甚至作为一个重要的哲学分支，并试图与心理学、行为科学、生物学、人类学、社会学、历史学、政治学、宗教学及文学等学科相结合，从而使之成为一门综合或边缘学科。爱的哲学最基本的实践意义在于，在现实的人与人的关系中，找出一条化解冲突、纷争、仇恨、嫉妒、猜忌等社会矛盾，从而建立协调、平和、友好、宽容、互助的共存关系。一些大学的哲学教授试开了有关爱的哲学课，甚至还开了东西方爱的哲学比较这类课程，引起学生们的浓厚兴趣。

"爱"的哲学研究者们，对"爱"本身的本体论、认识论、方法论、语义学、伦理学以及美学方面进行了广泛而深入的研究。尽管不少受旧哲学分类偏见束缚的人，对这种研究方向颇不以为然，但谁也不能否认，自柏拉图、亚里士多德以来，大思想巨匠们无不对"爱"或多或少有过精彩的讨论。东方更是如此，如儒家的"仁"、道家的"慈"、佛家的"悲"等。希腊语"哲学"一词的前一半就有爱的含义。爱的哲学家们试图建立自己"爱"的范式或模式。他们重新批判和分析了古希腊哲学、基督教神学以及人们对"爱"的传统定义和构架。

在当代有关"爱"的研究中，弗洛姆的《爱的艺术》颇有影响。弗洛姆把"爱"定义为一种艺术。像所有的艺术一样，"爱"也是理论与实践的结合。他认为，"爱"是一种对人类存在问题的根本答案，而在现代西方社会中，"爱"正遭受着解体，这也是西方精神危机和社会危机的一个重要原因。弗洛姆试图教导人们怎样达到富有建树性的"爱"，并增强它的力量来改变整个生活进程。他还具体讨论了母爱、博爱、浪漫爱、自爱和上帝之爱。弗洛姆基本奠定了爱的分类研究的基础。近十年来，在"爱"这一研究方向上有影响的美国哲学家有索洛芒（R. Solomon）、裴克（M. S.

Peck)、布兰登(N. Branden)以及蒙塔古(A. Montagu)等人。

在当代"爱"的研究者们重估了传统对"爱"的定义之后,也不尽同意弗洛姆的定义。但在他们中间,各持己见,并无统一的认识。"爱"的一个传统理论是"馅饼说"。它主张"爱"就像一块馅饼,你分给他人越多,自己便留得越少,这就是爱的特性。从圣保罗到弗洛伊德,一直以这种观念为主导。近代人们还根据爱的某些心理特征,把其分为占有型爱、深思型爱、慈善型爱及牺牲型爱等,但当代学者并不苟同这种说法。首先,"爱"并非绝对的给予,并非自我牺牲和奉献,"爱"的本身是双向型交感互动的。其次,"爱"并非是理性的,而是一种非理性的情绪或意志,当人们深思熟虑地进行抉择时,"爱"已不复存在,仅成为利益的权衡,"爱"决不应带有利害的考虑。再次,"爱"并非物品或满足私欲的商品,占有的心态也违背"爱"的本意。

"爱"的研究者们往往从他们认为理想的范式或模式来界定"爱"。如弗洛姆把"博爱"当作一切"爱"的理想模式,蒙塔古把"母爱"或"双亲爱"当作理想范式,而布兰登和索罗芒则把"浪漫爱"视为理想追求。他们中有的人把"有条件性"和"无条件性"定为"爱"的真正衡定标准。那么,人们是如何获得"爱"的观念的呢?通常认为:(1)通过观察;(2)通过试验和错误;(3)通过师徒传授;(4)通过正规教育。然而,这些并不正确。冲突性或邪恶性的行为也会通过观察而显现,试验或错误并不能告诉人们什么是"爱"的行为。师徒传授可能有效,但充其量也只限于一定时空内的极少数人,而且,人们极难发现一位能传授"爱"的大师。或许家庭能提供这种师传方式,然而,现代社会中家庭的蜕化,也使这种可能变得渺茫。正规教育固然可以作用于大量的人,但我们现存的教育制度并未产生很大的效果。

学者们对"爱"的类型作了深入细致的研究。为避免狭隘的性别主义或性原型主义,他们把人们称谓的"母爱"扩展为"双亲爱"(Parental Love)。一般说来,父爱和母爱是不同的,前者是有条件的,仅在于教导子女如何去爱,而忽视被爱;后者则是无条件的和支持型的,是孩子们自爱的根本基础。母爱是绝对付出的,故表现为单向的。但上述说法并不全面,父爱和母爱都可以显示出有条件爱和无条件爱的结合,因为子女需要这种二位一体的爱,否则,单亲家庭很难培养出心理健康的儿童。父母的爱起初是单向而不平等的,随着子女的成长,而成为双向和平等的。

"博爱"(Brotherly Love)在西方宗教文化中被称为"基督之爱",也是长期以来争论最多的一种爱。弗洛姆把这种爱看成是最根本的爱,故称"爱中之爱",又为一个成员平等的联合体的核心。这是一种建立在人道和暂时不均等、但长远看却是平等的基础上的关系。一方需要帮助,另一方能提供这种帮助。"博爱"是与伦理结合最密切的一种爱。没有正当理由而拒绝帮助受苦受难的人,是一个伦理问题,而不愿成为父母、恋爱者或朋友,在伦理上却可以接受。"博爱"不像其他方式那样需要认识和了解所爱的对方,不像浪漫爱和友爱那样,需要一种亲密性的关系,也不像双亲爱那样需要子女存在为条件的唯一性。"博爱"是一视同仁的,不论是邻人、路人、陌生人,甚至仇人,都一律对待。"博爱"实际上是一种与道德性相关的同情心、怜悯心或慈善心。

对现代思想的一个公认的真理是:在爱他人之前,必先爱自己,即所谓"自爱"(Self Love)。然而,这一公认的真理却引起许多疑问,有人把自爱与自尊(Self-esteem)混为一谈,还有人则对二者加以区分,认为前者属非自我估价,而后者则有自我估价的意义。自爱者把自身当作像其他客体或对象那样的一种爱的客体或对象。自爱不能同自私画等号,相反,却是自私的对立物。自爱与爱他人是相结合的,一个人,越爱自己,便越爱他人,反之亦然。而自私并非真爱自己,故弗洛姆把自私定义为"太不爱自己"。两种方式可以产生自爱:一是以自我照顾、自我尊敬、自我责任以及自我认知;另一是以同样的方式对他人照顾、尊敬、负责和认知。一个人同时自爱和爱他人,才能真正成为具有爱心的人。布兰登不完全同意这种看法,他坚持自爱从其固有的特性来说是自私或唯我,但其表现形态却是正面积极的,而非负面消极的。布兰登试图把自爱的问题从抽象的理论领域转到具体可观察的行为领域,以便揭示出人们自尊的心理和生理的双重特征。

在日常用语中,"友爱"(Friendship)是极宽泛的,因为朋友可从一般的熟人到密友。为限定概念的意义,应把"友爱"界定为涉及"亲密性""选择性"及"平等性"的一种关系,而非像博爱那样表现为一种非亲密性、非选择性的普遍施爱和共同享爱的关系。"友爱"与"浪漫爱"(或"性爱")有某些类似之处。例如,一对已婚55年的老夫妻,已白头到老,相依为命,双方已无性爱要求,便只剩下类似友爱的关系。友爱与浪漫爱的差别,是其不具有性欲和性的关系。

虽然浪漫爱(或性爱)是西方世界最热门的话题之一,但过去很少有人把它当作一种爱的范式类型。弗洛姆把性爱定义为"性欲、博爱再加委托(Commitment)",是一对异性之间既具平等性又具排他性的带有性意识或性行为的关系。不少人对这种定义表示疑问,性爱并不一定是一一对应或排他性的,一个人可能具有一个以上的异性性爱对象。同性恋者当然对这种意见表示反对,对他(她)们来说,性爱并不只发生在异性之间,同样也发生在同性之间。弗洛姆把性爱加上"委托性",认为只有这样才能保持性爱的稳定性、长期性,否则便是短暂多变的。这就把性爱理性化了,而性爱本身则应是情绪化的。弗洛姆把具排他性的性欲与具包容性的博爱以及具理性的委托混为一谈,则必然产生矛盾。为澄清问题,一些学者着重研究了"亲密性"问题。所谓"亲密性",大致说来,就是双方真诚相待的问题。

"伪爱"(Counterfeit Love)也成为一个重要论题。人们常把"爱"与"迷恋""情欲""性欲"以及"色情"相混淆。弗洛姆认为堕入情网的迷恋并非是爱,而是在情欲驱使下人格的丧失。性欲不是单纯的生理机制,而是心理的因素。弗洛姆批判几种"虚假的爱":一是良好的性关系即是爱;二是爱是团队性工作;三是爱的市场原则,使人们寻求最佳的讨价还价。其他的学者也试图划清"真爱"与"伪爱"的界限,并分别从各自的侧重点研究性欲、性行为、色情以及迷恋、情欲与浪漫爱之间的转换和互动关系。

以上由20世纪下半叶所兴起的六种哲思取向,从不同侧面反映了美国分析哲学思潮的现状与发展。从整体上看,这些取向又是互相关联、互相影响、互相涵盖和互相渗透的。不少学者把"心""爱""伦理"以及"社会"的哲思结合在一起进行探讨。有的"后现代主义"哲学家还以其后现代的思想方法对以上诸方面进行探究;而女权哲学家们则站在女权主义的立场上,对以上种种思想趋势进行了全面的重新估价、批判和反思。不能否认,即便如此,这些以人文社会为本位的哲思仍受着分析哲学、科学和逻辑语言哲学的广泛而深刻的影响。至少可以说,美国形形色色的思潮,在相互批判、撞击和相互对话、融合的过程中,以共存交感的方式推动着美国哲学整体的发展。

四、分析哲学对欧洲大陆哲学的排斥与交集

20世纪30年代以后,由于维也纳学派和牛津学派的重要影响,分析

哲学在美国学院哲学界占居了统治地位。美国的现象学、存在主义与法兰克福批判学派一开始就是在受排斥中,作为与分析哲学相抗衡的不对称力量而逐渐兴起的。①

罗素在1945年出版的《西方哲学史》的现代部分,提到柏格森、詹姆斯、杜威以及逻辑分析哲学派的各种人物,但竟然只字未提当时已产生了巨大影响的胡塞尔现象学以及海德格尔存在主义,这种态度似乎不很客观,也欠公正。这也说明罗素存在着很严重的门户之见。对此,西方有人评述说,海德格尔是存在主义运动的中心人物,虽然他的著作和生平受到很大争议,但他的哲学一方面征服了德国和法国,另一方面却被维也纳学派以及罗素和艾耶尔(A. Ayer)等英国哲学家斥为"垃圾"。

有意思的是,曾创立了与分析哲学直接对立的现象学学派的胡塞尔,在其早期也是一个"分析哲学家"。在1891年的《算术哲学》和1900年的《逻辑研究》中,胡塞尔企图将数学与哲学结合,但发现在逻辑的哲学基础与意识的心理分析之间的结合很难进行,于是便开始研究英国经验主义以及穆勒的逻辑学,企图从先于所有形式思维的经验分析中找到数学与逻辑的整个哲学基础。其实在对数学和逻辑的态度上,胡塞尔与罗素有相通之处,并没有什么根本的对立,问题是将它们用于解决哲学的哪一个领域。正如美国学者理查德(H. Richards)在对海德格尔《哲学的终结与思维的任务》(The End of Philosophy and the Task of Thinking)一文的评论中所指出的:海德格尔认为,从方法到内容,胡塞尔与罗素都曾支持了作为赢方的反历史主义和数理倾向的阵营(the anti-historicist and mathematically-inclined side)。只不过,胡塞尔在1901年之后,逐渐采取了现象学的方法,而引导了一个新的哲学运动。更有意思的是,在20世纪后期,以胡塞尔为开山鼻祖的现象学运动与以罗素为开先河者的分析哲学运动,通过语言学研究和后现代主义思潮作为媒介,竟有了某种合流或交汇的趋势。

---

① 全美国有3000多所大学或学院,其中大约有300多个哲学系有研究项目,在这里面绝大多数是由分析哲学和科学哲学作为统治哲学,只有20—30个哲学系重视欧洲哲学、传统哲学史或其他哲学。对于分析哲学家来说,就连欧洲哲学,包括现象学与存在主义,都不算真正意义上的哲学,甚至是废话,至于东方哲学就更不用说了。因此在美国,形成了以分析派为主流的一方与以多元派包括欧洲哲学等杂牌军为旁支的一方之间的争斗。但在近年来,分析哲学与欧洲主要哲学流派也有所谓合流的趋势。

本来，在 20 世纪前半叶，由于物理学和数理逻辑的发展，与科学思潮相逆的存在主义等很难涉足学院哲学界，但当分析哲学的形式主义走向极端，越来越远离自然界、社会和人的时候，势必会产生危机而使现象学和存在主义得以盛行。起初，后者仅在社会上有很大影响，而在学院哲学界则无足轻重。20 世纪 50 年代，尤其是 60 年代以后，它甚至在学院哲学界也不断扩大了地盘，逐渐成为除分析哲学以外的第二大哲学势力。正如 SPEP①的发起人之一的施拉格（C. O. Schrag）所说："20 世纪中叶以来，美国哲学被两大主要类型统治着：一类是现象学和存在主义；另一类是分析哲学和语言哲学。20 世纪 90 年代以来，新马克思主义哲学也受到人们重视，但始终不及前二者。"这话或许过于自信和乐观，但美国现象学和存在主义运动的发展是不能否认的。

占非主导地位的美国现象学和存在主义运动大致可分为三个阶段：德国现象学的传入阶段、现象学与存在主义的融合阶段及美国哲学渗入存在主义的现象学阶段。

1. 德国现象学的传入阶段

这一阶段始于 1939 年，即胡塞尔去世后的第二年，以胡塞尔的得意门生、美国现象学运动的元老法伯（M. Farber）在纽约所创立的国际现象学学会为标志。随后，1940 年，第一本美国现象学杂志《哲学与现象学研究》问世②。在这一阶段，美国老现象学者凯恩斯（D. Cairns）、古尔维奇（A. Gurwitsch）、舒兹（A. Sohuetz）和考夫曼（F. Kaufman）等人接受了胡塞尔（E. Husserl）的主要方法论。学者们不但注意胡塞尔哲学的主要精神，而且也像他那样力图为科学找到一个基础。学者们尤其注意现象学的实际运用，也就是说，学者们开始把它运用于有关人的社会历史存在的

---

① "北美现象学和存在主义哲学学会"（SPEP）于 1962 年 10 月 26 日在美国西北大学成立，主要发起人有美国最著名的存在主义者之一的怀尔德（J. Wild）等，最初只有 12 人，而如今，已拥有数千名会员。虽然法伯（M. Farber）、怀尔德和蒂利希（P. I. Tillich）等老一代现象学和存在主义者已经相继去世，但却始终不断有新的代表人物崭露头角。

② 有关美国现象学与存在主义的专业性杂志有：《分界线》《英国现象学学会论刊》《现象学的心理学》《体育运动的哲学》《人类研究》《胡塞尔研究》《人与世界》《一元论者》《现象学的社会学通讯》《现象与动态》《哲学论题》《哲学与文学》《哲学与现象学研究》《哲学与社会批判》《今日哲学》《现象学论刊》《现象学研究》《存在主义心理学与精神病学评论》《形而上学评论》《社会研究》《SPEP 年会论文集》等。

广泛领域中。① 这一阶段的美国现象学代表人物都是属于胡塞尔现象学运动发展第三阶段的代表人物。如1922—1924年和1926—1927年间在弗莱堡追随胡塞尔研究现象学的法伯；1926年在胡塞尔那里通过教授资格考试的考夫曼和另一位著名现象学家舒茨。1932年，舒茨在其出版的《社会世界的有意义构造》一书中，更是系统提出了社会现象学的纲领，并得到了胡塞尔本人的承认，而成为社会现象学的经典著作。

在美国，法伯出版了《作为方法和哲学学科的现象学》(1928年)、《胡塞尔纪念文集》(1940年)、《现象学的基础》(1943年)、《胡塞尔》(1956年)、《自然主义与主观主义》(1959年)、《现象学的目的》(1966年)、《现象学和存在》(1967年)、《哲学的基本问题》(1967年)等著作以及大量论文，此外还主编了《美国哲学讲演集》和《现代哲学思想》等丛书，并与人合编了五部著作。1967年的《美国哲学百科全书》称他为"获得国际声誉的为数不多的活着的美国哲学家之一。他在国际上被认为是现象学的一个主要解释者和革新者，同时是批判的自然主义或唯物主义(被他交替使用的术语)的一个捍卫者"。

现象学在美国能够得以生存和发展，恐怕还要"归功"于德国纳粹主义的迫害。不仅在第二次世界大战期间，而且在胡塞尔生前，纳粹对犹太学者和持不同政治见解学者的排斥和驱逐便已开始，②现象学者在德国

---

① 也许还可以划分出一个"前美国现象学阶段"。胡塞尔于1901年起在哥廷根和慕尼黑聚集了一批热衷现象学的学者。1913年，由于胡塞尔主编的《哲学和现象学研究年刊》第1卷的出版，现象学发展第一阶段的代表人物应运而生，其中有舍勒(Max Scheler)、普凡德尔(Alexander Pfaender)、盖格(Moritz Geiger)、莱纳赫(Adolf Reinach)、道伯特(Johanes Daubert)、康拉特(Theodor Conrad)、沙普(Wilhelm Schapp)等。20世纪20年代前后，胡塞尔移居弗莱堡，不久便形成了现象学运动的第二阶段，其代表人物有海德格尔(M. Heidegger)、英加尔登(R. Ingarden)、斯泰因(E. Stein)、瓦尔特(G. Walther)、勒维特(K. Loewith)、古尔维奇(A. Gurwitsch)、莱纳赫(H. Reinach)等；还有一些以后成为著名哲学家的人物，如解释学哲学家伽达默尔、生态哲学家约纳斯(H. Jonas)、分析哲学家卡尔纳普(R. Carnap)、西方马克思主义代表人物霍克海姆(M. Horkheimer)等，也曾听过胡塞尔的讲座或参加过他主持的讨论课。值得一提的是，在弗莱堡向胡塞尔请教现象学的还有来自美国等地的一些外国学者。弗莱堡大学因此成为当时公认的欧洲哲学中心和世界哲学界所关注的焦点。在这一时期，现象学思想对美国渗透的一个前兆标志是1928年，胡塞尔被选为"美国艺术与科学学院"的国外名誉院士。

② 1928年后，由于纳粹的迫害，只有少数几个学生和朋友还在拜访这位具有犹太血统、但已加入基督教的哲学家胡塞尔，或与他保持着通信联系。据当时与胡塞尔一家交往甚密的耶格施密特(A. Jaegerschmid)修女回忆："当时的胡塞尔是非常孤独的。因为纳粹使得他的朋友圈子越来越小，科学界也开始疏远他。当我去祝贺他的78岁生日时，只有他一个人在。"1938年去世的胡塞尔还算幸运，否则就会像他的犹太女学生斯泰因一样死于纳粹集中营的煤气室。在参加胡塞尔火化仪式的人中，来自弗莱堡大学哲学系的只有一个人，而且是以私人身份出现的。

遭到精神甚至肉体上的毁灭性打击。一些人死于集中营的煤气室,如女哲人斯泰因;一些人苟延残喘得以幸免,如伽达默尔;一些人与纳粹同污合流,如海德格尔;更多的人则逃亡国外,在美国等地成为避难者,如古尔维奇、舒茨等。当时,美国本土的现象学代表人物主要是曾在弗莱堡留学过的法伯和凯恩斯,尽管学者们做了不少工作,但对现象学在美国的发展具有决定意义的可说还是以古尔维奇和舒茨为首的一批德国流亡学者的加入。

2. 现象学与存在主义融合阶段

现象学与存在主义融合阶段主要受法国哲学的影响,因为现象学与存在主义的结合已在法国马塞尔(G. Marcel)、萨特(J. P. Sartre)和梅罗—庞蒂(M. Merleau-Ponty)等人的著作中得到了体现。怀尔德、蒂利希、巴雷特(W. Barrett)、纳坦森(M. Natanson)、施拉德尔(G. Sohrader)以及鄂勒(W. Earle)等人在这一时期发挥了很大的作用。在某种意义上,这一时期也可称作存在主义的现象学,因为它主要是在海德格尔(M. Heidegger)的存在意义上谈存在,而很少在胡塞尔的本质意义上谈本质。尤其在后期,胡塞尔和梅罗—庞蒂所主张的"生命世界"(Lebenswelt)成为这一时期的主要理论支柱。

从20世纪50年代起,存在主义便开始向美国社会上渗透。美国的存在主义由于受到占主导地位分析哲学的排挤,起初在学院界或专业哲学领域并无多大发展空间,然而,也像在欧洲其他国家一样,美国的存在主义在文学、艺术、电影、道德、教育、宗教以及社会和意识形态的各个方面盛行起来。尤其在20世纪60—70年代,极大地影响了学生运动、青年运动、黑人运动及劳工运动;甚至造就了"垮掉一代"的文化风气,如嬉皮士运动等。

怀尔德于20世纪50年代从一个实在论者转向了存在主义者后,在后来出版的《存在主义的挑战》(1955年)、《人类自由和社会秩序》(1959年)及《存在与自由世界》(1969年)等著作中,系统地阐明了自己存在主义的观点,并造成很大的影响,因而成为美国存在主义的主要代表人物之一。他曾声称:"作为一种反抗运动的存在主义,是对现代物质与精神生活中那些科学偶像崇拜、轻松的乐观主义、惰性的唯物主义的挑战。"[①]在怀尔德看来,存在主义可以归结为一种以人的自由意志为前提的哲学人

---

① 怀尔德:《存在主义的挑战》,第185页。

类学或以人类为中心的新型本体论,因为它用现象学的方法集中检验人的生存及其条件和状况,检验意识、意识的结构、感觉各种形式以及选择和选择的条件等。为了克服存在主义的某些不足,他还试图从基督教哲学的整合出发,用辩证法的观点将理性与信仰调和起来,让这两者既相互依赖又相互独立并各以自己的方式为人类存在和活动发挥着有益的作用。

蒂利希原本是德国人,在希特勒统治后,移居美国。同怀尔德一样,也是于20世纪50年代转向存在主义,但比前者带有更强烈的神学色彩。他在《存在的勇气》(1952年)、《圣经宗教和对最终实在的探索》(1955年)、《信仰的动力》(1957年)、《文化神学》(1959年)及《永恒的现在》(1963年)等著作中,将神秘主义与存在主义紧密结合,企图创立一种关于"焦虑"的本体论,并"用人的勇气"与传统的存在主义概念,如人的"畏惧"与"死亡"等进行换位。对他而言,作为共同的理念,存在主义者都拒斥"自然主义的机械论""分析的理性主义"及"世俗的人道主义"等"西方工业社会及其哲学代表人物所虚构的那种精神与生活的'理性体系'"[①]。因此,就必须防止这个社会中的自我异化,而转向作为个人在现实生活中直接由内在经验得到的那种"存在",即真正反映了体验实在本质特征的存在。

巴雷特为存在主义与美国社会环境和哲学传统的结合做了大量的论证工作。他的主要著作有:《什么是存在主义》(1947年)、《非理性的人》(1958年)、《梦境碎片》(1970年)及《永恒的现在》(1963年)等,此外还编辑了《禅宗佛教》(1956年)、《20世纪的哲学》(1961年)及《魔杖》(1967年)等。巴雷特认为存在主义的兴起基于三大背景,即宗教的衰落、社会生活的理性化以及科学与人类理智的局限性等。他批评逻辑实证主义等科学主义的思潮,把美国哲学带向浅薄和简单化;而存在主义正是力图掌握整个人的形象,把人当作根本的研究对象,因而能把现代人的经验表达得更合理正确。此外,巴雷特还对存在主义与东方文化传统的某些相通之处做了一定的探讨。

由于怀尔德、蒂利希和巴雷特等人不遗余力的鼓吹和推广,美国的存在主义在生存中求发展,在与社会上流行思潮的呼应下,与现象学一道逐渐成为美国第二大的哲学势力。

---

① 蒂利希:《文化神学》,第109页。

3. 美国哲学渗入存在主义的现象学阶段

美国哲学渗入存在主义的现象学阶段主要表现为三个新的动向。

(一)力图寻求土生土长的美国现象学思想。美国哲学的一个重要特点就是,任何外来哲学都可以在这块土壤上找到扎根之处,而且美国土生土长的哲学也一定会不断混进外来成分。一些美国哲学家们力图把实用主义者詹姆斯(W. James)、杜威(J. Dewey)等人的思想与现象学拉上姻缘关系。学者们一方面指出詹姆斯的哲学对胡塞尔产生过重大影响,后者曾高度赞誉过前者的著作,并称前者是描述心理学的天才。胡塞尔还把詹姆斯的《心理学原理》推荐给自己的学生。另一方面学者们又指出,詹姆斯本人也研究过胡塞尔的著作,但对现象学的超越还原、超越的自我和本质的构造等基本概念有自己的看法。总之,詹姆斯在其激进的经验主义中详细论述了美国的现象学,从而成为美国土生土长的现象学之父。

(二)力图探索现象学和分析哲学(尤其是语言哲学)的共同之处。美国现象学者们一方面用胡塞尔的思想来与分析哲学分庭抗礼,另一方面又力图把分析哲学或至少把其一部分纳入自己的体系,换言之,学者们力图表明就连分析哲学的许多思想也是在胡塞尔的影响下得以产生的。学者们认为,经验着的世界是在人们日常语言中得到表达意义的世界。因此,英美分析哲学与现象学和存在主义之间的差异并不像人们最初想象的那么大。20世纪90年代以来,现象学和语言哲学都反对把意义还原于客观的科学语言模式,它们都把语言看作是发展的和有机的,而并非指称和指称者的固定系统。

(三)现象学与心理学的结合。胡塞尔在《算术哲学》中应用心理行为的描述和心理学分析来澄清数的基本概念,因而受到来自以数学家和逻辑学家弗雷格(Gottlob Frege)为主要代表的批判力量的指责。此后,胡塞尔的主要兴趣便转向构造"纯粹的""本质的"或"意向的"心理学,使它成为任何一门经验心理学的基础。一些美国心理学家从现象学思想中吸收、采纳和发展出现象学心理学方法,并将之灵活地应用于心理学的实践中,打破了传统心理学中自然主义的束缚,从而对各种具体的心理现象进行了更全面、更深入的探索。由于胡塞尔本人曾提出必须终结当时主流心理学中所通行的"意识自然化"的做法,因而美国现象学心理学者便继续将此贯彻到底,试图回归到对意识真实本性的讨论,并力求将心理学进行人文科学化。美国现象学心理学就是将胡塞尔现象学心理学思想通过心理学的具体操作转化为心理学的现实成果。美国现象学心理学的主要观点是:1)必须"把人当作人"进行研究,因而注重人的独特的现象,继而了解构成心理经验的意义;2)必须面向发生在"生活世界"中的心理现象,而冲破实验室高度抽象研究的桎梏;3)必须强调作为联结心理与自然两种现象的"意向性",并让其在心理学实际研究中发挥本质作用。

美国现象学和存在主义的论题比较广泛:1)海德格尔与古希腊哲学。进一步讨论了存在主义与苏格拉底和柏拉图的历史继承关系以及前者的创新工作,还讨论了存在主义、亚里士多德哲学和马克思哲学的有关实践和概念的比较问题。2)萨特与马克思主义。深入讨论了存在主义怎样对待辩证法、历史唯物主义以及异化问题,其中最重要的是有关社会存在、个人与社会、存在主义的自由论与马克思主义的决定论等问题。3)胡塞尔与分析哲学。在原来讨论的基础上,继续对胡塞尔与弗雷格(G. Frege)、罗素(B. Russell)和维特根斯坦(L. Wittgenstein)等分析哲学家的思想进行了比较。例如,早期胡塞尔思想与弗雷格、罗素和早期维特根斯坦思想的关系,后期胡塞尔思想与牛津语言哲学、后期维特根斯坦思想的关系,以及海德格尔与后期维特根斯坦思想的关系问题等。4)现象学与美国哲学。除继续讨论詹姆斯的思想外,还着重讨论了杜威与海德格尔的共同之处,如社会实践的问题。此外还讨论了杜威、海德格尔、维特根斯坦三者的关系。5)存在主义与自然科学。进一步宣称,自己的一个重要任务就是描述自然现象,并由此讨论了现象学对临床医学病例的具体指导作用,以及如何帮助医生了解肉体和精神疾病及健康的意义,或者说如何对临床医学病例作现象学的解释。6)存在主义与社会科学。深入讨论了存在主义与政治学、社会学、经济学、人类学、心理学、美学、伦理学、语言学、宗教学以及文学艺术等领域的关系。7)现象学、存在主义与法国后结构主义(Post-structuralism)。专门讨论了现象学、存在主义与文化思想史"后结构主义者"福柯(M. Foucalt)、文学"后结构主义者"德里达(J. Derrida)和精神分析"后结构主义者"拉康(J. Lacan)等人思想的关系。

瓦尔登菲尔茨(B. Waldenfels)在《现象学引论》一书中指出:现象学"展现出一幅丰富多彩的画面,与英美当代哲学和法国哲学或近或远的联系决定了这幅图画的多样性。例如,有像冯克(Gerhard Funke)、施特雷克(Elisabeth Stroeker)、西波姆(Theodor Seebohm)、埃莱伊(Lothar Eley)所做的尝试,学者们试图保持现象学的先验轮廓,或者在形式逻辑上将这个轮廓精美化;也有像盖特曼(Carl Friedrich Gethmann)那样的尝试,他试图在现象学和一门构造主义的原逻辑学之间进行沟通;还有像霍伦斯坦(Elmar Holenstein)所做的尝试,他试图将胡塞尔的本质转变成语言学、认知学的范畴;此外还有像马克斯、珀格勒(Otto Poeggeler)、哈尔德(Alois Halder)和黑尔德(Klaus Held)所做的尝试,他们试图借助现象学来克服形而上学的历史,试图从现象学中获得新的伦理和政治的动力;还有像瓦尔登菲尔茨所做的尝试那样,他试图从身体性和社会性的状况出发,用现象学来处理'他人的本己阴影'和'异者的芒刺'问题"[①]。

存在主义的现象学与语言哲学之间的对话在人及其语言的基本问题上建立了联系。可以这样说,代表人本主义的现象学和存在主义与代表科学主义的分析哲学,最终在语言学研究、心灵哲学研究以及后现代主义的思潮中得到交集。还应着重指出的是,美国现象学和存在主义者还力图在东方哲学中找到某些相通之处,有一部分学者如巴雷特等人从事了这方面的研究。

已故美国著名哲学家罗蒂(Richard Rorty)曾赞誉道:哈贝马斯是"我们时代具有体系的领袖级哲学家"。然而,很多年来,这位当代最著名思想家之一的哈贝马斯(Jürgen Habermas,1929—)以及各种欧洲当代哲学在英美,尤其是美国哲学界很受歧视。例如《剑桥哲学词典》(*The Cambridge Dictionary of Philosophy*)1998年版就没有哈贝马斯的条目,直到后来再版时才得以添加。在哈佛大学、耶鲁大学与其他一些名牌大学,20世纪的欧洲大陆哲学与哈贝马斯哲学都是作为欧洲学习的课程,而不是作为哲学课程来教。哈佛大学的柏特曼的名言"在哈佛哲学系,谁想写以海德格尔哲学或其他20世纪的欧洲大陆哲学为主题的博士论文,那是白日做梦,更不用说拿到博士学位"很说明问题。在读过华人学者陈勋武的姐妹篇《哈贝马斯评传》和《哈贝马斯:当代新思潮的引领者》后,笔者对哈贝马斯这位哲学大师及其思想有了新的认知和感悟。两本相得益彰的力作多维次地揭示了德国哲学家哈贝马斯生平及思想理念的主要脉络。哈贝马斯的哲学著作广涉而又专业,哲学思想博大而又精深,哲学体系庞杂而又巧妙。哈贝马斯以反潮流的勇气,对理性与真理的信仰与执着以及对话百家的精彩,独步当今哲坛,领尽学术风骚。目前为止,哈贝马斯已撰写了二十多部论著以及数百篇各类文章。其论著全被译成英文。其

---

① 瓦尔登菲尔茨(B. Waldenfels),《现象学引论》,慕尼黑,1992年,第46—47页。

中,《公共领域的转型》(1962)、《理论与实践》(1963)、《知识与人类兴趣》(1968)、《交往行为理论》(1981)以及《对现代性的哲学辩论》(1985)被公认为哲学经典,而《交往行为理论》是真正划时代的巨著。1994年退休后的哈贝马斯,始终笔耕不辍,出版了《事实与规范》(1992)与《对他者的包容》(1996)等哲学经典。进入21世纪,他继续出版《分裂的西方》《宗教与自然主义之间》与《欧洲:平淡的工程》等影响深远的哲学著作。哈贝马斯被美国《时代》杂志列为20世纪100名世界名人之一,并被当今许多哲学家尊为20世纪末期最伟大的哲学家。由于他平生的学术成就以及对社会的贡献,1987年,哈贝马斯成为施维茨(Albert Schweitzer)之后第一个获得丹麦桑宁奖(Sonning Prize)的德国人,并获得2001年的德国出版社和平奖(the Peace Prize of the German Book Retailers' Society),2003年西班牙王子的阿斯图里亚丝奖(Spain's Prince of Astarias),2004年第20届京都奖(Kyoto Prize)以及2005年洪堡国际纪念奖(Holberg International Memorial Prize)等。

　　哈贝马斯50年代以对海德格尔哲学的批判成名于德国哲学界。此后长达半世纪的时间里,他致力于重建人类理性信念,发展一个开放包容,具有普遍道德基础的社会哲学理论,为一个合理、人性化与民主的社会提供理论基础。在其庞大的哲学与社会批判理论中,哈贝马斯广集康德、谢林、黑格尔、马克思、狄尔泰、胡塞尔、海德格尔、伽达默尔、霍克海默尔、阿道尔诺、马尔库塞等各种德国哲学的精华;并博采韦伯、涂尔干、米德社会学的各种理论,罗素、维特根斯坦、奥斯丁、舍耳语言哲学、皮尔斯、杜威实用主义以及帕森社会学系统理论之真知灼见。他创造性地提出了交往理性与合理性概念,为捍卫现代化理念,自由与正义信念提供新的理论基础;合理化(Rationalization)、人性化(humanization)、民主化(democratization)、合法化(legitimation)成为其社会现代化理论的基础概念。①

---

①　在《哈贝马斯:当代新思潮的引领者》中,陈勋武以更大的力度"探讨我们时代哲学的一座丰碑——约根—哈贝马斯。这是一座闪耀着我们时代思想光芒的丰碑。这是一座可以与中国的老子、孔子、庄子、孟子、朱子等同辉的丰碑。这是一座可以与西方的苏格拉底、柏拉图、亚里士多德、阿奎那、笛卡尔、洛克、康德、黑格尔、马克思、恩格斯、海德格尔等媲美的丰碑。这座丰碑有许多头衔。其中包括:剑桥大学、哈佛大学等三十多所世界最著名学府名校的荣誉哲学博士与荣誉法学博士头衔,除诺贝尔奖之外的所有欧洲最高级别的各种人文科学成就奖,亚洲最高级别的人文科学成就奖以及世界其他地区的各种人文科学成就奖,德国哲学家与后阿多诺—海德格尔时代德国哲学的主要代表,欧洲哲学家与欧洲哲学的主要代表,第二代批判理论哲学的旗手,世界著名哲学家等等"。

有意思的是,哈贝马斯与罗素和萨特有着不少相同之处。哈贝马斯具有双重角色,既是专门哲学家,又是当今一个最重要的公共知识分子;他不仅在社会政治理论、宪法法律、历史社会学等领域,而且在历史哲学和语言哲学方面也有着巨大的贡献。美国著名哲学家约翰·罗尔斯(John Rawls)在学术界声名冲天,但一出校门,其影响就微乎其微。与此不同,哈贝马斯不仅在校墙之内,而且对整个社会都有着轰动效应。这正是他与当年的罗素和萨特异曲同工的地方。哈贝马斯相当关注罗素的哲学思想和方法。美国学者瑞安(Alan Ryan)提出,在1960年代,马尔库塞(H. Marcuse)和哈贝马斯指责英美经验主义创立技术管理普遍性的做法,同罗素一样,他们抨击技术管理形成了一种哲学阴影,并成为一种独裁。[①] 哈贝马斯与罗素的"认识论的怀疑法"[②]有共通点。德国学者鲁特格(Christoph Luetge)曾指出:"罗素强调认识论的怀疑(如休谟)能在逻辑上产生论证的一致性……哈贝马斯对伦理的怀疑也持同样的态度。"[③]哈贝马斯本人曾做过努力,试图通过实证主义,在欧洲大陆哲学与英美分析哲学建立某种对话。美国学者英格拉姆(David Ingram)曾在《哈贝马斯:引介与分析》(*Habermas: Introduction and Analysis*)一书中,对哈贝马斯与罗素、斯特劳森以及普特南姆的语言哲学,尤其是有关语言意义(meaning)和参考(reference)作了比较。[④] 在《哈贝马斯的重要概念》(*Habermas: The Key Concepts*)一书"分析哲学"一节中,美国学者埃德加(Andrew Edgar)专门探讨了哈贝马斯与罗素等人分析哲学的关系。他指出:英语国家所热衷的哲学方法是以逻辑和语言作为主要特征,与此相对的是欧洲大陆哲学(主要在法国、德国和意大利)。然而,"哈贝马斯的哲学与分析哲学的重要性有着紧密的联系。……他对分析哲学观念和方法的态度是开放的,愿意将分析哲学与欧洲大陆哲学结合起来,因而成为他思想发展的一个里程碑"[⑤]。在美国学者马廷(Bill Martin)看来,对哈贝马斯而言,"语言哲学必须作为那些具有一致性和哲学性社会理论的

[①] Alan Ryan, *Bertrand Russell: A Political Life*, Collins Publishers, 1988, p.135.
[②] Bertrand Russell, *History of Western Philosophy*, Psychology Press, 1946, pp.611ff.
[③] Christoph Luetge, *Order Ethics or Moral Surplus: What Holds a Society Together?*, Lexington books, 2015, p.91.
[④] 参见 David Ingram, *Habermas: Introduction and Analysis*, Cornell University Press, 2010, pp.105—107.
[⑤] Andrew Edgar, *Habermas: The Key Concepts*, Routledge, 2006, p.4.

核心,它必须扮演一种中心的角色"①。

从《哈贝马斯:当代新思潮的引领者》一书中,我们可以看出,哈贝马斯既对欧洲现代启蒙运动加以批判,又重建现代启蒙运动的理想。他将现代性视作"仍未竣工的工程",并创造性提出交往理性(communicative rationality)、公共领域(public sphere)、"协商民主"(deliberative democracy)、"普遍实用性"(universal pragmatics)、"讲述伦理学"(discourse ethics)等理论。他一生都与后现代主义(post-modernism)思潮作斗争,尽管美国"9·11事件"后他与德里达有过短暂的政治合作。陈勋武专门着重分辨了"后现代思维"与"后形而上思维"的区别。这对本书著者很有启发。他指出,后形上学式思维不是后现代思维。后现代思维反对各领域社会生活与认识的规范性,而后形上学式思维强调各领域社会生活与认识的规范性。后现代思维反对各领域社会生活与认识标准的普遍性。而后形上学式思维强调各领域社会生活与认识标准的普遍性。后现代思维反对各领域社会生活与认识存在着一个合法性问题,而后形上学式思维强调各领域社会生活与认识存在着一个合法性问题。但是,后形上学式思维也不是欧洲启蒙运动式的现代性思维。"后形上学式思维是民主性思维,而欧洲启蒙运动式的现代性思维是专制性思维。后形上学式思维是开放、容他性的思维,而欧洲启蒙运动式的现代性思维是封闭、排他性的思维。后形上学式思维强调思维的规范性,而欧洲启蒙运动式的现代性思维强调思维的同体性、同一性。"在这个议题上,可以说,陈勋武引导了一个更深入的争论焦点。也正是在这一点上,也许可以多加商榷。

有学者认为,哈贝马斯是一个坚定的现代主义者,其批判对象是后现代主义。他与福柯、德里达、罗塔德等之间的现代性与后现代性,现代主义与后现代主义之哲学争辩是现代欧洲大陆哲学显要的一章,而他与德里达、罗塔德之间的个人恩怨更是为这一场哲学战争增添了精彩。哈贝马斯宣称现代社会的科学、伦理和艺术变成自律的领域,换句话说,认识工具、伦理实践关系表达的理性结构操纵在专家手中。

后现代主义的开创者罗塔德(J. F. Lyotard)以否定态度揭示了所谓现代主义的思维特征。据他称,现代主义是一种以元论述(Metadiscause)或元叙述(metanarratives)使之合理的思想体系,它借助诸如精神

---

① Bill Martin, *Matrix and Line: Derrida and the Possibilities of Postmodern Social Theory*, State University of New York Press, 1992, p.72.

辩证法、意义阐释学、理性解放、劳动阶级的解放或财富的创造等"雄辩"（Grand Narratives）得以发展，而以伟大历史和科学的描述来表达真理正义的社会则可称为"现代社会"。在《后现代的条件：有关知识的报告》（*The Postmodern Condition: A Report on Knowledge*）一书中，罗塔德将"后现代"界定为"对元叙述的不信任"（incredulity towards metanarratives），而且问道："在元叙述成为历史之后，合法性在哪里？"他认为，哈贝马斯正在提出某种比弗洛伊德主义者和马克思主义者的元叙述更宏大的叙述，一个更加一般和抽象的"解放的叙述"。在"神话与启蒙的纠缠"（The Entwinement of Myth and Enlightenment: Rereading *Dialectic of Enlightenment*）一文中，哈贝马斯认为，这种"对元叙述的不信任"所引发的问题，就是只有当我们"对解释所有合理准则〔reasonable standard〕的败坏至少保留一种准则"时，揭露（unmasking）才有意义。

与哈贝马斯看法相左的罗蒂（R. Rorty）在"哈贝马斯与罗塔德论后现代"（Habermas and Lyotard On Postmodernity）一文中，罗蒂站在更彻底的后现代立场上，在支持罗塔德的同时，批判了哈贝马斯。罗蒂指出，凡是被哈贝马斯当作"理论探索"的东西，都被崇尚怀疑的罗塔德看成"元叙述"。而任何对这种理论探索的摈弃，都被哈贝马斯视为多少是非理性主义的，因为它排斥了始终被用于为启蒙运动以来形形色色的改革（它们勾勒了西方民主政体的历史）提供正当性的理念；这种理念至今仍是批判自由世界和共产主义世界的社会经济习惯。对哈贝马斯而言，抛弃一个即便并非先验但至少作为宇宙论的立场，就等于背离被称为自由主义政治学核心的社会希望。罗蒂把尼采、詹姆斯、海德格尔、维特根斯坦和杜威（当然也包括哈贝马斯）称作"形而上学的破坏者"，因为他们摧毁了奠定知识根本训练的哲学基石。

哈贝马斯与东方哲学界存在"神交"，1997 年 11 月，为了纪念京都大学建校 100 周年，他应邀在该校作了一系列讲演；2005 年 3 月 5 日，他专程到美国加州大学圣迭格分校参加了"京都研讨会"。21 世纪以来，哈贝马斯也开始关注中国与中国思想，并与中国学者有初步的合作。这位巨匠不仅在社会哲学方面，而且与科学哲学家也进行过对话，他在分析了图尔敏（Stephen Toulmin, 1922—）的论证方法后列出下面几条：1）演绎逻辑和归纳逻辑是否适于一切或大多数合理论证的模式；2）有关论证评估的标准、规范或建议一旦确定，就立即变成合法的，这种合法性不是通过纯粹修辞或细节，也不是通过演绎范畴的有效性、明确性以及归纳的力量获得的;3) 除了规范的演绎和归纳逻辑外,还要求具有一种完整的论证理论;4) 有人认为,针对认识论、伦理学和语义学这些哲学分支的推论,应从理论上澄清论点和非规范性的逻辑批判;5) 对所有论证类型的兴趣是和描述不同类型之间的区别以及忽略其区别的兴趣交结在一起的。

哈贝马斯认为:这些理由表明了图尔敏在《论证的用法》一书中阐述的立场,这一立场也成为图尔敏科学史研究著作《人类理解论》的出发点。一方面,图尔敏批判绝对主义观念(absolutitische Auffassung),认为它们把理论知识、道德—实践认识以及审美判断还原成了演绎论据或经验自明性。一旦逻辑推论意义上的论据具有强制性质,它们就无法揭示出任何带有本质特征的新内容。如果论据具有了实质性的内容,它们则会立足于依靠诸多描述系统和不同理论体系,并能够阐释自明性和需求,但如此一来,它们还是没有提供出坚实的基础。另一方面,图尔敏同样也批判相对主义观念(relativistische Auffassung),认为它们无法解释清楚更好的论据所具有的那种丝毫没有强制性质的强制,也认识不到有效性要求的普遍主义内涵,诸如命题的真实性以及规范的正确性等。哈贝马斯进一步指出:图尔敏认为,没有一种立场具有反思性;也就是说,没有一种立场能在自身范围内阐明其合理性。绝对主义者不可能用其他的第一原则来证明自己的第一原则,来捍卫第一原则教义的经典地位。与此同时,相对主义者处于一种(自相矛盾的)特殊论证立场之中,他们认为,他们的教义凌驾于其他一些领域的相对判断之上。

根据哈贝马斯有关世界主义和交往(沟通)理论的观点,他推崇的是一种全球对话主义。在《理论与实践》一书的新版导言中,他专门论述了"行为与对话"和"论对话的制度化"。对哈贝马斯来说,与独白式理性(monological rationality)不同,交往或沟通的理性可视为某种对话式理性(dialogical rationality)或理性的对话模式(dialogic model of rationality),也就是说在交往行为和活动中,所有话语或文本的表达都必须在制度化中以某种反省的方式,发展为某种相互的期盼,因此互成主体,而非孤立隔绝的;各种理性讨论其实是对话的设计。在《交往行动理论》(*The Theory of Communicative Action*)一书中,哈贝马斯揭示了一个良好的交往行为需要以下重要条件:对话各方都有对等的地位和权利;对话应排除一切强制性;凡与论题有关的论据均应得到同样重视等。也就是说,对话者之间不分种族、国籍、宗教、性别、年龄、职业以及一切社会文化背景,而具有同样发言权;对话中,以理服人,而不得以势以权以力以财压人。

有学者指出:"对政治沟通的比较研究值得更多的关注,因为它能够通过考察他人而使批判性地检验我们自身,并且以此使我们以有效的主张来达到正确的结论。"①

德国学者考格勒(H. H. Kögler)在《对话的力量》(The Power of Dialogue)一书中,将哈贝马斯的批判理论引入了一个新的"批判解释学"。他主张在伽达默尔的"对话解释"概念与福柯的"话语结构和权力实践"概念之间采取一条中间道路。他探讨了社会权力是如何形成和影响话语与文本的意义,以及诠释的过程是如何达到反思与对权力的批判;并揭示了偏见与文化背景是如何影响科学的解释;因此,这就需要通过对话来理解他人,而并不需要同化他人的"差异性"。考格勒论证了"作为解释模式的生产性对话"(productivedialogue),进一步审视了"作为主观取向的对话精神"(dialogic ethos)以及"对话性真理解释"等②。在《跨文化对话:困境、矛盾与冲突》(Multicultural Dialogue: Dilemmas, Paradoxes, Conflicts)一书中,挪威学者格瑞斯加特(R. Gressgard)指出跨文化的移民使民主国家面临严峻的挑战:即如何给予他们平等权利和个人尊严的同时也认识到文化的独特性。作者探讨了不同文化背景的人们在交往中因差异所产生的困境、矛盾、冲突。在通过对身份认同以及西方民族国家多元化根源的研究后,作者采取了平等的普世主义与相对差异相结合的观点。但问题在于,若无身份的认同而有可能参与对话和组成的社区么?有无办法走出这个僵局?作者主张应建立无身份差别的社区,并通过开放性与批判性的对话来保持和发展它。③

哈贝马斯试图重建康德的世界主义。对他来说,社会的发展为康德的理论、世界性的权利和正义提供了新的挑战。哈贝马斯将普世主义、世界主义和全球正义结合起来作为他的整个理论框架。伯格丹迪(A. Bogdandy)和S. 德拉瓦勒(S. Dellavalle)指出:哈贝马斯提出了一个创新的理论基础,为立宪的和普遍性的全球秩序提供了精心设计的理由,即为什么应实行一个普遍性的纲领。"他的立宪纲领并不会构成国际法的建立,

---

① Frank Esser and Barbara Pfetsch (ed). 2004. *Comparing Political Communication: Theories, Cases, and Challenges*, Cambridge University Press. p. 3.

② Kögler, Hans Herbert. 1999. *The Power of Dialogue: Critical Hermeneutics after Gadamer and Foucault*. The MIT Press. pp. 113—126.

③ Gressgård, Randi. 2012. *Multicultural Dialogue: Dilemmas, Paradoxes, Conflicts*. Berghahn Books.

因为它非常不同于其他对国际法的许多贡献；相反，它却提出了一个意义深远的变革议程，并可作为一个调控的想法，而鼓舞学者、政治家和律师的变革工作。这些都取决于在我们时代的国际层面上被认定是可行的。"①

沃克(N. Walker)考察了哈贝马斯关于世界主义和国际法宪法化的近期著述。对他来说，哈贝马斯以前有关国际法宪法化的思想，要么趋向世界政府的乌托邦主义，要么将宪法的标签附加到跨国监管的实质性发展，即特别是通过人权制度和国家协议而发展的联合国的体制结构，来作为中间的解决方案。这将涉及在全球层面制度与职能的一个适度范围，特别是围绕和平和人权，并建立在比国家协议更广泛和更受欢迎的基础上。哈贝马斯建议潜在和紧迫的意义，就在于其对其他宪法愿景有较少的反对，而对以美国片面主导的国际制度的前景却有更多的批判。在沃克看来，要尽量将哈贝马斯置于"一个为国际秩序而制定的新世界主义纲领的发展"的争论中，已经招致了重大的歧义。在他学术工作的基础上，哈贝马斯可能是他那一代最有影响力的社会理论家。几乎所有跨国社会学、国际政治理论、国际关系和国际法律理论中重要的思想潮流都援引哈贝马斯的观点，无论是肯定还是批判；这种情况同样也长期表现在与那些学科领域相联系的国内或社会状况。"哈贝马斯是我们这个时代一位杰出的全球性公共知识分子。他卓越的知识声誉给了他一个平台，由此他可以谈论各种政治和道德所关切的各种问题；……为了保障自己的理念与真知灼见，而尽可能多地听取并做出区别。"②

根据哈贝马斯的观点，1) 一个国际化的秩序应该是道德的、公民的、司法的、正当的、政治的、多元的、民主的、协商的、制度的、国际的、跨国的以及后国家的；2) 国际公法的出现是一个公正全球政治秩序的核心；3) 一个全球政治秩序是建立在人权基础上民主形式的延续；③ 4) 如果一

---

① Bogdandy, Armin von, and Dellavalle, Sergio. 2009. "Universalism Renewed: Habermas' Theory of International Order in Light of Competing Paradigms," *German Law Journal*. Vol. 10 No. 01. p. 29.

② Walker, Neil. 2005. *Making a World of Difference? Habermas, Cosmopolitanism and the Constitutionalization of International Law*, EUI Working Paper. Printed in Italy. European University Institute. p. 1.

③ Habermas, Jürgen. 1997. "Kant's Idea of Perpetual Peace, with the Benefit of Two Hundred Years' Hindsight," in *Perpetual Peace: Essays on Kant's Cosmopolitan Ideal*, ed. James Bohman and Matthias Lutz-Bachmann, 113—53, Cambridge: MIT Press. p. 7.

个政治社区是建立在民主宪法普遍原则的基础上,"它仍然形成一个集体的认同,在某种意义上说,由于自身历史的启示和特定生存形式的语境,它自身解释和实现这些原则";① 5)若无一个共同的道德基础,那些超越国家的机构必须寻求"在一种国际协商制度组织形式中要求不高的合法性基础",这在国际公民社会中对各种公众和组织将是可理解的审议过程;② 6)在全球层面上,只有在采取没有政府的治理功能时,监管的政治机构才可能是有效的,即便具有法律效应的人权也必须在国际体系中得到宪法化。③

总的来说,后期哈贝马斯的思想体系有下列转型:1)对主体的分析从先验性转为实践性;2)对理性的分析从工具性转为交往性;3)对理论作用的分析从"批判性"转为"建构性";4)对国家职能的分析从"压迫性""霸权性"转为"民主性""调解性""福利性";5)对社会结构的分析从"生产关系性""单一经济决定性"转为"主体互性""多元文化再生产性";6)对阶级关系的分析从"斗争性""对抗性""异化性""分裂性"转为"差异性""妥协性""公共性""参与性"。

哈贝马斯曾于2001年4月访问中国,并以"全球化压力下的民族与国家"(Nation-States under the Pressure of Globalization)为主题,作了一系列演讲,引起中国学术界的巨大反响。④ 哈贝马斯及其思想在中国受到欢迎的盛况并非偶然,这有着以下重要原因:

第一点是满足了正在进行关键性社会转型理论的紧迫需要。从内容上将哈贝马斯在中国的七大演讲的课题诸如人权理念的文化间体性、亚洲价值与现代性的关系、哲学的实践性、民主的正当模式、全球化及其挑战、世界主义、欧洲问题等等都是转型中的中国社会迫切需要探讨的理论课题。在这一特定历史条件下,与在这些课题上的首席权威世界大师哈

---

① Habermas, Jürgen. 2001. *The Postnational Constellation*, M. Pensky (trans., ed.), Cambridge, MA: MIT Press. p. 117.

② Ibid., p. 109.

③ Habermas, Jürgen. 2006. *The Divided West*, C. Cronin (trans.), Cambridge: Polity. pp. 130—131.

④ 就像陈勋武在《哈贝马斯评传》与《哈贝马斯:当代新思潮的引领者》所引用的一段报道所描述的:在中国社会科学院,由于听众太多,许多人甚至在狭长的空地上席地而坐,据说是社科院有史以来最热闹的一次学术活动;在清华大学,莘莘学子不顾劳累,东奔西走,为的只是能在易地后的报告厅里争取到一席之地,哪怕是站席也行;在北大,在中国人民大学,场面都可以用人山人海来形容;在复旦大学,相辉堂几乎爆棚,面对滚滚人流,校方无奈之下,只有求助武警维持秩序,把报告厅变成进不得出不得的"围城"。

贝马斯的对话具有重大意义。在其社会政治经济学中,哈贝马斯主张"去阶级化""去经济基础化""去意识形态化";区分"早期资本主义"与"晚期资本主义",并将"阶级冲突论"软化为"文化冲突论";鼓吹"民主协商政治"以及"主体间的对话与共识";推广"协商伦理学""协商政治"(deliberative politik)以及"大众民主主义"。哈贝马斯强调,古典马克思主义所分析的那种经济基础与上层建筑的关系已经过时,而晚期资本主义已凭借国家等上层建筑缓和了现代阶级冲突,在经济繁荣和发展中,阶级社会的同一性逐渐解体,阶级意识逐渐淡泊;阶级妥协几乎让所有成员均变成参与者和当事人,"成为一个人";从此阶级冲突转为一种文化冲突,即以生活差异和政治观点差异的形式存在;更确切地说,新冲突形成于文化再生产、社会统一以及社会化领域中。哈贝马斯主张,在道德、法律以及政治等三大领域都必须实行协商原则,这就要以交往理性为基础全面重建民主社会的公共领域(public sphere),使其不再是"经济领域",而是一种民主参与,协商对话,从而获得共识的"言语领域"(discursive field)。由于改革开放,在最近 30 年中国特定的国情下,除某些"左翼分子"外,无论官方还是民间都有一个"共识"或"最大公约数",就是应该淡化甚至完全消解昔日那种强烈的阶级和阶级斗争意识,即便因两极或多极分化而产生的贫富不均或对政治体制的歧见,也当作哈贝马斯所标榜的"生活差异和政治观点差异"。从社会管理者看,哈贝马斯的主张有利于"和谐社会"的建立,可以在中国特色的社会主义公共领域和言语领域内,通过规范化了的理性交往,使社会各阶层得到良性互动的理解与协调;从民间老百姓看,对明君清官崇拜的传承,使得人们仍希冀哈贝马斯所界定的国家等上层建筑出面对冲突进行协调和均衡,其中也有一部分较为清醒的人则盼望有更多的"大众民主";从各领域精英看,哈贝马斯的"协商政治""民主参与"等理念无疑有着迷人的吸引力。

第二点是与中国人习惯的思维方式、思想特征以及治学方法有关。如《哈贝马斯:当代新思潮的引领者》所指出的,哈贝马斯的思维方式是后本体论思维方式,中国人习惯的思维方式、思想特征是本体论思维方式。另一方面,哈贝马斯强调理论探索的开放性、多元性、包容性、全方位性,这很符合中国人口味。

第三点是各种媒体的推波助澜,当然也包括一定炒作之嫌。由于动乱、战乱以及制度和意识形态等原因,自从 1920—1921 年,罗素与杜威以及德国哲学家杜里舒访华后的六七十年,几乎没有任何世界著名的大哲学家或大思想家来过中国,也许于1955年访华的萨特例外,但当时他的主要身份是作为剧作家而非哲学家。改革开放以后,在1980—1990年代,哲学学术界也邀请了一些较为著名的哲学家,主要是科学或分析哲学家,如受洪潜先生邀请于1981年访华的亨普尔(G. G. Hempel,1905—1997)和1982年访华的麦金内斯(B. F. F. McGuinness)等。1999年9月,法国哲学家利科(Paul Ricoeur,1913—2005,曾于1955年作为法国记者代表团成员来过中国)访华;2001年4月哈贝马斯访华;2001年9月法国哲学家德里达(Jacques Derrida,1930—2004)访华;2004年7月美国哲学家罗蒂访华。以本书著者见,其中哈贝马斯的访华似乎最受广泛的瞩目。不过陈勋武教授同时也正确评述道:在哈贝马斯到达北京之前,北京一些媒体就大造舆论,把他此次访华与20世纪罗素、杜威、萨特的中国之行相提并论,并认为他的中国之行将大大地推动中国的学术活动,这显然有些夸大其词。首先,从时间上看,哈贝马斯的中国之行与20世纪罗素、杜威的中国之行就不能相提并论。从2001年4月15日到达,4月29日离开,哈贝马斯此次仅在中国逗留了两个星期。其次,罗素、杜威的中国之行发生在20世纪早期中国新文化运动的大背景下,他们所宣扬的民主和科学的思想是当时新文化运动的主题,因此,罗素、杜威的中国之行不仅仅是学术之行,而且是在一个特别时期的特别事件,而哈贝马斯的中国之行确实仅仅是一次学术活动。再次,罗素、杜威的中国之行发生在他们与中国哲学同行已有某些学术合作的基础上,因此,他们的中国之行是深化他们与中国哲学同行的学术合作的一个有机组成部分,而哈贝马斯的访华更大程度上是一次友好访问。

总的来说,英美分析哲学家对哈贝马斯的轻视甚至排斥是不公正,也是不客观的。从发展的眼光看,在一定程度上,这两种思潮也有着某种殊途同归的趋势。目前,越来越多的分析哲学家开始注意并探讨哈贝马斯的思想就说明了这一点。

第二章 罗素分析思想的缘起

罗素试图用逻辑澄清数学基础的问题,也试图用逻辑分析澄清哲学问题。美国斯坦福大学哲学百科全书这样评价道:"作为分析哲学的奠基人之一,罗素对哲学各个领域,包括形而上学、认识论、伦理学和政治理论做出过显著的贡献。他在逻辑学和形而上学方面也对卡尔纳普和维也纳学派有着重大影响。"① 在格里芬(Nicholas Griffin)看来,罗素对现代哲学有着重大的影响,尤其是在英语世界。与弗雷格、摩尔和维特根斯坦一起将分析变成了专业哲学的主要方法;20世纪的各种分析运动都归功于罗素早期著作。② 即便对罗素的人格颇有非议的传记作家芒克(Ray Monk),也承认罗素对数理哲学的杰出贡献是无可辩驳的。③ 罗素对本体论、认识论、伦理学,甚至社会人文思想等方面的贡献,也得益于他有关科学知识的确定性及其应用到哲学上的分析方法论。在哲学上,这种方法表现在逻辑分析。罗素经常声称,他比任何特定的哲学结论更加信任自己的方法论。总的来说,罗素的哲学思想是一种从早年的"综合主义"到"分析主义"的转变过程。

一、"教父"穆勒的无形楷模

作为19世纪英国经验主义者穆勒,在某种程度上对罗素的分析哲学有着相当的影响。1955年,罗素专门写了《穆勒》(*John Stuart Mill*)一书。④ 当时主流学术杂志《哲学》(*Philosophy*)曾对此书刊登了详细的书

---

① "Bertrand Russell", *Stanford Encyclopedia of Philosophy*, substantive revision Mar 10, 2015, http://plato.stanford.edu/entries/russell/.
② Nicholas Griffin(Ed.), *The Cambridge Companion to Bertrand Russell*, Cambridge University Press, 2003, p. 1.
③ Ray Monk, *Bertrand Russell: 1921—1970, the Ghost of Madness*, Jonathan Cape. 2000, p. 5.
④ 参见 Bertrand Russell, *John Stuart Mill*, Oxford University Press, 1955。

评,指出:"罗素审阅了穆勒的重要著作,并在历史语境的考察中,对今天的读者为穆勒做出评价,没有比罗素更合适的作者做这项工作了,他以持久的兴趣和积极的态度,对穆勒的生平、逻辑、自由思想、政治组织理论、女权主义以及大众教育等进行了深入的探讨。"①罗素抱着某种遗憾的感叹,认为从穆勒的出生时间来看他是不够幸运的,他的前辈是一个领域里的先锋,而他的后继者是另一个领域的先锋。在《西方哲学史》下卷第26章中,罗素如此谈及穆勒:

> 约翰·斯图亚特·穆勒在他的《功利主义》(Utilitarianism)中提出了一个议论,真谬误得难以理解他怎么会认为它是正确的。他讲:快乐是人想要的唯一东西;因此快乐是唯一要得的东西。他主张,看得见的东西只有人看见的东西,听得见的东西只有人听见的东西,同样,要得的东西只有人想要的东西。他没注意到,一件东西人"能"够看见它就是"看得见的",但是人"应"该想要它才叫"要得的"。因而"要得的"是一个以某种伦理学说为前提的词;我们从人想要的事物推不出要得的事物来。

罗素的父亲安伯雷子爵(Viscount Amberley)是一名极为开放的无神论者。家人曾希望他从事家族传统的政治事业,他的确愿意并也在国会中待了一段很短的时间(1867—1868);然而他一点也不具备这个世道上可能获得成功的那种禀性与主张。当他21岁时,便摈弃了基督教,并在圣诞节那天拒绝上教堂。起初他成为穆勒(J. S. Mill)的信徒,后来又成了他的朋友。在一种非宗教的意义上,穆勒成了罗素的教父。罗素的母亲也出身贵族,比丈夫大几个月,但她与他的思想一致,她为支持妇女平等举行过许多讲演会,这使19世纪60年代的人们大为震惊。不过有趣的是,她不愿使用"妇女权利"一词,因为作为纯粹的功利主义者,她并不同意天赋人权的学说。罗素出生后,夫妇俩决定给孩子找一个非宗教的教父,最后选到了英国大哲穆勒。罗素母亲向朋友表示:"我们很犹豫去麻烦穆勒先生……"但穆勒捎话说,自己很愿意当这个教父。罗素的父亲采纳了穆勒的不少主张,其中不仅有那些较为通俗的,而且还有那些始终令公众震惊的内容,如妇女参政权等。②

---

① *Philosophy*, Volume 35, Issue 132, January 1960, p. 62.
② 罗素:《我的思想发展》,丁子江译,载《哲学译丛》1981年第5期,原载 P. Schilpp, *The Philosophy of Bertrand Russell*, Northwestern University Press, 1944, pp. 3—20。

根据罗素本人回忆,在孤寂的青春发育期,罗素是很不愉快的,而他却把这归因于失去了宗教信仰。罗素用了三年,聚精会神地思考宗教;首先抛弃了自由意志,接着又驱逐了灵魂不灭说。但一直到18岁前,他还是相信上帝的。那时,他读了穆勒《自传》中的一句话:"我的父亲教诲我不能回答'谁创造了上帝'的问题,因为它会直接导致'谁创造了上帝'的问题。"从那时起,罗素断定第一原因的论证是荒诞的。在那些年月里,罗素经常偷偷地在卧室内点支蜡烛看书。当时,罗素最欣赏的是穆勒,后者的《政治经济学》《论自由》以及《论妇女的从属地位》等著作对他都影响很深。罗素还对穆勒的《逻辑》一书作了详尽的笔记,然而却没有接受他的关于数学命题是由经验归纳的理论,尽管并不知道除此以外它应该是什么。在来剑桥大学之前,罗素已经对哲学感兴趣。他最热望为数学为真的假设找出理由。穆勒《逻辑》对这方面的论证有着某些缺陷,但他的数学教师从未显示任何理由去假设微积分并非一套谬误,因此他受到两个问题的困扰:一是哲学问题;另一是数学问题。在剑桥大学读书时,罗素所共处的一帮同学,从黑格尔派哲学家麦克塔格特(McTaggart)那里受到很大影响,他机智地介绍黑格尔,并教导说英国经验主义是粗鄙的。那时罗素愿意相信黑格尔,在较小的程度上也包括康德,具有洛克、贝克莱、休谟以及他心目中一贯正确的穆勒所没有的深刻性。

维也纳学派石里克的真传弟子洪谦指出,包括穆勒思想在内的实证论是维也纳学派的基本形成条件之一,"没有这些理论作为其思想基础和方法论基础,则任何形式的新实证主义或新经验主义,无论逻辑实证主义还是逻辑经验主义,都是根本无法想象的"[①]。有意思的是,1950年代,就连对西方的东西多持排斥的毛泽东,还鼓励周谷城、王方名等就形式逻辑问题展开争论,并倡议重印《名理探》《穆勒名学》《辨学》《论理学纲要》等11本书,编成"逻辑丛刊",由三联书店出版。[②] 在评介维也纳学派的形成条件时,洪谦这样说道:除了继承休谟、孔德、穆勒和马赫等人的实证论基本观点之外,还有其他重要的因素;首先是相对论的创立和量子物理学的新发展;其次是弗雷格(G. Frege)的巨著《算学基础》(1884)之开始受到重视;罗素与怀特海合著的《数学原理》(1910—1913)的出版;以及石里克

[①] 参见洪谦:《逻辑经验主义概述》,《论逻辑经验主义》,北京:商务印书馆1994年版。
[②] 参见高路:《毛泽东与逻辑学》,载《毛泽东的读书生活》,北京:三联书店1986年版,第115—147页。

的《普通认识论》(1918)和维特根斯坦的《逻辑哲学论》(1922)的影响。"没有这些理论作为其思想基础和方法论基础,则任何形式的新实证主义或新经验主义,无论逻辑实证主义还是逻辑经验主义,都是根本无法想象的。"①洪谦还提到:卡尔纳普在其《自传》(见希尔普:《卡尔纳普的哲学》,1963)中也说过:维特根斯坦的《逻辑哲学论》对维也纳学派的影响很大,但不能因此就说:"维也纳学派哲学就是维特根斯坦的哲学。"从他个人来说,他不否认维特根斯坦对他的影响仅次于罗素和弗雷格。②

集大哲学家、大经济学家和大政治学家为一身的穆勒是西方近代最有名的思想宗师之一。他被公认为古典自由主义思想的杰出代表,亦可被誉为19世纪公共知识分子的一代主角。下面是人们对穆勒最常引用的两段评价:"自从穆勒去世后过去的五十年中,还没有出现一位学者,对同代人的思想的影响有像他那样深远。……对于变革,除了达尔文外,他比任何其他思想家发挥了更大的影响。……没有人能怀疑,穆勒提高了与他同时一代人的精神境界,这是同代人中没有其他人能做到的。"③"约翰·斯图亚特·穆勒的《政治经济学原理》在学术界享有的持久地位,稳如磐石,能做到这一点的科学著作为数甚少。固然,亚当·斯密更具有启发性,马尔萨斯更富于独创性,李嘉图更有条理性,可事实依然是,穆勒知道如何总结这三个人的发现,知道如何把这些发现首尾一致地联结在一起,使普通人对其有所了解。他的伟大不在于为后人发现了真理,而在于充分表达出了当时人们所信赖的那些真理。……不管整个经济理论发生什么样的变化,穆勒的著作都将永远具有不朽的重要意义。"④

遗憾的是,这位大思想家在进入20世纪以后,竟然逐渐被"遗忘"了,惨遭"打入冷宫(in the cold)"。原因何在? 有人将之归因于学术界的专业化(Academe's specialization)。在《被遗忘的哲学家》(The Forgotten Philosopher)一文中,美国学者阿兰·沃尔夫(Alan Wolfe)如此问道:当代学院派哲学陷入分裂:一部分人追随尼采和马丁·海德格尔为代表的

---

① 洪谦:《逻辑经验主义概述》,《论逻辑经验主义》,北京:商务印书馆1994年版。
② 洪谦:《关于逻辑经验主义的几个问题》,《论逻辑经验主义》,北京:商务印书馆1994年版。
③ 约翰·穆勒:《约翰·穆勒自传》,哈罗德·J.斯拉基(Harold J·Laski)《序》,北京:商务印书馆1998年版,第4—5页。
④ 约翰·穆勒:《政治经济学原理》(上),亚瑟·T.哈德利《特别导言》,北京:商务印书馆1991年版,第1页。

大陆学派,而强调诸如存在的本质一类宏大的思辨性论题;另一部分人跟从英美分析学派,仅诉诸缜密的逻辑、语言和意义之类的问题。如此一来,"对不属于这两个派别的约翰·斯图亚特·穆勒,我们该做什么呢?"沃尔夫指出,20世纪的分析学派哲学家们大都不会效仿穆勒的职业之途,因为他们几乎全在大学任教。就像穆勒的教子罗素那样,普通的人们不会记住他的《数学原理》,而只津津乐道其政治活动和激情的性生活。沃尔夫指出,自己并非哲学家,也许可以原谅那些哲学家对穆勒的不公正的态度。但他自己学到穆勒不少东西,并越来越感到其思想的重要性,不仅是由于他的文采,而且是由于他的观念的现实启迪意义,无论言论自由,还是女性选举权以及宗教在民主政治中的作用等。

为此,沃尔夫觉得在哲学界和政治学界,穆勒都没有受到应得的重视。他最后疾呼:尽管哲学上的分析学派和大陆学派之间存在着明显的差别,但二者都相当重视传记。因此"我们来重新阅读约翰·斯图亚特·穆勒吧……"①沃尔夫建议应读的穆勒传记是2008年出版,理查德·里夫斯(Richard Reeves)所写的《约翰·斯图亚特·穆勒:维多利亚时代的火炬》(*John Stuart Mill : Victorian Firebrand*)。这本新传记可视作对这位著名思想家成功的评述,因为它揭示了作为一个实践哲学家和激进议员如何深刻地造就了维多利亚时代,成为那个时代的"火炬",并继续照亮当今的人们。作为一个非凡和独特教育的产物,穆勒成为19世纪最重要的英国思想家,具有里程碑意义《论自由》的作者,最热情的改革者以及革命性诉求的倡导者之一。纪念一位思想大师的最好途径是重读他的著作和传记,从而更广更深地走进其精神维度的世界。我们应在新的历史拐点,对穆勒生平与思想进行一次新视角的审视,并做出一个客观公正的评说。

一个公认看法是,穆勒是第一个较为系统确立比较方法的思想大师,他区分了两种不同比较研究:求同法或契合法(The Method of Agree-

---

① Alan Wolfe, "The Forgotten Philosopher," *Chronicle of Higher Education*, May 9, 2008.

ment)①与求同法或差异法(the Method of Difference)。② 不过,他认为,求异法并不适用于社会科学,因为无法找到足够相似的场合或情况。有欧洲学者宣称,民族和国家的比较研究已经建立在这样的一个看法上,即在该领域的因果推论应该近似自然科学的实验设计。然而,没有一个单一的社会科学比较研究严格地遵守规律的科学实验和穆勒准则。……大多数的比较研究相当受益于定量与定性相结合的方法。通常认为定性研究最好用于一个比较研究项目的探索阶段,紧接而来的是运用一个更严格的定量研究。③

穆勒是19世纪西方整个思想潮流的最重要的引领者之一,他无愧于一个大变革时代的思想巨匠。我们先将大哲们还原为活生生的个人,再上升到思想巨匠的高度。尽量立体和全方位地揭示这些思想伟人的经历、阅历以及精神生活发展的各个宏观与微观层面。穆勒的生平与其他思想大师们相比有着明显的独特性:

其一,穆勒是在家学渊源熏陶下自学成才的神童式智者。重新审思

---

① 简单地说,求同法就是异中求同,即在考察某一现象时,如果两个或两个以上的实例,在各种可能的因果场合里都只具备其中一种条件,那么这个相同的条件,就是此种现象的原因。

求同法可如下所示:

场合一(Case1):a b c d x Y
场合二(Case2):e f g h x Y
场合三(Case3):I j k l x Y

在考察现象 Y 时,上述每种场合都有也只有条件 x(因果变量 causal variable)同时出现,而其他条件(非因果变量 non-causal variables)均不相同,因此条件 x 就是现象 Y 的原因。参见 John Stuart Mill, Two Methods of Comparison, selection from his *A System of Logic*, New York, Harper & Row, Publishers, 1888, pp. 278、279—283. From Etzioni Amitai and Du Bow L. Frdedrie, eds. Comparative Perspectives: Theories and Methods, Boston, Little Brown, 1970, pp. 205—210。

② 求异法就是同中求异,即在考察某一现象时,比较某现象出现的场合和不出现的场合,如果这两个场合除一点不同外,其他情况都相同,那么这个不同点就是这个现象的原因。因这种方法是同中求异,所以又称之为求异法。求异法可如下所示:

正场合(Negative Case [s]): a b c d not x Not Y
负场合(Positive Case [s]): a b c d x Y
X=因果变量(causal variable); Y= 被解释的现象(phenomenon to be explained)
a, b, c, d=非因果变量(non-causal variables)

参见 John Stuart Mill, "Two Methods of Comparison," selection from his *A System of Logic*, New York, Harper & Row, Publishers, 1888, pp. 278、279—283. From Etzioni Amitai and Du Bow L. Frdedrie, eds. Comparative Perspectives: Theories and Methods, Boston, Little Brown, 1970, pp. 205—210。

③ Erik Allardt. "Challenges for Comparative Social Research," *Acta Sociologica*, July 1990 33: 183—193.

穆勒，可以拉开他与众不同的生活剧：3 岁起学希腊语，8 岁起学拉丁语，12 岁起探讨哲学，16 岁起发表作品。他没有受到正规的大学教育，而在家学渊源（其父为著名历史学家、哲学家和经济学家詹姆斯·穆勒）的六个孩子中的长子的熏陶与孜孜不倦的自学中，成为划时代的杰出学者；"他正像他父亲所希望的那样——一个才华横溢的年轻人，他的学识就像 40 岁的人那样。"在《自传》中，穆勒自认："我所有的天赋并不在一般人之上而在其下，凡是我能做到的，无论哪个具有中等智力和健康体格的男孩和女孩肯定也能做到。"

其二，穆勒是一个并非职业作家和哲学家的能者。正是这样一个看来"业余"的写手却为人类贡献了宏篇大作，创立了不朽的思想体系。穆勒的著作主要有《逻辑学体系》(A System of Logic，1843)、《论政治经济学中若干未解决的问题》(Essays on Some Unsettled Questions of Political Economy，1844)、《政治经济学原理》(The Principles of Political Economy，1848)、《谈谈非干涉》(A Few Words on Non-intervention，1859)《论自由》(On Liberty，1859)、《论述和讨论》四卷(1859—1875)、《代议政治论》(Considerations on Representative Government，1861)、《功利主义》(Utilitarianism，1863)、《汉密尔顿哲学探讨》(An Examination of Sir William Hamilton's Philosophy，1865)、《孔德与实证哲学》(Auguste Comte and Positivism，1865)、《在圣安德鲁大学的就职演说》(Inaugural Address at St. Andrews，1867)、《英格兰和爱尔兰》(England and Ireland，1868)、《论妇女的从属地位》(The Subjection of Women，1869)以及《约翰·穆勒自传》(Autobiography of John Stuart Mill，1873)，以及去世后出版的《论自然》(On Nature，1874)和《论社会自由》(On Social Freedom，1907)等。

其三，穆勒是永远将理论诉诸实践，将空想性加以现实化的勇者。穆勒反对竞选，却被选为英国下院议员，并以此为平台进行了不屈不挠的斗争。穆勒从不为学术而学术，从不为写作而写作，从不为专业而专业。他鼓吹功利主义是为了增进最大多数人的最大幸福；他倡导自由主义是为了抵御强权和压迫；他强调归纳主义是为了反对盲目崇拜与迷信。总之，穆勒的论著几乎全是为社会进步、政治平等、制度改革、人类幸福、民众权益等有感而发。他始终以一个公共知识分子的良知和洞见，密切地关注政治、法律、道德和经济等社会领域的各个重要层面，并身体力行，一生为英国的立法改革、妇女权利等进行了坚持不懈的奋斗。穆勒对人权、女权主义、环境生态、民主主义、人口控制、经济发展、资本积累、价值法则、公平分配、相互需求以及工资与利润率等各种问题进行了广泛而深入的讨论,而这些即便是他去世后近140年后的今天仍然是人们关注的热门话题。穆勒的政治经济学体系的一个来源就是圣西门学派对资本主义私有制的批判及其空想社会主义纲领。"他们对自由主义一般理论的批评,在我看来充满着重要的真理;我看清楚旧政治经济学价值的局限性和短暂性,部分也是受他们著作的影响。"①在圣西门的影响下,穆勒在《政治经济学原理》中声称"如果要在具有一切可能性的共产主义和具有各种苦难和不公的现今的社会状态之间做出选择;如果私有制必定会带来我们现在所看到的后果,即劳动产品的分配几乎同劳动成果成反比——根本不干的人拿得最多,只在名义上干点工作的人居其次,工作越艰苦和越讨厌报酬就越低;而最劳累、消耗体力最多的劳动甚至无法肯定能挣到足以糊口的收入;如果要在这种状况和共产主义之间做出抉择,则共产主义的一切大小困难在天平上都将轻如鸿毛。"②

其四,穆勒是将理性与人性结合的仁者。穆勒思想缜密,却又是浪漫爱情的忠贞者:其很多观念是在与哈里特·泰勒(Harriet Taylor)的长期情侣关系以及后来的婚姻关系中发展而成。哈里特给予穆勒的不止是情感,而且是志同道合的合作者,甚至是思想的启迪者。穆勒认为自己在结识她之后,"我的思想在广度和深度上都比以前有进步,懂得更多事物,过去懂的东西,现在理解得更透彻"。"人们认为我的著作比大多数同样善于大量概括的思想家的著作有较多的实用性,因而我常常受到称赞,其实我应得的称赞只有一部分。那些被称赞的有实用性的著作不是我一个人思考的产物,而是两人合作的结果,其中一个人对当前事物的判断和认识是非常切于实际的,对预测遥远未来是高瞻远瞩和大胆无畏的。"穆勒的父亲在家教上接受的是边沁的"功利主义"教育观,对孩子采取的是"与感情相反的锻炼——逻辑与分析"③。他是一个逻辑学家,但又不像逻辑本身那样"冰冷无情"。他曾这样感叹:"分析的习惯会磨灭人的情感;……分析的习惯对深谋远虑和洞察力来说是有利的,但对热情和德行来说却永久是根部的蛀虫;更重要的是,分析的习惯可怕地破坏由联想引起的所有希望和所有喜悦。……我所受的教育未能建立起具有足够力量以

---

① 约翰·穆勒:《约翰·穆勒自传》,商务印书馆,1998年版,第26页。
② 同上书,第43页。
③ 同上书,第69页。

抵抗因分析带来的瓦解感情的影响,……我的人生航程就这样在刚开始时就搁浅了,因为我驾驶的装备良好的船有舵无帆。"① 正如人们所评论的,情感缺失所带来的精神危机,使穆勒最终怀疑生命的意义,也使他在批判地接受边沁的同时,以自身的体验,在对功利主义加以理性化的同时,又对功利主义加以人性化的重构和全方位渗透。在我看来,在当前实际的社会政治生活中,穆勒与边沁所倡导的功利主义是西方最主导的道德理念(学院界另当别论),可称谓当代西方政治和道德哲学的主流。

穆勒的三大著作《逻辑学体系》《论自由》和《功利主义》,从不同的角度提出三大原则或理念:即科学原则、自由原则和功利原则。其实这三大原则之间虽各有侧重,但实际上具有相互的贯穿性与互动性。

一、科学原则。穆勒将《逻辑学体系》一书分为六大部分:名与辞、演绎推理、归纳推理、归纳方法、诡辩、伦理科学的逻辑等。他意在颠覆亚里士多德的演绎推理系统,将归纳法的基本原理视为"自然过程始终如一",而归纳法的全部理论基础在于因果观念:某种现象总伴随着另一种现象,此后仍频繁出现。他把"概括"界定为同一命题细节的综合,而"归纳"却是强调从已知推论未知,因此两者不同。作为英国经验论的传人,穆勒大力推广培根的归纳主义,并将归纳与演绎都包括在科学方法之中。他以培根三表法和排斥法为先导,进一步探究现象间的因果联系,独创性地提出实验研究的"穆勒五法",即契合法、差异法、剩余法、共变法以及契合差异并用法。他虽极力发展了归纳法,但又将之加以夸大化与绝对化,鼓吹所有知识都来自归纳法,甚至企图将演绎法也完全还原为归纳法;不过他有时还是察觉到归纳法在某些复杂关系中效用不够,因而需要假说之法;并且在自然科学的发展中,有时演绎法也方显必要。总体来说,穆勒始终主张经验如观察和实验等是知识唯一来源,而单靠直觉和意识只能引向谬论、迷信与宗教信仰;他坚持数学公理是由经验所归纳,而决非先验产生的;他强调对事实的观察是自然科学方法,甚至一切方法的最终基石,并由此将自然科学方法推广到包括政治学在内的一切领域。其理论的局限性与狭隘性是将科学仅归于现象界,最终容易陷入现象论,甚至不可知论。

二、自由原则。穆勒的《论自由》一书探讨了三大基本论题:其一是论思想自由和讨论自由,即在科学、道德、政治、文化、宗教信仰等方面,人

---

① 约翰·穆勒:《约翰·穆勒自传》,北京:商务印书馆1998年版,第84页。

民有形成、阐述和坚持自己意见的自由;其二是论个性自由,即人民在个性上有选择符合自己趣味和需要的生活方式,形成和发展自己多样化的爱好和性格的自由;其三是论社会对个人自由的限制,任何一个社会,"不论其政府形式怎样",若是个人自由得不到法律的保证和尊重,这个社会就不可能称作民主社会,而只能是一种专制或变相专制的社会。穆勒的《论自由》强调社会对个人所合法行使的权力之性质与限制。他比以往任何哲学家更进一步发展的一个论证是有关损害原则(harm principle)。这个原则主张只要不损害他人的利益,每个人都有权利做自己想做的事情。倘若某个行为仅是自我关注,即仅直接损害到行动者本身,那么社会无权干涉。然而,应当阻止个人对自己或自己的财产做持续而严重的损害。因为没有人可以孤立存在,伤害自己,也可能伤害他人,毁坏财产就是剥夺社会以及自己。① 但穆勒这个原则原谅了那些"无自控"(incapable of self-government)的人们,如儿童或那些生活在"社会的落后状态"的人们。穆勒认为由于自发的进步有障碍,因此只要专制者在心里关注民众的最佳利益,专制主义对"落后"的社会是一个可接受的政府形式。② 尽管这一原则似乎很明了,但仍有一些并发症。例如,穆勒明确指出,"损害"可能包括某些遗漏的行为,以及佣金的行为。因此,未能抢救落水儿童,未能缴纳税款,或者证人未能出现在法庭等,可视作一种有害的行为。所有这些有害的遗漏都可规范。相反,如果并无强迫或欺诈,而受影响的个人同意承担风险:人们就可以被获准提供不安全的就业给他人。不过在这里,穆勒忽略了对这种同意设定一个限定,即社会不应该允许人们出售自己为奴隶。必须指出,《论自由》的观点出自功利的原则,而并非诉诸自然权利(natural rights)。《论自由》表达了对言论自由的慷慨激昂的辩护。穆勒断言,自由言论是理智与社会进步的必要条件。他辩称,我们不能确定,一个沉默的意不会包含一些真理的元素。他还认为,让人们发表错误的意见,也是建设性的。原因有二:其一,如果个人进行一个开放的思想交流,那么他们更容易放弃错误的信念;其二,在辩论过程中,督促他人来重新审视和重新确认这些个人的信念,从而这些信念避免沦为纯粹的教条。对穆勒来说,仅有未经审查而偶然正确的信念是不充分的;人们必须明白为什么在质疑中的信念才是真正的信念。

---

① John Stuart Mill, *On Liberty*, Penguin Classics, 2006, pp. 90—91.
② Ibid., p. 16.

穆勒向人们疾呼:真理所享有的优越之处乃在于:"一个意见只要真正是正确的,尽管可以一次、再次甚至多次被压熄下去,但在悠悠岁月的进程中,一定会不断有人把它重新发现出来。"在精神奴役的时代中,"也许可以有伟大的个别思想家,但绝不会形成精神坚强、富有智慧活力的人民整体"。他宣称,独创性乃是人类生活中一个最有价值的因素,"永远需要有人不断发现新的真理,不断指出过去的真理在什么时候已不再是真理,才能在人类生活开拓出新的精神境界"。穆勒此书中最画龙点睛的一句名言始终激励着中国的知识分子,那就是:"如果整个人类,除一人之外,意见都一致,而只有那一个人持相反意见,人类也没有理由不让那个人说话。正如那个人一旦大权在握,也没有理由不让人类说话一样。"穆勒对当时的中国一类的国家,一针见血地分析道:"那些千百年不变地固守一种旧习俗的民族必定是死沉沉无生气的,他们在历史上也曾有过首创性,有过自己的黄金时代,但囿于习惯,恪守成规却使他们的民族智慧僵化了,文化停滞不前了。"他问道,什么时候一个民族将会停滞不前呢? 答案是"当人民中的个性陷于消灭的时候"。总而言之,穆勒自由精神的真谛,就在于倡导人人都是自我价值、自我尊严、自我权益、自我幸福的最佳和最有权威的仲裁者,只要尊重他人同样具有的价值、尊严、权益和幸福,任何个人的自由抉择即为正当合理。所谓自由:一是人们有追求和获得个人的最大快乐与幸福的权利;二是社会必须给予全体成员中的每一个人有充分发挥个性发展的同等机会和条件。

三、功利原则。功利主义的英文为 Utilitarianism,最早还译为乐利主义、实利主义、实效主义、功用主义等。功利主义最早可追溯到古希腊时期的快乐主义(Hedonism)。正如穆勒在其自传中所回忆的,在边沁(G. Bentham)著作的启示下,"我的思想完全改变了。……像边沁在三卷《立法论》中那种方式运用的'功利原则',确实成为把我分散零碎的知识和信仰融合一起的基本原理,使我对事物的概念统一起来"。穆勒使功利主义更加完善化与系统化,他仍然强调追求幸福,摆脱痛苦是人的本性和人类唯一和最终的目标,但他的功利主义更彻底地摈弃了古典快乐主义极为粗鄙和"原生态"的快乐观,即仅注重数量、短暂以及肉欲的低级(感官)快乐,而倡导更高档次的追求,即质量、长远以及精神层面的高级幸福。穆勒曾风趣地嘲讽:"当一个不完满的人比一头完满的猪更好;当不完满的苏格拉底比完满的傻瓜更好。如果傻瓜或猪有不同的意见,这是因为他们只知道他们自己问题的一面。"① 这个主义的最高原则是"最大多数人的最大幸福",并以此来衡定所有社会现象是否正当,即是否合情合理与合法。对穆勒来说,精神层面的幸福是最有质量、最为长远的个人及社会的最高追求,也就是说,为他人及社会大众奉献而获得的快乐远远大于任何个人感官上的快乐。在一定意义上说,穆勒鼓吹的"最大幸福论"是一种以利他主义(Ultrism)形式展示的精神利己主义(Egoism)。穆勒将幸福界定为一种利益,每个人的幸福也就是每个人的利益,因此追求幸福必然成为利己主义者。然而人性中又有某种社会感情使个人愿与他人融为一体,损害社会最终会损害自身,因而每一个人应以公众利益为活动目的,以促进所有他人的幸福为行为准则。为此,穆勒制定了功利主义的两种道德制裁原则:即"外在制裁"与"内在制裁",前者是来自社会或上帝对个人行为的规范;后者则是作为道德审判基础的个人良心的自省。穆勒从利己的前提出发,以某种利他的社会情感来阐述社会成员及其各种利益之间的协调性、互动性以及一体性,从而减轻,以致最终消除各种利益冲突。近代以来,大多数西方国家都信奉卢梭和霍布斯等人的"社会契约论",也就是说,社会的所有成员为了秩序和个人权益的保障,为了避免混乱和争斗带来的牺牲,必须委托大多数人所认同的权威机关,来建立每个成员都必须遵守的规范章程,违犯者必受到处罚。但是在现实实践中,一方面,任何社会契约都不可能让所有人都满意;另一方面,仅让少数人满意的契约不可能称之为真正的社会契约,那只是极权和专制。怎么办?有人说得妙,就是上帝也不能使人人满意和幸福。要不然,这个世界怎么总有那么多的奴役、压迫、杀戮、战争、饥饿、疾病、环境污染和无穷无尽的天灾人祸?!于是,大多数西方国家又信奉边沁和穆勒等人的"功利主义"。这个主义的最基本的原则就是,尽量让最大数目的人民得到最大限度的幸福。这就是为什么民主选举制度应该成为现代国家的基石。不过,这也会带来一个问题,真理不一定在多数人的手里,少数人的权益应如何保障。一个最明显的案例争论就是,某一艘船因负载太沉重濒临沉没,是否从功利主义的角度,为保全大部分人,而将少数人抛到海里。功利主义与一切传统的伦理体系一样,属于规范伦理学(Normative Ethics)中的目的论伦理学(Teleological Ethics)、效果伦理学(Consequential Ethics),即将某一种特定诉求,如忠诚、勇敢、诚实、友谊等,当作道德追

---

① John Stuart Mill, *Utilitarianism*, Chapter II.

求和遵奉的目的,而这些诉求本身则是中性而非属伦理的,即它们既可为善亦可为恶。正因如此,这一类伦理学受到康德义务论伦理学(Deontological Ethics)的批判,更受到现代学院派元伦理学(Meta-Ethics)的否定。

四、科学理念、自由理念和功利理念的三位一体原则。可以这样说,穆勒的整个社会政治学说,就是建立在激进的科学主义、自由主义和功利主义相互契合的三大基石之上。他坚持一切从客观事实出发,从中得出真理,决不盲从和迷信任何既有的教条、规范与权威;他提倡不受传统、舆论和权威所强制,个性得到充分发挥和最大限度追求幸福的自由;他主张最高的道德目的、政治理念与社会正义,就是促进最大多数人的最大幸福的实现。在《功利主义》一书中,穆勒对幸福加以质的规定;在《论自由》中,他也对此作过深刻的阐述。他在此书中揭示,作为一个进步的存在,功利事业应在与人性的关联中进行设想,其中包括人们为努力实现"更高生存模式"而应具备理性能力的锻炼和发展。对书报审查制和家长制进行拒斥,是为了发展知识的成果和人的最大开发能力、审议能力以及理性能力,而提供必要的社会条件。社会的功利目的之一,就是保障每个成员的经济与政治的权益、人身与精神的自由;追求个性自由是体现功利目的的最重要幸福之一;而这一切又是遵奉逻辑,尊重事实,实行科学方法的合理结果。

上述所提到的沃尔夫在谈及穆勒时,涉及了有关其"教子"的典故,这也使本书著者自然而然地联想到了自己所重点研究的人物罗素。穆勒的《政治经济学》《论自由》以及《论妇女的从属地位》等著作对罗素都影响很深。罗素还对穆勒的《逻辑》一书作了详尽的笔记,然而却没有接受他的关于数学命题是由经验归纳的理论,尽管并不知道除此以外它应该是什么。罗素十分信奉穆勒的思想,后者强调必须给个人以彻底的活动自由,个人发展只有在本人自由采取最快乐的生活方式时才能实现。罗素极为欣赏上述主张,在他眼里,黑格尔的绝对一元论是代表专制主义的,一定会抹杀个人的一切,而英国的经验主义多元论则是代表民主主义的,它充分尊重个人的利益、自由和权利,正像他所指出的,唯一为民主做出合理论证的哲学就是经验主义。[①] 罗素用一种快乐主义来解释人性,这与自由主义者边沁和穆勒有着密切关系,这两个人都主张追求个人利益和快

[①] Bertrand Russell, *Philosophy and Politics*, London, 1947, p.70.

乐是符合最大多数人的最高幸福原则,一切社会关系的基础和道德的标准就是个人的利益与快乐。在罗素眼里,摆脱压抑的结果就是获得了快乐。英国经验主义者大都是主张人性可变的。培根坚信可用某种教育方式来改变人性;洛克则把人性看作可以任意刻画的白纸或蜡块;穆勒父子也都主张人性是通过环境和教育形成的。罗素发展了这一思想。他在早年认为成年男女的性格并不是一个数学上的固定的已知数,人的性格具有极大的可塑性,它是环境、教育和机遇影响的结果。他在晚年仍坚持:所谓人性,基本上是习俗、传统和教育的产物。罗素曾把这种思想作为自由平等的理论依据,例如他从穆勒有关男女在能力上的差异是由后天形成的这一思想中得到启发,从而投入到了争取妇女参政权的运动中。在《我怎样写作》一文中,罗素谈道:"我不能假装知道文字应怎样完成,或某一明智的评论家能开导我改进写作。我最多能做的是有关我自己的打算。直到 21 岁时,我希望或多或少以穆勒的办法写作;我喜欢他的句子结构以及展开主题的方式。"①

尽管穆勒的自传是 19 世纪知识分子历史中头等重要的文献,但英国著名的编辑和文学批评家莱斯利·斯蒂芬爵士(Sir Leslie Stephen)抱怨说,穆勒的自传几乎完全没有传记文学具有魅力的特点。对此,哈罗德·J.斯拉基(Harold J·Laski)同意这个看法,他指出,确实,它与同类作品相比,可算得是一部完全知识性的作品。"除了有几页叙述他妻子的文字外,几乎不曾提到人类相爱与友谊的感情。甚至对最亲密朋友的评价,恰似一个作者受委托撰写一个死者的传略。穆勒是一位温柔可爱的人,急切地尽其所能奖掖刚刚处于事业起点的青年的前程,如对莫利勋爵的事情就是那样,但是这些事迹在他的自传里找不到。这本书基本上是信心发展的记录。它一点也没有使纽曼的'内心呼唤'如此令人倾倒的那种魔力。它不像吉本的自传那样充满作者生动的画面,也不像特罗洛普对自己作细致的描绘,它的平淡质朴使我们感动得超过我们愿意承认的程度。"②

---

① Bertrand Russell,*The Basic Writings of Bertrand Russell*,1903—1959,ed. by R. Egner and L. Denonn,Simon and Schuster,1961,pp.64—65.

② 约翰·穆勒:《约翰·穆勒自传》,哈罗德·J.斯拉基(Harold J. Laski)《序》,北京:商务印书馆 1998 年版,第 1 页。

二、对新黑格尔主义绝对一元论的反叛

罗素哲学观念,如逻辑原子论等的产生,部分由于罗素某种早期的唯心主义思想。他自认其本人真正的哲学革命产生于与唯心主义的决裂,自己发现有关内部关系的唯心主义学说导致了与数学不对称关系的一系列矛盾。宾内所编辑的《牛津分析哲学历史手册》一书,在第1章第1节开宗明义谈到分析哲学的起源时,第一句话就宣称:"罗素与摩尔对英国唯心主义的反叛,通常被认作是分析哲学的诞生。"[1]

从1894年至1898年,罗素认为有可能用形而上学(指玄学)来证明有关宇宙的各种事物。某种宗教情感使他相信这些事物是重要的。他决定,如果自己胜任,就将毕生献给哲学,他的研究员学术论文,即关于几何基础的论述,试图修补康德所谓时空形式是先天综合判断的理论,得到沃德和怀特海的赏识,这使他获得了剑桥大学研究员的资格,否则他就会选择在柏林研究过的经济学。他的《论几何的基础》一书于1897年出版。罗素记得:"一个春天的清晨,当我在提尔加腾(Tiergarten)散步时,心中规划要就科学的哲学撰写一系列的著作,从数学到生物学,使它变得越来越具体;另一方面撰写一系列关于社会政治问题的著作,使其越来越抽象。最后,他还要在一种理论与实践等量齐观的百科全书中达到一种黑格尔式的综合。这种念头起初是被黑格尔所激发的,但有些想法存在于我的哲学演变的始终。那一时刻具有某种重要的意义,我至今还可以回忆起,当时我感到积雪在脚下嘎嘎作响,还嗅到了预兆冬季即将终结的那种大地的温馨气息。"[2]

新黑格尔主义在19世纪末和20世纪初曾名噪一时,甚至驱逐了英国传统的经验论,几乎完全垄断了英国的所有大学,掀起了一股巨大的"黑格尔复兴运动"。这个运动最主要的精神领袖就是布拉德雷,他曾被当时的英国哲学界称为"最有独创性的著作家"[3],甚至还得到英王颁发的"功绩勋章"。就连罗素也贪婪地阅读起布拉德雷的著作,而且对他比

---

[1] Michael Beaney(ED.), *The Oxford Handbook of The History of Analytic Philosophy*, Oxford University Press, 2013, p.7.
[2] Bertrand Russell, *The Basic Writings of Bertrand Russell*, 1903—1959, ed. by R. Egner and L. Denonn, Simon and Schuster, 1961, p.43.
[3] J. H. Muirhead, *Contemporary British Philosophy*, Routledge, 1976, p.316.

对任何近代哲学家都更为推崇。这种情况是有着深刻的经济、政治及社会原因的。即使单从哲学的角度看,也说明传统的经验论由于其狭隘性而陷入了困境,使得新黑格尔主义兴盛起来。

1898年,罗素追随摩尔冲破了康德和黑格尔的思想窒碍。他说:"在读了黑格尔大逻辑的时候;我正像现在一样,为他关于数学的阐述,全是一派头脑迷乱的'臆说'。我开始不相信布拉德雷的关系说,并开始怀疑一元论的逻辑基础。我开始不相信布拉德雷反对诸种关系的理由,同时还怀疑了一元论的逻辑基础,我也不喜欢'先验感性论'的主观性。然而摩尔的推动却比上述那些原因来得更快。摩尔也信奉过黑格尔,但时间比我更短。那时,以摩尔为先锋,我带着一种解放的感觉随后策应,发动了对黑格尔主义的反叛。布拉德雷指出,常识所相信的任何事物只是一种纯粹的现象。我们则与此根本相反,认为任何事物凡常识认为是真实的,就一定是真实的,它并不受哲学与神学的影响。我们怀着一种逃离监狱的心情自在地认为:青草是绿的,即便没有任何人意识到太阳和群星,它们也应当存在,同时还有一种柏拉图式永恒、杂多的理念世界。曾是贫瘠和逻辑的世界,突然变成了丰富的、变化的和可靠的世界。数学应该是十分真实的,而并非是辩证法的一个阶段。我的《莱布尼兹哲学》一书就叙述了这种思想的某些内容。"[①]罗素第一本哲学著作的产生是偶然的。1998年在剑桥,本应麦克塔格特讲授规定莱布尼兹哲学,但他想去新西兰探亲,于是校方便聘请罗素代课,这对他来说是一件庆幸的事情。

罗素最初曾极端地声称:凡黑格尔所否定的,都应是合理的。在他看来,黑格尔认为宇宙是胶汁而非子弹,因此一切"分割物"都是虚假的;他于是强调,宇宙正像子弹;黑格尔认为用逻辑论证数、时空和物质是虚假的,罗素就声言自己以新的逻辑技术说明数、时空和物质是真实的,他申明多元论是科学家常识的观点,一元论却是由神秘主义的伪逻辑所派生的,黑格尔派就是它的产物。而绝对一元论是通过内在关系说而与唯心主义紧密结合的。[②] 此时,罗素已形成了新实在论的观点,并开始运用数学和逻辑的分析方法了,这是他哲学生涯中第一个重大的转折点,即从绝对一元论者转变为经验主义的多元论者。然而,他并未彻底芟除康德思想的残余,譬如认为有不可知的自在之物以及逻辑先验性等。新黑格尔

---

① Bertrand Russell, *The Basic Writings of Bertrand Russell*, 1903—1959, ed. by R. Egner and L. Denonn, Simon and Schuster, 1961, pp. 43—44.
② Bertrand Russell, *Sceptical Essays*, Routledge, 2004, Chapter 5.

主义的昙花一现同样说明了它也不能顺应历史的要求。从此,英美哲学便寻求起新的途径,试图与自然科学、数学、逻辑及语言符号相结合,将经验论加以改造,并博采哲学史上的多元论、逻辑先验性思想等,从而形成了分析哲学的统治。

三、皮亚诺符号逻辑的影响

1900 年 7 月,罗素与怀特海参加了在巴黎举行的国际哲学大会。罗素称这次大会是他心智生活的一个转折点,这就是从皮亚诺(Peano)的符号逻辑那里受到了启发。自从 11 岁学习欧几里得几何以来,罗素一直对数学基础问题感到困惑。当他终于研究哲学时,又发现康德与先验论者一样,都是不能令人满意的。他不喜欢先验的综合,但也不认为算数来自经验归纳。罗素发觉皮亚诺的严密性超越任何与会者,有一种高屋建瓴之势。罗素从皮亚诺那里获得其所有著述后,自此便潜心研究他整个系统的每一个符号和概念。罗素逐步清醒地认识到,皮亚诺的方法正是自己梦寐以求的逻辑分析工具。不到两个月,罗素便掌握了皮亚诺学派的精义,并将之引用到关系逻辑的研究上。使罗素感到幸运的是,怀特海也意识到这个方法的重大意义。但罗素回忆自己当时处于某种不良状态和精神缺陷中,当他将前言初稿送给怀特海过目的时候,后者竟严厉地批评说:"全部内容,甚至本书的对象都为简化论证而牺牲了。"[1] 从 1900 年到 1910 年,罗素与怀特海合作,将主要精力都放在三大卷《数学原理》(*Principia Mathematica*)的撰写上。罗素写于 1902 年的《数学的原则》(*The Principle of Mathematics*)成为《数学原理》的某种雏形。不过,二者的区别在于,前者还涉及与其他数学哲理的争论。这两位大哲之间 10 年智慧加友谊的合力,聚变成人类知识史上最野心勃勃的尝试之一。

罗素在 1902 年致吉尔伯特的一封信中,充满了对数学的赞美,他说道:数学可以像音乐一样洋溢着美妙的艺术性,甚或比之高上一等。能与音乐相媲美,它给人的纯粹乐趣显现了绝对的完美,也就是将艺术的伟大特性、自由的神圣特性以及命运的不可避免性三者结合,而建造了一个理想化的世界,在其中所有事物都变得真实而美好。他还声明自己所具备

---

[1] Bertrand Russell, *The Autobiography of Bertrand Russell*, George Allen and Unwin LTD, 1967, p. 227.

所有有关现实存在,即号称科学的知识,比起哲学和数学来,几乎毫无价值,因为后者考察的是理想和永恒的事物,而不受上帝所创的这个世界的干扰。

罗素和怀特海同时选择两个主攻方向,即哲学和数学,企图把人类的全部认识论和方法论问题经过包抄而一网打尽。总体来看,罗素主攻哲学问题,而怀特海主攻数学问题,然后两人穿插合围。除部分沿用皮亚诺方式外,数学中记号法主要由怀特海创制,级数(series)部分主要由罗素完成。他们还共同制定了基数和序数的定义,并企图将算数还原逻辑。不到一年,他们迅速获得一系列的成功。虽然这些工作的一部分已由弗雷格完成了,但罗素与怀特海并不知道。全书任何章节都反复审视和修订过三次。他们无论是谁一旦写成初稿,另一个人便接过毫不客气地加以批改,然后退回拟稿的人进行完善后最终定稿。1905年,罗素创立了摹状词理论,第二年他又创立了类型论。由于怀特海因教学负担无法抽出更多的精力对付很多"机械性"工作,罗素只得自己揽下这些繁杂的匠活。整个过程真可称上"十年磨一剑"。每天罗素总担心自己死于某种意外事故,而中断了这项伟大的意愿。当手稿堆积如山时,罗素最恐惧的就是发生火灾,而使多年心血毁于一旦。

罗素感叹:在写作《数学原理》的过程中,生活中某些不幸和超限度的脑力付出,使自己在一条似乎没有出口的隧洞中摸索。他记得,那一时期,自己常常徘徊在牛津附近的一座人行桥上,俯视下面疾驰的火车,明日必一跃而下的短见之念萌然而生;但一到第二天,又乐观地自信可以完成这部巨著。1906年在致露茜的一封信中,他写道:近来,我每日都写作10小时,就如梦一般生活,仅是透过云雾来观察现实世界。他在自传中回忆:从1902年到1910年是一个极其痛苦的时期,写作的艰苦超乎寻常,似乎没有带来什么快感,但后期比前期要稍好一些,因为成果逐渐显现,而真正欢乐的感受是在向剑桥大学出版社交付手稿时。当时,因手稿太重他们只得租了一辆四轮马车运送。出版社估量出版此书必带来600英镑的亏本,而剑桥大学评委会只愿资助300英镑,另外皇家学会认捐200英镑,于是剩下100英镑便由两位作者自己承担。罗素自嘲地笑道:"我们辛劳10年,其结局为每人竟得负50英镑。这简直打破《失乐园》的记录!"《数学原理》完成后,罗素感到自己就像从监狱释放出来。

四、多元主义世界观的形成

多变性、过渡性和不稳定性是罗素哲学的重要特点之一。最初倾向于新黑格尔主义,以后转为新实在主义,然后又从后者转变成为多元的现象主义。从消极的方面讲,这种不稳定性的来源在于他兼收并蓄了历史上和同时代的许多派别,如柏拉图主义、马赫主义、维特根斯坦主义等。但从积极的方面讲,这也反映了他在某种意义上注意吸取人类知识的精华,一直尝试尽力跟上自然科学发展的潮流。

罗素从 1906 年发表《莱布尼茨哲学评述》第一部哲学著作时开始,就显示了他的哲学才能。从那时一直到逝世,他写了大量哲学著作,其中最重要的有《哲学问题》《我们对于外界的知识》《心的分析》《物的分析》《对意义和真理的探讨》《人类知识及其范围和限度》等。这些著作几乎探讨了哲学的全部问题,但其中最重要的还是认识论和方法论问题。

追求精确、清晰和完善的知识,是罗素一生的心愿,而《哲学问题》这部书的完成,标志着他真正开始形成了自己的哲学思想。他在这部书的第一段便提出了这样的问题:"世界上有没有一种如此确定的知识,以至于一切有理性的人都不能对它加以怀疑呢?"这以后,经过 36 年的探索,他在其最成熟的著作《人类知识》的最后一段里对这个问题给予了回答:"所有的人类知识都是不精确、不肯定和不完善的。"也就是说,他承认了自己是失败的。罗素不可能解决人类认识中相对与绝对的关系问题,但无论如何,他在探索中为人类认识的发展做出了有益的贡献。

罗素试图把实体论与现象论、经验论与唯理论、实证论与新实在论结合起来,从而提出了逻辑原子论、中立一元论、逻辑构造主义和分析方法。罗素称自己的多元论是物理学、生理学、心理学及数理逻辑四种科学结合而成的,而采取逻辑原子论是他一生中最大的"革命"之一。这个理论认为世界是可分体,它的终极构成要素就是逻辑原子。后来,他又进一步把逻辑原子完全变成了一种不分主客的"中立"要素,指出心与物的差别只在于二者的构造而不在其构成成分。这就产生了中立一元论和逻辑构造主义的思想。罗素的哲学虽然多变,但多元论和分析法的根本思想却始终没有变。

德国哲学家莱辛巴哈指出:"罗素凭借清晰、精确和认真的分析以及对神谕的否定而获得成功,如果没有他的卓越成就,现代的逻辑和认识论简直很难想象。"这个评价也许有些夸大,但罗素在西方哲学中的地位和影响却是不容抹杀的。

如果说笛卡尔是近代西方哲学的一位奠基人,那么,罗素就是现代西方哲学的一位开拓者。这是因为他为经验论提供了严谨的逻辑系统、新颖的数学观和科学化的哲学设想,并且是西方第一个系统阐明、论证和实践分析方法的人。正是这个方法,使整个传统经验论发生了巨大的变革,使休谟等人的某些思想萌芽迅速长成了繁茂的大树,从而产生了新实在论、逻辑实证论和语义分析学派,并从反面强烈触动了大陆理性派和德国思辨哲学传统。它不仅对西方,而且对东方也产生了很大的影响。罗素在中国讲学时,有人认为他对中国学术界的贡献就是分析方法,他很高兴地说:"我也是这样想。"的确,罗素倡导的科学方法对"五四"运动以后的中国哲学界和科学界都曾有着很大的魅力。

我们应该肯定罗素哲学在人类认识史上的作用,他的世界观和方法论都有很高的价值。他试图用高度发展的科学成果来说明世界的构造,并对宇宙事物相对静止的一面进行逻辑分析,力求获得精确、清晰的知识。这种尝试是积极的。然而,人们同时也不能不看到,由于罗素的哲学偏见,由于他的世界观、方法论以及这二者之间的矛盾,使他的目的和手段之间产生了很大的矛盾。一方面他没有一条正确的途径来让他完全达到所希望的一切,甚至某些合理的目标也达不到;另一方面,他所希望的许多东西本身就未必合理,即使有一个正确的方法也无法达到。

五、数理逻辑与数理哲学

罗素宣称:"我曾对现代分析经验论建立了一个不同于洛克、贝克莱和休谟的纲领,因它是与数学以及强大逻辑技术的发展相联系的。"① 不过,1956 年,罗素在《记忆中的画像》一书中,对哥德尔(Gödel)的不可判定性定理(Theorems of Undecidability)作了以下说明:

> 我试图获得像人们所希望宗教信仰中那样的确定性。我认为在数学中比在任何地方都更可能发现这种确定性。然而,我发现我的老师要我接受的许多数学论证充满了谬论……我不断

---

① Bertrand Russell, *A History of Western Philsophy*, New York: Simon & Schuster, 1945, p. 834.

地想起那个大象与乌龟的寓言故事。将数学世界构建在一头大象上,我发现它步履蹒跚,于是便着手制造一个乌龟让大象避免下坠。然而前者并不比后者更牢靠;经过 20 多年的艰苦努力,我得出这样的结论,即在获得数学知识确定性的途径中,我无法做得更多。①

罗素从小就对数学有着特殊的爱好,自始至终都陶醉于研究数学基础问题。

当今的剑桥在各个学科都有长足的发展,但数学直到 19 世纪早期一直是它的最强项。当时数学为全体学生的必修课,而在所有学科中它的毕业考试是最难的,因此造就了英国科学史上几个最响亮的名字,如凯尔文爵士、乔治·斯托克斯和詹姆斯·克拉克·麦克斯韦。由于学生并非喜欢数学而是为了混学分才学习它,故像哈代那样不少剑桥的著名学者反对这项制度。与那些学生不同,罗素却是真正热爱数学才来到剑桥的。罗素获得数学毕业考试(Tripos)甲等(Wrangler)第七名后,三一学院院长巴特勒在 1893 年 6 月 13 日给他的信中写道:"我无法表达这次大胜利使我们感到多么兴奋。正好 33 年前,我在哈罗公学(Harrow)把拉丁文作文第五级奖放于令尊手中;眼下,我向他的公子与他的母亲祝贺数学上的突出成绩,而它在学院将得到高度评价。我们知悉你的数学才能,但我们也清楚你并未全心投入数学,而是将大部分努力用在另外一些可能更重大的学科上。倘若这会严重降低你的数学水平,我当然对此感到遗憾。然而我理解到这会有充分的补偿。现在我们只有愉快的祝贺,你将平顺地对待道德科学考试与研究员资格,而不必顾虑你所留下的数学废品。我十分荣幸给罗素夫人和斯坦利夫人写上几行,这对她们两位将是愉快的一天。"

在来剑桥大学之前,罗素对哲学已经感兴趣。他最热望为数学为真的假设找出理由。穆勒的《逻辑》在这方面的论证有着某些缺陷,但他的数学教师从未显示任何理由去假设微积分并非一套谬误,因此他受到两个问题的困扰:一是哲学问题,另一是数学问题。数学问题在欧洲大陆大体上已经得到解决,尽管英国对那里的工作几乎毫无所知。只有离开剑桥,开始在国外生活之后,罗素才发现那些作为本科生本应在三年大学期间就应传授的知识。然而,哲学又当别论。在英国,罗素结识过一个远房

---

① Bertrand Russell, *Portraits from Memory*, 1956, p.333.

亲戚,即在莫顿学院教哲学并作为布拉德雷朋友的哈罗德·乔基姆,后者的妹妹是罗素的叔叔罗洛的太太。罗素在网球集会一类的场合时不时遇到他。在罗素的请求下,乔基姆为他列了哲学必读的很长的书目。一有余暇,罗素就充满热情地攻读哲学。到了大学四年级,他已读过多数大哲的著作以及大量数理哲学的书。罗素经常得到沃德提供的有关新书,但每次还书时,他蔑称那些都是坏书,他还记得沃德那种失望的表情,并感到后者为了满足他所做的不断努力。直到罗素成为研究员后,从沃德那里得到其本人都未读过也不认为有什么价值的两本小册子:一是康托尔的《集合论》,另一是弗雷格的《概念演算》。"这两本书最终给了我所需的要旨,但对弗雷格的书,我只是在许多年后才弄清它的意义。的确,直到我自己独立发现它所包含的大部分内容后,才真正理解它。"①

早在1897年,罗素就完成了他的第一部数学专著《论几何学基础》。1906年是罗素学术思想的一个转折点。他在巴黎国际哲学会议上,受到了匹阿诺(Peano)符号逻辑的启发,认为它有可能以数学特有的精确性来解决哲学的难题。罗素创立了用符号来表示关系的方法,并与怀特海合作建立了级数、基数、序数的定义,试图把算术还原为逻辑。

1901年,罗素发现了以他的名字命名的悖论,引起所谓第三次数学危机,促使人们对数学基础问题进行深入一步研究,从而推动了人类认识的发展。不久,罗素提出了逻辑类型论,为解决悖论做出了卓有成效的尝试。1903年,罗素独自发表了一卷本《数学原理》,建立了逻辑主义学派。接着,他又和怀特海合作,经过10年的艰苦劳动,写成了三卷巨著《数学原理》,这在数学史上是一个重要的里程碑。正像罗素自己所说的,他的黄金年华都倾注在这部巨著上了。

罗素总结了前人在数理逻辑上的成就,创立了一个十分丰富的逻辑公理系统,为数学的严格化作了有益的工作,扩大了逻辑的研究范围,使得推理的功用超过了三段论。他陈述了逻辑演算的内容,进一步研究了事物的类、关系、基数、序数、级数,较之亚里士多德的逻辑,在某些方面要严密、系统、精确得多,甚至可以根据它来分析某些旧形式逻辑所无法解决的复杂问题。

罗素的数学观是与哲学紧密联系在一起的。年轻时,他就发现康德

---

① Bertrand Russell, *The Autobiography of Bertrand Russell*, George Allen and Unwin LTD, Volume 1, 1967, p.91.

与经验主义者都不能令人满意,他既不喜欢先验的综合,也不认为算术来自经验归纳。罗素把数学基础和数理逻辑看作是自己哲学的最重要的科学前提,他试图把数学和数理逻辑当作严格的科学方法,用来研究哲学,甚至他的分析方法也直接来自纯粹数学和数理逻辑的某些内容。在他看来,数学能使哲学中的许多令人困惑之处被耐心和明晰的思维所澄清。

当然,罗素也有他所面临的困境,这就是他一方面把整个数学都归于逻辑,另一方面又认为这种方法的严格就在于它含有真实度很高的"先天的知识",或者说是一种先验的演绎系统。所以,人们在探讨世界时,也要定出与公理、公设、基本概念和命题相当的东西,由此再一步步推导和构造整个世界。1934年,由于数学上的成就,他获得了英国皇家学会的西尔威斯特奖和皇家数学会的德摩根奖。

著名科学哲学家图尔敏(Stephen Toulmin)①指出,科学理论结构中的每一种传统,都因满足某种需求而产生。一旦这种传统发生某种阻碍作用,便会遭到摒弃。因此,当科学哲学家们按照传统构造了公理演算一类的科学理论,并依据对应规则对这种理论的术语和陈述进行观察性解释时,就必须设想这种公理模型是否完全符合这个基本原则。于是,人们就会问:(1)这个传统是什么时候和怎样产生的?(2)近来对公理模型的不满是否表明了它对科学哲学只起阻碍作用而不能起促进作用?在图尔敏看来,要回答这两个问题,必须首先理清科学哲学运用公理途径的来龙去脉,然后才能考虑改变当前公理模式会出现何种结果,也就是是否会与科学理论发生矛盾。这里所讲的"传统"其实是一种非常新的传统,即19世纪后半叶开始的公理化系统或公理模型化运动。虽然这个传统一直在科学哲学中占据中心位置,但也决不意味着哲学家对它的意义看法一致。图尔敏认为:"第一次世界大战后,马赫(E. Mach)的逻辑历史批判和经验主义认识论、罗素(B. Russell)的符号逻辑以及爱因斯坦的相对论物理学等在维也纳的汇合,是传统科学哲学发展的一个关键时期。这种哲学思潮的盟友们从一开始就对加盟有不同动机和不同做法。"②例如,所有支持公理模型的人都一直把赫兹(H. R. Hertz)的《力学原理》当作一个范例,因为它始终是模型应用方面的最彻底和最有启发性的理论之一。在

---

① 本书著者在美国西北大学当访问学者时,曾听过在此校任教的图尔敏有关科学哲学的课程。

② 图尔敏:《科学理论的机构》,丁子江译,载《哲学译丛》1983年第3期,第65页。英文原作载 F. Suppe, *In The Structure of Scientific Theories*, 1973。

哲学上,正如他的老师赫尔姆霍茨(H. L. F. Helmholtz)和他的继承人维特根斯坦(L. Wittgenstein)与卡西勒(E. Cassirer)一样,赫兹与其说是一位休谟式的经验主义者,不如说是一位康德主义者。他把力学理论归结为公理演算并对此加以物理解释,其用意是相当有启发性的。因而为区分理论力学所涉及的直接经验与其一般形式或连接模式,即"模型"或"描述"特征提供了一种比较有效的方法。对此,赫兹声称,只有用这种方法,才有可能清除阻碍19世纪物理学关于力的性质的种种臆测。与维特根斯坦在《逻辑哲学论》中的看法如出一辙,赫兹并不关心对模型所持的认识论立场,并反对把力学的理论术语或陈述归结为从逻辑和认识论上由感官观察或记录判断的派生之物。

为此,图尔敏进一步揭示:作为马赫的直接继承者,维也纳学派哲学家们和英国的罗素都希望科学中的公理模型能将马赫的新休谟主义冠以"科学认识论"的美名。有关"传统"科学哲学的一些主要论题都回复到了这种马赫认识论纲领,例如夏佩尔(D. Shapere)所竭力攻击的"理论"与"观察"之间的区别。对于崇奉这种科学哲学"传统"纲领的逻辑实证(经验)主义者来说,观察材料总是"坚实可靠的"、特殊的,从认识论的角度来说又都是最基本的。在他们看来,对比之下,理论知识始终是派生的、一般的和"软弱无力的"。不过,对于像赫兹那样的康德主义者而言,"理论"与"观察"之间的区别完全可以通过其他途径得出结论。在他看来,运动的经验问题可以用力学形式来陈述,但必须在先于模型或描述的范围之内,用被定义的理论术语陈述出来。物理学的经验材料本身就已经是普遍的和有联系的,而并非能够从特殊感觉材料或观察陈述之中"构造"理论的普遍术语和陈述。图尔敏将传统的科学哲学分为两部分,即罗素一类的数理逻辑符号主义与统一科学运动的方法论纲领。它们在原则上为其全部实证科学知识奠定了认识论的基础,并希望通过进一步增添基本术语、假设和对应规则,使一切真正的科学分支结合成一个单一的公理系统。由于在符号逻辑的形式化中,尤其是低阶函数演算中,这个系统的核心得到了最佳描述,因此整个系统也可以用同样的方式进行处理。公理化模型不只是有助于发现的价值或认识论的价值,而且已经成为必须采用的形式来阐述统一的科学理论或世界观。①

---

① 图尔敏:《科学理论的机构》,丁子江译,载《哲学译丛》1983年第3期,第66页。英文原作载 F. Suppe, *In The Structure of Scientific Theories*, 1973。

六、与摩尔"常识分析"的分道扬镳

与罗素的贵族出身不一样,摩尔(G. E. Moore,1873—1958)是杜尔维奇一个平民医生的儿子,他的兄弟 T. S. 摩尔是一位著名诗人,被人们称为美男子摩尔,永远带着迷人而优雅的微笑和敏感而羞涩的表情,并温和得几乎像一个孩子。1892 年秋天,上三年级的罗素在"使徒"朋友引介下认识的摩尔。这次相遇被人们称为现代道德哲学的一个里程碑,也正是从那时起,这两位年轻人成为终生的朋友。罗素注意到,摩尔具有一种"美妙的纯真"。在听了摩尔一次宣读论文开头第一句话"起初是物质,物质产生了妖魔,而妖魔产生了上帝……",罗素判定这个年轻人就是一个天才。他后来说道:"我很快被他思维的清晰与热情以及火焰般的真诚所吸引,这些都是我深深赞美的。"同其他人一样,罗素被摩尔理智上的无畏所震撼,也正是他推荐后者进入了那个秘密团体"使徒"。摩尔参加这个组织第一次讨论会的题目就是"剑桥应该给予什么?"他起身发言却一反常态而毫不怯场,以致罗素这样评论道:他"就像牛顿与撒旦混为一体,每一个都出现在他生命的尖峰时刻"。在会上,罗素提出,剑桥所灌输的怀疑主义并没有使它的毕业生付诸实践。这时,摩尔收住了笑容,并提议:我们的职责就是推广怀疑主义,"直到至少每一个人都知道自己无法绝对认识任何事物"。对此,罗素写道:"我们都触电一样为他所动,就像在这之前大家都在沉睡,而从未意识到无畏理智的纯真性的真正意味。……我毫不怀疑他在某种程度上将表现为一位惊人的天才。"1894 年 5 月的某日,在考场外等候考试的罗素与摩尔一起散步,途中碰到一个人非要同他们讨论古罗马作家佩特罗尼乌斯(Petronius)的传奇小说。罗素真与那人谈了起来。在与那人分手后,摩尔先是沉默了一会儿,接着大声说道:这是一个自己遇到过的最讨厌的人之一。这件事对他们的友谊有点影响,罗素甚至认为要让这个朋友清醒一下。① 但不管如何,罗素还是珍惜与摩尔的关系,他在给阿莉丝的信中写道:"我与摩尔间或会有争论,但总是友好的。"

摩尔比罗素小一岁,而且晚两年到剑桥,但在三一学院的地位却比后者要稳固,这恐怕与其性格分不开。罗素称他纯真得就像水晶一般透明。

---

① Caroline Moorhead, *Bertrand Russell: A Life*, Viking, 1993, p.83.

在上大学之前,摩尔是一个热情、虔诚甚至极端的福音派教徒,但一到剑桥后就成了一个不可知论者。他与罗素一样,也对1890年代的剑桥充满兴奋的心态:"在来剑桥以前,从未想到生活会是如此快乐。"与罗素多领域和全球性的影响不一样,摩尔的影响主要在校园和学术界。1898年至1904年,摩尔担任三一学院的研究员。这一期间,摩尔出版了《判断的本质》(1899)、《伦理学原理》、《驳斥唯心主义》(1903)以及其他一些重要论文。1925年至1939年,摩尔担任三一学院哲学教授,并于1921年至1947年担任主导哲学界的杂志《心灵》的编辑。最初是罗素引导摩尔对哲学发生兴趣的,但不久,摩尔却带领罗素反叛并清除了康德和黑格尔的唯心主义,并开辟了通向新哲学的途径。罗素在《数学原理》中提到,自己很多哲学的根本问题是从摩尔那里来的,而摩尔则说自己比学习任何其他哲学家更多地学习罗素。然而,这两位大哲的思想之间有着许多分歧和内在冲突,其中包括由魏斯曼所区分的两种理智态度之间的冲突。美国哲学家怀特将摩尔赞誉为"哲学家的哲学家",而罗素不仅同样享有这个称号,并且还是"知识家"(intellectual),这种人物在欧洲大陆比在英美普遍。

著名经济学家凯恩斯这样评价:"摩尔心灵上不加修饰的美,他有纯真、热情、强烈的想象力,而且决不空谈浮夸。摩尔曾有一次梦见自己不能将命题与桌子分开。但甚至醒着的时候,他也不能将爱、美与真与家具分开。它们都有相同的外形规定,以及相同的稳固、坚硬、客观性质以及常识的实在。"① 的确,摩尔的作品表面上显得技术性很强,但却有内里发出的人文情操,就像苏格拉底那样,简明平实,并散着淡淡的甜蜜。摩尔及其《伦理学原理》对当时的年轻人有相当大的感染力。同样都具有巨大的魅力,但与摩尔相比,罗素似乎显得张扬了一点,也过于超前了一点。罗素追求确定的真理性知识,这从其早期对逻辑与数学的探讨以及后期对休谟有关归纳的怀疑论的考察就可以看出。如同笛卡尔,罗素先在数学中发现确定知识的范例,但它证明则从公理出发,而这点会受到质疑,于是,他便转向了逻辑。摩尔似乎比他乐观,认为自己已经找到了确定的知识。《为常识辩护》一文中,摩尔举出大量自认确定的东西,如他是一个人,他有身体,他从未到过月球,在他出生前世界已存在了很长很长的时间等等;这些真理的知识都是含有重要哲学结论的"常识";从而可以证明

---

① J. M. Keynes, *Two Memoirs*, London: Rupert Hart-Davis, 1949, p. 94.

外部世界独立于人们的意识而存在。1939年,在不列颠科学院的讲演中,摩尔举起自己双手,而让听众确信它们表示外部世界的两个事物。对此,维特根斯坦指出,只有像摩尔这样具有严格和理智素养的哲学家才能向一个学术团体作如此这般的"证明",而又不会显得荒诞滑稽。

出自剑桥的分析哲学变种有双重来源:一是罗素;另一是摩尔。罗素和摩尔都主张各自哲学中的"分析"特征。可以说罗素是首位将逻辑分析当成一种"方法"的人。不过在冯·赖特看来,罗素并未过多地考察新方法的性质和特点,因而对这方面的问题并没有什么贡献;而在《什么是分析?》与《分析的辨明》两篇文章中,摩尔则更多地关注了这个问题;他以"兄弟是男性同胞"为例来阐述了分析,即将一个概念分解为其各个构成要素。冯·赖特对此批评说,这完全没有哲学意义。在使罗素和摩尔所代表的新哲学方式成为一场世界性的运动方面,罗素比其他任何人都做出了更多的贡献。维也纳运动中有两个最杰出的代表人物,即石里克与卡尔纳普,前者接近摩尔,而后者更主要追随罗素。冯·赖特这样回忆:二次大战前,他曾短暂地访问过牛津大学,那里的唯心主义传统当时还很强大。他第一次见到了不为人们熟知的艾耶尔,维特根斯坦几乎是神秘人物;而罗素与摩尔的影响也有限。但八年后,他再访那个地方时,情况完全改观,人人言必称维特根斯坦;但并非作为《逻辑哲学论》的作者,而是作为蓝皮书和棕皮书的作者,并作为一个有影响的教师。甚至连一些特殊地位的人也赶到剑桥聆听他的讲演。主要促成这种转变的是牛津哲学家赖尔。如"日常语言哲学"这个名称所揭示的,分析方法的新变种并非过多地表现为逻辑或科学哲学。在这一点上,它与罗素和逻辑实证主义者不一样,而更接近剑桥分析学派的第二创始人摩尔。同摩尔一样,牛津分析家们关注语言表达式在其日常用法中的表层结构,而并非使用逻辑工具把数学与科学思维的深层结构"形式化"。罗素一类的人就对此加以批判,指责这种做法是对哲学的庸俗化。

第三章　罗素与怀特海的《数学原理》

怀特海（Alfred North Whitehead，1861—1947）比罗素年长近12岁，与自己这个前学生也是亦师亦友的关系。这两位大哲都是从数学走向哲学的，在合作后又独辟蹊径，各自成就了一番事业。怀特海曾给罗素指出了一个新的视野，这就是"如何将数理逻辑的技术应用到这个纷乱的世界"。不过在纯哲学上，怀特海似乎大器晚成，更有后劲和蓄发之力。从某种意义上说，怀特海是在摆脱罗素"阴影"后才有了更具意义的哲学作为的。

同罗素一样，怀特海具有多重身份：数学家、哲学家以及教育理论家等。日本怀特海研究专家田中裕称他为"七张面孔的思想家"——数理逻辑学家、理论物理学家、柏拉图主义者、形而上学家、过程神学的创造人、深邃的生态学家和教育家立场的文明批评家。[①] 美国数学家纳什（J.F.Nash）将数学家视为"从事思想工作的人"。在《西方文化中的数学》一书中，德国数学家克莱茵（F.C.Klein）指出，西方数学脱胎于古希腊哲学，而它作为一种理性精神的化身对现代西方哲学的思想内容和研究方法有决定性的影响。例如2000多年前，柏拉图学园将数学作为哲学研习者的必备素质，其拱形门楼上就明确写着"不知几何者请勿入内"。而像罗素、怀特海、维特根斯坦、胡塞尔、卡尔纳普、波普和奎因等许多当代西方大哲都有相当的数学功底。

怀特海于1861年2月15日出生于英国肯特郡的拉姆斯盖特，其祖父曾任私立学校的校长；其父亲曾任牧师也当过学校校长。怀特海10岁学拉丁文；12岁学希腊文、数学和历史；14岁在多塞特郡的谢伯恩学校学习拉丁语、希腊语、数学和历史；19岁于剑桥三一学院主攻数学，课余经常阅读和讨论文学、哲学、政治、宗教等著作；23岁毕业留校任数学和力学教师；26岁获硕士学位；42岁当选为英国皇家学会会员；44岁获博士学位。他在剑桥从事25年教研工作，此外还参加一些政治活动，这一期

---

① 田中裕：《怀特海有机哲学》，包国光译，石家庄：河北教育出版社2001年版，第3页。

间,他最大的成就是与罗素合著了《数学原理》。49岁时,离开剑桥,并于第二年到伦敦大学任职;1914年至1924年,他在肯欣顿皇家科技学院任应用数学教授,在那里,他开始转向科学哲学,也正是在那里,他经历了一次大战和第二个儿子坠机身亡的痛苦,因而对宗教、教育和哲学更加关注。1924年至1937年,主要因《自然知识原理》一书,他应聘到美国哈佛大学担任哲学教授;退休后,担任哈佛大学名誉教授。1947年12月30日,86岁高龄的怀特海告别了人世。

怀特海的主要著作有:《普通代数论》(1898)、《数学原理》(与罗素合著,1910—1913)、《自然知识原理》(1919)、《相对论原理》(1922)、《科学与近代世界》(1925)、《宗教的形成》(1926)、《过程与实在》(1929)、《观念的历险》(1933)、《思维的方式》(1938)、《教育的目的》(1929)以及《科学与哲学论文集》(1948)。其中《相对论原理》企图代替爱因斯坦的相对论;而《过程与实在》是怀特海一生最重要也最展现思想独创的代表作,也是西方形而上学最庞大的体系之一;它以一种思辨的假说,即宇宙一切皆由生成变化所构成,开拓了所谓过程哲学潮流的方向,而且有了越来越热门的趋势。尽管这种思想在英美哲学界仍处于以拒斥形而上学提倡分析方法为特征的主流之外,但它的行情不断看涨,在欧洲大陆与包括中国在内的亚洲国家受到崇高的礼遇;尤其随着环境、生态以及宗教问题带来的全球危机,这种强调过程和有机体的思想日益受到重视。

1890年10月,18岁的罗素成了29岁怀特海的学生,但这种师生关系后来发生了变化,先是成为同事,接着又成了合作者;而且他们的友谊一直保持到怀特海去世。怀特海是一个沉静、不摆架子、最为谦和的绅士,在剑桥,他有一个绰号叫"胖娃娃"(cherub)。30岁时,怀特海与比自己小5岁但个子更高一点的爱尔兰姑娘艾薇琳·维德结婚,后来有了三个孩子。怀特海与妻子感情深厚,他们离剑桥三英里格兰切斯特的磨坊屋(Mill House)成了大学的一个沙龙,而罗素是常客,并与怀特海的妻子及孩子们关系很好。使怀特海印象很深的是,罗素与孩子们相处很和谐,经常同他们在不远处的水塘洗浴或一块骑自行车游玩。

那个老磨坊屋如今还在,罗素在此寄居了大约十年。维特根斯坦也是客人之一,但他不善社交;某次下午茶,他走进磨坊的客厅,迎面碰见艾薇琳,他一言不发地向屋内踱去,四周寂静无声;突然,他大叫道:"一个命题有两极,即apb",声响就如爆炸。怀特海问:"什么是a和b?"话音未落,他已察觉问话中的漏洞。此时,就听这位未来最知名的哲学家怒吼:

"a 和 b 是不可定义的。"在磨坊居住的日子,罗素和老师共同著作了《数学原理》。当年,在老磨坊旁边的牧场上及方圆 10 英里的小道上,人们常看见罗素单薄的身影;每到周末早餐后,他便在林野中散步,他说道:"牧场里的每一片叶子我都熟悉。"也正是在这里,罗素获知诗人朋友布鲁克阵亡的噩耗。他写道:"听到布鲁克、他的兄弟以及其他年轻生命如此被战争毁灭之时,我感到非常心痛。……大英帝国的利益不值得这些年轻的生命牺牲去获取。"这类事件,促使罗素更坚定地走向反战的道路。

从 1900 年至 1910 年,罗素与怀特海将重要精力和时间投入《数学原理》的写作上,这三大卷巨著几乎没有一行不是合作的成品。按原计划,由怀特海独立完成第四卷,但他一直没有完成。罗素与怀特海的合作还算默契,尽管前者包容了后者所存在的某种矛盾人格,如理性沉静中不时暴发的情绪冲动。这本书标志着人类逻辑思维的空前进步,并被誉为"永久性伟大学术著作之一"。怀特海夫妇不会理财,生活经常陷于窘困,罗素总是悄悄资助他们渡过难关,甚至不惜向人借款。为了顾及老友的颜面,罗素在怀特海去世之前,一直没有声张此事。第一次世界大战爆发后,罗素与怀特海一家产生了分歧,并对这一家人都支持大儿子诺思赴法国参战而感到震惊。1917 年,怀特海在皇家空军当飞行员的二儿子艾瑞克坠机身亡,罗素为此感到悲痛。1931 年,当有人问如何称呼继承哥哥爵位的罗素时,怀特海回答说:"我永远叫他伯蒂。"1940 年,当罗素在美国遇到麻烦时,他的老朋友怀特海是首批声援他的人。有一件趣事,1943 年,在美国的罗素因"迫害"在经济上捉襟见肘时,正赶上谢尔普的《怀特海的哲学》一书出版,于是他便写信要求得到一本免费的,说自己吃饭的钱都快没有了,而买不起此书;还有一件有趣的事,两人晚年之时,70 岁的罗素不同意 81 岁的怀特海在报上发表的看法,便在评论中写道:"怀特海年老糊涂";怀特海对此加以回应道"罗素还未成熟"。1947 年,怀特海去世后,老伴艾薇琳遵照他的遗愿将所有信件包括罗素寄来的信件全部销毁,由于没有人确知这到底是出于何种动机,结果更引起了人们对这两位大哲专业以及私人关系的各种猜测。

《数学原理》的根本宗旨是揭示所有纯数学纯从逻辑的前提推演而来,而且仅应用以逻辑术语界定的概念。这种提法是康德学说的反题(antithesis)。有意思的是,在起初阶段,罗素并未看到自己研究结果的分量,仅以为这只是批驳康德的一个插曲。在数学领域,罗素等讨论了整个新题目,并使用了新型记号法,这样一来,就可以用精确的符号来处理以往用冗赘模糊的日常语言所表达的事物。《数学原理》在第一卷中,主要探讨了数理逻辑的重要内容:一、演绎论,如初始概念与命题,初始命题的直接结果,两个命题的逻辑积以及等值与形式规则等;二、表观变项学说,如从低类型到高类型的演绎论,含有表观变项的命题论,二项表观变项的学说,类型的层次与归原公理以及等同与摹状等;三、类与关系,如类与关系的一般理论,类与关系的计算,全类、无效类的存在以及普遍关系、无效关系与关系的存在等;四、关系逻辑,如摹状函项与反义关系,给定项与给定关系,域、反域与关系的范围,两项关系的关系积,有限域与反域的关系,有限范围的关系与多元摹状函项以及关系与来自双重摹状函项的类等;五、类的积与和,如类的类的积与和,关系类的积与和,关系积与其因数的关系等。

一、数学原理的宗旨

罗素企图从逻辑基础演绎出纯数学的首发阶段,这就涉及演绎法本身,即那些从前提能够推出结论的那些结论。罗素说过:"演绎逻辑的最重大的例了就是纯数学。……纯数学是一个巨大的知识整体,甚至最伟大的数学家也仅知道很小的一个部分。"[①] 罗素点出了一切演绎推理(其实归纳推理也是如此)的实质,这就是当一个 q 是一个 p 的结论时,那么就可以说 p 蕴涵 q,用符号法就是 p→q。

根据本书作者本人多年符号逻辑的教研经验,特将罗素这种说法扩展一下,并加以通俗的解释。我们先确定一下所谓五种关系的符号记法,一、否定(negation),可用"∼""—""⌐"等(本书倾向用第一种),意思是"非""不";二、合取(conjunction)可用"∧""&""·"等(本书倾向用第一种),意思是"和""与";三、析取(disjunction)可用"∨",意思是"或";四、蕴涵(implication or conditional)可用"→""⊃"等(本书倾向用第一种),意思是"如果……那么";五、等值(equivalence or bi-conditional)可用"↔""≡"等(本书倾向用第一种),意思是"当且仅当""两边真值函项相等"或"甲蕴涵乙,乙也蕴涵甲"。此外再用小括号( )、中括号[ ]以及大括号{ }来限制符号之间的关系,也可以全用界定好的不同层次的小括号来

---

① Bertrand Russell, *The Art of Philosophizing: and other Essays*, Littlefield, Adams & Co., 1977, p. 39.

表示,如((( )))等。

对任何一个推论来说,前提应当是足够的。我们假定有很多前提,如p、q、r、e、f,以及一个结论w,那这些前提间的关系就是合取关系,即p∧q∧r∧e∧f,可以说不管有多少前提,这些前提之间都是合取关系;整个推理关系就是(p∧q∧r∧e∧f)蕴涵w,即(p∧q∧r∧e∧f)→w。再假定各前提的关系较为复杂,如~p,q∧r,~(p∨r),~q→e,e↔~f,以及结论(p∨~q)~(e→r),那么这些前提的关系就是~p∧(q∧r)∧~(p∨r)∧(~q→e)∧(e↔~f);整个推理关系就是{[~p∧(q∧r)∧~(p∨r)]∧[(~q→e)∧(e↔~f)]}→[(p∨~q)~(e→r)]。可以总结出三点,其一,不管演绎还是归纳,任何推理(arguments)都是由前提(premises)与结论(conclutions)两部分构成的,缺一不可,而它们之间的关系就是蕴涵关系;换句话说,若非蕴涵关系就不是推理。其二,所有前提之间的关系都是合取关系。其三,所有前提或结论都必须由具有真假值的命题(propositions)或判断(statements)构成。

罗素企图建立命题的性质、命题的函项以及类与关系等,它表现在两个方面;一是作为依赖于初始命题的演绎链,二是形式演算。因此,他指出:"在数学中,作为未定义的观念在某些范围内是可以选择的,指导我们选择的动机是:一、将未定义的观念尽可能地减少;二、当两个系统间有相同数目未定义的观念时,我们就挑选较简易的那个。"[①]为此,我们必须从有关命题演绎或来自另一命题函项得到确定的命题函项的公理开始,从那些初始命题,可以用上述五种方式来不断获得新的命题。而且这五种方式可以互相界定,从而得到一系列替代(Replacement)规则或真值函项等值(Truth Functional Equivalence)规则(仅以命题逻辑为例):

1) p定义为~~p,即双重否定规则(Double Negation),可记为p↔~~p。以日常语言为例:"她是一个好学生"与"她并非不是一个好学生"意义与真假值相同。

2) (p∧q)定义为(q∧p),(p∨q)定义为(q∨p),即交换规则(Commutation),可记为(p∧q)↔(q∧p),(p∨q)↔(q∨p)。以日常语言为例:"她是一个好学生,也是一个好歌手"可以交换顺序为"她是一个好歌手,也是一个好学生"而不改变意义与真假值。

[①] Bertrand Russell and Alfred North Whitehead, *Principia Mathematica*, Cambridge University Press, Volume 1, 1960, p.91.

3) p→q 定义为～p∨q,即蕴涵规则(Implication),可记为(p→q)↔(～p∨q)。以日常语言为例:"如果他在北京,那么他一定在中国"可以表达为"他不在北京,或他在中国",意义与真假值相同。

4) p→q 定义为～q→～p,即反位规则(Contraposition),可记为(p→q)↔(～q→～p)。以日常语言为例:"如果他在北京,那么他一定在中国"可以表达为"如果他不在中国,那么他一定不在北京",真假值相同。

5) ～(p∧q)定义为(～p∨～q),～(p∨q)定义为(～p∨～q),即狄摩根规则(DeMorgan's Law),[①]可记为～(p∧q)↔(～p∨～q)或～(p∨q)↔(～p∨～q)。以日常语言为例:"并非她既是好学生又是好歌手"可以换为"她不是好学生或她不是好歌手";"并非她是好学生或是好歌手"可以换为"她既不是好学生又不是好歌手",意义与真假值相同。

6) [p→(q→r)]定义为[(p∧q)→r],即输出规则(Exportation),可记为[p→(q→r)]↔[(p∧q)→r]。以日常语言为例:"如果他刻苦,如果他聪明,那么他一定取得杰出的成就"可以换为"如果他刻苦,而又聪明,那么他一定取得杰出的成就",意义与真假值相同。

7) [p∧(q∧r)]定义为[(p∧q)∧r],[p∨(q∨r)]定义为[(p∨q)∨r],即联合规则(Association),可记为[p∧(q∧r)]↔[(p∧q)∧r],[p∨(q∨r)]↔[(p∨q)∨r]。以日常语言为例:"他刻苦,而且既聪明又勇敢"可以换为"他既刻苦又聪明,而且勇敢","他或刻苦,或者他聪明或勇敢"可以换为"他或刻苦或聪明,或者勇敢",意义与真假值相同。

8) p∧(q∨r)定义为[(p∧q)∨(p∧r)],[p∨(q∧r)定义为[(p∨q)∧(p∨r)],即分配规则(Distribution),可记为[p∧(q∨r)]↔[(p∧q)∨(p∧r)],[p∨(q∧r)]↔[(p∨q)∧(p∨r)]。以日常语言为例:"他刻苦,而且聪明或勇敢"可以换为"他既刻苦而又聪明,或者他既刻苦又勇敢";"他或刻苦,或者既聪明又勇敢"可以换为"他或刻苦或聪明,而且他或刻苦或勇敢",意义与真假值相同。

9) p↔q 定义为(p→q)∧(q→p),即等值规则(Equivalence),可记为(p↔q)↔[(p→q)∧(q→p)]。以日常语言为例:"他在北京当且仅当他在中国的首都"可以换为"如果他在北京,那么他就在中国的首都,而且如果他在中国的首都,那么他就在北京",意义与真假值相同。

---

① 由英国著名逻辑学家和数学家狄摩根(Augustus De Morgan,1806—1871)发现,并以他的名字命名的逻辑规则。

10) p∨p 定义为 p,p∧p 定义为 p,即重言规则或翻印规则(Tautology or Duplication),可记为(p∨p)↔p,(p∧p)↔p。以日常语言为例:"他在北京或者他在北京",其实就是一个选择"他在北京";"他在北京而且他在北京",其实就是一个信息"他在北京"。人们经常反复重复某一选择或信息,只是为了不断地强调,如人们常引用的"学习、学习,再学习!"

有意思的是,上述这些规则大都可以用来相互定义、转换和替代,如 p→q 可以变形为下列各种形式:1. ～p∨q(对 p→q 用蕴涵规则),2. q∨～p(对 1 用交换规则),3. ～～q∨～p(对 2 用双否定规则),4. ～(～q∧p)(对 3 用德摩根规则),5. ～q→～p(对 3 用蕴涵规则或对 p→q 用反位规则),6. ～(p∧～q)(对 4 用交换规则),7. ～p∨～～q(对 6 用德摩根规则),8. p→～～q(对 7 用蕴涵规则),9. ～～～q→～p(对 8 用反位规则),10. ～q→～p(对 9 用双否定规则),11. ～～p→～～q(对 10 用反位规则),12. ～～q∨～p(对 10 用蕴涵规则),13. q∨～p(对 12 用双否定规则),14. ～p∨q(对 13 用交换规则)15. ～(p∧p)∨q(对 1 和 14 用重言规则),16. (～p∨～p)∨q(对 15 用德摩根规则),17. ～p∨(～p∨q)(对 16 用联合规则),18. p→(～p∨q) (对 17 用蕴涵规则),19. p→(p→q)((对 18 用蕴涵规则),20. (p∧p)→q(对 19 用输出规则),21. ～q→～(p∧p)(对 20 用反位规则),22. ～q→(～p∨～p)(对 21 用德摩根规则),23. ～q→(p→～p)(对 22 用蕴涵规则),24. ～(p→～p)→～～q(对 23 用反位规则),25. ～(p→～p)→q(对 24 用双否定规则),26. ～(～p∨～p)→q(对 25 用蕴涵规则),27. (～～p∧～～p)→q(对 26 用德摩根规则),28. (p∧p)→q(对 27 用双否定规则),29. ～(p∨p)∨q(对 1 和 14 用重言规则),30. (～p∧～p)∨q(对 29 用德摩根规则),31. q∨(～p∧～p)(对 30 用交换规则),32. (q∨～p)∧(q∨～p)(对 31 用分配规则),33. (～p∨q)∧(～p∨q) (对 32 用交换规则),34. (p→q)∧(p→q)(对 33 用蕴涵规则),35. p→q(对 28 用重言规则,或对 14 用蕴涵规则,或对 5 和 10 用反位规则,或对 8 和 11 用双否定规则,或对 20 用重言规则,或对 34 用下一节将要讲到的推理简化规则)。如此一来,经过不断地变形和代换又回归到原来的形式 p→q。

根据罗素的设想,我们可以利用这五种方式还能够表示一系列推理(inference)规则(仅以命题逻辑为例):

1) 连接规则(Conjunction),简称 Conj。

p

q

∴ p∧q

也可以表达为(p∧q)→(p∧q)。

2) 另加规则(Addition),简称 Add。

P

∴ p∨r

也可以表达为 p→(p∨r)。

3) 简化规则(Simplification),简称 Simp。

p∧q

∴ p

也可表达为(p∧q)→p。

4) 泼仑规则(Modus Pollens),简称 MP。

p→q

p

∴ q

也可表达为[(p→q)∧p]→q。

5) 托仑规则(Modus Tollens),简称 MT。

p→q

∼q

∴ ∼p

也可表达为[(p→q)∧∼q]→∼p。

6) 链推规则或假言三段论规则(Chain Argument or Hypothetical Syllogism),简称 CA。

p→q

q→r

∴ p→r

也可表达为[(p→q)∧(q→r)]→(p→r)。

7) 析取三段论规则(Disjunctive Syllogism),简称 DS。

p∨q

∼p

∴ q

或

p∨q

~q

∴p

也可表达为[(p∨q)∧~p]→q 或[(p∨q)∧~q]→p。

8) 构建两难规则(Constructive Dilemma),简称 CD。

p→q

r→e

p∨r

∴q∨r

也可表达为{[(p→q)∧(r→e)]∧(p∨r)}→(q∨r)。

9) 消解两难规则(Destructive Dilemma),简称 DD。

p→q

r→e

~q∨~e

∴~p∨~r

也可表达为{[(p→q)∧(r→e)]∧(~q∨~e)}→(~p∨~r)。

10) 排中引介规则(Excluded-Middle Introduction),简称 EMI。

P

∴p∨~p

也可表达为 p→(p∨~p)。

11) 重复规则(Repetition),简称 Rep。

P

∴P

也可表达为 p→p。

12) 同化规则(Absorption),简称 Abs。

p→q

∴p→(p∧q)

也可表达为(p→q)→[p→(p∧q)]。

二、解决悖论的尝试

在哲学领域,罗素指出了令人欣慰和烦恼的两种对立发展。欣慰的是,实际上必需的那套逻辑系统比他预期的要小,尤其知道了所谓类是不必要的。由于《数学的原则》用了许多篇幅讨论作为一的类和作为多的类之间的区别,因此《数学原理》的新成果证明了前一本书有关这点的整个讨论以及很多繁复的论证也是不必要的。然而烦恼确实是烦恼,在亚里士多德之后,所有学派的逻辑学家都能从公认的前提中推出某些矛盾来。这表明某些方面有差错,然而却无法指出纠正的方法。1901年春,罗素发现了一种矛盾,当他把这个背运之事告知怀特海时,后者说了一句引言:"不再会有快乐而自信的清晨了。"

康托(Georg Cantor)证明了不存在一个最大的基数。罗素在对全类(universal class)运用这个证明时,得出了关于不是自己分子的那些类的矛盾,即著名的罗素悖论。罗素悖论简述如下:通过由非自身元素的集合所组成的集合S,就会从抽象公理引出矛盾,即S是S的元素,S又不是S的元素,换句话说,它既是自身,又不是自身;也可转换为这样一个定理:"不存在这样一种普遍集合(universal set),就是说不存在包含将所有集合作为元素的集合。"①罗素考虑到一个特殊的类,它有时是,有时又不是它自己的一个项。例如,汤匙这个类并非另一把汤匙,但并非汤匙的那些事物的这个类却是并非汤匙的那些事物之一。似乎某些例子本身并非负的:例如,所有类的这个类是一个类。这一个类是否是它自己的一项,若是,它必定具有这个类所界定的属性,即它就不是这个类的一项。相反,若不是,它就必定不具有这个类所界定的特性,即它就是它自己的一项。如此一来,无论二者之中任何一个都会走向自己的对立面,这就产生了矛盾。不久,罗素越来越清楚,这只是无穷类矛盾中的一个。

当罗素悖论提出后,在数学上引起了如同当时物理学危机一样的危机,使整个欧美数学界和哲学界为之震惊,因为它触动了数学与逻辑这两门被人们视为最严谨的科学。罗素写信给弗雷格,后者在回信中非常严肃地说:"算术陷入了困境。"并指出自己的第五个定律因而不得成立。弗雷格还提到:"对一个科学作者来说,没有任何一件事比自己的著作完稿

---

① A. George and D. Velleman, Philosophy of Mathematics, Blackwell, 2002, p. 55.

后,而它整个大厦的基础发生了动摇更不幸的了。这就是我收到罗素的信之后的处境,而当时我的书即将印刷问世。"①极度懊丧的弗雷格放弃了自己打算毕生从事的从逻辑演绎出算术的计划。大数学家希尔伯特(D. Hilbert)就曾惊呼:罗素悖论对数学世界仿佛是直接的和毁灭性的打击。哲学家和数学家们意见纷纭,各不相同。例如本来就非难数理逻辑的彭加勒(J. H. Poincaré)幸灾乐祸地说:"它有结果了,这就是出现了矛盾。"此话很精彩,但对解决问题毫无助益。另一些本来也不赞同康托的数学家闪烁其词地说:"对它厌倦了,还是换个论题吧!"尽管如此,还是有不少看重数理逻辑的人们探索问题的解决之道。其中首推拉姆塞(F. P. Rammsey)。罗素不无遗憾地叹道:可惜的是他因去世过早,而中断了他富有成效的努力。罗素很感慨:"在《数学原理》问世前的那些时光里,我并不清楚对解决这个问题随后应当做什么样的努力。实际上,我只是孤身一人地苦思冥想。"②

实际上,正像物理学的新发现引起的革命打破了旧物理观一样,罗素悖论的发现并没有导致数学的危机,而只是打破了旧的数学观,从而使人们的认识更加深入发展。

有了矛盾,就会有解决矛盾的办法。为解决问题,人们进行了不断的探究。20 世纪初,罗素和怀特海在三卷本《数学原理》中提出的逻辑类型论,或称层次演算,就是为消除悖论做出的一个积极而富有成效的初步尝试。后来人们在这方面更进一步的努力,大都可以说是建立在这个原则之上的。

在早期小部头的《数学的原则》里,罗素并未自诩已经找到了悖论的根本解决之法。他在此书的序中提到:"出版这本仍有不少还未得到解决的争论的著作,我的看法是,在探索后,对于第十章所讨论的矛盾,并未发现不久的将来有获得妥善解决的希望,也看不到希望能把有关类的特性研究得更透彻。某些解决的办法可以让我得到片刻的满足,但不久便觉察出它们常常错误连连。这就使人感到,经过费时的思索或许能够获取某些似乎表面令人陶醉的学说,因而使问题掩藏起来。正因为如此,仅将困难提出,比一直等待到相信某个几乎必然错误的学说含有真理,似乎会

---

① Gottlob Frege, *Philosophical Writing of Gottlob Frege*, edited by P. Geach and M. Black), p. 214.
② Bertrand Russell, *My Philosophical Development*, Simon and Schuster, 1959, p. 77.

稍好一些。"① 在讨论矛盾的第十章之末，罗素又指出："上述矛盾并不包含特殊的哲学。此类矛盾直接产自常识，对之加以解决的唯一之途就是摈弃某种常识的假设。只有那种用矛盾孕育出的黑格尔哲学才会等闲视之，因为它随时随地碰到类似的问题。而对于另外学说来说，如此正面的挑战逼迫你必做某种答复，否则就是自认束手无策。庆幸的是，据我所知，在《数学的原则》的另外任何章节中，并无产生相同的困难。"② 在此书的附录里，罗素指出：对类型论能够赋予某种自圆其说的解释。他甚至深信不疑地声称，这个方法可以解决相关的问题，但《数学的原则》只把它制定得初具雏形。在这本书的最后一段里，罗素宣称："总而言之，第十章所讨论的那个特殊矛盾似乎被类型论解决了。然而，可能还有至少一种很类似的矛盾无法用此学说解决。由此可见。全部逻辑的对象或命题都包含某种根本逻辑上的困难。我至今还未达到此类困难的完满解决；然而，正由于它影响到推理的基础，因而我衷心希冀每一位从事逻辑的学者对之更努力研究。"③

在《数学的原则》出版后，罗素曾下决心用下半辈子解决这些悖论；但从 1903 年至 1904 年，他的尝试毫无进展。1905 年春季，罗素得到一个建树就是"摹状论(The Theory of Description)"，不过它与那些悖论并没有直接关联。不久，他终于发现了一种新的学说，这就是"逻辑类型说"(The Theory of Logical Types)。

罗素在自传中回忆道，那时自己始终努力奋斗，力图解决这个悖论，但每日从早到晚瞪着一张白纸，但只字未写，因不知如何下手。他很清楚，若不能有所突破，就会止步不前。虽狠下决心克服一切困难来完成《数学原理》的撰写，但很可能会在那张白纸上耗尽余生。终于，罗素本人觉得问题出自逻辑，而并非数学，因而对逻辑必须进行改造。罗素也自认掌握了一个秘诀，用它能够揭示出无穷多样的悖论或矛盾。④

在写作《数学原理》的同时，罗素于 1908 年在《美国数学杂志》上发表了题为"建立在类型论上的数理逻辑"一文，并提出了有关解决悖论的一套著名方法。其中最主要的类型论原是他在小部头《数学的原则》附录 B

---

① Bertrand Russell, *The Principles of Mathematics*, W. W. Norton & Company, INC., 1931, p. xix.
② Ibid., p. 105.
③ Ibid., p. 528.
④ 罗素经常将"矛盾"(contradiction)当作"悖论"(paradox)的同义词。

中作为对付悖论的可能解决方法而"尝试性地抛出的"。当时,他提出了这个理论的两大要领:一、每一个命题函项 $\Phi(x)$ 具有一个意义($significance$)的范围($range$),即在其中如果 $\Phi(x)$ 无论真假都是一个命题,那么 x 就是一个谎言;二、意义的诸范围形成了类型,即如果 x 属于 $\Phi(x)$ 的意义范围,那么就会产生诸对象的一个类,也就是 x 的类型,所有这一切都属于 $\Phi(x)$ 的意义范围,但 Φ 则可能会改变的;而且这个意义的范围即是单一的类型或几种整体类型的总和。[1] 从历史观点看,类型论是一个很有价值的讨论,因为它是在 20 世纪初,罗素考察这个理论后不久即发表了这些观点,尽管(用 1937 年他在《数学原理》第二版导言中的言语)"仅为一种粗浅的勾勒"。《逻辑与知识》一书的编者认为,1908 年的这篇文章提供了事实上已完成的理论,尽管在 1910 年《数学原理》第 1 卷中,这些观点在更大的范围内得到展示。"类型论在现代哲学中产生了如此重大的作用,以致对它的重要性再作评论都是多余的,这篇文章是罗素最精致的文章之一,并被公认为当代哲学思想的一篇杰作。"[2] 著名哲学家蒯因(W. V. O. Quine)承认,罗素的类型论使自己的《逻辑方法》等著作在认识论上颇多受益,因为它"引导自身走向一个似乎更正确的产生高层次类的重建"[3]。

罗素列举了七种悖论,甚至某些古老的悖论,并力图说明自己的类型论对解决它们是如何有效:

一、据历史记载,早在 2500 多年前,克里特哲学家就发现了一个令人困惑的问题,即一个克里特人爱比美尼德斯(Epimenides)说"凡克里特人都是说谎者"[4]。倘若首先肯定他说的是真的,那么,由于说谎者本身就是克里特人,因此,他说的话也应该是谎话,谎话为假,于是这句话的内容也必定是假的,从而,就由断定其真而导出了其假;另一方面,倘若断定此话为假,那么,就可推出并不是所有的克里特人都是说谎者,其中某些人是说真话的。这就形成了一种逻辑矛盾。这个命题,就是人们所熟知的"说谎者悖论"。罗素通俗地加以限定性解释:倘若某人说:"我在说谎。"这就是此悖论的最简单的形式。如果他真在说谎,那么他是说谎就

---

[1] Bertrand Russell and Alfred North Whitehead, *Principia Mathematica*, Cambridge University Press, Volume 1, 1960, p. 523.
[2] Bertrand Russell, *Logic and Knowledge*, George Allen and Unwin LTD, 1977, p. 57.
[3] W. V. Quine, *From a Logical Point of View*, Harvard University Press, 1980, p. ix.
[4] 爱比美尼德斯,公元前 6 世纪一位传奇性的希腊诗人,居住在克里特岛上。

是一个谎,因而他在说实话;然而如果他在说实话,他就在说谎,因为那是他在说他正做的行为。如此一来,矛盾必然产生。中世纪的圣保罗曾谈及过这个悖论,但对其逻辑层面无动于衷,而仅注重它可以证明异教徒的罪恶。历来的数学家们大都回避这个难以解答的难题,认为与自己的领域并无关联;尽管他们无法全然忽略是否有一个最大的基数或最大的序数这样的问题,而正是在这方面他们陷入矛盾之中。有关最大序数的悖论是在罗素悖论之前由布拉里—弗蒂(Burali-Forti)所发现。罗素认为这个悖论比自己的悖论复杂得多,只不过猛一看它所产生的摧毁力似乎不那么强烈,但其实后果的严重性并无差别。

二、令 w 作为所有并非本身元素的类的类,那么,无论类 x 可能是什么,"x 是 w" 与 "x 不是 x" 是等值的。因此,对 x 给值 w,则 "w 是 w" 与 "w 不是 w" 等值。

三、无论 R 对 S 有无 R 关系,令 T 是存在于 R 与 S 两个关系之间的关系。那么,无论关系 R 和 S 可能是什么,"R 对 S 有关系 T" 与 "R 对 S 不具关系 R" 等值。因此,对 R 和 S 都给定值 T,"T 对 T 有关系 T" 与 "T 对 T 不具关系 T" 等值。

四、有穷整数的英文名称中音节的数目随着整数的加大而加大,而且必定是不确定地逐步加大,因为仅有限的名称可以通过一些给定的有限的音节构成。因此,某些整数的名称必定至少由 19 个音节构成,而这些整数中必会存在一个最小数。如此一来,"无法用小于 19 个音节命名的最小整数"必定指称一个确定的整数。事实上,它指示着 111777。然而,"无法用小于 19 个音节命名的最小整数"的本身却是一个由 18 个音节构成的名称;因此,无法用小于 19 个音节命名的最小整数却能够用 18 个音节来命名,这就是一个矛盾。

五、超穷序数(transfinite ordinals)中有一些能够加以定义,而另一些则不可定义;因为可以定义的总数是 0,而超穷序数的数目却超过 0。因此,必定存在不可定义的序数,而在它们中必定存在最小的一个。然而,正是这一点被定义为"最小的不可定义的序数",这就是一个矛盾。

六、理查德(Richard)悖论与最小不可定义序数的悖论相类似。它表现如下:考虑可通过有限的词定义的所有小数;令 E 是这些小数的类。那么 E 具有 0 项;因此,它的元素能按第一、第二、第三……顺序来排列;令 N 为定义成如下的一个数:如果在第 n 个小数中的第 n 个数字是 p,令在 N 中的第 n 个数字是 $p+1$(或者 o,如果 $p=9$)。那么 N 与所有 E 的元素不同,因为无论有穷值 n 可能有什么,N 中的第 n 个数字不同于组成 E 的第 n 个小数中的第 n 个数字,因此,N 与第 n 个小数不同。然而,我们已用有限的词定义了 N,因此,N 应当是 E 的一个元素。那么,N 既是又不是 E 的一个元素。

七、布拉里—弗蒂(Burali-Forti)矛盾可表述如下:每一个良序的数列都有一个序数,它达到并包含任何给定序数,并比给定的序数要超出一个,而且(据某些相当自然的假设)所有序数的数列是(按大小排列)良序的。由此可见,所有序数的数列具有一个序数,如 Ω。但在这种情形下,所有包括 Ω 的序数的数列据有序数 Ω＋1,而它们必定大于 Ω,因此 Ω 并非所有序数的序数。①

罗素还提出"理发师悖论"来使自己的发现更通俗易懂。一名理发师的招牌上申明:"城里所有不自我刮脸的男人都由本人替他们刮,本人也只给这种人刮。"问题来了,何人替这位理发师刮脸? 倘若他自我刮脸,那他就属于自我刮脸的那种人。然而,他的招牌强调他不替这种人刮脸,因而他不得自我刮脸。倘若其他人来替他刮,那他本人就属于不自我刮脸的人。然而,他的招牌指明他要替所有这类人刮脸。因而所有其他人都不能给他刮脸。如此一来,不会有任何人可以替这位理发师刮脸了!

罗素指明上述所有矛盾只是从大量矛盾中挑选出的几例,但它们都有一个共同的特点,即都可以描述为自我指示或自返性(self-reference or reflexiveness)。爱比美尼德斯之语在其自身范围内必定包含自身。如果所有的类只要不是自身的元素,就都是 W 的元素,这必定也对 W 适用;与此类似的关系矛盾也是同样的。在名称和定义的例子中,悖论来自把不可命名性和不可定义性当成名称和定义中的要素。在布拉里—弗蒂悖论的例子中,那些引起困难的序数的数列是所有序数的数列。在每个矛盾中,都是某事物被说成对某种所有事例,但从所说的又产生了新的事例。当所有的事例由所说的进行考虑,这新的事例既属于又不属于这类事例。

在《数学原理》专谈逻辑类型论的一章中,罗素以所谓恶性循环原则(the vicious-circle principle)为切入点揭示了:所有各种悖论全都起因于某种恶性循环,即对象构成的集合(collection)可包含只能由作为整体的

---

① Bertrand Russell and Alfred North Whitehead, *Principia Mathematica*, Cambridge University Press, Volume 1, 1960, p. 60—62; and *Logic and Knowledge*, George Allen and Unwin LTD, 1977, pp. 59—61.

集合来界定的某些元素。例如命题的集合被设想包含"所有命题或真或假"这一陈述。然而,只有在"所有命题"所指的是已被确定的某些集合,上述这句话才能是正确的。否则相反。但实际上,这一点无法实现,因为对"所有命题"所作摹状的新命题是被生造出来的。这样一来,有关"所有命题"的表达毫无意义。从更普遍的意义说,倘若假设任何给定的集合都有一个总体或总数(total),它必将包括某些假定这个总数的元素,若真如此,这个集合就不可能具有总体。人们说某一集合不具总体,那就是指,对"所有这个集合的元素"这句话来说,它没有任何意义。一个结果是,命题必然成为一个没有总体的集合。掌握了这一原则,就可以帮助人们去避免造成悖论的那些不合理总体(illegitimate totalities),因此可以这样理解:"无论如何一个集合的所有元素必不得成为此集合的一个元素",或反之而言,"如果一个集合具有由总体各项所界定的元素的一个总体,那么这个集合就没有总体"。若违背了这个原则,就会陷入不合理总体中的循环,从而导致悖论。有时也会产生这样的情况,尽管论据是假的,但它推出的结论却在事实上是真的。例如排中律指出:"凡命题为真或为假",若据此,就会导致一个循环的错误。因此,在将"所有命题"组成一个合理总体之前,必须对某些方面进行限制,并让其成为合理的任何界限必须让有关此总体的任何表述处在此总体的范围以外。假设某一怀疑论者说自己什么都不知道,但他知道自己什么都不知道的这个断言本身就是一个循环的错误,因而毫无意义。为了让他的断言有意义,就必须对其所肯定无知的那些对象设定某种界限,因为他可能不知的那些事物组成了一个不合理的总体。只有这个怀疑论者对判定为自己所不知的那些命题的集合设定了正当的界限时,他判定自己不知这一集合中所有元素的那个命题本身,才会不成为这个集合中的一个元素。做到了这一点,任何有意义的怀疑论者就能自圆其说。①

　　罗素指出:"符号逻辑的悖论关系到各种对象,如命题、类、基数与序数等,而它们全部都显示了不合理的整体性,因此造成恶性循环谬误。"②为此,他进一步探讨了"命题函项的性质""真假值的定义及歧义""为什么一个给定的函项需要某种类型的推理""函项与命题的层次"以及"归原公理"等论题;最后对一些典型的悖论进行了分析,并提出解决的方式。对

---

　　① Bertrand Russell and Alfred North Whitehead, *Principia Mathematica*, Cambridge University Press, Volume 1, 1960, p. 37—38.
　　② Ibid.

此，罗素更深一层地看到，对命题函项来说，情况也是这样。因此，就有必要将集合细分为若干小集合，而它们则可以具有总体。在罗素看来，各种矛盾或悖论的出现总是由于词语中暗含典型的歧义，而这些矛盾和悖论的解决就是揭示这些歧义。词语和符号实际上囊括所有数学及数理逻辑所关注的概念，而系统性的歧义起因于系统性的类推（analogy）。这就是说，在几乎所有构成数学和数理逻辑的推理中，人们利用了由无穷不同典型的断定所得来的概念，而它们都背离了推理的有效性。

绕开那些繁琐的细节，也许研究类型论的最佳方法是考查什么是某一"类"的意义。可以先以一个普通的例子来阐明。设想应邀出席晚餐后，主人摆出三道甜食随客人选择，挑其中一种、两种，甚或三种。这样会有下列四大类方式：其一，三者全不选；其二，三者只选一（这有三种可能的选择）；其三，三者选二（这也有三种可能的选择）；其四，三者全都选。如此算来，就会有八种可能的选择。倘若将这个程序形成通则：设想有 n 数的事物，对之全部不选，或选几个，抑或全选。试问共有多少选择？很显然，选择法的数目是 $2n$。从逻辑角度来看：一个有 n 项的类会有 $2n$ 次一级的类。倘若 n 为无限，此命题依然正确。康托所作证明在于，即便在此例中，$2n$ 大于 n。倘若如同罗素所做的将此应用到宇宙间的所有事物，便可得出以下结论：事物的类多于事物；因而"类"就不是"事物"。然而，由于无人可以完全明白上述"事物"一词的意思究竟如何，因此，将已证明出来的东西很确定地表述出来会相当困难。

就此而论，所谓类仅是言谈时的某种方便。在《数学的原则》写作之时，罗素对"类"这个问题曾几乎一筹莫展。他把这种情况归结为，当时表达意思所用的语言，带有太多的实在论色彩（经院哲学意义上的）。为此，在此书的序中，罗素提到："对那些不易界定事物（哲学逻辑的主体）的探究是设法将其看得明晰，也是让他人看清楚它们。如此一来，我们的心理有可能认识这些实体，正如认识红色或菠萝的滋味一样。所有我们所获到的那些难以界定的事物，只要处于分析过程中必然遗存残余的时候（当下的例子就是如此），知晓必存这样的实体常常比实际觉察它们会较容易一点。有某种过程与发现海王星的过程很相似，只有一个差别，这就是，用精神的望远镜来探寻那种已推论而出的实体，而这最终的阶段经常是操作此事最困难的部分。有关类这个例子，必须坦率地说，我本人并未发现存在着任何概念能够成为满足类这个概念的必要条件。在第十章中，所讨论的矛盾证明了某些东西不太正确,然而,这到底为何我始终不得而知。"①

罗素后来改变了自己的想法。他认为,假设存在任何命题函数(propositional function)② fx, x 的值会存在某一相应的范围,也只有在其中,此函数具有"意义",就是非真即假。倘若 a 属于此范围,作为一个命题 fa 就非真即假。除用某一常数代换变数 x 外,对于某一命题函数,仍可有两种做法:一是称它为永真;另一是称之有时为真。"如果 x 为人,x 就一定会死"此一命题函项永真;而"x 为人"此一命题函项则有时为真。因而对于某一命题函项可有三种做法:一是以某一常数代换变数;二是将此函项的所有值进行断定;三是对某些值或至少其中一值进行断定。所谓命题函项本身仅为某一式子,而并非对何种东西进行断定或否定。以此类推,某一类也仅为某一式子,而只作为让此函项为真的变数有关值的某种便利之法。

针对这个目的,罗素又提出一种学说如下:当对 fx 函数的所有值进行断定之际,若使所断定的东西明确,x 的所取值就必须明确;亦即 x 可能的所有值必存某一总体。倘若用这个总体进一步来说明新的值,此总体似乎得以扩大,并且那些新值也随之与这个扩大了的总体产生关联。由于那些新值必须被这个总体所囊括,因而这个总体会无法追上这些新值。罗素用说谎者悖论为例来说明自己的这一学说。那个说谎者说:"无论我说任何话皆为假的。"实际上,这本身即是他所说的一句话,此句话就是指他所说的话的总体;但只有将它包括进那个总体之际才出现悖论。因此,必须区别两个层别的命题,即涉及命题总体的命题和不涉及命题总体的命题;而前者决非为那个总体之中的元素。可以将第一层命题看作不涉及命题总体的那些命题;第二层命题就是涉及第一层命题之总体的那些命题;以此相推,可至无穷。这样看来,那个说谎者必须如此说:"现在就是肯定某一第一层的假命题,它是假的。"然而,这句话本身就是一个第二层的命题。他并非说出任何第一层的命题。如此一来,他所说的那

---

① Bertrand Russell, *The Principles of Mathematics*, W. W. Norton & Company, INC., 1931, p. xix, pp. xv-xvi.

② 蒯因曾批评罗素在《数学原理》中所使用的"命题函数"一词有歧义,因为"它有时指一个开放句(open sentence),有时却又指一个属性(attribute)"。见 W. V. Quine, *From a Logical Point of View*, Harvard University Press, 1980, p. 122。

种既假又真的矛盾似乎得到化解。① 上述这种方法完全能够适用任何高一层的命题。对所有逻辑悖论而言，其均有某种反身自指，对这种状况都可以用同样的方式进行辩驳。即是说，这种所谓反身自指包含着表达那个总体的罗素的逻辑类型论的根本原则，通俗地说就是把命题和它所指的对象区分为不同的层次，即命题自身并不包括在它所指的对象中。罗素指出："假定个体的总数为 n，那么个体类的总数就是 2^n，于是个体类的类的总数就是 2 的 2^n 次方，以下类推。在这里，n 可以是有穷或无穷，但在这两种情况下 2^n 都大于 n。于是，大于 n 但并不大于 2^n 的基数便适用于类的类而存在，但并不适用个体的类；因此，无论我们假定什么样的个体数，都将会有为高一层次而非低一层次的存在公理（existence-theorems）。"②

我们将说谎者悖论先化为一个简单而严格的形式，即一个人说：我在说谎。人们可将其解释为"我肯定着一个命题，而它是假的"，即断定了"我肯定 P，而 P 是假的"。但"假的"这个词是含混的，为让其成为清楚的，就必须详细阐明这个假的层次，以及此假所从属的命题的层次。如果其中的 P 为第 n 层，那么，以 P 为变项的上述整个命题就是更高一层的，即 $n+1$ 层。也就是说，我们断定一个命题 p，但它为一个第 n 层的假命题，此命题的真或假，与第 n 层比较而言，乃高一层的命题。因此说谎者的表述不包含在其所说的范围内，因此没有产生矛盾。换种方式说，人们把某一总体命题所指的对象作为一个层次，而把总体命题本身作为比上述层次更高的第二个层次，并以此类推。一切有关对象的陈述，只在其本身类型层次中才有意义。"我在说谎"这一命题自身不属于它所指的谎话的那个层次，因此，"说谎"这一陈述对于"我在说谎"这个命题就没有意义。这样，悖论就似乎得到了解决。

罗素认为，悖论的出现是由于它假定了一个事物的集合可以包含只能由其总体来定义的那些元素，而把涉及某一总体的命题作为该总体的一个元素，结果导致了认识上的混乱。因此，类型论要求所有涉及某一总体的命题，都不能成为该总体的分子，它力图把大集合分为若干具有自己

---

① Bertrand Russell and Alfred North Whitehead，*Principia Mathematica*，Cambridge University Press，Volume 1，1960，p.60.
② Ibid.，p.65.

总体的小集合,并把包含有一个表面变项(variable)①的任何表述看作是比这个变项更高的层次。当人们对一个总体赋予新值时,总体就会扩大,而原来的总体永远赶不上扩大后的总体。对于这种关系,罗素曾诙谐地说,就像光线从背后把人的影子投在地上时,人们永远不能跳到自己头部的影子上去一样。

在罗素的启迪下,人们通过不断的探索,给悖论作了一个规定:如果对一个命题的肯定便意味着否定,否定便意味着肯定,即由其真可得出其假,由其假可得出其真,那么,就构成了悖论。上述"说谎者"还不是严格意义上的悖论,而仅作为古代的一种原始说法,因为它固然可以从真引出假,但从假并不能推出其全部真,而仅能推出部分真,即并不能推出所有的克里特人都不说谎。这里,我们可以按照悖论的精确含义,赋予这类悖论以更严格的形式,例如我们以单数第一人称为主语列出几个命题:"我总是说谎";"我从来不讲真话";"我此时写的正是一个假句子";给人看一张纸,纸的正反两面都写着"这张纸背后的那句话是假的";或者,我们在一个方框中写上这么一句话"在本方框中引出的这个陈述是假的"等等。由于这些命题恰好都是指其自身,因此,就可以由肯定其真推出其假,由其假推出其真(而不仅仅是推出部分为真)。受到这种严格限制的悖论,也就显得更加神秘莫测了。

到了近代,随着人类认识的发展,在数学集合论和语义学上,人们接连不断地发现了许多新的悖论,如1897年布拉里—弗蒂悖论、1899年康托悖论、1902年罗素悖论、1965年瑞查德悖论以及格瑞灵悖论等等,其中以罗素悖论和格瑞灵悖论影响最大。还应指出,我国学者于1958年发现的沈氏悖论在学术界也产生了很大的影响。

由于有些悖论牵涉到的符号和公式太多,一般读者不易看懂,为了通俗介绍,我们就以属于语义学而不属于逻辑或数学的格瑞灵悖论为例。这个悖论可以概括如下:形容词可以分为自述的和非自述的两类,凡一个形容词既适用于它所形容的对象,又适用于它本身;或者说一个形容词所形容的对象与其自身一致,就是自述的,反之,就是非自述的。例如,"汉语的"这个形容词是汉语中的一个词,所以,可以说,"汉语的"一词本身就是汉语的,同样"形容词的"这个词本身就是形容词;"抽象的"这个词本身

---

① 在蒯因看来,以罗素等人为代表的逻辑主义(logicism)不加选择地容忍了将变项用于说明抽象实体的做法,而不管这些实体是已知还是未知,特殊还是非特殊。见 W. V. Quine, *From a Logical Point of View*, Harvard University Press, 1980, p.14。

也是抽象的,因此这些词都是自述的。但是,大部分形容词却是非自述的,如在汉语中,"英文的"这一词本身并不是英文的,而是用中文表达的,因此,它只能指它所形容的对象,而不能指它自身,同样,"动词的"这个词本身是形容词,"具体的"这个词本身是抽象的。有趣的是,虽然几乎所有的形容词都可以这样分类,但当"非自述的"这几个字构成形容词时,却偏偏出现了麻烦:"非自述的"这个形容词究竟是自述的还是非自述的?如果它是自述的,那么,它就应该是非自述的;如果它是非自述的,那么,它就应当是自述的。这样一来,"非自述的"一词就既是自述的,又是非自述的,从而陷入了悖论。

上述所有悖论与不太严格的说谎者悖论一样,实质上可以说都是事物某些复杂关系在人们思维中的虚幻反映。具体一些说,是人们对命题作自返性的描写,因而引出了恶性循环论证的一种悖谬。悖论造成了人们的思维混乱,它不仅表现在数学和逻辑方面,也表现在哲学甚至日常生活中。例如人们常说的"一切事物都不是绝对不变的"这一哲学命题,我们如果反问:既然一切事物绝对会变,那么这命题本身也会变,变的结果,岂不就成为"一切事物都是绝对不变的"了吗?这样一来,就陷入了悖论之中。再如"怀疑一切"这一说法,既然一切都可怀疑,那么这一说法本身也可对之怀疑,如此一来就变成了"不能怀疑一切"了。

虽然不能说逻辑类型论已经完全解决了,但却可以说它极大地促进了逻辑的发展。因为在一定意义上,它正确地反映了客观外界的无限多样性。这种多样性可以以一种多层性的形式反映在人们思维中。作为人类思维的外在表现形式的语言势必在某种程度上间接反映着这种客观的多样性或多层性。当人们的语言层次或思维层次与客观外界的层次不协调时,就可能出现悖论,而通过对语言和思维的层次分析,可以帮助我们了解事物的各种规定性。当然,我们应当指出:客观世界的所谓"多层性"绝不像罗素的逻辑层次那样壁垒分明,而是呈现出极复杂的状态,而且,命题的层次说只是从思维的形式和结构方面来讲的,它仍是一种有待进一步检验的假说。

那么,人们试图解决悖论的种种努力究竟有什么意义呢?简单概括起来大概有以下三个方面:1) 从数学上看,悖论迫使人们从逻辑和哲学的角度对数学基础问题重新进行了全面而深入的研究,这种努力正是企图给数学以相对更加牢靠的基础;2) 从逻辑上看,单以二值逻辑来说,它的值必须或真或假,即不能既真又假,然而,逻辑悖论却破坏了矛盾律和排中律,使命题的值既真又假,无法确定,解决悖论的努力可以说是在企图维护形式逻辑的基本律;3) 从哲学上看,人们在解决悖论的探索中,使自己的认识不断深化,从而对相对静止的思维形式和结构,以及它们之间错综复杂的层次和关系做了更进一步的剖析。此外,上述努力对于反对诡辩论和相对主义也有一定的意义。

三、摹状论对逻辑的贡献

罗素"摹状论"是在发表于 1905 年《心灵》杂志的《论指称》一文中第一次提出的。当时的编辑认为这个学说站不住脚,故请罗素重新思考而加以修改,但后者坚持己见,毫不退让。《心灵》的编者斯托特(G. F. Stout)教授到底还是做出了登载此文的正确抉择。《逻辑与知识》编者马什(R. C. Marsh)高度评价说:《论指称》在当代哲学的发展中是一个里程碑,它再次显示了罗素思想上的革新和惊人的原创性。后来的事实证明,此学说得到广泛的赞同,学术界称它是罗素对逻辑的最杰出贡献。[①] 罗素自信地声称,某些反对名称与其他词之间是有区别的人们对这个学说会有某种负面反应,但只有那些不懂数理逻辑的人才如此;而在这些人的批评中自己无法发现有什么合理性。有一个小插曲,摩尔(G. E. Moore)曾指出此文一个微小的失误:由于动词"写(to write)"的歧义性,罗素在文后结尾处的"最简陈述(shortest statement)"是一种缺陷;既然司考特(像盲人密尔顿一样)可以是《卫弗利》一书的作者,而并非文字上第一次写了此书的人,因而,"司考特是《卫弗利》的作者"就不会与"司考特写了《卫弗利》"有相同的意义。对此罗素以"平和"的心态接纳了此一纠正。[②] 罗素还承认,"名称说"要比自己早期所设想的可能多一些困难;于是他特地从日常语言的角度谈了谈他的想法。许多人认为摹状词是罗素最有成果的逻辑革新。这一技术揭示了一种藏于错误语法形式之中的逻辑形式,并帮助人们认识那些不可习知的事物,例如太阳质量的中心点、他人的思想等。

[①] 一个世纪以后,于 2006 年,以罗素学会主办,哲学界又专门召开了罗素《论指称》研讨会。

[②] Bertrand russell, *Logic and Knowledge*, George Allen and Unwin LTD,1977, p. 39,以及摩尔:《罗素的摹状论》,载 P. Schilpp, *The Philosophy of Bertrand Russell*, Northwestern University Press, 1944, pp. 177—225:

对罗素来说,"指称词组(denoting phrase)"是指下列词组中的任何一种:一个人、某个人、任何人、每个人、所有人,当今的英国国王、当今的法国国王、20世纪第一瞬间太阳系的质量中心、地球围绕太阳的旋转、太阳围绕地球的旋转。因此,一个词组仅凭其形式而成为指称词组。一个词组可分为下列三种情况:(1)它能够进行指称,但还没有指称任何事物,如"当今的法国国王";(2)它能够指称一个确定的对象,如"当今的英国国王"是指某一个人;(3)它能够含糊地指称,如"一个人"并非指许多人,而是指一个含糊的人。对此,罗素承认对这类词组的解释会是非常困难,并说道:"指称的论题不仅在逻辑和数学方面,而且在知识论方面都极其重要。例如,我们可知太阳系在一个确定瞬间的质量中心是某个确定的点,并且能够确认有关这个点的一些命题;然而,我们并未直接熟知(acquaintance)这个点,而仅利用摹状词(description)才知道它。熟知与关知(knowledge about)之间的区别,就是直接呈现的事物与仅可利用指称词组才能达到的事物之间的区别。"①对这些论点加以更全面发展的是著名的摹状词理论,罗素五年后出版的《数学原理》第一卷对此进行了详尽的讨论。

罗素指出:"一个摹状词是以这个词是什么等等(the term which etc)为形式的词组……"②分析摹状命题的原则是,每一命题都必须以人们所认识的元素由一种外在关系组成,如人们并不直接认识恺撒,而是靠认识的殊相和共相所组成的关涉恺撒的摹状来了解他。罗素不同意摩尔把语言的直观性和正确性当作逻辑分析的标准,他对语句形式进行了分析,企图发现各种经验认识的逻辑外在关系。罗素错误地认为摹状能使人们获得未曾经验过的知识,并可以解释那些未曾定义过的初始命题和概念。因此,他把摹状作为反对狭隘经验论和神秘主义的有力武器。但他也暴露了不可知论的倾向,如认为摹状命题即便为真,人们对其本身仍可一无所知。最重要的错误是,罗素企图用这个方法来解决本体论的存在问题。

罗素采取"司考特"这一名称和"《卫弗利》的作者"这一摹状之间的对照来用于自己的论证。他首先划分了"名称"与"摹状",前者是直接表示个体的单纯记号,它不依赖其他记号而有意义,如"司考特";后者是各有自己意义的若干记号,如"卫弗利的作者"。"司考特是《卫弗利》的作者"

---

① Bertrand russell, *Logic and Knowledge*, George Allen and Unwin LTD, 1977, p.41.
② Ibid., p.173.

这一命题是表达某一同一性,而并非表达某一重言式或同义反复。乔治四世只想知道司考特是否是《卫弗利》的作者,而不想知道司考特是否是司考特,这对逻辑是个困惑的问题。尽管对此任何一个不专门研究逻辑的人都不难理解,但却使逻辑学家感到困惑不解。在逻辑学家们看来,倘若两种说法都指同一对象,包含其一说法的这个命题就永远能够被包含另一说法的那个命题所替换,而始终为真,倘若原本那个命题为真;或始终为假,倘若原本那个命题为假。然而,前面已表明,用"司考特"替换了"《卫弗利》的作者"之后,便能够将某一真命题变为某一假命题。很显然,这就要求必须将某一名称与某一摹状加以辨别:"司考特"为某一名称,但"《卫弗利》的作者"却为某一摹状。"司考特是一个人"就是"X 是一个人"的陈述,它以司考特为主语,而"《卫弗利》的作者是一个人"则不然,它也不以卫弗利的作者为主语。人们可说"一个并只有一个实体写过《卫弗利》,而它是一个人",设作者或卫弗利具有性质 Φ,那就等于"一个并仅一个实体写过卫弗利,而它有性质 Φ",也可说"一个并仅一个实体写过卫弗利,而司考特与它等同"或"X 写过卫弗利并不总是假的,Y 写过卫弗利总是真的,Y 等于 X,而司考特等同于 X",抑或"对 X 的所有值,X 写卫弗利与 X 是司考特相等",还可说"一个并只有一个人写过卫弗利,而乔治四世希望知道司考特是那个人"。如果"卫弗利的作者"表示司考特之外的事物,那么,此命题将是假的;如果"卫弗利的作者"是指"司考特",这个命题就是重言式(tautology),但二者都并非如此。因此,"卫弗利的作者"既非指司考特,也非指其他事物,也就是它无所指。罗素把上述命题分为三个陈述:(1)至少有一人写过"卫弗利";(2)最多有一人写过"卫弗利";(3)因此,写作的"卫弗利"的人不可能不是司考特。如此一来,似乎问题便解决了。

在罗素看来,所谓"存在",只是为摹状服务的一种判断。名称与摹状之间还有另一种重要的区别是,倘若某一名称并无所指,它在某一命题中就不会有意义,而某一摹状却不受此类局限。罗素还指出了摹状的另一特征,像"金山""圆的方""法兰西现国王"等,虽无所指,但在命题中却有意义。这些词有一种非实在的奇怪性质,并在语法上可为一有意义的命题的主语。他批评说,梅农(A. Meinong)却分不清这种区别,如他曾提到,人们能够找出其逻辑主词为"金山"的某种命题,尽管金山并非存在。他的立论在于,倘若说金山并非存在,显然所说的某一东西是不存在的,即金山不存在;因而金山必定存在于某种柏拉图式的世界中,若非如此,那个金山不存在的命题就毫无意义。罗素承认,在他想出摹状论之前,很相信梅农的这种论证。摹状论的意义是,尽管"金山"在文法上可为某一有意义命题的主词,但加以正确分析后,这样一个主词就荡然无存了;这一命题就转换为"对 x 的所有值,'x 为金的并且为一座山'这一命题函项是假的"。同样,"司考特为《未弗莱》的作者"这一命题改换成"对 x 的所有值,'x 写了《卫弗利》'等于'x 为司考特'"。在这里,"《卫弗利》的作者"的措辞就从此消失了。所以,一个指称的短语即摹状词,可对一命题有意义,而在独立时却失去了意义。"法兰西现国王"并非表示一种非实在事物的名称,而是一种以逻辑关系连接、只在上下文中才有意义的不完全记号。"法兰西现国王是个秃子",其第一层意思是,有一个人现在既是法兰西国王,又是秃子;第二层意思是,现在并无两个法兰西国王。

更进一步,摹状论还理清了"存在"的意义。"《卫弗利》的作者存在"意思是"有一个 c 的值,对这一值,x 写了《卫弗雷》'永远等于'x 为 c'这一命题函项为真"。以此意义而论,存在仅可用于表达某一摹状,而在分析之后,就能看出它只是某一命题函项的例子,起码对变项的一个值为真。人们能说"《卫弗利》的著者存在",也能说"司考特为《卫弗利》的著者",不过"司考特存在"说法并不正确。这一说法只能有这样的意思:"那个名叫司考特的人存在",但"那个名叫司考特的人"仅是一个摹状,而非一个名称。只要将某一名称恰当地作为某一名称所用的时候,称"它存在"是不对的。

摹状论的最大要点在于,某一短语对某句话的意思能够有所助益,但在单独使用时就毫无意义。对于摹状,倘若"《卫弗利》的作者"是指"司考特"之外的其他事物,"司考特为《卫弗利》的著者"即为假的,但事实上,此一命题并非为假。倘若"《卫弗利》的作者"是指司考特,"司考特为《卫弗利》的作者"即为同义反复,但事实上不是这样。因此,"《卫弗利》的作者"既非指"司考特",也非指其他任何事物。也就是表明,"《卫弗利》的作者"什么也不指。

26 岁就早逝的英国天才数学家、哲学家兼经济学家拉姆西(F. P. Ramsey,1903—1930)曾将罗素的摹状论称作"哲学范式"(paradigm of philosophy)。① 摩尔(G. E. Moore)赞同这种提法,因为他认为罗素是在

---

① F. P. Ramsey,*The Foundation of Mathematics and other Logical Essays*,London:Kegan Paul,1931,p.263.

两种意义上使用摹状词的：一是《数学原理》中的用法；另一是后来《数理哲学引论》以及"逻辑原子论"的讲演稿中的用法。而后一种用法比前一种有更广泛的意义，①如罗素说道："一个摹状词可以有确定与不确定（歧义）的两种。一个不确定的摹状词是一个以'一个如此如此（a so-and-so）'为形式的词组，而一个确定的摹状词则是作为单数的'这个如此如此（the so-and-so）'为形式的词组。"②而《数学原理》只强调所谓确定的摹状。

  罗素的摹状论很有价值，作为一种合理的逻辑方法，无论是各种哲学都可以利用它，但问题在于究竟是被正确地利用还是被歪曲地利用。有人可以实践中得来的知识来描述一个概念或名称所代表的事物；也有人可以单凭感觉和意识来描述一个单纯的名称或概念；而神秘主义和直觉主义则完全不使用摹状，因为它主张心灵直接与对象沟通。我们试以"曹雪芹是《红楼梦》的作者"为例。"曹雪芹"的确代表一个曾经存在过的实际人物，但人们对这个名称的意义并不能直接了解，因为它是前人经验的记载，于是便要对其进行摹状，否则没有见过曹雪芹的人就无法知道他。经过摹状，如"曹雪芹是具有精深文化修养和卓绝艺术才能的《红楼梦》的作者""曹雪芹是揭示了封建社会某些矛盾的《红楼梦》的作者"，这是对"曹雪芹"这个名称所表示的人物的事迹和品格的摹状。而"曹雪芹是名霑，字梦阮，别号芹圃、芹溪的那个人""曹雪芹是属于满州正白旗包衣人""曹雪芹是喜欢喝酒、健谈的《红楼梦》的作者"则是对这个名称所表示的人的某些特质的摹状。而这一切都脱离不了前人的直接经验，并且有的摹状是前人对感性认识的直接记载，有的则是前人在实践中对具体事物加以抽象而上升为理性认识的结果。这表面上是一种语言问题，但实际上却包含着深刻的认识论的意义。此外，在语言中，的确有许多名词和概念并不直接代表某一客观存在的事物，而是对许多本来并不相干的事物进行抽象虚构的结果，如"麒麟是闻太师的那个坐骑""孙悟空是唐僧的那个拿着个金箍棒的徒弟"这类命题。"麒麟"在神话传说中被描写成具有龙头、狮身、虎爪和马尾的奇兽，这些特征都可以间接从某些兽类的原型中找到，人们从这些特征中抽象出了一种神奇的动物，而"孙悟空"则是把

---

  ① 摩尔：《罗素的摹状论》，载 P. Schilpp, *The Philosophy of Bertrand Russell*, Northwestern University Press, 1944, pp. 177—178。

  ② Bertrand Russell, *Introduction to Mathematical Philosophy*, George Allen and Unwin LTD, 1956, p. 167。

猴子拟人化与神圣化的结果。这些名称本身不直接代表某事物,但在上述命题中通过"闻太师的坐骑"与"唐僧的那个拿着个金箍棒的徒弟"这些摹状词便有了意义,即使这个摹状本身也许是假的,而整个命题却有意义,否则它就没有存在的必要,脍炙人口的《封神演义》和《西游记》也就不可能流传于世。此外,如果将"麒麟""孙悟空"加上另一个摹状构成命题"麒麟是人们虚构的一种龙头、狮身、虎爪、马尾的动物"或"孙悟空是人们塑造的理想化的人类的具有叛逆精神的英雄",那么名称虽假,而这个命题却不但具有意义而且是真的,因为它表示了一种事实。

四、《数学原理》中的数学意义

学者们大都只从哲学观来看待《数学原理》,对此,罗素与怀特海深表遗憾。对有关矛盾如何解决与普通数学可否从纯逻辑前提正确地演绎出的问题,人们大为关注,但对本著作所创制的数学技巧却往往忽略。罗素就说过,仅有六个人读了这部巨著的后面几部分,其中三个为波兰人,后来遭到希特勒的残杀;还有三个是德克萨斯州人。另外还有些人的研究与罗素两人的几乎一样,却认为用不着从《数学原理》中得到什么启发。罗素还举了两个例子:其一是在《数学原理》问世十年后,《数学纪事》发表了一篇长文,其中一些研究成果在罗素两人书里的第四部分早已得出,而其中有些错误,在后者那里却避免了。此文的作者显然完全不知他的工作早已有人完成了。其二是罗素在加州大学时,莱辛巴哈告诉他,自己有一项发明,即"超限归纳法"。罗素对他说,这个问题在《数学原理》的第三卷里已充分讨论过;果然一周后莱氏证实了这一点。[①]

《数学原理》的数学部分有几个重要方面。

首先是关系(relations)的研究,这既是哲学问题,也是数学问题。在论莱布尼茨的书里,罗素曾着重探讨了有关系的事实和命题的重要性,并注意到对关系的偏见在哲学和数学里都产生了不良影响。正如莱布尼茨的努力未能成功一样,布尔的数理逻辑讨论类,但仅为三段论法的某种发展。皮尔斯(C. S. Peirce)虽创立了一种关系逻辑,但只是将关系认作一种由"偶"(couples)而成的类。然而,关系逻辑所讨论的内容应是与类逻辑不同的东西。罗素认为自己在哲学上的想法也有助于解决关系问题。

---

① Bertran Russell, *My Philosophical Development*, Simon and Schuster, 1959, p.86.

早在 1901 年的"关系逻辑"一文中,他就指出:"皮尔斯和施罗德(E. Schröder)著作中的关系逻辑的困难和复杂是如此之大,以致人们很可能质疑它的功用。因为忽略了∈与⊂之间的差别,这两位作者将某一类视为个项的简单总和。由于这个缘故,对他们来说,关系就好比一对双个项之和。由此可得出:关系的基本属性能用很长的求和公式加以表述,但此公式的意义在符号记法上并非相当见效。然而,正是这种关系逻辑必须当成数学的基础,因为在符号推理中人们所考察的总是关系的类型;这就是,除了对逻辑是基本的那些关系(如∈与⊂,我们无须检验如此如此的特殊关系,而只要关注某一类型的关系,例如,传递的和非对称的关系,或一对一关系。在本篇论文中,我要指出的是,凭借皮亚诺的符号法很可能极大地简化关系逻辑,而这一知识将在下文中得到采用。然而,可以见到,若无明确的引介关系,皮亚诺的逻辑很难是完全的。"① 伟大的逻辑学家、数学家和哲学家哥德尔(Kurt Gödel,1906—1978)曾评价说:"罗素的工作是沿着弗雷格与皮亚诺的路线走的。弗雷格对证明经过艰苦的分析,但没有能够超越整数数列最基本的性质;而皮亚诺虽完成了以符号主义所表示的数学公理的巨大集合,却没有提供证明。只有《数学原理》为从极少的逻辑概念和公理中得出大部分数学运用了新的方法。另外,这门年轻的科学被一种新的工具所丰富,这就是关系的抽象理论。在这之前,关系的演算曾被皮尔斯与施罗德所发展,但很有限,而且代数很类似。而在《数学原理》中,不仅康托(Cantor)的集合论,而且普通算数与测量法都可以用这个抽象的关系观念加以对待。"②

罗素在《数学原理》第一卷中详尽讨论了关系的一般理论、关系与类的关系、关系演算、关系的分类,以及有关关系逻辑的内容,如摹状函项与反义关系,给定项与给定关系,域、反域与关系的范围,两项关系的关系积,有限域与反域的关系,有限范围的关系与多元摹状函项以及关系与来自双重摹状函项的类等;而第二卷则进一步讨论了所谓关系算数。

对罗素而言,关系与类一样,如果它们是各自具有意义的符号,就会具有所有形式的性质。除非某一符号在只有一种关系有意义地发生时才发生,我们并不需要裁决它是否表示一种关系。对我们的命题有较高的

---

① Bertran Russell, *Logic and Knowledge*, George Allen and Unwin LTD, 1977, pp. 3—4.
② 哥德尔:《罗素的数理逻辑》,载 P. Schilpp, *The Philosophy of Bertrand Russell*, Northwestern University Press, 1944, pp. 125—126。

概括性来说,这个结果是很重要的。① 所谓普遍关系(the universal relation)就是无论采取什么类型和处于什么环境下,在任何两项之间发生的那种关系;所谓无效关系(the null relation)就是不管其类型如何,在任何两项之间都不发生的那种关系;而所谓关系的存在则是指当它发生时至少一对项存在。②

在关系逻辑中,罗素强调了关系与类所不同的一般性质。他认为,与普通数学函项不同,关系函项大都是命题函项,也就是说这种函项总意味着"此项对 x 有如此如此的关系"。由于这个缘故,这种函项便称为摹状函项,因为它们利用某项与其推理关系的方式来摹状这一特定的项。罗素还揭示了以下几点:

一、多是少的反义关系(converse of relation),之前是之后的反义关系,丈夫是妻子的反义关系等。但当某一关系与其反义关系相等时,如等同是等同的反义,多元是多元的反义,此关系就是对称(symmetrical)的,否则就是非对称的,如堂兄妹(cousin)是对称的,而兄弟则是非对称的,因为当 x 为 y 的兄弟时,y 可能既为 x 的兄弟也可为姐妹。③

二、对具有 R 关系 y 项的各项类可称作 y 的对象物(referents),而对具有 R 关系 x 项的各项类可称作相关物(relata)。④

三、某 R 关系的域(domain)就是具有对某物或其他物构成 R 关系的各项的类;某 R 关系的反域(converse domain)就是对其而言某物或其他物有 R 关系的各项的类;而某 R 关系的范围(field)则是域与反域的总和,但必须注意的是,只有当 R 为同类关系(homogeneous relation)时,范围才有意义。⑤

四、两个关系 R 与 S 的相对积(relative product)就是,当有一直接 y 项,而 x 具有对 y 的 R 关系,并且 y 具有对 z 的 S 关系时,发生在 x 与 y 之间的关系。例如,兄弟与父亲的相对积就是父系叔父,而父亲与父亲的相对积就是父系祖父等等。⑥

五、兄弟与姐妹显示了同样的关系,但前者处于男性的有限域,而后

---

① Bertrand Russell and Alfred North Whitehead, *Principia Mathematica*, Cambridge University Press, Volume 1, 1960, p. 204.
② Ibid., p. 229.
③ Ibid., p. 238.
④ Ibid., p. 242.
⑤ Ibid., p. 247.
⑥ Ibid., p. 256.

者则处于女性的有限域。同样"白人雇佣者与其他有色雇佣者的关系"是一种有关他们各自域或反域的有限关系。① 关系的有限范围与有限域和有限反域相类似。

　　罗素指出,有三种关系的特征最为重要:一是能提高摹状函项;二是能建立不同类之间的相互关系;三是能产生系列。②

　　在《我的哲学发展》一书中,罗素说自己当时几乎仅将关系看作内涵(intensions)。例如这样一些句子:"x 在 y 之前""x 大于 y""x 在 y 之北"。他觉得:"尽管从形式算法的观点看,能将关系认作一套有序的偶,但让这一套成为一个统一体的只是内涵。"③同样让某一类成为一个统一体的只有那个为类中的各项所共有,又为各项所特有的内涵。当某一类中的项处于无法列举的状况,就不难理解上述的道理。但有意思的是,在《数学原理》中,罗素却说道:"我们对关系一词的使用,是在外延(extension)中加以理解的,即认为它是偶(x,y)的类,而且对它来说函项(x,y)为真。"④

　　罗素指出,对某一无穷类(infinite classes)来说,显然它是无法列举的,甚至大多数有穷类也是如此,例如很难列举蠮螉这个类中的各项。尽管这样,还是能够提出某些有关所有蠮螉或真或假的命题,这正是由于使这个类可以成立的内涵。上述一切也同样能够用于关系。由于我们明白"在先(precede)"一词的意义,因而可以谈及关于时间上的次序,尽管像 x 在 y 之先这样的 x,y 所有的偶是无法列举的。然而对关系为偶的类这种看法还有一个对立的观点,即这些偶必须是有序的,也就是说,必须能够分别 x,y 和 y,x 这两个不同的偶。倘若不靠内涵上的某种关系,就无法做到。倘若仅限于类和宾词,就无法解释次序,也无法对某一有序偶和某一无序两项的类进行区分。

　　这些都是《数学原理》有关关系算法的哲学背景。这里涉及的各种概念必须用符号来表示,其中最重要的是:1) 由某些项构成的类,它们对某一既定的 y 项有 R 关系;2) 由某些项构成的类,它们对某一既定的 x 项有 R 关系;3) 由一个类构成关系的"范围",此类中全部的项对某种对象

---

① Bertrand Russell and Alfred North Whitehead, *Principia Mathematica*, Cambridge University Press, Volume 1, 1960, p. 265.
② Ibid., p. 299.
③ Bertrand Russell, *My Philosophical Development*, Simon and Schuster, 1959, p. 87.
④ Bertrand Russell and Alfred North Whitehead, *Principia Mathematica*, Cambridge University Press, Volume 1, 1960, p. 200.

有 R 关系;4)由某一类构成的 R 的"相反范围",某种对象对此类中全部的项有 R 关系;5)由上面所说的那种"范围"和"相反范围"构成的 R 的"领域";6)某种 R 关系的"反义",这是当 x 和 y 之间有 R 关系的时候,y 和 x 之间所产生的某种关系;7) R 和 S 两种关系的"关系产物",这是当有某一 y 中项的时候,x 和 z 之间的某种关系,x 对于 y 有 R 关系,y 对于 z 有 S 关系;8)复数,其界定是:有既定的某 a 类,构成某一由若干项构成的类,所有这些项对 a 的某项有 R 关系。我们可用人与人的关系当作以上各种概念的例子。设 R 是父母与子女的关系。那么上述 1)是 y 的父母;2)是 x 的子女;3)是一切有子女的人的类;4)是一切有父母的人的类,即是说,除亚当和夏娃外,全体人都包含在内;5)"父母"关系的领域包含所有人,他或是某人的父母,或是某人的儿女;6)"的父母"关系的反面是"的儿女"关系;7)"祖父母"是父母与父母的关系产物,"兄弟或姐妹"是"子女"与"父母"的关系产物,"堂兄弟或姐妹"是孙辈与祖父母的关系产物,其他可类推;8)"某学院学生的父母"是照这个意义来说的复数。

不同关系有不同用处。首先是"一对多(one-many)"的关系,即最多只有一项对于所有他项所能有的那种关系;也可以说是一种产生"摹状函项(descriptive functions)"的关系,即最多仅有一项对于给定的一项所可有的一种关系。此种关系构成定冠词"the"的短语,如"the father of x"(x 的父亲),"the double of x"(x 的两倍),"the sine of x"(x 的正弦),以及数学中的全部普通函数。例如,父亲与儿子的关系是一对多的关系。但倘若在某一信仰基督教的国家可以说"x 的妻子",但倘若在某个一夫多妻制的国家,此一短语的意思就很不清楚。在代数中,x^2 对 x 是一对多的关系,而 x 对 x^2 则不是这种关系,因为 x 有两个不同的数值。① 上述所提的"范围""反义范围"和"域"都会造成摹状函项。

第二种是"多对一(many-one)"的关系,即"一对多"的反义关系。

第三种是"一对一(one-one)"的关系,即在两个类之间构成某种相互关系的那种关系,也可以说,当某一关系既是"一对多"又是"多对一",或无论这个关系本身和它的反义都是"一对多"。② 在这种关系中,不仅最多仅有一个对某一给定的 y 有 R 关系的 x,而且最多也仅有一个 y,对这个 y 某一给定的 x 有 R 关系。例如,在西方国家里,法律禁止一夫多妻

---

① Bertrand Russell and Alfred North Whitehead,*Principia Mathematica*,Cambridge University Press,Volume 1,1960,p.418.

② Ibid.,p.419.

的婚姻。所有两个类之间都会有这样一种相互关系存在,任何两个类中的项数一样。例如,用不着计算,就能得出妻子的数目与丈夫的数目相等,人鼻子的数目与人的数目相等。还可以发现某种非常重要,而且具有特殊形式的相互关系,其缘由是:有两个类是 P 和 Q 两个关系的领域,而且它们之间有某种相互关系,这就是只要两个项有 P 关系,它们的相关者就会有 Q 关系,反之亦然。以已婚官吏的地位与他们夫人的地位为例:倘若这些夫人与贵族没有关系,或者倘若这些官吏并非主教,那么两者地位就是一样的。可以将这种相互关系造就者称作"顺序相互关系的造就者(ordinal correlator)",因为无论 P 领域中的各项有什么样的顺序,此种顺序总保持在 Q 领域的相关者中。

第四种是造成级数或数列(series)的一种关系。"级数"(或系列)是一个人人熟知的老词,但罗素自认是赋予它明确意义的第一人。一个级数就是含有若干项的组合,项与项之间有产生于某种关系的一个次序,而这种关系具备三种特性:(a) 它必定是不对称的,即是说,倘若 x 对 y 有此关系,那么 y 对 x 就没有此关系;(b) 它必定是及物的,即是说,倘若 x 对 y 有此关系,而且 y 对 z 有此关系,那么 x 对 z 就有此关系;(c) 它必定是连接的,即是说,倘若 x 和 y 是此关系领域中任何不同的两项,那么不是 x 对 y 有此关系,就是 y 对 x 有此关系。倘若某种关系具备所有这三种特性,那么它领域中的各项就会排列于某一系列。这三种特性都不难从人与人关系中找到例证。"丈夫"这种关系一定为不对称的,显然倘若 A 是 B 的丈夫,B 就不会是 A 的丈夫;而"配偶"这种关系一定是对称的。"祖先"是及物的,因为 A 的某一祖先的某一祖先必定是 A 的一个祖先;而"父亲"却是不及物的。在某一系列关系所必具备的三种特性之中,祖先仅具备两种,而缺少第三种即"连接",因为并非任何两个人之中,一个必为另一个的祖先。还可用王位继承为例,因某王系的祖先关系是连接的,儿子当然继承父亲,因而由这些国王构成了某一系列。

罗素把上述这四种关系看作是逻辑和普通数学之间过渡极其重要的关系。①

---

① 罗素在《数学原理》第 1 卷(参见英文版第 386—634 页)中,用 200 多页极详尽地讨论了"一对多""多对一"和"一对一"三种关系,但他在《我的哲学发展》(参见 Bertrand Russell and Alfred North Whitehead, *Principia Mathematica*, Cambridge University Press, Volume 1, 1960, pp.89—90)中总结《数学原理》对关系的论述时,却没有提"多对一"的关系,而将级数数列作为第三种关系。作者在此处将两书提到的合并为对逻辑和普通数学之间过渡极其重要的四种关系。

在罗素看来,将数学界定为关于数字和量的科学或关于数字和度量的科学,都过于狭隘。首先,传统数学所谈及的各种数字仅占数学方法应用范围中的很小一部分,而且为奠定算术基础所必需的推理与数字并无很紧密的关系。其次,对算术和算术的绪论而言,某些定理对有穷与无穷的类或数都同样为真;在较普遍的范围内能够证明一些定理,但在某些特别类的实例中证明它们则相当浪费时间。第三,对于某些算术中的传统形式定律,如结合律(the association law):$(a+b)+c=a+(b+c)$;交换律(the commutative law):$a+b=b+a$;以及分配律(the distributive law):$a\times(b+c)=(a\times b)+(a\times c)$ 等,那些初涉数学的人仅学了这些定律而未加证明,即便作了证明,也只运用了数学归纳法,因而仅对有限数有效。加法和乘法上的普通定义假设因数的数目是有限的。这就是我们企图清除的那些限制中的一种。用"选择(selection)"的手段能够将乘法扩展到无限多的因数。以选举国会的议员为例最便利了解什么是选择这一说法。设想某国所有选举产生的议员必须为选民之一,整体议会就构成了来自选区一个"选择"。一般概念如下:给定由若干类而成的一类,此若干类中没有任何为零,选择就是这样一种关系,即从每类中挑出某一项做此类的"代表"。这种方式的数目(给定两类没有共同成员)就是这些类数目的积数。例如,假定有三个类,其一由 x_1,x_2,x_3 组成,其二由 y_1,y_2,y_3 组成,其三由 z_1,z_2,z_3 组成,所有包含一个 x,一个 y 和一个 z 的类就是来自三类的类的一个选择。如此一来便有 27 种办法进行这种选择。

在采取了这种乘法的定义之后,便会遭遇一种无法预料的困难。倘若类的数目无限,似乎就难以肯定选择是可能的。倘若这些类的数目有限,就能够从每一类里任意挑选一个代表,在大选时就是如此;然而,倘若这些类的数目无限,就不可能对无限数目进行任意挑选,而且无法断定是否能够做出一个选择,除非有一个内涵来获得期待的结果。举出一个例证:从前一个百万富翁买了无数双鞋,而且,在买一双鞋的同时也买一双袜子。我们能够做一个选择,从每双鞋里挑一只。我们总能够挑右鞋或挑左鞋,因而,对鞋来说,选择是存在的。但袜子却无左右之分,我们就无法用上述选择的规则。倘若企图对袜子加以选择,我们就必须应用一种更精密的手段。例如,设法寻找一个点来,使每双袜子中有一只比另一只更近于这个点。如此一来,从每一双中选出一只比较近于这个点的袜子,于是就挑选出了一套。某次,罗素曾将这个谜讲给在三一学院教师餐厅碰巧坐在他旁边的一位德国数学家听,后者唯一的评语是:"为什么提百万富翁?"

有人认为这种说法显而易见,即倘若一些类中没有任何一个为零,从中挑出一个来就当然可能。对此,也有人并不同意。在罗素看来,有关这一点,皮亚诺说得好:"这一原则对还是错呢?我们的意见毫无价值。""乘法公理"可被定义为:假设总是可能从若干类组成的一个集合中(这些类没有一个是零)选出一个代表来。由于无法找到支持或拒斥这个公理的论证,因而我们把它明确地包含在应用任何命题的假设中。在解决这个问题的同时,泽尔梅乐(E. Zermelo)提出了他所说的"选择原理",这是一个稍有差别但在逻辑上相等的假设。他与另外一些人将之当作一个自明的真理。但罗素并不采信这一看法,而努力找到一些方式来对付乘法而无须假设这个公理。

有关选择的逻辑理论无论在任何一点上都不依靠"数目"这一概念;在《数学原理》里,我们是在定义"数目"之前就发展那个逻辑理论的。这同样也能够用于另一个非常重要的概念,即在普通语言里用"等等"(and so on)这些词所表达的那个概念。

假设你想用"父母"这个概念来表达"祖先"这个概念。你可以说,A为z的祖先,倘若A为B的父(或母)亲,B为C的父(或母)亲等等;在有限的步骤后,你可达y这个人,即z的父(或母)亲。但"有限的"(finite)一词必须加以定义;而仅可能以某一全然一般说法的特定应用,来界定"有限的"才有可能,即来自任何给定关系的祖先关系那个说法。这有关祖先关系的说法由弗雷格早在1879年就提出了,然而直到罗素和怀特海发展出这个说法之际,他的工作始终被世人所忽视。罗素力图定义的这个概念能作这样的初步解说:倘若x对y有R关系,可将x到y称之为"R步";然后能从y到z再走一R步。所有从x始发的那些R步所可达到的东西,都可称为有关R的x的"后代"。我们不可说出任何经某一"有限数目的R步"所达到的东西,因为还未界定"有限的"一词。我们仅能用"后代"这一概念给它加以定义。有关R的x的后代可以作以下界定。我们可先界定有关R的一个"世袭的"类。此类有如此性质:即所有从这个类的某项经一R步所达到的东西就是本类的一项。例如,称作"斯密斯"这一存在的性质是由父子关系世袭的,而成为人类的性质则由父母对子女的关系所世袭。"倘若y属于x所属于的每一有关R的世袭的类,y就属于有关R的x的后代。"对此,罗素做了进一步的解说。我们将之应用于普通的整数,用某一数目同与之紧连着的下个数目的关系取

代 R。在这一数目的 0 的后代中,可以发现 1,因为 $1=0+1$;而由于 1 属于 0 的后代,2 也不例外;而 2 是这样,3 也必定是这样。如此一来,就可获取全体属于 0 的后代的一套数目。我们可将"数学归纳法"的证明应用于所有这些数目。

数学归纳法是这样的一种原理:倘若某一性质属于 0,而又属于具此一性质的任何数目后紧接着的那个数目,那么,这个性质就属于全体有限数。将"有限"数解释为 0 的后代,就是此一定义的直接后果。以往人们将数学归纳法视为一个原理,因为昔日公认凡是数目必为有限。罗素指出,这是错误的看法。实际上,数学归纳法并非原理,而仅为定义。它对某些数目正确,但对另一些数目就不正确。所有它所能适用的数目都是有限数。例如,将 1 加于某一有限数,后者就增长了;而一个无限数决不会如此。在罗素看来,这一祖先关系的完整理论并不仅对数目非常重要。由于这个缘故,我们在引介数的定义之前就发展了这个理论。

在《数学原理》第 2 卷中,罗素用了 2/3 的篇幅详尽讨论了"关系算术"(relation-arithmetic)和"级数"(series)。从数学观来看,这是他对该书最有意义的贡献。罗素指出,算数的形式使用于所有的关系。[①] 罗素强调关系算术的重要性,指出,这不仅因为它是一个有趣的概括,而且也因为它提供了对付结构所必需的一种符号技术。他一直断言,对数理逻辑不熟悉的人很难了解"结构"的意义,而正由于这种难度,在打算了解经验世界之时,容易误入歧途。因此,罗素为关系算术一直不为世人重视而感到相当遗憾。[②]

罗素讨论了顺序的相似性与关系数、关系的加法、两项关系的乘积、关系的乘法与取幂(exponentiation)、关系数的算数等。罗素所涉及的"关系数"可以视为某种全新的数,而普通数则是这种数的某种特例。他发现,凡可用于普通序数的所有规范定律均可用于这种更一般的数。他也发现,关系数对了解结构相当关键。"结构(structure)"属于类似"等等"或者"级数"这一类用语中的一个,尽管被人们熟练地应用,但它们并无精确的意义。不过,以关系算术作为手段,就可将"结构"这一概念加以精确地定义。

[①] Bertrand Russell and Alfred North Whitehead, *Principia Mathematica*, Cambridge University Press, Volume 2, 1960, p. 293.

[②] Bertrand Russell, *My Philosophical Development*, Simon and Schuster, 1959, pp. 100—101.

罗素指出,在这一论题中的基本概念就是"顺序的相似性"(ordinal similarities)或"类似性"(likeness),它可以界定为关系之间的关系。例如,当 P 与 R 两个关系中的各项不必改变秩序而相关时,它们所造成的系列在顺序上是相似的。① 或者说,当 P 与 Q 的范围能如此相关时,它们的顺序就是相似的,即具有 P 关系的两项总是与具有 Q 的两项相关联,反之亦然。② P 关系的关系数可以被界定为对 P 来说是"顺序相似的关系类"。③ 只有当某一关系数产生于类似的同类关系,即当其包含类似 P 关系和与 P 相同类型的关系时,它才被认定为同类的。而这种同类的关系数在关系算数中起到重要的作用。④ 罗素自认证明了所谓顺序的相似性是自返的(reflexive)、对称的(symmetrical)以及可传递的(transitive)。⑤ 他还提出所谓双重类似性或双重相似性(double likeness or double similarities)就是这样一种发生在 P 与 Q 之间的关系,即 1) P 与 Q 类似;2) 在有给定相关者的条件下,P 与 Q 范围中的相关各项类似。⑥

罗素进一步论证,在任何与关系有关之处,这种东西与在类与类之间相似性所起的作用是一样的。类与类之间的相似性可以定义为某种一对一关系的存在,将某类的每一项和另一类中的相关者配对到一起。P 和 Q 两关系之间顺序的相似性可被定义为:"P 域对 Q 域可被某个一对一的关系所相关,如果任何两项有 P 关系,它们的相关者就有 Q 关系,反之亦然。如果 P 与 Q 构成了系列,只要 P 域与 Q 域不必改变秩序而得以相关,我们就可说 P 与 Q 类似。在界定相似性之后,下一步就是将 P 关系的关系数界定为与 P 类似的关系的类。"⑦ 举例为证:假设 P 为已婚的政府官员的席次关系,Q 是他们太太的席次关系,太太与丈夫的关系就使 P 领域和 Q 领域发生如此相互关系:只需这些太太们有 Q 关系,她们的丈夫就有 P 关系,反之亦然。当 P 和 Q 两种关系在顺序上相似之时,倘若 S 是相互关系,那么 Q 就是 S 和 P 的关系产物,并且还是 S 的反义(converse)。例如,倘若 x 和 y 是两个妻子,并 x 对 y 具 Q 关系,而且,倘若 S

---

① Bertrand Russell and Alfred North Whitehead,*Principia Mathematica*,Cambridge University Press,Volume 2,1960,p.295.
② Ibid.,p.316.
③ Ibid.,p.320.
④ Ibid.,p.334.
⑤ Ibid.,p.310.
⑥ Ibid.,p.365.
⑦ Ibid.,p.293.

为妻对夫的关系,那么,x 即对 y 的丈夫具 P 关系那样一个男子的妻子,也即是说,Q 和 S 与 P 的关系产物是同样关系,而且是 S 的颠倒;S 的颠倒即是丈夫对妻子的关系。无论何时 P 与 Q 为系列关系(serial relations),两者的相似在于其各项不必变更顺序而发生相互关系;然而,相似这一概念能适用于所有具备范围(field)的关系,即是说,能适用于领域(domain)和颠倒领域为同一类型的所有关系。

某一 P 关系的关系数可以界定为在顺序上与 P 类似的那些关系的类。这正如用顺序的相似取代类的相似,并用关系取代类的那种基数算数。加法、乘法和指数的定义或多或少有些像基数算术里的定义。罗素本人看到了以下这一点:加法和乘法都遵奉结合律,而分配律在某种形式下有效,但总起来说,在另一种形式下却可能无效。

罗素逻辑主义的主要目的之一,就是企图将整个数学归结到逻辑。但这仅能在某些程度上做到,而无法绝对做到。以上述一些逻辑规则与某些算数规则为例。如有人将逻辑连接符号 $\vee$ 对应于算数连接符号 $+$,$\wedge$ 对应于 $\times$,这样一来,算数的联合律(the association law):$(a+b)+c=a+(b+c)$ 或 $(a\times b)\times c=a\times(b\times c)$ 与逻辑的联合规则(Association):$[p\vee(q\vee r)]\leftrightarrow[(p\vee q)\vee r]$ 或 $[p\wedge(q\wedge r)]\leftrightarrow[(p\wedge q)\wedge r]$ 相吻合;算数的交换律(the commutative law):$a+b=b+a$ 或 $a\times b=b\times a$ 与交换规则(Commutation):$(p\vee q)\leftrightarrow(q\vee p)$ 或 $(p\wedge q)\leftrightarrow(q\wedge p)$ 相吻合;但算数的分配律(the distributive law):$a\times(b+c)=(a\times b)+(a\times c)$ 与逻辑的分配规则(Distribution):$[p\vee(q\wedge r)]\leftrightarrow[(p\vee q)\wedge(q\vee r)]$ 或 $[p\wedge(q\vee r)]\leftrightarrow[(p\wedge q)\vee(q\wedge r]$ 仅有部分吻合。例如算式 $3\times(4+5)=(3\times 4)+(3\times 5)$ 成立,但 $3+(4\times 5)=(3+4)\times(3+5)$ 决不成立。

罗素还看到,除相关关系的范围有限,上面所提及的交换律也是无效的。例如,采用类似自然数系列的一个系列,并且在其上再加两项。倘若将此两项加于开头,那么此新系列就如同那个旧系列;然而,倘若将此两项加于末尾,那此新系列就不一样了。无论何时,倘若 x 对 y 具 P 关系,或 x 对 y 具 Q 关系,或 x 属于 P 的范围,y 属于 Q 的范围,那么,P 与 Q 两种关系之和即可是在与 y 之间有效的一种关系。根据这一定义,一般说来,P 与 Q 之和不同于 Q 与 P 之和。不仅一般的关系数是如此,并且当其中之一或二者是无限之时,序数也是如此。序数是关系数的次类(sub-class),即适用于"良序"(well-ordered)数列。在这种数列中,任何具有某些元素的次类都有一个第一项,或具有后继者的所有类都有序列;

而且它也是一个具有良序关系的数列。① 罗素自信地宣称,康托曾研究过超限序数,但一般的关系数是在《数学原理》中首次得到界定和研究的。②

罗素设想有某些双或偶(couples)的数列,并且用选择公理的意义加以解释,而从这些双中构成选择的数列。除了企图将这个选择列为一个秩序,这个程序与基数算术里的程序相当近似,而在此之前仅把它们当成一个类。再设想,正如考虑类的选择那样,有三个集合:(x_1, x_2, x_3)、(y_1, y_2, y_3)以及(z_1, z_2, z_3),并从这些选择中产生一个系列。对此,我们可以采用多种方式。或许最简单的方式是:所有含有x_1的任何选择产生于所有不含有它的选择之前。在二者都含有或都不含有x_1的选择当中,那些含有y_1的选择产生于不含有y_1的选择之前。在二者都含有或都不含有x_1和y_1的选择当中,那些含有z_1的选择出现于那些不含有它的选择之前。我们为尾数(suffix)2和尾数3立下类似的规则;以如此方式,就可得到排成一个系列的所有可能选择,这一系列的开首为(x_1, y_1, z_1),而结尾为(x_3, y_3, z_3)。显然,这一系列具有27项,但此数目27已非一个基数,而成为一个序数,即一个特种的关系数。由于在那些选择当中建立了一个次序,故这个关系数就不同于一个基数,因后者不会建立这样一个次序。只要仅限于有限数,在序数与基数之间不会有重要的形式区别;但在无限数介入时,由于交换律的失效,两者之间的区别就变得重要起来。

针对"双",罗素还提出所谓两项关系积(the productive of two relations)的问题,他认为$P \times Q$是在其范围内所有"双"可以被选择的对象物和相关物所形成的一种关系,这些双在以下原则下被$P \times Q$所排列:如果某一双的相关物具有对另一个双相关物的Q关系,我们便将这一个双置于另一个双之前;如果这两个双的相关物相同,而第一个双的对象物具有对另一双对象物的P关系,我们便将这一个双置于另一个之前。③ 罗素还继续界定了一个范围的关系积以及有关关系乘法的问题等,因篇数有限,本书不再赘述。

罗素在界定关系数的算数操作时提出两点要求:一、采用适当数目

---

① Bertrand Russell and Alfred North Whitehead, *Principia Mathematica*, Cambridge University Press, Volume 3, 1960, p.1.

② Bertrand Russell, *My Philosophical Development*, Simon and Schuster, 1959, p.97.

③ Bertrand Russell and Alfred North Whitehead, *Principia Mathematica*, Cambridge University Press, Volume 2, 1960, p.384.

的类型;二、建立所谓分离关系(separated relations),即来自给定关系并与其有顺序的相似性,而且相互排斥的关系。① 在证明关系算术的形式律时,人们常有机会对付数列的数列的数列(series of series of series)。什么时候关系会变为数列?罗素补充说:"当具备以下3项特征时,一个关系就可称为级数数列,或产生了级数数列:(1)多元性(diversity),(2)及物性(transitiveness),(3)连接性(connecxity),即这样一个性质:在其范围中任何两个不同项之间的关系或此关系的反义。"②罗素又补充说,不必一定要完全具备这三项条件,只要有其中一项或两项就行了。多元性具有类似性转换(likeness-transformation),因而它所包含的存在性质是不变的。③ 所谓及物性关系可分对称和非对称两种:前者具有平等性(equality)的形式性质,如等同性、相似性和类似性等,而后者则相反。④至于连接性则是指:某一关系或其反义关系发生在它范围内两个不同项;而一个连接关系的范围则是由单一组合构成。因此,为使一个关系产生一个数列,连接性是必要的。⑤ 罗素作了一个生动的假设,假设排一行砖,将后一块置于前一块的东面;接着再排一行,并与前一行相碰,但在它的北面;如此继续,直到排到适当的行数而止。而后于第一层之上排第二层,第三层……,直到全部砖都堆完为止。这样一来,每一行均为一数列,每一层均为一数列的数列,而此整堆即为一个数列的数列的数列。这个过程可用符号表示如下:假设 P 在各层中为上对下的关系;P 的范围是由各层而成;每一层为若干行的数列。假设 Q_1 在顶层各行中为南对北的关系,Q_2 为第二层各行的此种关系,余下类推。Q 的范围是若干行的一个数列。R_{11} 为在顶层最南面的一行中东对西的关系;R_{12} 为顶层第二行中东对西的关系;余下类推,最终为 R_{mn}(假设 m 为层数,n 为每一层的行数)。在此例证中,假设层数和行数均为有限,但这是一种很不必要的限制,它仅是为把问题简化一点。在日常语言中,所有这些都过于繁琐和冗长,但用符号表达就变得简易。假设 F 为 x 对 P 的关系,这个关系在于 x 为 P 范围中的一项。于是,F^3 就是 F 和 F 和 F 的关系产物。例如,分

---

① Bertrand Russell and Alfred North Whitehead, *Principia Mathematica*, Cambridge University Press, Volume 2, 1960, p.459.
② Ibid., p.497.
③ Ibid., p.503.
④ Ibid., p.508.
⑤ Ibid., p.516.

开的砖是对 P 有 F^3 关系的若干项,即是说,每块砖为 P 范围中一项的范围的一项的范围的一项。在证明加法和乘法的结合律的时候,需要这样数列的数列的数列。

当两个关系数在顺序上相似时,它们便产生相同的"结构",但结构并不局限于二项关系,因而比较宽泛。罗素指出,对几何学而言,三项或四项之间的关系很是重要,因而,怀特海原打算在《数学原理》的第四卷里讨论这些关系,但做了不少准备工作后,他的兴趣消退,而放弃了这个宏伟计划。① 结构的概念是如何一般化的?假设 P 和 Q 不再是二项,而是三项的关系,此类的关系便有许多熟知的例子,如"之间(between)"和"嫉妒"。我们可以说 P 与 Q 有相同的结构,倘若它们的范围相互关联,以致无论何时在那个秩序里 xyz 有 P 关系,那么它们的关联者在相同的秩序中就有 Q 关系,反之亦然。结构的重要有经验的原因,但同样也有纯粹逻辑的原因。当两项关系具相同的结构,其逻辑性质(logical properties)是等同的,但排除对它们范围中各项的依赖。所谓"逻辑性质"是指可用逻辑术语表达的那些性质,而不仅是指可用逻辑证明的那些性质。例如,用来界定数列关系的那三个特征,即不对称的、及物的、连接的,都可用逻辑术语表达;倘若某一关系有这三者中的任何一个特征,那么在次序上与它相似的每一个关系也会有这一个特征。每一关系数,不管其有限或无限,都是具有此数任何关系的一个逻辑性质。广泛而言,有关某一关系的所有谈论,对与人们启动的关系而相似的任何关系来说,都是正确的,既不必涉及这一关系的各项,也不必涉及无法用逻辑术语表达的任何性质。逻辑性质和别的性质之间的区别非常重要。例如,倘若 P 是颜色之间的某一关系,如彩虹颜色的次序,那么,作为颜色之间某一关系的性质将不再属于在次序上与 P 类似的所有关系;然而,作为数列的性质却是如此。再举一个更加复杂的例证:留声机与它所放的音乐,在其逻辑性质上是无法分辨的,尽管这两类东西所组成的经验材料非常不同。

罗素还举出另一个例证来帮助把结构这个概念解释清楚。假设你知道某一语言的句法规则,但除了用于逻辑的一些词之外,你不识一词,再假设有人提供以这种文字所表达的一个句子:什么是这句话所具有的不同意义?这些意义的共同点又是什么?只要在逻辑上不是胡说,为了使整个句子具有意义,便可以对每一单词赋予任何意思。这样一来,这句话

---

① Bertrand Russell, *My Philosophical Development*, Simon and Schuster, 1959, p.99.

就会有很多可能的意义,甚或无限多,但它们都有同样的逻辑结构。如果你的语言具有一定的逻辑必要条件,那么在使你某些句子为真的那些事实中也就会有相应的结构等同性。多年后,罗素在其另一部有关数理哲学的书中,仍然十分重视关系的问题。他继续强调,数学哲学的一大部分是讨论各种关系,以及不同关系的不同用途。他认为所有关系的一个重要属性就是关注某些种类的关系,为此,他重新检验了所谓数列关系。①

1956年,美国卡内基大学—兰德公司协作组在电脑上成功地证明了罗素和怀特海《数学原理》第二章52条定理中的38条。这就是机器证明的开始。1959年,美籍华人王浩教授只用9分钟的机器时间,就在电脑上证明了罗素和怀特海《数学原理》一阶逻辑部分的全部定理350多条,引起数学界的轰动。

莱布尼兹勾画了一个雄心勃勃的蓝图,在其去世100多年后,布尔沿着他的方向创制了一种可用的符号逻辑,并将逻辑变为代数,证明了逻辑演绎能够看成数学的一个分支。1879年,弗雷格在小册子《概念文字》中,首次建立起在原则上能够包含数学家们通常应用的全部推理的精密的数理逻辑体系。罗素与怀特海的《数学原理》,企图表明所有的普通数学都能够在一个形式逻辑系统内部推导出来。20世纪20年代,希尔伯特提出元数学纲领,试图运用严格受限的数学方法去从外部研究这样的系统。1931年,哥德尔得到不可判定命题,葬送了希尔伯特纲领。四年后,图灵思考是否任何数学问题都可以通过一种算法来解决希尔伯特判定问题;于是他应用康托的对角线方法得出了否定的结论,判定问题的算法是不存在的。对莱布尼兹的蓝图而言,这并非一条好消息。然而,正是在证明这条否定性结论的过程中,作为副产品,图灵发现了某种会令莱布尼兹欣喜的东西:他发现了一个原则上能执行所有可能计算的通用机器的数学模型,即通用图灵机。1945年,冯·诺伊曼提出以"冯·诺伊曼结构"闻名的逻辑计算机的基本设计。在跨越近3个世纪后,这众多伟大数学家"通力合作"带来的划时代成果,即通用电脑的问世。②

---

① Bertrand Russell, *Introduction to Mathematical Philosophy*, George Allen and Unwin LTD, 1956, p.42.
② 参见戴维斯:《逻辑的引擎》,张卜天译,长沙:湖南科学技术出版社2005年5月第1版。

第四章 罗素与维特根斯坦的相互影响

现代分析哲学创始人之一的罗素曾与 20 世纪分析哲学运动的领军人物有着很多良性的互动。例如,1938 年,罗素应聘到美国芝加哥开了一个大型分析哲学研讨班,吸引了卡尔纳普和莫利斯等人参加;结果,活动很成功。与其他众多大哲的交往相比,罗素与维特根斯坦之间恐怕最为互动,也最为戏剧性。

一、忘年之交的两位大哲

"告诉他们,我这一生非常美好!"1951 年 4 月 29 日,62 岁的维特根斯坦(Ludwig Wittgenstein,1889—1951)说了最后这样一句话后,便永远沉默了。"凡不可说的就应当沉默。"这是他的一句至理名言,也是他根本的哲学理念。这位 20 世纪的超级大哲,说的话不多,终生不多的知音中,除了摩尔,青年早逝的拉姆赛,以及几个学生如冯•赖特等,还有一个恐怕就是作为伯乐的罗素了。

西方大学里流行一个电影《维特根斯坦》:这是一部长达 75 分钟现代荒诞风格的戏剧,镜头中一直呈现最简单的黑色背景,构图好似启蒙主义黑暗本色的绘画。在全穿罗马宽外袍家人的烘托下,这位大哲以一个受压抑而显得神经质的男童形象出现,通过一系列戏剧小品式的小场景,描绘了他从儿时到一次大战,再到在剑桥当教授,而与罗素以及经济大师凯恩斯合作的生平,并加上蒙太奇、意识流等令人迷幻的穿插画面,如火星侏儒等,来表现这位天才的贵族派头、犹太背景以及同性恋倾向。①

西方还流行一本另类的科普兼哲普读物,题为《维特根斯坦的火钳:两位大哲十分钟争论的故事》(*Wittgenstein's Poker: The Story of a Ten-Minute Argument Between Two Great Philosophers*)。② 书中提到

---

① 这是英国著名导演加曼(Derek Jarman)于 1993 年导演的一部影片。
② 作者为 David Edmonds and John Eidinow, Harper Perennial, 2002。

一件"公案":1946年10月25日,在剑桥一个标记为H3而相当拥挤的房间,罗素带着卡尔·波普(K. Popper)见到了维特根斯坦;这后两人同样都是来自维也纳,又都为犹太人的大哲,第一次也是最后一次相遇了;来客还有其他十余位哲学教授和青年学生。然而,不过十分钟,场面火爆而崩裂,两人不欢而散,这个事件便以戏剧性架构的流言散遍全世界,最精彩的构思画面是这两位宗师级人物挥舞通红的拨火棍大打出手……,不过,在那十分钟里究竟发生了什么,一直以讹传讹,以致谜上加谜。这本书竟将哲学、历史、传记和侦探四位一体,通过两位作者的实地调查和大量访谈,穿越历史的空间,破译当年不解的密码。

在所有大哲中恐怕没有比维特根斯坦更富个性更富传奇色彩的了。他出身于奥地利首富,即犹太钢铁大亨之家,父母都来自名门望族;他排行老八,从小就具音乐天赋。维特根斯坦家族恐怕有着某种自闭症、抑郁症或躁动症的遗传基因:他有三位兄长选择了自杀,而他本人也多次有过这样的念头。维特根斯坦与希特勒同岁,都是林兹实科学校(the Realschule at Linz)的校友,不过后者低一级,并且后来又留了一级。两人曾于1904—1905学年在校园里碰过面。这个学校与一般中学不同,专门培养工程师与工业家;据说它对希特勒世界观的形成影响颇深。1908年,维特根斯坦到英国曼彻斯特大学飞机发动机专业学习;三年后进入剑桥大学,在弗雷格的引介下,师从罗素研究数理逻辑。罗素的数理逻辑课通常只有很少学生,有时仅三个人。维特根斯坦与其是来上课,不如说是来炫耀自己的才能,在上课四周后,他就使罗素烦恼,反而是他主宰了课堂讨论,并在下课后仍追着罗素到办公室继续争论不休,一直到吃饭时间;而罗素的反应则是既感兴趣又不耐烦的混合物。

起初,罗素一直把维特根斯坦当作德国人。在给奥托琳的好几封信中,罗素这样写道:"这位德国朋友过于咄咄逼人,以致都有了损害……";"这位德国工程师极其好辩而且烦人……";"这位德国工程师是一个白痴,他不认为有任何经验的东西是可知的……";"他拒绝承认任何事物的存在,除非可确定的命题……";"在我讲课后,这位凶猛的德国人过来同我争辩。他真像一辆抗击推理进攻的装甲战车。同他谈话真是浪费时间。"但后来,罗素渐渐喜欢维特根斯坦执着的争辩态度。在听罗素讲了一学期的数理逻辑后,下个学期开学时,罗素发现维特根斯坦又来了,便让他别再听课了,因为他已经学完了自己必须教的东西,往下就得上更高水平的课了。摩尔也相当推崇维特根斯坦,"我在讲课时他似乎很迷惑不解,而其他人都不会这样"。后来,在给奥托琳的信中,罗素改变了对维特根斯坦的看法,他写道:"维特根斯坦在我的一生中是一个伟大的事件……我爱戴他,并感到他将解决我因太老了而无法解决的问题,所有这些问题都是我的研究所引起的,因而需要一个新鲜的思想以及年轻的活力。他就是这样一个人们所希望的年轻人。"① 于是维特根斯坦便成了罗素所特别关照的"被保护人"(the protégé)。

1914年,第一次世界大战爆发,应征入伍的维特根斯坦被遣派东线作战;他的战友回忆说,某次敌方的炮火打得大家抱头鼠窜,只有维特根斯坦原地坚持。1918年11月3日,即停战前两日维特根斯坦在意大利成为战俘;其家族利用各方影响进行营救,老师兼朋友的罗素也恳请凯恩斯帮他获释;但是他依然选择与其他战俘一起。1919年夏,维特根斯坦回维也纳后,便将自己的遗产份额转赠给一些穷困艺术家以及他的兄弟姐妹,并将前线战壕里写的书稿寄给罗素。第二年便开始在山村小学教书。1921年出版了德文版《逻辑哲学论》,次年译成英文出版,由罗素作了一个长序。这本薄薄的小册子被罗素和凯恩斯称为天才的杰作。不过,维特根斯坦抱怨,对他的《逻辑哲学论》弗雷格"一个字都不懂",而罗素则没有明白"主要观点"。

1929年维特根斯坦回剑桥教授哲学,并于同年提交《逻辑哲学论》进行论文答辩,获剑桥博士学位。维特根斯坦大部分时间都极为沉闷,但一吃午餐,就充满活力,就像食物唤醒其梦。某年冬天,维特根斯突然激动地对罗素说:"我要离开剑桥,马上就走。"罗素忙问缘故,他回答:"我的姐夫来了伦敦,我不能忍受离他如此之近。"于是,他就前往挪威过冬。维特根斯坦去过美国,但决不想留在那里。此后多次讲授哲学。1944年荣任剑桥大学哲学教授,但后来他开始厌恶在那里工作,提前辞职。他对挪威情有独钟,多次在那里度假居留。1945年他患肾病,1949年被诊断为癌症。1951年4月29日,他在剑桥去世。他曾做了几千页笔记,其中主要是他对哲学问题的思考,后来被陆续整理出版。罗素后来回顾,在剑桥第一个学期结束时,维特根斯坦问罗素:你是否认为我是一个十足的白痴?罗素答说自己无法判定,并反问他为什么这样问?他答道,我若是个白痴,就去当飞艇工程师,否则就当哲学家。罗素提议他先写一篇有关哲学

---

① 转引自 R. Monk, *Bertrand Russell: the Ghost of Madness*, Free Press, 2000, pp. 39—40。

的东西,再来裁决他是否为白痴。新学期一开始,维特根斯坦交来了文章。罗素念了第一句话,就说道:不,你不应当成为飞艇工程师。维特根斯坦便从此致力于成为一个哲学宗师。艾耶尔曾赞道:维特根斯坦如此伟大,以致成为仅次于罗素的哲学家;他感叹,对哲学家来说能改变哲学方向是最大的荣耀,而维特根斯坦前后期思想先后两次做到了这一点。也有人认为维特根斯坦比罗素更伟大,因为他的贡献更加划时代。例如维也纳学派领导人石里克就称维特根斯坦是"在逻辑领域所有时代最伟大的天才"。

维特根斯坦一生的哲学著述主要有《逻辑哲学论》《哲学研究》《蓝皮书和棕皮书》以及《哲学评述》等四部。一次大战前的十年,维特根斯坦深受罗素的影响,逐渐形成了《逻辑哲学论》的思想,并于1918年8月完稿。1929年,回到剑桥后的维特根斯坦完成两大卷打印文稿,其中一卷是1930—1932年写的,以《哲学评述》为书名出版。1933—1935年,他先后口述了《蓝皮书》与《棕皮书》,并以打印稿形式广泛流传。1936—1949年,他分两部分写成《哲学研究》。

可以这样说,罗素与维特根斯坦,就是两大天才的撞击与融合;这两位大哲可谓忘年之交,后者比前者晚生17年却早死19年。他们是一种亦师亦友、相互为师的关系,尽管后来终于分道扬镳。罗素将维特根斯坦视为自己所见过的传统天才的一个最完美的范例,热情、深沉、激烈、主宰,以及除了摩尔以外无人可比的纯真。维特根斯坦经常拜访罗素,有时坐在那里长时间沉默不语;罗素问他是在思考逻辑还是罪恶;他回答说两者皆有。某次,在亚里士多德学会的研讨会上,罗素对"几个白痴"相当礼貌,而维特根斯坦却愤怒地指责他未能当面揭露那几个家伙的愚蠢,这是一种缺德。罗素认为维特根斯坦是一个矛盾的人,将爱国主义与和平主义糅合在一起,他主动参军上前线打仗,但却对交战中友好的俄国人倍加赞扬。在《逻辑哲学论》的序言里,维特根斯坦在提及所受的思想影响时说自己只想提到"弗雷格和罗素";罗素则坦承:"维特根斯坦的学说对我的影响是深刻的。"[①]他阅读了罗素的哲学名著《数学原理》,指出了其中的错误,这使罗素感到震惊和无比羞愧,一度竟产生自杀念头。罗素准备再版《数学原理》,维特根斯坦对此发表看法说,这本书错误太多,即便再出一个新版本也毫无用处。在1916年致奥托琳的信中,罗素说自己有关

[①] Bertrand Russell, *My Philosophical Development*, Simon and Schuster, 1959, p.112.

认识论的论述遭到维特根斯坦的激烈批评,并认为这是自己一生中具首要意义的事件,而且对以后所有的探索都有影响,以致无法再从事哲学基本问题的研究了。他还提到,虽然自己一直相信哲学的基本工作都是逻辑的,但仍然以形而上学为论题,而维特根斯坦说服他在逻辑上想做的东西对他太困难了,"哲学对我失去了它的掌控力。这是由于维特根斯坦,而并非战争"[①]。

1929年,维特根斯坦用已出版七年的《逻辑哲学论》申请剑桥博士学位,答辩由罗素与摩尔主持。罗素有些犹豫,在给摩尔的信中,他写道:"除非维特根斯坦改变了他对我的看法,否则他不会很情愿请我作主考。最后一次我们相遇时,他对我不是一个基督徒这一事实感到十分痛苦,于是便一直回避我。我不清楚是否这种痛苦已经减轻,但他一定仍然不喜欢我,因为他始终再没有同我交往。我不想让他在答辩中途冲出房间,我想他会这样做的。"这年的6月18日,答辩充满了某种滑稽的气氛。当罗素与摩尔走进答辩室时,维特根斯坦笑着说:"在我的一生中,从未知道有如此荒诞的事情。"于是,答辩会便从老朋友之间的闲聊开始;不久,罗素以欣赏这种荒诞场合的心态对摩尔说:"该进行了,你是教授,你总该问点什么吧。"然后三人讨论了一会儿,罗素质疑道,维特根斯坦的主张前后不一致,因为他主张用无意义的命题来表达不可说的真值。当然,他无法说服这个答辩者。答辩结束时,维特根斯坦拍拍两位主持人的肩膀说:"别担心,我知道你们永远不会理解它的。"在答辩报告中,摩尔写道:"我的个人意见是,维特根斯坦先生的论文是一种天才的工作;正如它应当所是的,这篇论文当然高于剑桥哲学博士的标准。"[②]

第二年,维特根斯坦又用另一本书稿《哲学评论》(*Philosophical Remarks*)去申请三一学院研究基金,担任评定的罗素对这套新系统很有保留,为此,他写道:维特根斯坦的理论"当然是重要的而且是原创的,但我不知道它们是否正确"。不过,罗素还是赞同维特根斯坦应获得基金。而维特根斯坦却对罗素这一段时间写的通俗著作十分厌恶,称《赢得幸福》一书是"恶心的";《我信仰什么》一文"决非一种'无害的东西'"。在剑桥的一次讨论会上,有人为罗素的《婚姻与道德》中有关婚姻、性以及自由恋

---

① Bertrand Russell, *The Autobiography of Bertrand Russell*, George Allen and Unwin LTD, Volume 2, 1968, pp.66—67.

② 转引自 R. Monk, *Ludwig Wittgenstein: the Duty of Genius*, Free Press, 1990, pp.271—272。

爱辩解时,维特根斯坦回应道:"如果某人告知他曾在最坏的地方,我没有权利去裁决;但如果他告知这是用他最高的智慧使自己能够到那种地方,那么我就知道他是一个骗子。"①

二、罗素与维特根斯坦的前期互动

通过对维特根斯坦思想发展线索的追溯,可以揭示《逻辑哲学论》(*Tractatus Logico-Philosophicus/Logische Philosophische Abhandlung*)②一书的主旨,同时也可以发现这本书具有明显的自相矛盾之处以及原因;另外还可以了解《逻辑哲学论》出版以来,在西方,人们是如何接受它和评论它的。如果不了解这本书出版以来产生的重大影响,就无法理解现代西方哲学。历史地说明了此书的重要思想以及它在现代分析哲学发展中的地位是当今研究它的一个重要原因。在《逻辑哲学论》中有7个主要命题:1.世界是一切发生的事物;2.发生的事物(事实)是原子性事件的存在;3.事实的逻辑图像是思想;4.思想是有意义的命题;5.命题是基本命题的真值函数;6.命题的一般形式是真值函数的一般形式;7.对不可说的东西我们必须保持沉默。这不足80页以简明箴言体表达的系统,用1,1.1,1.11,1.12等到7的编号来链接,即1.1是1的注释,1.11和1.12注释1.1,以此类推,以此揭示整体与细节、细节与细节、细节与更细节之间的相互关系,从前一个命题到后一个命题都通过逻辑中项加以严密地过渡和延伸。本书的一个主要目标是区别语言与现实之间的关系,用"逻辑上完美的语言条件"来界定哲学的界限,并完善罗素早年逻辑原子论的哲学系统。这样一来,所有形而上学的问题都被意义领域所排除,而唯一合理的哲学方法是为自然科学而彻底摈弃哲学。维特根斯坦自信地评价这本书:它解决了所有哲学问题。在给罗素的信中,他写道:"实际上,如果未加预先的解释,你是不会理解的,它是用相当简短的论断写成的(这当然意味着没有任何人能够理解它,尽管我相信它像水晶一般透明。但它困扰了我们所有有关真值、类、数的理论以及所有其他的东西)。""现在我担心你并没有真正掌握我的主要关注点,逻辑命题的整个

---

① 转引自 R. Monk, *Ludwig Wittgenstein: the Duty of Genius*, Free Press, 1990, pp. 293—294。

② 拉丁语标题"Tractatus Logico-Philosophicus"最初是摩尔提出的,受到斯宾诺莎的"Tractatus Theologico-Politicus"(神学政治论)的启发。

工作仅是一种推论(corolary)。这主要观点是能被命题即语言所表达的东西(同样能被思想的东西)和不能被命题所表达而仅可显示的东西的理论;我相信这是哲学的主要问题。"①在它出版之后,维特根斯坦便退休去奥地利做了小学教师。

《逻辑哲学论》一书明显存在自相矛盾的地方。维特根斯坦认为只有科学命题才有意义,但他的书中却包含着大量非科学的论断、神秘主义和唯我主义。一方面他划定了可说和不可说的界限,另一方面他又说了大量不可说的东西。只有了解了维特根斯坦的思想发展,才能解释这种自相矛盾的哲学观点。

维特根斯坦早年对人生、世界种种问题极感兴趣,是叔本华的热情读者。转入哲学研究后,他感到世界的两重性和深刻的内心矛盾。于是他求教于弗雷格,研究枯燥的数学和逻辑问题,决心弄清数学的基础,从而奠定解决一切哲学问题的基础。后来,他又赴剑桥求学于罗素。这两个人的概念实在论给维特根斯坦很大影响,使他放弃了叔本华认为世界即"我"的观念,而承认世界和观念都是实在的,它们之间的关系是独立于人们的思维而变得真实的。他否认有永恒的逻辑常识,怀疑它们的本体论地位,认为逻辑的"真"只是重言式(tautology),不是其他任何真的副产品。在《逻辑哲学论》中,他表明:把逻辑运用到哲学上去,不是研究人们能够认识什么,只是提供一种方法研究人们的认识通过语言怎样成为真的。借助逻辑的方法,人们看到日常生活命题表明的是什么,看到形而上学的不可能性,看到构造的或系统的逻辑学的不可能性。它只提供一个真实的世界观,而不是反映实在的图像。维特根斯坦强调,能说的只是哲学的一部分,至于不能说的,则可在这一世界观中显示出来。这就是《逻辑哲学论》的主旨。它解释了这本书表面上的矛盾。维特根斯坦说,只有把我的命题视为无意义的,才能读懂这本书。西方哲学界一般认为,这本书确定了数学和逻辑的地位,把哲学作为清楚地表述科学命题的方法,原则上划定了可说与不可说的界限,从而排除了一切"形而上学",而这一切

---

① Bertrand Russell, *The Autobiography of Bertrand Russell*, George Allen and Unwin LTD, Volume 2, 1968, pp. 162—163, p. 165.

正是维也纳学派大力提倡和实行的。① 同时应指出,维特根斯坦与维也纳学派是不同的,他并不认为科学活动是人类最重要的活动,科学不能回答人们的一切问题。他认为,科学中只有真,但真以外还有其他东西,涉及人生、道德、价值,因此,还需要其他的方法,这一点也是这本书要说明的。

三、罗素与维特根斯坦的后期互动

后期维特根斯坦的代表作是《哲学研究》(*Philosophische Untersuchungen*),此书与前期代表作《逻辑哲学论》相比在表述方式、写作风格及思想内容等诸方面都产生了根本的变化。虽然立论的焦点仍在语言研究上,但维特根斯坦先是放弃了从老师罗素那里继承的"逻辑原子论",即最基本的经验事实乃经验世界的经验事实;并且还否定了自己的"图像说",即认为语言是描写现实世界及其逻辑结构的看法。在对前期自我批判的基础上,维特根斯坦在摩尔(G. E. Moore)日常语言哲学的启迪下,从先前对语言意义的关注转向了对语言用法的重视,从而提出了"语言游戏说",即作为工具语言乃是人类公共生活在一定规则下发生的社会活动。为了进一步贯彻上述观点,他又提出真正的哲学家是对语言精神病进行治疗。

维特根斯坦指出,用陈述实在的方法表明实在的性质是不可能的,"形而上学"就是企图说出不可说而应当显示的东西。维也纳学派认为要

---

① 当时北大洪谦教授也是这个学派的成员。其实,正如罗素1920年访华后,他的分析哲学在中国并没有多大影响一样,洪先生在回国后所做的种种努力也没有使中国哲学界受到多大的影响。有学者就这样评论过:"马赫的实证论、维也纳学派的逻辑经验论以及他们的现代主义的科学世界观在美国传播的历史,有力地表明了美国有发展经验论哲学的肥沃土壤。与中国大陆唯一的维也纳学派成员洪谦教授(1909—1992)归国后的遭遇形成了鲜明的对比。所以,洪谦先生在20世纪80年代曾说,中国缺乏发展经验论哲学的土壤。"新中国成立前如此,新中国成立后的情况也不必说,由于种种原因,现代西方哲学被贴上了"西方资产阶级哲学"的标签,甚至大都还加上了"反动"或"腐朽"两字。洪先生所代表的"维也纳小组"当然也不例外。逻辑实证主义、维也纳小组以及整个分析哲学的思想,尽管20世纪80—90年代在学术界闹腾了一阵,但至今都没对中国有什么实质而有意义的重大影响。笔者每次回国,似乎每个人言必称胡塞尔和海德格尔、现象学和存在主义。洪先生的那一套,则始终很难掌握人心,这恐怕是他老人家九泉之下最感到遗憾的事了!还有学者这样评论说:海德格尔也许更受哲学家和社会科学家的欢迎。因为他的散文般的语言、近乎狂想式的论述、浪漫主义的神秘感,尤其是他对现代科技的鞭挞,更是引起了西方具有忧患意识的人们的共鸣。比较起来,维特根斯坦似乎没有海德格尔受欢迎,个中原因虽然难以说清,但分析哲学的科学理性精神的普遍失势,以及后来语言分析哲学的琐碎繁琐,可能是两个最重要的原因。

么就是有意义的命题,要么就是"形而上学",并且想以科学的方法研究宗教、伦理问题。他们的思想决定了其后50年间分析哲学的方向,但却没能全面了解维特根斯坦。他们不明白哲学问题是不可能靠几个简单定义和逻辑规则就解决的。维特根斯坦相信哲学只是一种方法,人们可借此看透自己由于语言和思维本性的影响而产生的错觉,以便正确地认识世界,从而正确地对待其他事物的活动。人们可能以为《逻辑哲学论》提供了这样一个解决哲学问题的样板,但是维特根斯坦自己也认识到,人们不可能一劳永逸地找出一个解决一切哲学问题的方法。这使他后来改变了自己早期的思想,形成了《哲学研究》中的新思想。

20世纪30年代,即第二次世界大战前夕,英国出现了另一种哲学倾向,即普通语言哲学。这一派起而反对维也纳学派实证论的逻辑分析的简单化。他们集中精力于语言和逻辑性质及关系的研究,并试图通过这种研究排除有关本体论的问题。与维特根斯坦后期思想一致,他们要求以普通语言为出发点,研究其各种功能,认为这些功能不单是人为演算中规范的描述作用和构造系统。此外,他们也要求一个一个地解决问题,而不是一举解决一切哲学问题。但是,维特根斯坦去世后,20世纪50年代崛起的普通语言学派并没有完全继承他。维特根斯坦虽说是语言哲学的鼻祖,但却不相信存在语言哲学。他想设想一种想象的语言,看它会发生什么实际效果,以便揭示被掩盖着的荒谬。他想认识人们语言和偏见的荒谬之处,却不像普通语言学派那样注重表达时用什么词和句。他并不企图确立普通语言的规范,只是认为词或句的意义即它们的用法,并力图说明通过语言的用法使人们对某些事物在"意义"上达到一致的了解,而不在于说明使用语言的思想过程及语言在这个过程中所起的作用。这就是维特根斯坦提出的"语言博弈"的基本意义。

在《维特根斯坦与维也纳学派》一书中,英国哲学家麦金内斯[①]指出:

---

① 1982年,本书作者曾受洪谦先生委托,短暂担任过国际著名的维特根斯坦专家麦金内斯博士(Dr. B. F. McGuinness)的访华助手,因此有机会与他探讨了有关维特根斯坦与罗素的哲学问题。麦金内斯博士作为逻辑经验主义在牛津大学的重要代表之一,对维特根斯坦以及分析哲学的研究有着很深的造诣;1961年,他与皮尔斯(F. P. Pears)合作,重译了《逻辑哲学论》这一维特根斯坦早期的重要著作。英国最有影响的哲学刊物之一—《精神》称赞"这一译本已经达到了圆满的地步"。1979年,麦金内斯与贝舒兹出版了《维特根斯坦与维也纳学派》一书。此外,他还参与主编了《维也纳学派丛书》,并且撰写了不少具有很高学术水平的有关维特根斯坦的论文,如《维特根斯坦的〈逻辑哲学论〉中的语言和实在》等。本书有关维特根斯坦前后期思想的对比讨论,主要受到麦金内斯博士的启发。

维特根斯坦思想与海德格尔的思想有相当的交集之处,前者称自己很理解海德格尔为什么强调存在与恐惧的缘由,因为人们总是感到不可遏制地要冲破语言的界限。对维特根斯坦和海德格尔两人的后期思想加以比较,可以发现他们各自作为两大哲学运动(分析哲学和存在主义)的泰斗既有某种相异点,也有某些相同点。相异点在于:从总体上说,维特根斯坦主要表现为科学主义、现实主义、现代主义和逻辑主义;而海德格尔则主要表现为人本主义、浪漫主义、传统主义和思辨主义。相同点在于:这两位都出生于1889年大哲的思想有着某些相互包含和渗透的地方,如都由于其独特的方法论而各自开创了影响整个20世纪的哲学运动;都由于强烈的批判精神而自我扬弃先前的体系;都由于通过语言而走向某种程度的神秘主义;都由于对日常语言的重视而促进了科学主义与人本主义两大思潮的合流。

从维特根斯坦出发,可以有利于了解当代分析哲学的一些代表人物及其思想,如施特劳逊(P. F. Strawson)及其语言分析理论,奥斯丁(J. L. Austin)及其根据"说话行为"(speech act)来了解命题意义的理论,以及戴维森(D. H. Davidson)及其依据说话人的意图去理解其话的意义的理论;此外,还可以进一步考察当代分析哲学中流行的奎恩(W. O. Quine)以及其他人的整体主义理论,即具有经验意义的论断,不是个别的陈述句子,而是对它们构成的理论体系的整体等,作了细致的分析和严格的批评。

综上所述,人们可以看到现代哲学发展中有多少东西已蕴含于《逻辑哲学论》之中了。因此,单纯地把它看作是"关于世界、逻辑空间和形式以及永恒存在的客体的形而上学"的学说来加以批评,是短见的。

维特根斯坦的思想源自摩尔的《伦理学原理》和罗素与怀特海合写的《数学原理》。他的哲学研究的主要目标为语言,企图揭示人们在交往中,表达自己时所发生的东西。他强调语言即哲学的本质,是人类思维的表达,也是所有文明的基石;因而哲学的本质只能存在于语言中,从而消解了传统形而上学的唯一本质,为哲学寻得新的途径。他的《逻辑哲学论》和《哲学研究》各自代表前后时期的不同体系:前期基于解构,以语言学问题替换哲学问题,哲学就是说清问题;后期以建构重替解构,用哲学回归哲学,用"游戏"考察游戏,在日常生活中处理哲学的本质。维特根斯坦在《哲学研究》序言中称自己前期犯了严重的错误,但也说应在对比中,以前期作为背景来理解后期哲学。维特根斯坦思想前后转变,除了他本人的思维特质外,也与罗素、摩尔等人直接或间接的影响分不开。维特根斯坦的学生兼密友冯·赖特(G. H. von Wright)认为,作为《逻辑哲学论》与《哲学研究》作者的维特根斯坦,对于分析哲学的发展具有决定性的重要性,但将维特根斯坦本人称为分析哲学家是否正确,这几乎是另一个问题。对考察典型的"分析"来说,《哲学研究》的思想有些反其道而行之;而《逻辑哲学论》在某种程度上可视为分析哲学思潮的顶尖,而这种思潮是由罗素掀起,后由维也纳学派成员推波助澜而形成的。后期维特根斯坦的观点则与摩尔有些相似。①

维特根斯坦后期的思维方式与罗素的有根本性区别,这导致两个人之间的个人关系也冷淡下来。在第二次世界大战之后的一段时期,罗素甚至将维特根斯坦思想的发展视为某种堕落,并将其影响看成哲学上的危险。

四、罗素终身的"维特根斯坦"情结

《数学原理》出版后,罗素同时受到数理哲学两大主派即形式主义者和直观主义者的批判,他们都全然否认数学来自逻辑。但他却认为这两派仅属外部的攻击,做出反击并不非常费力;但维特根斯坦及其学派所发起的则是内部攻击,故应当更重视。对他而言,维特根斯坦的影响分为两大波:第一波是第一次大战之前;第二波是大战一结束收到《逻辑哲学论》的书稿。不过,至于维特根斯坦后期的《哲学研究》,罗素则自负地说:它对我毫无影响。1912—1913年间,来自维特根斯坦的批评,使罗素停写了《我们对外部世界的知识》一书。罗素回顾在 1914 年初,维特根斯坦给了他一份打字稿,其中包括一些各种逻辑观点的笔记。他提到,这份文稿以及多次交谈影响了自己在战时那几年的思考,而当时维特根斯坦正在奥地利的军队服役,因而与他的联系全部中断。在这期间,罗素对其学说的了解全都来自未经发表的材料。"我不确认,那时或后来我自信是来自他的看法,事实上真是他的看法。他一直强烈否认别人对其学说的阐述,即便这些人是他的虔诚的门徒。我所知道的唯一例外是拉姆塞(E. P. Ramsey)……"

---

① 参见 G. H. Von Wright, "Analytical Philosophy: A Historico-Critical Survey," *Tree of Knowledge and Other Essays*, New York: E. J. Brill, 1993。

1918年,罗素在伦敦连续做了一些讲演,他曾用对维特根斯坦的致谢语当作这些讲演的序言:"下列文章……大都是阐释从我的朋友、从前的学生路德维希·维特根斯坦所学来的一些观念。从1914年8月后,我就没有机会知道他的观点了;甚至我都不清楚他的死活。因此,除了原本由其所提供的很多理论之外,他对这些讲演中所谈到的概不负责……"就在这些讲演中,罗素首次用"逻辑原子主义"这个名称来表述他的哲学。不过,他认为1914年的维特根斯坦还处于不成熟的阶段。战后不久,维特根斯坦将《逻辑哲学论》的打字稿本寄给了罗素,当时他还关押在战俘营中。后来,罗素先谈了这本书对自己的影响,后又讨论了对它的思索。

根据罗素的看法,或许《逻辑哲学论》在哲学上的基本主张是,一个命题是它所断定的那些事实的一个图像。一张地图显然在传达某些正确或不正确的信息;当这些信息正确时,这是因为这张地图与其相关的地方两者之间有结构的相似性。罗素认为,维特根斯坦正确地强调了结构的重要性,但对一个真命题必须重造相关的事实结构这一说法感到怀疑,尽管自己最初也同意这个观点;不管怎样,即便这个观点在某些意义上是正确的,它也不会有任何重大意义;而这一点对维特根斯坦却是根本的,并将之当成某种怪异神秘主义的基础。他主张一个真命题与同它相应的事实所共有的"形式(form)"只能显出(shown),而不能说出(said),因为它并非本语言中的另一词,而是一些词或相应事物的一种安排。在对《逻辑哲学论》的导读中,罗素建议,尽管在任何一种语言中都有一些语言所无法表达的东西,但总有可能构造一种高一层的语言将那些东西说出。在这种新的语言中,仍有一些东西无法说出,但能在下一种语言中说出,如此等等以至无穷。这种建议在那时是新颖的,而目前已成为逻辑上一种公认的东西了。至此,罗素坚信,这一来便清除了维根斯坦的神秘主义,并同时也解决了哥德尔所提出的那些新谜。此外,罗素还讨论了维特根斯坦有关等同性(identity)的说法,并与《数学原理》中的定义相比较。

在罗素看来,维特根斯坦不接受对世界上所有事物的任何陈述,而提及如"世界上存在多于三个以上的东西"这样的一个命题是没有意义的。1919年在海牙讨论《逻辑哲学论》的时候,罗素在一张白纸上用墨水滴三个点,并请维特根斯坦承认:既然有这三个点,世界上一定至少存在三个东西;但后者坚决加以拒绝。维特根斯坦承认在那张纸上有三个点,因为那是一个有限的断定,但他不承认有任何东西能被说出有关作为整体的世界。这与他的神秘主义相关,而且被他对等同性的否认所判定。对罗素所谓"无限公理(the axiom of infinity)"的说法,都引起维特根斯坦的嗤之以鼻。在他看来,你可以问"伦敦有多少人?"或"太阳里有多少分子?"但推导世界上至少有一定数的东西,则是无意义的。罗素认为他的学说中这一部分肯定是错误的。维特根斯坦发布了两个一般原理:即,外延性(extensionality)原理与原子性(atomicity)原理。罗素指出若其为真就会是非常重要的,他得到的结论是:"(1)当加以严格解释时,凭借'A相信p'这样一类句子的分析,外延原理不会显示是谬误的;(2)这个同样分析不能证明原子原理为假,但也不足以证明其为真。"[①]对维特根斯坦这两个原理更通常的批评是,找不到理由来确信简单物与原子事实。后来他本人也想到了这一点。罗素认为,维特根斯坦有关逻辑完全由重言式构成的主张是正确的,并与这点有关联的另外重要一点是,所有原子命题是各自独立的。

[①] Bertrand Russell, *An Inquiry into Meaning and Truth*, Unwin Paperbacks, 1980, p.273.

第五章　罗素对理想语言的构思创制

罗素从来对语言相当重视,曾说过:"我相信,语言的影响一直是深刻的,而又几乎不被人们认识到的。"但他对语言意义的理解分两个阶段。在早期,罗素将语言的哲学研究看成是"哲学语法的构建",也是形而上学(指玄学)的一个准备阶段,即作为实现形而上学目标的实在特性的途径。他说道:"语言的属性能够帮助我们了解世界的结构。"[①]后来,罗素把语言放在与逻辑、认识论、本体论以及方法论的相互联系中加以考察。罗素看到了有关语言的几种关系:1. 语言与经验事实的关系;2. 语言与形而上学的关系;3. 语言与心理内省的关系;4. 语言与其他语言的关系。在罗素看来,把哲学问题转化为逻辑符号,就能够更易于推导出结果,而不会为自然语言的不精确性所误导;哲学与其他自然科学的根本区分就在于研究方向的不同,因前者的内容更广泛,但两者之间研究方法却并无二致;同数学一样,哲学凭借逻辑方法也能够得到精确答案,因而哲学家的职责就是发现一种可以说明世界本质的某种理想逻辑语言。理想语言或人工语言的影响和作用"在罗素哲学分析上是格外重要的,正像它在逻辑经验主义者的工作中一样,一种人工语言的建构与使用成为逻辑分析与语言说服之间主要的冲突点"[②]。

一、语言的功用

什么是语言的用途?对罗素来说,语言就同呼吸、血液、性别以及闪电等所有带有神秘色彩的东西一样,从开始记述思想之时,人类就始终从迷信的角度对待它。哲学家出于阅读与定立理论的需要,因而将语言视为某种能够阐述与传播知识的工具。然而,除此之外,它还有其他不少功

[①] Bertrand Russell, *An Inquiry into Meaning and Truth*, Unwin Paperbacks, 1980, p. 341.

[②] E. R. Eames, *Bertrand Russell's Theory of Knowledge*, George Braziller, 1969, p. 59.

能。对一个军曹而言,语言一是为发号施令,让很多听命的士兵同时做同样的操作;另一是咒骂,让那些没有随口令做出预期操作的士兵受辱。而这两种状况都同哲学家所重视的语言功能不同。语言能够用于表达情感,或用于改变他者的行为,但这些都能够用先于语言的方式进行,如动物用尖嚎表达痛苦,婴儿用各种哭笑声表达气愤、难过、欲求和欢快各种情感。如果某动物因自身结构使某些外在因素对其造成某种情感,而接着由此又造成某种声音,那么这就对某一观察者显示了两种知识:一,这个动物具有某种情感;二,存在某种外在因素。罗素认为,语言有表达(expression)和交往(communication)两种目的,但它们并非相互割裂的,甚至有时两者密不可分。语言有两种相互联系的长处:其一,它是社会的;其二,它对"思想"提供了公共的表达方式,否则,这些思想就永远是隐私的。若无语言或某种先于并类似语言的东西,人们对环境的知识就会局限于感官所显示的东西,加上那些先天生理构造带来的推理方式。然而,由于语言的帮助,人们就可以明白他人所说的话,还可以说出在感觉上已非当下而仅存于记忆中的事物。若无语言,人们仅能传达具有共同感觉的那一部分生活,而且也仅能传达给那些由环境因素决定而有这些共同感觉的人。

  罗素将语言的用途分为共有经验与个人经验两类。这种区分部分依赖生理学,部分依赖声波和光量子的持续存在,并使说与写两种语言形式成为可能。语言不仅要依赖物理学,而且必须依赖因果联系才可能有物理学的知识。由于人们对能够可感客体的共同感觉只是大致相似,因而从社会角度看,用于表达这些客体的语言就可能不够准确。但罗素错误地主张即便没有语言也可能有思想,甚至还可能有真假的信念。不过,他还是强调,凡是比较复杂的思想都必需语词。例如,在数学上,可以从可理解的简单句子出发,并依据可理解的推理规则,逐步组成更加复杂的符号命题,只要原发的假定正确,那么这些句子就必定正确,而无论其意义为何。

  对罗素来说,语言还有另外两种很重要的用处,它可以让人们应用符号处理与外界的相互作用,这些符号必须具有:(1)时间上一定程度的永久性,(2)空间内相当程度的离散性(discreteness)。这两种优势在写作上比言谈更加显著,但在言谈中并非完全缺乏这两种优势。语言是一个有用甚至是必不可少的工具,但也是一个危险的工具,因为它是从提示客体具有一种确定性、离散性以及准永久性而发端,然而物理学则似乎表明客体并非具有这些特性。因而,哲学家就必须利用语言去担当清除语言所提示的错误信念的艰难使命。有些哲学家为了避免这个使命中的各种问题、不确定性以及复杂性,宁愿将语言视为一个自立的领域,并企图舍弃语言的意图与事实发生关系,以利于我们对付环境。从这一点说,此种处理法大有益处:倘若逻辑学家和数学家始终牢记符号应当意指某种事物,那么逻辑和数学就不会得到如今的成功。罗素说道:"……哲学家一定要追求真理,甚至以美作为付出的代价,在研究语言时,他必须不能让数学的动人歌声将自己诱惑。在开初阶段,语言是平凡而实际的,它利用某些粗糙,起初并不具有美感的大致做法,而且其仅包含很有限的真理。语言后续的精致化常常注重美学的而非科学的,然而,在从事这个探索时,无论如何困难,也应当毫不犹豫地摈弃任何审美的动机。"①

二、经验主义的语言观

1918年,罗素对"意义"的定义和语言与事实的关系开始感兴趣。而在此之前,他只是认为语言是"一目了然的",从未将语言与非语言世界的关系是如何构成的这个问题加以考察。在他看来,极显然而又被人过于忽略的第一件事就是:一个词即为一个"共相(universal)",当说、听、写或读一个例证的时候,就是这个"共相"的例证。那些将"共相"加以哲理化的人知道"狗"是一个"共相",因为存在很多的狗,然而他们却没有看到在完全相同的意义之下,"狗"这个词也是一个"共相"。那些否认"共相"的人似乎总在说,一个词能够适用于所有的例证。而这正与事实相背离。存在无数的狗,也存在"狗"一词的无数例证。这个词的每一例证都对这种四足动物的每一例证具有某种关系。但这个词本身仅具有从属柏拉图式狗的那种形而上的状态(不管这种状态是什么)。显然,"意义"必定是一个词的某一个别的例证与那个词所指的某一个别例证两者之间的某种关系。也即是说,如果要解释"狗"一词的意义,就必须检验这个词特定的发声,还要必须考察这些特定的发声与狗类的特定成员是怎样相关的。在对"意义"加以定义的时候,罗素所采用的方式是尽可能依照行为主义的原则来操作,同时也考虑到这些原则最终是不充分的。罗素说道:"语

---

① Bertrand Russell, *Human Knowledge: Its Scope and Limits*, Simon and Schuster, 1948, p. 63.

言的本质并非依靠这种或那种交往特殊手段的用途,而是为了当下可感的某种事物而利用固定的联想……无论何时完成这个过程,那种可感的东西可称为一个记号'(sign)'或'符号(symbol)',而'理念'可称为'意义'。"①

罗素曾对一个词"正确使用"是什么意思,做过以下的界定:"当一个普通听众受到一个词本来意图的影响,这个词就算正确使用。但这仅是有关'正确'的心理学定义,而非文字上的定义。文字的定义就是将一个普通听众代之以一个生活在很久以前并受过高深教育的人;这个定义的目的就是让这个词说得正确或写得正确变得困难。一个词与其意义的关系,就是支配我们使用这个词以及听到它而行动的因果律性质。对于为什么将一个词用得正确的人应当能够说出这个字的意义,并不比下面这一情况有更多的理由,即为什么一个运行正确的行星应当知道开普勒定律。"②

在理解一个客体词(object-word)时,最根本的事是这个词分有(share)其意义的某些性质。罗素指出:"那些不包含客体词的句子是属于逻辑和数学的。所有的经验陈述都包括客体词……。因此,客体词的意义在经验知识的理论中是根本的,因为通过这种词,语言凭借能表达经验性真假的方式而与非言语的现象联结在一起。""客体词是一个由一些相似声音或发音构成的类,这些声音来自习惯,并与由同时常从经验而发生的相似东西构成的类相联结。"③如果一个人在半夜被"失火了"的喊叫所惊醒,那么他的行为与他闻到燃烧气味之后的行为并无什么分别。当然一个词与它的所指是有区别的。"火"这个词不能使人感到热或致人死命,但在涉及界定意义的时候,它是因果的相似性,而非因果的差异性。虽然罗素认为这种"意义"的定义相当正确,但并没有将它讨论得彻底,因为它仅可适用于客体词。他举例说,假定在动物园里,你可以在孩子正凝视老虎之际,说"老虎";然而却不存在一个你能够对孩子指出"比"(than)这个词义的"动物园"。上述理论还有另一种局限,这就是,它仅在词的指示或感叹用法上才算够用。因此,除非这个理论得以充实,否则它就不能

---

① Bertrand Russell, *The Analysis of Mind*, George Allen and Unwin LTD, 1956, p.191.
② Ibid., p.198.
③ Bertrand Russell, *An Inquiry into Meaning and Truth*, Unwin Paperbacks, 1980, p.29, p.75.

解释那些用于讲述、想象、欲望或命令的词汇。在知识论中,上述理论就是语言的指示用法,但在其他情况下,它的另外用途也是同样重要的。

罗素提到:"我想一个词的基本用途能被区分为指示的、命令的以及疑问的。当一个孩子见到母亲走来的时候,他也许叫:'妈妈',这是指示性用途。当他要妈妈的时候,他喊:'妈妈!'这是命令性用途。当母亲假扮为一个巫婆,而他揭穿伪装的时候,他也许叫:'妈妈?'这是疑问性用途。在起初学语言的时候,指示性用途必定出现最早,因为词与其所指的客体之间的联想仅可在两者同时出现之际才能产生。然而命令性用途马上接踵而来。在考察我们所谓'想到'一个客体到底指什么的时候,这是有关联的。很明显,刚学会了叫母亲的这个孩子,为经常遇到的一种状态,找到了一个口头表达,并且这种状态与他的母亲相联结,而现在这种情形与'妈妈'这个词相联结了。在学习语言之前,他的状态仅能部分地进行沟通;一个成人听到他的哭声,可以知道他想要什么,但仅能猜测他想要的到底是什么。然而'妈妈!'一词能表达他的状态这一事实显示,甚至在学习语言之前,他的状态就与其母已有一种关系,即'想到'的这种关系。这种关系不是被语言所创造的,而是先于它就有的。语言所做的是使这种关系能够进行沟通。"①

罗素嘲笑那些哲学家和书呆子往往出现一种倾向,即他们的生活为字语词所掌控,甚至忘记词的本质的功能是与事实总有某种关系,而一般而言,事实是非语言的。什么是所谓事实?罗素解释道:"我所谓的'事实'是指:无论人们想到或没有想到,它都是存在的。……大部分事实是独立于我们的意志的,这就是为什么称它们为'硬的''顽固的'或'不可避免的'。对于大多数的物理事实来说,它不仅独立于我们的意志,而且还独立于我们的存在。"②有些近代哲学家甚至认为,词永远不应该与事实相遇,而是应该处于一个纯净、自主的世界里,在那里,词仅与其他一些词相比较。当人们说"猫是一种食肉兽"的时候,并非意味着一些实在的猫吃实在的肉,而只是指在动物学著作里,猫被划分为食肉类。这些著者们告诉我们,使语言与事实相遇的企图是"形而上学",因而应该遭到责难。罗素揭露了非常荒谬的看法,这就是,看不清语言在事实世界里的地位,而它是由可感觉的现象所构成。倘若人们不了解事实,就不能弄清他人

---

① Bertrand Russell, *Human Knowledge: Its Scope and Limits*, Simon and Schuster, 1948, pp. 70—71.
② Ibid., p. 143.

在表达什么,甚至连自己表达什么都不知道。语言与其他任何行为相似,都是来自某些有用的习惯。

罗素回顾历史说道:"从有历史记载的最初期始,语词便成为人们迷信而敬畏的对象。从前若一个人得知他的敌人的名字,便可利用它作为手段,而获得了战胜敌人的魔力。我们依然用如'以《圣经》的名义'这一类的语句。人们很容易就赞同这句陈述'太初有言(《圣经》约翰福音)'。这种观念构成了柏拉图与卡尔纳普以及大多数介于这两人之间的形而上学家(玄学家)们的哲学基础。"①

罗素在《心的分析》一书中,论证了精神现象的要素完全由感觉和想象(images)所构成。但他又坦言自己仍不知道这种论点是否正确,不过他仍相当自信,如不引介想象,就不能解释语言的很多用途。行为主义者拒绝接受想象,因为它们无法从没有中观察到,但这就使他们在解释记忆或想象的时候产生很多困难。当时罗素以为有可能用行为主义来解释欲望,但后来他对此产生了疑问。不过,他始终坚持,对有关在目前不可感觉的事物而解释词的用途来说,想象是必要的。

罗素进一步考察了句子和仅做句子的一部分才有意义的词,便发现了新的难题。人们能用感叹来表达"火"或"狐狸"这样的词,而不必将它们置于句中。然而有很多词却不得如此单独使用。例如,"地球是比月亮大";其中"是"与"比"仅当作句子的一部分才有意义。有人或许对"大一些"这类词产生疑问。假设你正注视马,突然又瞧见一头象,你或许大喊:"大一些!"但是谁都能认同这只是某种省略法。因此,如果不首先考察句子,或者说,不首先考察用句子作手段来表达的心理现象,某些词预设句子的这一事实使之不可能作任何更进一步的意义分析。

在写《数学的原则》之时,罗素就对句子感到困惑,不久他对动词的功能产生了兴趣,认为正是这种词使句子成为整体。"A 大于 B"是一个复合句,因其包含几个词。在使句子为真的那个事实中(如果此句为真),也必定存在相应的复合性。除了这种复合的统一体外,一个句子还有另一种特性,即真与假的二元性。由于这两个原因,解释句子意义的问题比界定客体词的意义所引起的问题,更为困难,但也更为重要。在《心的分析》中,罗素自认并没有将这些问题讨论得很彻底,但在《对意义与真理的探

---

① Bertrand Russell, *An Inquiry into Meaning and Truth*, Unwin Paperbacks, 1980, p. 23.

讨》一书中,他又自诩对这个范围进行了充分的阐述。

三、语言中的形而上学(玄学)影响

在对待语词与非语言事实的关系上,罗素将哲学家分为三种类型:第一种是那些从语言的性质推导出世界性质的人,其中包括巴门尼德、柏拉图、斯宾诺沙、莱布尼兹、黑格尔以及布拉德雷等。第二种是那些主张知识仅仅是词语知识的人,包括唯名论者和某些逻辑实证主义者。第三种是那些鼓吹存在着无法用词语来表达的知识,而却又用词语来告诉我们什么是这种知识的人,包括神秘主义者、柏格森和维特根斯坦,以及黑格尔与布拉德雷的某些思想。在罗素看来,第三种观点是自相矛盾的,因而应当排除。至于第二种观点,它也因坚持经验事实,主张只能认识一个句子里出现的词而处境不妙。因而,"如果必须从这三种观点中做出选择,那么这第一种就是最好的"[①]。为此,罗素提出了两大问题:其一,什么是真理的对应理论? 其二,就像在逻辑语言所显示的,这个世界是否存在与讲话各部分的区别相对应的东西?

我们前面说过,罗素在分析哲学家中是最形而上学(玄学)的一位。他指出,如果没有那些在很多近代哲学家看来过于形而上学的假定,要建立一个站得住脚的真假二值理论是不可能的。必须坚持存在着事实,必须说"真值"由对事实的一种关系构成,而"假值"则是由另一种关系构成。假托(pretend)我们对事实永远不得认识的所谓温和不可知论是荒谬的。当人们感到疼痛,听到声音或看到太阳的时候,却假装不知道,这种事情只对有些人才是可能的,对于他们,理论已扼杀了所有实在的感觉。然而,甚至这些人也得承认句子是由词组成的,他们也不得不承认,说或听一个句子也正是他们所认为不可知的那种事实。语言与行走饮食一样也是一种身体行为的形式。如果我们不能知道行走饮食,便不能知道语言。他还提出:"在一个理想的语言中,很自然地主张,专有名称应当指示实体(substance);形容词应当凭借组成类的实体来指示性质;动词与命题应当指示关系;而联结词则应当凭借真值函项(truth-functions)指示命题间

[①] Bertrand Russell, *An Inquiry into Meaning and Truth*, Unwin Paperbacks, 1980, pp. 341—342.

的关系。"①

　　罗素看到,复杂事物由一些部分构成,而部分与部分之间存在着关系。例如,桌子由桌腿和桌面构成;刀子由刀柄和刀身构成。按照他的用法,事实总是由整体的各部分之间或单个事物的各特性之间的关系构成。总而言之,除了完全简单的事物外(若真有这样的事物),事实就是所有存在的事物。两个事物有了相互关系便形成一个复合体,这个复合体又可当作一个事物。用事实这一个词来表示部分之间得到分析的联结,而不必表示由部分构成的复合整体,这是很方便的。当句子为真时,它们就表示了这些关系;但当句子为假时,它们就不能表示这些关系。所有由多于一个词突然而组成的句子都是具体表现一个复合体的某种分析。如果一定数目的复合体都有一个共同的成分,这可由这个事实得以表示,即分析这些复合体的句子都包含一个共有词。罗素举了下列句子为例:"苏格拉底是智慧的";"苏格拉底是雅典人";"苏格拉底爱戴柏拉图";"苏格拉底饮了鸩酒"等。所有这些句子都含有"苏格拉底"一词,而且所有使这些句子为真的事实都包含苏格拉底这个人作为一个成分。这就是当我们说这些句子是"有关"苏格拉底的意义所在。苏格拉底进入了这样一个事实,即使那些句子作为一个未经分析的整体而为真。然而苏格拉底自身当然是复合的。我们能够造出另外一些句子,在它们中,这个复合体得以断定,例如,"苏格拉底是塌鼻子"或"苏格拉底有两条腿"。这样的句子分析了一个给定的整体。但此类分析在一定时期到底能达到怎样的地步,还要看当时的科学发展到什么程度。一个整体的各部分之如何互相关联就形成这个整体的"结构"。罗素专门讨论了语言与实体的关系问题,他认为,如果一个实体仅被它的谓语所界定,"那么,它就应当与那些谓语的总和相等同。在这种情况下,说这样一个实体存在就是说所有它的谓语存在的一种简明方式"②。

　　罗素认为,凭借指示方式,可以说出一个句子是因为说者信其为真,或是因为他希望这句话将引起听者的某些行动或情绪。他曾指出,当一个演员说:"是我,丹麦人哈姆雷特"之时,没有人会相信他,但也没有人认为他是说谎者。显然,真假仅属于那些表达了信念或企图造成信念的句

---

　　① Bertrand Russell, *The Analysis of Matter*, Dover Publication, Inc., 1954, pp. 242—243.
　　② Bertrand Russell, *A Critical Exposition of Philosophy of Leibniz*, The University Press, 1900, p. 59.

子。有关真假,句子只是作为信念媒介时才是重要的。如果信念并不复杂,它们即便没有词的用途也能存在。如此一来,我们就走到语言的范围之外,被迫首先考察非语言的信念,然后再考察这些信念与能够表达它们的句子之间的关系。

　　罗素谈道:"由于最低级动物与人之间有连续性,因而信念并非一个精确的概念。动物所显示的各种行为方式可以解释为涉及了这种或那种信念。这种看法应当牢记,我们以自己的经验所知道的人类信念。只有那些简单的信念才有可能不利用语词。所有人都相信圆周和直径的比率约为 3.14159,但我不明白这种相信能够缺乏语言而存在。然而,很多信念显然出现在语言之前的。当你看到一条狗时,你也许说'狗',而对信念加以语言表达。但当一只猫看到一只狗时,它则以不同方式表达信念:它竖毛弓背,并发出嘶叫。这就是信念的一种表达,如同你对'狗'一词的用途一样。这种情况也适用于记忆。如果你猛听到一声雷鸣,你就处于一种状态,即如果你用语词,就会表达为这样一句话:'刚刚有一声雷鸣。'即便这些词并未出现于你的脑海,你也会相信这句话所表达的意思。"①

　　在《人类知识》中,他进一步谈道:"据我的理解,信念是身或心或两者的一种状态。为避免冗赘,我称它为一个有机体的一种状态,而忽略对身体和心灵的因素区别。……一个有机体的任何状态由相信某事物所构成,它在理论上不必引介某事物就可充分得到描述。当你相信'一辆车子来了'的时候,你的信念由肌肉、感官以及情绪的某种状态所构成,或许再加上某些视觉的影像。所有这些,还有无论什么别的东西能够构成你的信念,在理论上可以被心理学家和生理学家的合作所充分描述,而他们不必引介你的身心之外的任何事物。"②为此,罗素总结说:说出一个适当的句子只是构成你的信念的心身诸状态中的一种;而言语的表达获得其重要性,是通过可沟通性,以及比具体体现同样信念的任何非言语状态的更加精确性。

四、语言中的某些哲学问题

　　罗素进一步考察了语言中的一些哲学问题,如定义、专名、句子功能、

---

① Bertrand Russell, *My Philosophical Development*, Simon and Schuster, 1959, p.154.
② Bertrand Russell, *Human Knowledge: Its Scope and Limits*, Simon and Schuster, 1948, p.145.

悬置反应、自我特称、外界参照、真值形式、逻辑词汇、普遍知识，以及事实、信念、真值与知识的关系等。

一、语言中的明指定义（ostensive definition）。罗素指出："显然，在了解复杂概念时，定义是唯一可能的方式。广义地说，它就在于将复杂概念分析成它们的简单成分。既然一个概念仅能被其他概念所界定，如果我们不承认有某些不可定义的概念，那么就可能招致某种恶性循环。"① 我们有两种方法来了解一个词的意义：一个是用其他词项来定义，即所谓言语定义（verbal definition）；而另一个就是所谓明指定义或实指定义，它可以界定为"一个人不必靠另外的词就能被教会理解一个词的任何过程"。一个不会任何语言的学习者比一个已精通自己语言的人更能利用这种方法进行学习。学习一门外语分两个步骤：一是通过翻译加以理解；二是通过这个语言进行"思维"。总的来说，重复明指的定义是必要的，因为这种定义依靠逐渐培养的习惯。不少含有明指定义的词所指的是环境中反复出现的某些特点，这就涉及识别（recognition）或与之类似的过程。从语言的开始起或者不如说从对于语言加以思考开始起，语言就体现出相信多少带有永久性的人和事物的存在的信念。也许这就是无论何种哲学很难摈弃实体观念的主要原因。从生理上或心理上说，识别既可能又可能与客观现实不相符合。如果将双胞胎中一个看成另一个，那么从日常生活意义上说，识别与客观现实不相符合；然而从常识角度看它是正确的，但在形而上学角度看它则可能是引起错误结论的东西。识别是一种过程，它的发展包含随着刺激重复而反复出现的某种学成的反应，还包含某种对某些刺激第一次反应中不存在，而在后来反应中存在的东西。②

在谈到所谓科学概念时，罗素又将定义区分为"指称的（denotational）"与"结构的（structural）"两种。所谓指称定义，可以举"美国最高的人"这一说法为例，它当然是一个定义，仅适用于一个人而且只是一个人，但只凭借其关系来界定这个人；因此，一般说来，这种定义是将一个实体界定为具有特定关系的唯一物，或者对已知一个或多个实体的某些特定关系。而所谓结构定义是指"可用其成分或构造一个结构的关系"来界定"一个由已知成分构成的结构"。若界定一个类，就有必要介绍这结构，因

---

① Bertrand Russell, *A Critical Exposition of Philosophy of Leibniz*, The University Press, 1900, p.18.
② Bertrand Russell, *Human Knowledge: Its Scope and Limits*, Simon and Schuster, 1948, pp.63—72.

为那些成分有可能并不相关。例如,人们可以将一个"八边形"界定为"一个具有八条边的平面图形",这就是一个结构定义。然而,若将它界定为"所有已知例证都在下列地方的多边形",然后呈现一个列单,这就成了指称定义。①

二、语言中的专有名称(proper names)。罗素很注重对所谓名称理论的研究,他指出:"名称理论曾被人们忽略了,因为它的重要性仅对逻辑学家是明显的。对这些人而言,名称只能单纯视为一种假说,因为从未有逻辑命题能够包含任何实际名称。然而,对于知识论来说,了解什么种类的客体可以具有名称,并假设存在着名称,这是非常重要的。"②名称可以分为"专有"名称和"类别"(class)名称:前者只指一件客体,而后者则可以指某一类中所有客体。罗素提到:"在一个专用名称的状态下,一个词是某个一系列相似运动的集合,它所指的是根据特定因果律而使现象聚集在一起的一个系列,这个系列构成了我们称之为一个人,一个动物或一个事物。"他有时也用"总名称(general names)这一概念来取代"类名称","通过讨论专有名称,我们就可以了解总名称,象'人''猫''三角形'等。'人'这样的词是指含有专有名称的特称词组成的一个类"③。

"拿破仑"是一个专有名称,而"人"则是一个类别名称。专有名称只有其所指的客体得以存在才有意义,而类别名称则没有这种限制。"脑袋长在肩下的人"是一个完美的类别名称,虽然它并无任何实例。从弗雷格的观点看,以"亚里士多德"这一实际专有名称为例,它可以说成是"柏拉图的学生",或亚历山大大帝的老师。但任何这样做的人都会加上这样一个意思"亚里士多德生于斯达基拉",而变成"亚历山大大帝的老师生于斯达基拉","只要事情仍保持同样意思,这种意义的改变可以被容忍,尽管它们在显示科学的理论结构中应该避免,并且不得出现在一个完善语言中"④。对此,罗素批评说,这正是日常语言歧义性的表现,一种"令人厌

---

① Bertrand Russell, *Human Knowledge: Its Scope and Limits*, Simon and Schuster, 1948, p.276.
② Bertrand Russell, *An Inquiry into Meaning and Truth*, Unwin Paperbacks, 1980, p.97.
③ Bertrand Russell, *The Analysis of Mind*, George Allen and Unwin LTD, 1956, pp.193—194.
④ G. Frege, *Philosophical Writings of Gottlob Frege*, edited by P. Geach & M. Black, Totowa, Rowman & Littlefield, 1980, p.58, note.

烦的传统"①。罗素认为有两个很重要的问题：第一，什么是专有名称的准确定义？第二，能否用不内含专有名称的语言表达全部经验知识？这第二个问题将引向最古老的和最费解的哲学争论的核心问题。因此，他指出在界定"专有名称"时，可以从形而上学、逻辑、物理、句法或认识论的观点入手。

1. 从形而上学（玄学）看，罗素认为，日常语言的专有名称依赖"实体"(substance)这个概念而存在的，它们来源于"人"和"事物"的基本形式。我们先将一个名称给予一种实体或存在，然后再对之分派一些性质。只要认可这种形而上学，那么有关专有名称就不会有什么困难，而那些专有名称就是那些实体的名称。然而在当今大多数人不再将"实体"视为有用概念的情况下，在哲学中是否能接受一种不内含专有名称的语言？或者是否能为"专有名称"作一个不依赖"实体"的定义？或者是否认为"实体"被摒弃得过于草率了？罗素自称对这些问题并不想做出答案，而要指明所谓专有名称是实体的幽灵。

2. 从句法看，罗素认为，"专有名称"的一个句法定义必定与某给定语言或一个语言系列相关。在各种日常语言和大多数逻辑语言中，主语与谓语之间，关系词(relation-words)与项词(term-words)之间，有着明显的区别。在这样的语言中，一个名称将是"一个除了作为主语或项词就不会在一个句子里出现的词"。或者说：一个专有名称是一个可在不含变项的任何形式的句子里出现的词，而另外的词则仅能在适当形式的句子里出现。人们有时说某些词"只具句法意义"(syncagorimatic)，这就是说它们不能单独为项，因而本身不具意义，但有助于确定其所在句子的意义，如"某些"(some)"所有"(all)等。根据这种说法，专有名称决非仅具句法意义的词，但能否将其作为一个定义则是个令人怀疑的问题。无论如何，对"只具句法意义"的一个名词下一个清晰的定义是很困难的。这种句法观的主要缺陷就是，它本身不能帮助我们决定能否用某种不同的句法构造一些语言，并且在这些语言中上述的那些区别将会消失。

3. 从逻辑看，罗素认为，纯逻辑不用名称，因其命题只含变项。但逻辑学家在非专业研究之时也许会好奇能够以何种常项来取代他的变项。他们将下列说法作为原理之一：若"fx"对"x"的每一个值都真，那么"fa"

---

① Bertrand Russell, *Logic and Knowledge*, George Allen and Unwin LTD, 1977, pp. 195—196.

为真,其中 a 是任何一个常项。这个原理并未引介任何常项,因为"任何常项"就是一个变项;其目的是为那些试图使用逻辑的人提供合理的依据。逻辑或数学的每一次应用均为以常项取代变项;因而若用逻辑或数学,那就必须知道何种常项能够替代何种变项。如果在变项中接受任何等级存在,那么"专有名称"就将是"最低类型的变项的值的常项"。但罗素认为这种看法存在许多困难,因而没有再作进一步的讨论。

4. 从物理学看,罗素认为,有两种观点:一、认为专有名称是一个指示任何一个能充分引起关注的时空连续部分的词;二、认为由于专有名称的作用,它本身就不再必要,因为时空的任何部分都能用坐标加以描述。卡尔纳普曾阐释了能以经纬度或时空坐标来替代地名,"专有名称表示法是一种原初的方法。而位置表示法才符合科学发展的较高阶段,并在方法论上具有超越前者的优势";因此卡尔纳普说在自己所使用的语言中,坐标取代了如"拿破仑"或"维也纳"这类的词。① 罗素指出,这个观点值得充分的讨论。

5. 从认识论看,罗素认为,这里的区别跟专有名称与其他语词之间的区别不同,但有着某种关联。这种区别表现为某些有文字定义(verbal definition)的词与那些仅有明指定义的词之间的区别。对于这后一种,有两点很显然:(1)并非所有的词都能有文字定义;(2)鉴别哪些词仅能有明指定义是非常任意的。例如,如果为"拿破仑"下一个实指定义,那么"约瑟夫·波那帕特"就可以从文字上定义为"拿破仑的长兄"。然而,这种任意性会受到这件事实的限制,即在某一特定人的语言中,明指的定义只能局限于其经验范围之内。拿破仑的朋友们可能(在某些限制下)为拿破仑下明指的定义,而我们则不能,因为我们决不能实际地说"这人是拿破仑"。显然这里有一个与专有名称相关联的问题。②

三、语言中的自我特称(egocentric particulars)。罗素指出:"特称可定义为:在句子中,不包含明显变项或逻辑词(我们可称作原子句)。存在着两类词:一类是只能在某一特定形式的原子句中出现;还有一类能够在任何形式的原子句中出现。……这后一种叫作专有名称,而由它们所表

---

① R. Carnap, *Logical Syntax*, Harcourt, Brace, and Company, 1937, pp. 12—13.
② Bertrand Russell, *Human Knowledge*: *Its Scope and Limits*, Simon and Schuster, 1948, pp. 72—84.

示的那些客体就叫作特称。"① 他将"自我特称"界定为意义随着讲演者及其在时空中位置的不同而改变的那些词。在这类词中,有四个基本的就是"我""这是""这里"以及"现在"。当"我"每用一次,"现在"这个词都指示连续发生在不同时间上的一个点;当"我"每移动一次,"这里"这个词都指示一个不同的空间区域;"我"这个词随发出它的人的不同而指示不同的人。显然,这些词具有某种恒定的意义,并作为它们被使用的理由。科学和常识的目的之一就是用中立的公用词项代换自我中心的特称词的不定主观性。用"我"的名字代换"我",用经纬度代换"这里",用时间代换"现在"。罗素举例,假定他和一位朋友在夜行中走散了,朋友喊"你在哪儿?"他回答"我在这里"。然而,科学绝不应用这样的语言;它会用"1946年1月30日下午11时32分,BR.(罗素)在西经4度3分29秒,北纬53度16分14秒的地点"来代换上述说法。此类知识不具任何个人色彩;它只给人一种方法,凭此任何一个有能力的人携带六分仪和计时仪,并耐心地等到天亮,就能确定他的所在地,于是就可向人们宣布:"这里就是他曾到过的地方。"这就表现了科学用语的长处。②

四、语言中的悬置反应(suspended reactions)。罗素认为,语言可用于指示人们当下的经验,但也可用于,其至主要用于表达某种"悬置反应"。例如在沙漠里,一个将渴死的人说"水",并非当下真有水,而是对它的期待或想象。从不仅单纯记录当下感觉印象的意义说,知识本质上由对这种推延的反应而作的预备所构成。这类预备一般都可以视为"信念",但只有当它们引起成功反应时才可当作"知识",并在某种程度显示出它们本身与事实相关。一个很重要的考虑就是不要过分夸大语言的作用。在先于语言的经验中存在某种可看作"信念(belief)"的东西,它们既可为真也可为假;还存在某些可叫作"观念(idea)"的东西。语言极大增多了可能信念和观念的数目和复杂性,但语言对于最简单的信念和观念却并非必需的。罗素将"观念"界定为在某种意义上某有机体对不可感的某种东西所具有的一种适当状态。他认为所有欲望都含有这种意义的观念,而它们无疑是先于语言而存在的。为了有效表达各种不同的态度就需要语言进一步的发展。命令、欲求和叙述等都要求用语词描述某种当下不可感的东西,为了指出它们之间的区别以及它们与陈述句的区别,就

---

① 罗素:《对批评的回应》,载 P. Schilpp, *The Philosophy of Bertrand Russell*, Northwestern University Press, 1944, p. 698。
② Ibid., pp. 84—91。

必需有各种不同的语言设计。事实上,语词与观念能够互换,它们都具有意义,而且对其所表达的意义都有相同的因果关系。两者之间的差别在于:语词与意义的关系属于一种社会习惯的性质,人们听到说话才能学会;而观念与意义关系则是"自然的",即它并非依赖他人的行为,而是依赖固有的相似性,而且(必须这样假定)依赖所有人类以及低一等高级动物所具有的生理过程。

由于"知识"在大多数情况下都与推延的反应有关,因而它并非一个精确的概念。哲学家们所遭遇的不少困难都是因将其当作精确的概念而产生的。感觉、直接期盼、直接记忆以及真实记忆都提供知识,此类知识在某种程度上与适当限制下是不依赖外界证据的。然而,所有受过某些教育的人的知识大部分都不属于此类。对于他人告知的知识或从书籍或报纸读到的知识来说,首先出现的是语词,而它们的意义却往往显得并不必要。"那种称作'证实'(verification)的过程并不绝对要求(但经常涉及)对语词做出想象的理解,而只需将提前用的词与可感时所用的词作一比较。由于两种原因,知识称为一个模糊的概念:一是因为对逻辑或纯数学来说,一个词的意义多少总有些模糊不清;二是因为我们所表述的全部知识在或多或少的程度上是不确定的,而且我们无法裁决达到多大程度的不确定性一个信念就不再配称为'知识',正如我们无法裁决一个人掉落多少头发才算秃头一样。"①

五、语言中的句子功能。罗素研究了与词相关的句子,认为它虽分为疑问、祈使、解释、命令以及陈述等不同类型,但这最后一种值得更多的研究。所谓陈述句有三个特性:一是有"真假二值";二是由具有"意义的词构成";三是存在"一个作为其组成词所不具有的那些性质的统一体"②。他试图探知那些并不指称客体而仅作为句子部分而出现的词是如何构成理解的。"水"字可用于需要不同句子才能详细表达的意思,可以有下列几个说法,如"这里有水""我要喝水""这是水吗?"这就产生了"这里有""我要""这是吗"等这一类词及其功能。再以"火"为例,说出这个词也许因不同的理由,若以感官得知其存在,可用"这里有火"将这个事实传达给他人;若以记忆想其存在,可用"这里有过火"传达这个事实。人

---

① 罗素:《对批评的回应》,载 P. Schilpp, *The Philosophy of Bertrand Russell*, Northwestern University Press, 1944, p.98。

② Bertrand Russell, *An Inquiry into Meaning and Truth*, Unwin Paperbacks, 1980, p.30。

们在不同状况下使用相同的词,因为一个陈述句(the indicative)的目的并非表达一种心灵状态(尽管它总是如此),而是断定这种状态之外的事实。"这里将有火"这个句子存在着主观上的歧义。在对火有直接预测的经验的情形下,除了指向将来这一点外,主观状态与记忆是相似的。然而,有关将来的陈述通常都是一些推理。"这里有火吗?"这个句子并未做出一个断定,而显示了做出一个断定的愿望,而与"这里有火"的不同并非由于任何外界参照物,而由于对这种东西所持的态度上。倘若语言的所有目的仅是描述可感事实,那么就只需要一些陈述词;但它们无法表达疑问、愿望或不信,无法表达逻辑关联词,如"如果……那么";也无法表达如"所有"和"有些","这个"和"一个"这类词的句子;因为这类词的意义仅可通过解释含有它们的句子的意义而得到解释。罗素指出,由此可见,那些并非陈述的词也是不可缺少的。①

六、语言中的外界参照(external reference)。罗素讨论了与经验对象不同的另一种外界参照,即精神生活一部分对另一部分的外界参照。一个词可以"意指"一次感觉经验,也能够"意指"一个观念;这尤其发生在人们用词表达一件回忆的时候。人们可以用同一词来指称一个观念或一次感觉经验,这就表明这个观念是可感经验"的"(of)一个观念。显然,"的"(of)这个词所表达的那种关系是一种独立于语言而存在的关系,而且实际上在用同一个词表达一个观念和一次感觉经验时人们就作了这种假设。所谓意象或影像(image)表现为两种方式,即想象(imagination)与记忆。任何记忆都是由意象或文字构成,因为它们涉及过去发生的某种经验。一个观念或意象的外界参照存在于一种信念内。对于记忆—信念而言,如果所回忆的是回忆者的一次经验,那么就只需要上述的这种外界参照。②

七、语言中的真值形式。罗素在其不同的著作里都经常谈到"真值"的问题。他提出,真值可界定为"信念与事实之间的对应"③;"指向客观"④;或"对事素的参照"⑤。罗素认为,从真假值所具有的公共性质看,

---

① Bertrand Russell, *An Inquiry into Meaning and Truth*, Unwin Paperbacks, 1980, pp. 103—106.
② Ibid., pp. 107—110.
③ Bertrand Russell, *The Analysis of Mind*, George Allen and Unwin LTD, 1956, p. 166.
④ Ibid., p. 273.
⑤ Bertrand Russell, *An Inquiry into Meaning and Truth*, Unwin Paperbacks, 1980, p. 361.

它们乃句子的属性,也就是陈述语态、虚拟语态或假言语态。在这里,他着重研究了真理的较简单的例子,即陈述语态句。为了给"真"与"假"下定义,就必须找到句子真正所"表达(express)"和"陈述(indicate)"的东西。首先,句子具有一种"意示(signification)"的性质,即通过准确翻译所保留的那种性质;如英语的"二加二等于四"(Two and two make four)和法语的"二加二等于四"(Deux et deux font quatre)具有相同的意示。改变措辞之后意指还是保留下来;再如,"A 是 B 的丈夫","B 是 A 的妻子","A 是一个与 B 结婚的男人","B 是一个与 A 结婚的女人"等,这些句子都具有相同的意示。显然,两个意示相同的句子同时为真或为假;因此真假之分须从句子的意示,而并非从句子本身去找。某些结构似乎正确的句子,实际上却是无意义的胡说,也就是说它们根本没有什么意示。例如,"需求乃发明之母"和"延误就是盗窃时间"这一类的句子。

  逻辑句法中很重要的一部分就是强调怎样避免无意义句子的规则。若想了解一个句子的"意示",最简易之法就是自问两种语言的句子在对译之后还具有什么共同处。一个句子的意示表现两个方面:一是"表达"发出者的状况;二是从目前状态指向某种能够判断其真假的东西。一个肯定的句子所表达的是一个信念;判定其真假的是与信念一般来说不同的一个事实。真假是外界关系,即是说,对一个句子或一个信念所做的分析不能显示其真假。不过,罗素指出,这一点不适用于逻辑和数学,在逻辑和数学上,真假实际上决定于句子的形式。那些有外界参照的东西,如信念、观念或身体运动等,在包含言语的公开行为时是公共的;但在其"意象"或"思想"时则是私下的。我们可以这样概括:一个陈述语态的词由其所意指的东西(what it means)引发时就是真的;也可以这样下定义:如果一个具有"这是 A"形式的句子是由"A"所意指的东西所引发的,那么它就是"真的";还可以进一步指明:如果"这是 A"依照上述意义曾是或将是真的,那么具有"这曾是 A"或"将是 A"形式的句子便是"真的"。这就包含所有判定现在是、过去是或将来是那些知觉事实的句子,也就包含了经验知识的全部事实前提。"意义"和"真值"都取决于对"原因"所做的一种解释,尽管这种解释按近代物理学看可能显得粗鄙而仅能部分适用于自然界的过程。罗素指出:"倘若人类的行为真可以被物理学家计算出来,我们就不必需要'意义''信念'和'真值'这一类概念了。然而,假如这些概念能达到这一点,即可以摆脱歧义和模糊,它们就同时依然有用。"①

八、语言中的逻辑词汇(logical words)。罗素研究了那些来自观察的适当材料并能够得到证明或证明为误的句子。他认为,在关注这类句子时,不必考察信念或句子与某种一般说来既非信念又非句子的东西之间的关系;而要考察的只是句子之间的句法关系,利用此类关系可用某些别的句子的真假就能够得出某个句子确定或可能的真假。在这类推理中,有一些"逻辑的"词汇,其中有一个或一个以上总是出现的词。这些词汇分为两类,即"连接词(conjunctions)"和"普遍词(general words)",尽管其意义并不与通常语法一样。连接词有"非""或""和""如果……那么";普遍词有"所有"和"有些"。通过联结词的用法可以形成各种不同的简单推理。若"p"为真,那么"非 p"就为假,若"p"为假,那么"非 p"就为真;如果"p"为真,那么"p 或 q"就为真;如果"q"为真,那么"p 或 q"就为真,等等。罗素把包含连接词的句子称为"分子"句,将被连接的"p"和"q"视作"原子"。如果得知一组命题的真假,就不必对事实作新的观察,仅靠句法规则就能够推断出由此组命题构成的每个分子命题的真假。

逻辑观点与心理学观点的差别在于:前者只关注使一个句子为真或为假的条件;但后者则关注凭信念发出这个句子的那个人的心灵状态。在逻辑上"p"蕴涵"p 或 q",但在心理学上一个断定"p"的人的心灵状态和一个断定"p 或 q"的人的心灵状态是不同的,除非提及的这个人是名逻辑学家。当一个陈述语态的句子被断定时,有三件事应当考虑:断定者的认识态度;这个句子所指称一种内容或多种内容;使这个句子为真或为假的一种事实或多个事实,这种事实叫作这个句子的"证实者(verifier)"或"证伪者(falsifier)"。对"今天是星期二或星期三"这个句子来说,认识态度是犹豫不决;它有两种内容,即"今天是星期二"和"今天是星期三"的意示;证实者可能为今天是星期二这个事实或今天是星期三这个事实,否证者可能为今天是本周内的另外一天。一个不包含逻辑词的句子仅能表达信念。如果我们知道所有不包含逻辑词的真句子,又知道它们就是所有,那么其他每个真句子都能够用逻辑推理得出。一个不属于这个列表的句子加上一个"非"字就成了真句子。对一个由"或"将两个句子联结的句子来说,如果其中作为组成部分的一个句子属于这个列表,这个句子就是真

---

① Bertrand Russell, *Human Knowledge: Its Scope and Limits*, Simon and Schuster, 1948, pp. 118—119.

的;对一个由"和"将两个句子联结的句子来说,如果作为组成部分的两个句子都属于这个列表,这个句子就是真的。对包含"所有"和"有些"这些逻辑词的句子来说,相同的逻辑证明也是可能的。如此一来,如果我们将一个不包含逻辑词的句子称为"原子句",就需要(a)一个包括所有真原子句的列表以及(b)"所有真原子句都在上述列表中出现"这个句子,并将这两者作为无所不知的前提。然后我们就可以通过逻辑推理得出所有其他真句子。然而当我们企图建立一个包含"所有"的句子的真值,或一个包含"有些"的句子的假值,那么上述的方法若无(b)便会无效。我们的确能够找出一些(b)的替代物,但正如实际操作那样,它们都将包含"所有"一词。

九、语言中的普遍知识(general knowledge)。罗素用"普遍知识"来表示包含"所有"或"有些"这类词或与之逻辑意义相同的词的句子的真或假的知识。他指出人们也许认为"有些"比"所有"所具有的普遍性要少,但这是错误的;这从下面这一事实就可以看出,即包含"有些"的句子的否定就是一个包含"所有"的句子,反之亦然。如"有些人是不死的"的否定是"所有的人都有死",而"所有的人都有死"的否定是"有些人是不死的"。因此任何一个不相信一个包含"有些"的句子的人一定相信一个包含"所有"的句子,反之亦然。普遍命题的得出要靠三种主要方法:有些来自重言式(tautologies),如"所有寡妇都是女人";有些来自归纳法;有些来自完全的枚举(enumeration),如"这间屋子里每一个人都是男人"。重言式首先是性质之间的关系,而并非那些具有这些性质的客体之间的关系。归纳得出的概括,主要在于它们所表示的意义,以及需要什么事实才能使其为真。从理论上说,"所有人都是要死的"这句话能够用枚举法加以证明。

罗素问道:到底有无与真的普遍命题相应的普遍事实? 他认为,如可解答这个问题,那么如何发现和认识真的普遍命题就变得较为容易。罗素将有关不包含普遍词的句子的真假的知识称为"第一级全知(first-order omniscience)";而"有限第一级全知"将表示相似的有关所有具一定形式的句子的完备知识,如"X 是人"。罗素指出,有一个原则适用于很多情况,这就是,除了初始的时空分布外,所有有关大量已知现象的性质都从极少数的我们肯定为真的普遍原理通过重言式而得出。他认为所要讨论的并非这些普遍原理的有效根据,而是它们所断定东西的性质,也就是它们所断定的是内涵关系还是类所包括的纯外延关系。他强调,一定要抉择前一种解释。罗素说自己总相信,存在一些仅可在经验界发现的内涵关系,而它们无论实践上还是理论上都无法获得逻辑的证明。①

十、语言中的事实、信念、真理与知识(facts, belief, truth, and knowledge)。罗素指出,应当了解和区别这四个概念,因为它们对许多哲学问题都是有用的,否则它们就会成为一些无法摆脱的争论根源。

1. 语言中的事实问题。罗素认为自己只能用明指的方式来界定"事实"。在他看来,世上任一事物都可称为一件"事实"。太阳是一件事实;恺撒渡过茹比康河是一件事实;我的牙痛也是一件事实。如果我提出一个陈述,我提出这个陈述是一件事实,而且此句话若真,那么另外还有一件使它为真的事实,但此句话若假,那就不存在那件事实。因此,事实是使陈述为真或为假的东西。罗素将"事实"一词限定在一个什么为必知的最小范围中,以便任何一个陈述的真假能够通过分析从那些断定这个最小范围的陈述得出。他所意指的"事实"就是存在那里的东西,无论有人认为它存在还是不存在。他说道:"大多数事实都是独立于人们的意志;这就是为什么将它们叫作'硬实的(hard)'、'顽固的(stubborn)'或'不可避免的(inevitable)'的缘由。大部分物理事实不仅独立于人们的意志,而且还独立于人们的存在。从生物学观点看,人们的整个认识生活就是对事实适应过程的一部分。这个过程在或多或少的程度上都存在于所有生命形式中,但一直到一定的发展阶段才能通常称之为'认识的'过程。因为在最低级的动物与最思想深刻的哲学家之间并无一道分明的界线,所以显然我们无法准确说出我们在哪一点上从单纯属于动物的行为过渡到值得称为'知识'的阶段。然而每个阶段都有适应的过程,而动物自身所要适应的就是事实形成的环境。"②

2. 语言中的信念问题。罗素指出,"信念"带有某种本身固有的和不可避免的模糊性,作为哲学家们考虑最多的问题,其最发达的形式表现在一个句子的断定上。人们习惯用语词来表达信念,因而对非语词表达的"信念"就感到奇怪。但显然,即便当用语词表达信念时,语词也并非问题的本质。东西燃烧的气味首先让你相信房子失火,然后你才发出一些词来,此时它们并不就是信念,而是以一种行为的形式把信念传达给他人的方法。因此,罗素主张,将信念看成某种能先于理智并能表现在动物行为

---

① Bertrand Russell, *Human Knowledge: Its Scope and Limits*, Simon and Schuster, 1948, pp. 129—142.

② Ibid., pp. 143—144.

上的东西,而且有时某种单纯身体状态也可称为一种"信念"。根据罗素的理解,信念是身或心,抑或两者兼有的某一种状态;也可以看作是有机体的一种状态,而忽略身与心因素的区别。信念的一个特点就是有外界参照。从理论上说,能够将任何一种构成相信某个事物的有机体的状态充分描述出来,而不必提及那个事物。当你相信"汽车来了"的时候,你的信念就是由肌肉、感官和情绪,可能加上某些视觉影像所构成的某种状态。所有这些在理论上都可以由心理学家与生理学家合作而得以充分描述,而不必涉及任何一件在你身心之外的东西。

对于人类,由于语言和悬置反应的结果,"相信"经常变成一种或多或少静止的状态,仅发出或想象出一些适当语词,加上构成不同种类信念的一种感情。对于这些信念,可以举出下列几点:一是以动物性推理补充感觉的信念;二是记忆;三是期盼;四是仅靠证据不经思索而产生的信念;五是来自有意识推理的信念。罗素提到:"哲学也应像科学一样,尽管不可能绝对精确,但还是能创造一些技术来逐步缩小模糊性和不确定性。然而无论我们的测量工具多么令人赞美,总会对某些长度存有疑问,如它们是大于、小于、还是等于一公尺;但是通过完善化来减少这些有疑问长度的数目是没有止境的。同样,当信念用语词表达时,也总会存在无法确定一个信念真假的可能状况的制约,但一方面我们能够用文字分析来改善,另一方面我们能用更精细的观察技术,将这种制约的宽度加以无限地缩小。那种完全的精确在理论上是否可能取决于物理世界是分立的还是连续的。"①

3. 语言中的真值问题。罗素指出,真值是信念的一个性质,也是表达信念的句子的一个性质。他认为,真值是由一个信念与它之外的一个或多个事实之间的某种关系所构成;若缺少这种关系,那么这个信念就是假的。一个句子即便无人相信,它仍可称为"真"或"假"的,只要为人所信,这个信念就可为真或为假。罗素生动地将真与假信念之间的区别比作一位妻子与一位老处女的区别,因为真信念具有与其有某种关系的一个事实,而假信念就没有这样的事实。为了完成对"真"与"假"的界定,就必须对使一个给定信念为真的那个事实做出描述,但此描述在信念为假时不适用于任何事物。同理,我们需要对使一个信念为真的这个或多个

---

① Bertrand Russell, *Human Knowledge: Its Scope and Limits*, Simon and Schuster, 1948, pp. 147—148.

事实做出叙述。这一个或多个这样的事实叫作这个信念的"证实者"。这个问题的基本内容就是感觉与意象,或者用休谟的用语,印象与观念之间的关系。在给予意义和句法之后,就得到一个新的概念,罗素将之称为"意示",它是句子和复合的意象的一个特点。从界定真与假的观点来看,期盼是最简单的一种情况,因为在这种情况下,借以决定真假的事实依赖于即将经验的东西,而另外的情况就较为困难。记忆与期盼相当类似。一次回忆是一个观念,而被回忆起的事实是一个印象;如果回忆对于事实存在一个观念与其原型之间的相似关系,那么这个记忆即为"真"的。尽管我们并不难假定存在着非想象的事实,但除了普遍信念外,不可能存在那些不可想象的证实者的信念。罗素把上述这一点看作一个重要的原理。

　　罗素总结说:"正如上面所讨论的,有关未经验过事物的信念并非有关未经验过的个体,而是有关未经验过的分子所构成的类。一个信念必定总是能够分析成经验使之成为可理解的一些元素,然而当一个信念以逻辑形式构成时,它就经常提供一种不同的分析,这种分析似乎涉及不为经验所知的成分。如果我们能避免这种在心理上误导的分析,我们就能够在相当普遍的意义上说:每一种不单纯作为行动冲动的信念都具有一幅图画的性质,并与一种'是'或'非'的情感相结合;在'是'情感的状态下,若存在一个事实对那幅图画具备一个原型对一个意象所拥有的那种相似性,那么它就是'真的';在'非'情感的状态下,若不存在这样的事实,那么它也是'真的'。一个不真的信念就称为'假'的。这就是'真'与'假'的一种定义。"①

　　4. 语言中的知识问题。罗素指出,"我们把所能确定相信为真的东西称为'知识'"②。"知识"同"信念"和"真值"的境况一样,在某种程度上有着不可避免的模糊性与不精确的性质。他认为,忽视这一点会在认识论上犯重大错误。在罗素看来,知识是属于正确信念的一个次类(subclass):每一种知识都是一个正确信念,但绝不能逆推。他这样问道:一个信念除了它的真值性之外还必须具备何种性质才能成为知识?普通人会说必须要有确凿的证据作为信念的支撑。从常识来说,这在大多数由实践产生疑问的情况下是正确的,但若将它作为有关这个问题的某种完备

----

① Bertrand Russell, *Human Knowledge: Its Scope and Limits*, Simon and Schuster, 1948, p. 154.
② Bertrand Russell, *The Problems of Philosophy*, Prometheus Books, 1988, p. 217.

说法就很不充分。"证据"一方面由某些无可争辩的事实所构成,另一方面也由某些根据事实进行推理而利用的原理所构成。显然这个过程不令人满意,除非我们并非只靠证据的手段认识到这些事实和推论原理,否则我们就会陷入恶性循环或无止境的后退。因此我们必须集中精力探讨这些事实和推论原理。我们可以说知识首先由一些事实和一些推论原理所构成,而且这两者的存在都不需要外界的证据;其次知识由将推论原理应用到事实而获得东西所构成。

从传统上看,事实是来自知觉和记忆的东西,而推论原理则属于演绎和归纳逻辑。罗素看到了这个传统的学说存在着各种令人无法满意的特征:第一,这个学说未能给"知识"一个内涵定义,或者在某种程度上未能给出一个纯粹的内涵定义,因而无法认清知觉事实与推论原理之间的共同点;第二,很难讲清什么是知觉事实;第三,演绎法已不像过去所设想的那般有效,除了用语词的新形式陈述一些在某种意义上已知的真理以外,它并不能给予新的知识;第四,人们一直还未能将那些在广义上称为"归纳的"推理方法令人满意地加以系统地阐述,即便被系统地表达出来的那些推理方法完全正确,它们只给结论以概然性。

一般而言,有过三种方法可以克服在为"知识"下定义时所遇到的困难:第一种也是最老的方法是强调"不证自明(self-evidence)"的概念,这以笛卡尔为代表;第二种方法是废除前提与结论之间的区别,而认为知识是由信念整体的一致性所构成,这以黑格尔为代表;第三种也是最彻底的一种方法是完全摈弃"知识"这个概念,而代之以"促进成功的信念"(这里"成功"一词也许能够以生物学来解释),这以杜威为代表。罗素对这三种观点,进行了逐一的分析和批判。他总结道:"我们的结论看起来是认为知识乃一个程度上的问题。最高程度的是知觉的事实与非常简单论证的说服力;略低一等的是具体生动的记忆。当一定数目的信念各自都有某种可信度时,那么它们由于一致性而形成一个逻辑整体时就更加如此。一般的推论原理,无论是演绎的还是归纳的,通常都不如它们的很多实例那般明显;而可以从心理层面依据对实例的理解将这些原理推演出来。"[①]

---

① Bertrand Russell, *Human Knowledge: Its Scope and Limits*, Simon and Schuster, 1948, p.138.

五、自然语言的缺陷

罗素指出,自然语言的特性能帮助人们了解世界的结构,但他又意识到自然语言错误地表达了许多哲学问题,因为语词本身是不确定的。罗素认为传统哲学的弊病就是不能正确地研究语言,例如,"秃""胖",甚至是最精确的"厘米""秒"等词也是模糊的。"蓝色"意味着像那个蓝斑点一样的颜色,但并不能精确表达。如果人们要求表达事物,就必须精确地定义表示它们的词。罗素批评英国的语言学派只主张用日常语言,而不需要技术术语。他提出五点来反对这种学说:(1)它不可靠;(2)它成为只受过古典教育而缺乏自然科学知识的人们的借口;(3)它以某种油腔滑调的方式而发展;(4)它使哲学变得繁琐;(5)它使只相信常识的糊涂哲学家顽固不化。

对罗素来说,作为自然语言的英语有着下列缺陷:首先是歧义性(ambiguity),或者叫"词语歧义性"(lexical ambiguity)。它包括两个方面:一是句法歧义性(syntactic ambiguity),其表现为句子结构引起多于一个以上的意思;另一是语义歧义性(semantic ambiguity),其表现为单词本身具有多于一个以上的意思。这两种歧义性也会经常交织在一起。其次是含糊性(vagueness)。这是所谓非形式逻辑的谬误之一,与歧义性不同,它指的是由于提供的信息不足,而难以理解;含糊性是一个程度的问题,"在某种程度上,所有的思维都是含糊的;所谓完全的准确性(accuracy)仅为某种理论上的理想,而实际上无法达到"[①]。再次是将无意义的句子当成有意义的句子。第四是将量词和摹状词当成名称。第五是不良语法对形而上学(指玄学)的影响。第六是冗赘的表达。

既然自然语言有如此严重的缺陷,因此罗素断言必须构造一种严格而精确的理想语言或完美语言(ideal language or perfect language),并且只有它才是正确分析的唯一途径。人们只有用这种理想语言才可精确地说明这个世界。他说道:"在一个逻辑上完美的语言中,一个命题中的词将与相应事实的元素——对应,除了那些如'或''非''如果''那么'等具有不同功能的词。在一个逻辑上完美的语言中,将对每一个单一客体仅

[①] Bertrand Russell, *The Analysis of Mind*, George Allen and Unwin LTD, 1956, p. 180.

存在一个词,并且任何并非简单的东西将用词的组合来表达,也就是用从一个词对一件简单事物,一个词对一个简单元素所构成的组合来表达。"①罗素本人也承认,这种语言的应用是很困难的。在另外一些场合,罗素提出构造一种逻辑语言,从而将意义的心理条件翻译成精确的句法规则。有时,他又将这种语言称为充分语言(adequate language),即只包含有意义语句,并且是由句法规则组成的语言。② 本来任何自然语言或日常语言都是约定俗成的,既然罗素要创制一种语言,那它一定是人工的,即蒯因所提到的"人工语言"(artificial languages)。③

六、人工语言的创制

罗素回忆说:"在我治学的一生中,1900 年是最重要的一年,而这一年最重要的事件是参加了巴黎的国际哲学讨论会。……在所有的讨论中,我对皮阿诺及其学生们所独有的精确性留下了很深的印象。我请求皮阿诺把他的著作送给我。当我理解这种记号法之后,便立即觉察它加深了数学的精确性,并且可以解决哲学上的许多模糊之处。以此为基础,我创造了用符号表示关系的方法。"④因此,罗素在他的一系列著作中始终不断对人工理想语言的创制工作的努力,其中最主要的努力之一就是将传统的哲学问题尤其是认识论问题还原为数学问题。在《数学原理》出版后的 1918 年,罗素在其《数理哲学引论》序中提到:"有关无穷和连续性属性的问题先前属于哲学,而现在则属于数学。在严格的意义上,数理哲学(mathematical philosophy)也许不能包括有关确定的科学结果,而数学的哲学(philosophy of mathematics)很自然地被人们期待去解决知识领域的问题,而在这方面,比较性的确定性还没有获得。然而,对这个问题的思考几乎没有什么成果,除非数学原则中最科学的部分被人们所熟知。

---

① Bertrand Russell, *Logic and Knowledge*, George Allen and Unwin LTD, 1977, p. 197.
② Bertrand Russell, *An Inquiry into Meaning and Truth*, Unwin Paperbacks, 1980, p. 167,194.
③ W. V. Quine, *From a Logical Point of View*, Harvard University Press, 1980, pp. 32—37.
④ 罗素:《我的思想发展》,丁子江译,载《哲学译丛》1981 年第 5 期,原载 P. Schilpp, *The Philosophy of Bertrand Russell*, Northwestern University Press, 1944, pp. 3—20.

……在这里,方法比结果更重要……"①

在这本新著中,罗素从哲学的角度,进一步探讨了有关各种类、数列、数字、函项、关系、摹状、公理以及数学归纳法的定义和理论,然而他对数理哲学与数学哲学的区分并不很令人信服。不过,在此书中,罗素对数学与逻辑两者相互关系的说法表达了他的哲学意图。在他看来,在历史上,数学与逻辑是截然不同的两种研究,前者与科学相连,而后者则与希腊文有关。然而到了现代,数学越来越逻辑化,逻辑也越来越数学化;以致不可能再在它们之间划一明确的界限。这两者的区别顶多像男孩与男人:逻辑是年轻的数学,而数学则是成年的逻辑。

维特根斯坦曾说道:"任何有关复合句的陈述都能被分析为一个有关这些复合句元素部分的陈述,而且还能被分析为完全描述这些复合句的命题。"②在批评了维特根斯坦这种原子性原则(the principle of atomicity)的缺陷后,罗素提出了原子等级(atomistic hierarchy)的说法。

罗素提出了构造理想语言的要求和方法:(1)它以经验主义为最高要求,并以习知原则而形式化,此外,它完全是分析的,并显示了肯定或否定事实的逻辑结构;(2)它要求自身中形式的东西都属于语法而非特殊的词,同时它必然清除模糊性,并要求一个意义只能有一种表达法;(3)由于它是人造的,"代入原则"可用约定的方式得到收效,即无论怎样代替,只能有假的、但不能有无意义的句子,而假句子也可根据语法组成一种只有假定事实的假系统;(4)逻辑可构造尽可能精确和符号化的理想语言,并且任何有意义的句子都可被翻译成这种语言,而逻辑符号就是理想语言,它的意义是约定的。为什么要如此深入地讨论理想语言呢?罗素认为,一方面是防止人们利用语言的逻辑缺陷从语言的性质推论出世界的性质;另一方面研究避免矛盾的逻辑需要,并以此提出合理假设的世界结构。他自谦地指出,在语言领域绝达不到任何完善的知识,但他仍自信地认为,无论如何,他的思想变得越来越清晰、确定,并越来越了解所关涉的问题了。

罗素提出一个重要原则就是:语法形式与逻辑形式应当是相同的,而理想语言"可以显示被肯定或否定事实的逻辑结构"③,也就是说,它的语

---

① Bertrand Russell, *Introduction to Mathematical Philosophy*, George Allen and Unwin LTD, 1956, p. ix.
② L. Wittgenstein, *Tractatus logico-philosophicus*, Routledge, 2001, 2.0201.
③ Bertrand Russell, *Logic and Knowledge*, George Allen and Unwin LTD, 1977, p. 198.

句是作为日常语言基础的深刻结构。更具体一点说,他认为,《数学原理》就是为日常语言提供了逻辑形式。对此,他强调了两个原则,即"多余逻辑词汇"(extra-logical vocabulary)以及"完美句法"(perfect syntax)。在不同场合,罗素谈了自己对什么是逻辑真理的看法,有时认为是"能够从逻辑前提推论出来的命题",但他并未对这些前提多加阐述;有时又认为是"在形式上是真的",但他坦称自己并不能对这一点提供更进一步的分析。①

罗素对什么是逻辑形式进行了一定的论述。他申明:"在经过必要的分析和判定之后,就会发现,任何哲学问题要不就是其完全并非真正哲学的,要不就是我们所说的属于逻辑的……";"为了理解一个句子,就有必要具备有关形式成分与形式特例的知识。这种知识以某一句子包含信息的方式来表现,因为它显示了由于依照某一已知的形式,而某些已知的客体是相互关联的。因此,尽管对大多数人并不明显,有关逻辑形式的某些知识涉及了所有对话语的理解。……从其具体的工具来获得这种逻辑形式知识,并且使之清楚和单纯,就是哲学逻辑的职能。"②

罗素有关逻辑形式的主要观点如下:

1. 逻辑变量(logical variables)。一个命题的逻辑形式就是"用变项来替代诸成分中的每一个单一项",例如"当我们说'苏格拉底是人',就存在一个明显变项";"一个明显变项经常能够真正地表达语言所无法对自身存在的指示。例如'A 是会死的'意思是'存在某一时间,在其之中,A 将要死亡'。因此一个变数的时间作为一个明显变项而发生"③。

2. 逻辑常量(logical constants)。这就是那些没有涉及特殊主题的常量,如真值涵项的句子联结词(如~、∧、∨、→等)以及量词所构成的充分集合。

3. 逻辑标准(logical criteria)。这个问题罗素并没有讨论得很清楚。我们根据其大致思想,可以归结为:可精确化(pricisification)、可判定化(justification)与可有效化(validization)。

4. 逻辑翻译(logical translation)。在这一点上,罗素与语言哲学家

---

① Bertrand Russell, *Our Knowledge of the External World*, Routledge, 1993, pp. 66—67.

② Ibid., p. 42, p. 53.

③ Bertrand Russell and Alfred North Whitehead, *Principia Mathematica*, Cambridge University Press, Volume 1, 1960, p. 50.

戴维森很相似,后者曾提及:"我将形式语言或标准记法(canoic notation)看作是揭示自然语言的某些设计。我们知道怎样为形式语言赋予一个真理的理论;因此如果我们同样也知道怎样将一个自然语言的句子转换为形式语言的句子,那么我们将为自然语言具有了一个真理的理论。"①

5. 逻辑关系(我们在前面已经讨论过这个问题,此处省略)。

6. 逻辑规则(我们在前面已经讨论过这个问题,此处省略)。

美国著名分析哲学家布拉克(Max Black,1909—1988)认为罗素的语言哲学有三点很重要:一、类型论的应用对日常语言所产生的后果;二、寻求世界的终极元素(ultimate constituents);三、理想语言(ideal language)的观念。② 对此三点,布拉克逐条作了分析和批评。在这里,对这第三点多作一些陈述。

罗素考察了所谓理想语言的特性,他将对此的检验视为语言哲学的目的。对他而言,所谓理想语言就是完全克服日常语言中哲学缺陷的符号主义。例如,语言"被受到科学训练的观察者为逻辑和哲学的目的所创立,那么特殊事物(particulars)就有了专名(proper names)"。在逻辑要求一个能避免矛盾的语言的意义上,理想语言应当是"逻辑上完善的"。布拉克认为,理想语言的这种特性以演算的生动方式显示了它的益处,也是罗素改革方案的一个结果。正像这种哲学符号主义的范式所能揭示的,实际上,每一个符号都是一个指称熟知对象的"逻辑专名",因而对每一个单一对象只有一个词,而任何并不单一的事物只能被一个词组所表达。如果没有所指称的实体,那么那些专名是无法理解的。以拿破仑为例,这个专名指的是一个确定的实体,即一个叫拿破仑的特定个体。然而作为一个人并不是简单的,这可能是一个作为拿破仑单一简单的自我,但保留了他从生到死各个阶段的严格等同,即拿破仑成为由人们经验感知,逐渐发生改变表象的一个复杂系列,或一个因果的连接,而不是靠这些阶段之间的相似性。③ 理想语言应当完全是分析的,并是一种肯定或否定事实的逻辑结构。这种理性语言的系统不包含我们目前能够理解的词

---

① Davidson, D. (1977) "The Method of Truth in Metaphysics," in P. A. French, T. E. Uehling and H. Wettstein (eds.), Midwest Studies in Philosophy, II: Studies in Metaphysics Minneapolis, MN: University of Minnesota Press, p. 247.

② 布拉克:《罗素的语言哲学》,载 P. Schilpp, *The Philosophy of Bertrand Russell*, Northwestern University Press, 1944, pp. 229—255。

③ Bertrand Russell, *The Analysis of Mind*, George Allen and Unwin LTD, 1956, pp. 192—193.

汇,也就是说,它与我们现在所用的表达手段不同。从实际的意义上说,我们并不能认为罗素完全实现了这种理想语言,因为他本人仅将它当作某种为了阐述而作的单纯设计。理想语言企图完美地满足勾画符号主义唯一本质基础关系的意愿,但无论罗素如何考虑语言的"偶然性",他都不情愿通过逻辑构造中的相关性与等同性来放弃一对一语言必须对应"事实"的看法。布拉克批评说:"但并无适当的理由解释,我们为什么期待语言比天文学家所观察星球的一架望远镜更对应世界呢?"①

　　罗素对布拉克的分析和批评作了反驳。罗素认为,布拉克只将专名作为他的理想语言的全部内容,而实际上,自己在 40 年前的"专名、形容词与动词"一文以及《对真理与意义的探究》一书中,就强调语言只包含专名是不可能的。布拉克强烈反对罗素有关哲学语言的建议,但后者声称自己仅主张在一定领域和对某些问题使用这种语言,而数理逻辑的语言正是满足了这种需要,它可以用逻辑来纠正思维。对罗素来说,理论物理的语言作为哲学语言有较少的抽象性,并且有助于理解有关物理世界的完整哲学。因此,他有关创立哲学语言的建议应该在一个适当的上下文中得以理解。罗素深信,在我们私人的思维中沉溺于日常语言是哲学进步的主要障碍,例如,不少现存的理论无法翻译成任何确定的语言,而这正是为什么所谓哲学语言得不到流行的原因之一。罗素指出,所谓对应理论(correspondence theory)的确是自己开始建立真理概念的基础,但并不主张有任何"事实"与含有变项(variables)的命题相对应。因此,他认为像"a 是与 b 相似的"这一命题可以断定一个事实,但若没有"相似的"这一个词的使用,这个事实就不能被断定。然而,罗素自认决不会对这个事实进行分析。②

　　究竟什么是理想或完美语言?罗素研究的专家桑斯布瑞(R. M. Sainsbury)指出:它表现为两个方面:一是有关句法与逻辑词汇,就像《数学原理》所用的;二是有关"超逻辑词汇"(the extra-logical vocabulary),即本身不可分析也不可定义的那些简单名称与谓词等,就像"逻辑原子论的哲学"(Philosophy of Logical Atomism)一文中所用的。桑斯布瑞指出,罗素对这种完美语言的看法,既涉及形而上学和认识论,又涉及语言

---

① 布拉克:《罗素的语言哲学》,载 P. Schilpp, *The Philosophy of Bertrand Russell*, Northwestern University Press, 1944, p. 254。

② 罗素:《对批判的答复》,载 P. Schilpp, *The Philosophy of Bertrand Russell*, Northwestern University Press, 1944, pp. 693—694。

哲学。他往往给人这样一个印象,似乎对日常语言加以充分分析之后,就必须采用完美语言,而且这就等于说任何日常语言,甚至任何可以学的语言都能被翻译成这种完美语言;也就是说,完美语言的特性可以将见识赋予日常语言的特性。①

　　语言的歧义性是认识论的重大问题。主观随意地应用语言的歧义性就是诡辩论的思想方法。例如理论领域的一些争论,在不少情况下正是由于争论的各方从自我理解的语言和概念的意义上来讨论问题,所以必须尽可能地减少语言的歧义。人们企图用这种不完善的语言来表达宇宙并进行哲学的概括,这就引出一个很难克服的矛盾,势必带来杂多的歧义。罗素希望创立一种严格而完善的理想语言,来解决这一问题,这是可取的。不过,那种把哲学错误、社会冲突和政治分歧都归为日常语言模糊性的语义哲学观点,恐怕是不足取的。

　　在当代西方哲学发展中,语言问题显得越来越重要。在一定意义上,各个哲学流派,甚至似乎方向与方法完全对立的英美分析哲学与欧洲思辨哲学之间,最终都在语言问题上发生撞击与交集。罗素对语言问题的探索无疑有着巨大的启迪作用。

---

① R. M. Sainsbury, *Russell*, Routledge & Kegan Pail, 1979, pp. 134—135.

第六章　罗素对分析方法的理论探讨

20世纪英美哲学的主流思潮形成了一个分析运动的时代,而开创者就是罗素。[①] 尽管罗素的哲学受到不同的评述与批评,但有一点却是公认的,这就是"它作为现代分析哲学的范例与鼻祖"[②]。逻辑证论者莱辛巴赫(H. Reichenbach)认为:罗素树立了一个光辉的典范,他说明了一个哲学家可以凭着清晰、精确和认真的分析以及对神谕的否定而获得成功,如果没有他的卓越成就,现代的逻辑和认识论简直很难想象,"罗素是这样一个人:以他方法的精确性以及思想的广博性,为我们时代的哲学开拓了足够的途径"[③]。罗素在西方哲学中的地位和影响是不容抹杀的。如果说笛卡尔是近代西方哲学的奠基人,那么,罗素就是现代西方哲学的开拓者。理由就在于,他为经验论提供了严谨的逻辑系统、新颖的数学观和科学化的哲学设想,并且是西方第一个系统阐明、论证和实践分析方法的人。正是这个方法使整个传统经验论发生了巨大的变革,使休谟等人的某些思想萌芽迅速长成了繁茂的大树,从而产生了新实在论、逻辑实证论和语义分析派,并从反面强烈触动了大陆理性派和德国思辨哲学传统,甚至在一定意义上说是科学精神向神秘主义的宣战。它不仅对西方,而且对东方也产生了一定的影响。罗素在中国讲学时,有人认为他对中国学术界的贡献就是分析的方法,对此,他高兴地说:"我完全赞同。"的确,罗素提倡的科学方法对"五四"以后的中国哲学界和科学界是有相当魅力的。

---

① M. Weitz, *Introduction to Twentieth Century Philosophy: The Analytical Tradition*, Free Press, 2000, pp.1—11.
② E. R. Eames, *Bertrand Russell's Theory of Knowledge*, George Braziller, 1969, p.56.
③ 莱辛巴哈:《罗素的逻辑》,载 P. Schilpp, *The Philosophy of Bertrand Russell*, Northwestern University Press, 1944, p.54.

一、对内在关系说的批判

罗素对绝对一元论的逻辑作了以下批判。

1. 批判了绝对一元论主张的"逻辑只有主谓结构"的观点。罗素批判了绝对一元论将逻辑形式看作是绝对单一的,因为这样就表达不了人类思维的复杂性,更反映不了客观外界的无限多样性。但罗素又未免失之武断,他把某种思想的产生归因于某种逻辑形式,而把黑格尔的绝对精神看作是主谓结构所引起的,使思维内容完全被思维形式所决定,这是一种本末倒置的做法。

2. 反对新黑格尔主义把绝对看作是不可分的统一体的思想。在布拉德雷看来,"绝对"或"最终实在"是不可分割的真实存在,"决不可能自相矛盾,这就是绝对的规则"①。罗素提出了可分组合体的思想。这一点正是罗素整个分析方法的世界观的基础,它含有某些合理因素。

3. 抨击新黑格尔主义鼓吹单靠逻辑就能通晓世界的观点。这一尖锐批评是正确的,然而,罗素自己也没能避免上述弊病,例如他的逻辑斯谛等也采取了类似的态度。

4. 指出绝对一元论的错误在于不了解逻辑的性质。罗素把仅仅反映人类思维形式与结构的逻辑看成了决定人类整个思想发展的主要因素。

5. 驳斥了绝对一元论认为"认识部分就能认识全体"的真理观。由于布拉德雷的观点会导致三种错误的结果:有穷真理论——认识有限就等于认识无限;神秘主义——一下子可以直接悟得真理;甚至导致不可知论——不知道统一的整体就不能知道任何部分。

罗素把对黑格尔哲学的攻击分为两种势力:一是像他那样的新逻辑主义者,他们揭露黑格尔派的谬误,而证明事物的关系和杂多性以及时、空都不是自相矛盾的;另一是詹姆士和柏格森(H. Bergson)等人,他们批驳那种由逻辑所创造的世界具有齐一的结构与秩序的说法。罗素认为这两种攻击有本质的差异,前者是根据学术力斥敌手是悖谬的,而后者则根据人性指责对方是可憎的。虽然罗素认为后者易为一般人接受,但他本

---

① Francis Herbert Bradley, *Appearance and Reality: A Metaphysical Essay* (1893), p. 498.

人无疑始终坚持前者。① 在此,罗素无意中揭示了一种情与理的关系,而这正是哲学的一个重大问题。当前的西方哲学在某种意义上说,可分为是否注重合理(如分析哲学)或是否注重合情(如存在主义)。罗素一派以尊重自然科学、数学和逻辑为荣,并企图追求严格精确的分析方法和形式化的公理系统,尤其是自他之后,许多分析哲学家把对人与社会的研究完全排斥于哲学之外,结果将自己拘囿于象牙塔之中,这恐怕也是分析哲学之所以对一般人无很大影响的原因之一。

但是,罗素在批判时,没有廓清两条界限。

其一,黑格尔逻辑与传统逻辑的界限。罗素批评说,黑格尔抨击传统逻辑,却又不自觉和无条件地运用其根本原则和技术。罗素把黑格尔的逻辑与传统逻辑视作大同小异是不公平的。黑格尔为建立自己的逻辑体系,对传统逻辑进行了批判,他声称要在全盘改造之下以更高的观念来使逻辑科学获得一种完全不同的形态。以高级的思维关系来代替低级的思维关系,是黑格尔新逻辑的任务。他企图达到逻辑学与本体论、认识论及科学四者的统一,但他把精神活动加以客观化、独立化、对象化,同时又将活生生的人类思维束缚于绝对观念的窠臼之中。此外,他的整个逻辑是从一种不可捉摸的前提,即"有""无"的模糊概念发端,从而构成了自己庞大的演绎系统。这些才是黑格尔的主要弊病,而罗素正是在这几点上与黑格尔殊途同归。例如他把逻辑原子视为世界的终极构成要素,认为心物彼此一样。这实际就是把精神客观化、独立化、对象化的结果。同样他也把活生生的人类思维局限在公理化的形式系统中,他的逻辑斯谛认为逻辑先于数学,而"纯粹数学"与经验事实的陈述无关。他也是先验地、从所谓不证自明的定义公理开始,一步步地推导演绎而构成整个系统的。

其二,心与物两种一元论的界限。罗素在谈论一元论时,概念是含混的,有时他虽把绝对一元论与唯心主义看作是紧密结合的,但在更多的时候却掩盖了心与物两种一元论之间的区别,而笼统地把一元论的基础都归于神秘主义,并且把本来属于物一元论的派别,如古代派,仅仅凭某些现象就划为所谓多元论。他承认摩尔注意黑格尔唯心主义的一面,而自己却注意其一元论的一面,这说明他往往只注意哲学派别的形式。

罗素对布拉德进行了内在关系说的批判。正像罗素认为多元论与外在关系是互相结合的那样,他认为绝对一元论与内在关系说也是紧密相

---

① 参阅 Bertrand Russell, *Sceptical Essays*, Routledge, 2004, Chapter 1。

关的。因此,在对绝对一元论进行否定的同时,他也对内在关系说作了认真的批判,而将其错误列为四点:(1)关系自相矛盾,因而不实在不可能;(2)关系与其关系者一样具有本体性;(3)关系内在于关系者,性质决定关系;(4)关系问题上的神秘主义。

罗素对布拉德雷的批判并非中肯,在许多方面明显带有自己派别的偏见。他往往在传统与现代逻辑、内在与外在关系、一元论与多元论等非常笼统的划分下进行分析论证,故往往只能抓住一些现象的类似点。公正地讲,布拉德雷的"内在关系说"的原本目的是反对传统经验论所表现出的机械性及多元论的倾向。他认为任意两个项构成关系后,就会产生影响和发生变化,两个项处于关系的内或外是不同的。布拉德雷同意另一位新黑格尔主义者格林(T. H. Green)的意见,即一切事物都存在于某种相互关系之中,但他认为这种关系只是人的心灵虚构,因为"具有关系形式的经验决非是真实的,人们可以就此毫不犹豫地断言它们仅是众多假象的堆积"[①]。

在批判内在关系说时,罗素仍未廓清两条界限。

其一,黑格尔逻辑与布拉德雷逻辑的界限。布拉德雷把绝对一元论推向极端,恰恰摒弃了黑格尔的许多最有价值的东西,如强调内外在关系的对立统一等,而片面夸大了他最不值得称道的方面。的确,布拉德雷多少接受了黑格尔的一些合理思想甚至力图用辩证法说明思想律,例如他提到:"辩证法所要否认的也不过是绝对、完全、终极、固定的不相容的真实性……"[②]"不同的东西或不相容的事物或对立物——各种矛盾的存在,这一事实乃是矛盾律的基础。它假定了万物的本性就是这样……"[③]布拉德雷也沿用了黑格尔的一些字眼,如承认"绝对"是"谐和的""不相冲突的"最高实在。不过,他颇有"独创",以自己的"绝对经验"取代了黑格尔的"绝对观念"。尽管如此,罗素并未对此作正确区分,相反却混为一谈。

其二,"神秘内在关系"与"自然内在关系"的界限。布拉德雷的内在关系说笼罩着一种神秘主义的色彩,对他而言,一切关系必定以统一或全体为背景,脱离全体即失其存在;所谓内在关系只是一种神经经验、感觉

---

① Francis Herbert Bradley, *Appearance and Reality: A Metaphysical Essay* (1893), p. 34.
② 布拉德雷:《逻辑原理》,中译版,北京:商务印书馆,第 180 页注 9。
③ 同上书,第 159 页。

或感情中模糊混沌的直接的统一；人的经验首先是"低于关系"(below relation)或"非关系的"(non-relational)，然后才进入关系，直至上升到"超关系"(supra-relational)的境界，即"绝对经验"。但对于罗素，似乎只要一谈内在关系，就都是一路货色。黑格尔曾提出让后来罗素极力反对的一个观点，即"发展了的现实是内在东西和外在东西的更替"①。

"内在关系"这个概念的歧义很多。人们可把它看作或反映本质规定性、或反映内在必然规律性、或反映内部矛盾运动的关系，也可把它看作是一种最基本、最主要、最直接的关系，还可把它看作是从属关系者性质的关系。以上人们是在通常意义上界定内在关系的，但有时也可单从某一范围的内外对比来谈它。我们往往在一种纯粹的情况下谈问题，其实，关系就是由自身联系与他物联系以及自身反映与他物反映所构成的。它们经中介连成一体，而呈现出很复杂的状况，所以不能截然分割开。如果只强调内在关系，则空洞抽象、易导致神秘主义；而如果只强调外在关系，则又可能导致不可知论，分析起来，这两种情况都是把某一方绝对化的结果。

罗素在早期学术活动中，就奠定了他的卓越地位。在数理逻辑方面，罗素提出了罗素悖论。罗素在 1900 年便认识到，数学是逻辑学的一部分。1910 年，他和他的老师怀特海一起发表了三卷本的《数学原理》，在其中对这一概念做了初步的系统整理。哲学上罗素最大的贡献是同摩尔一起创立了分析哲学，此外他还在认识论、形而上学、语言哲学、伦理学、政治哲学以及哲学史方面做出过贡献。这些方面在后面一些章节中还会详细提到。

二、多元论与外在关系说

多元论和外在关系说几乎是继承经验论传统的英美哲学各个流派的共同特点。实用主义者詹姆斯(W. James)、新实在论者培里(R. Perry)和斯波尔丁等人都坚持这两个学说。不过也有例外，罗素的学生维特根斯坦(L. Wittgenstein)在早期尽管主张多元论，但却强调内在关系说。② 而

---

① 黑格尔：《哲学全书》，第 292 页。
② W. James, *A Pluralistic Universe*, Longmans, Green and Co., 1909, pp. 313—318, 348—353 页；培里：《现代哲学倾向》，第 238 页；L. Wittgenstein, *Tractatus logico-philosophicus*, Routledge, 2001, 4.125、4.122、5.131、5.232 等条。

罗素则是发展这两个学说的突出代表。罗素指出:"多元论是科学与常识的观念,因此,当然会被接受,……我毫不怀疑这个观念是正确的,并认为所谓一元论是来自由神秘主义所激发的错误逻辑,而正是这种逻辑掌控了黑格尔的哲学及其追随者。"①他回忆自己与摩尔一起反叛了康德和黑格尔:"摩尔关注对唯心论的拒斥,而我则更强调对一元论的摈弃。但布拉德雷正是通过黑格尔的哲学,用关系说将这两点联系在一起。"②

从罗素哲学的整个发展过程来看,多元论既是他方法论的起点,又是其归宿,就是说,起初他在前人思想的启发下从一种比较模糊的多元世界观开始,为了精确、清晰地分解出宇宙的终极构成要素,而使用了一系列逻辑分析的原则和专门技术,从而使他的多元世界观不断得到精密化和理论化。换一个角度来说,分析方法论既是罗素世界观形成过程的起点,又是其归宿,因为他在前人某些方法的启发下从一种比较不完善的方法论发端,经过对世界构成要素的探讨和分析,不断提炼出一种较为完善化和理想化的分析方法论。因此多元的世界观和分析的方法论成为罗素哲学思想发展的两个互为因果、紧密衔接的环节。罗素既然要寻求世界的终极构成要素,就必须同时观察这些要素之间的关系,因为他相信世界最终是由分立的要素和它们的关系构成的。

罗素指出,分析方法告诉人们,如果不承认多元论和关系的存在,就不能解释哪怕是部分的真理。由于存在着无限多的关系和关系形式,所以,世界才是多元的和可分析的。罗素把内外在关系问题看作是哲学中最主要的问题之一,并且是一元论与多元论争论的焦点。当罗素根据真实和外在关系来捍卫分析时,他就意识到"哲学阵营分裂为分析的朋友与非分析的敌人"。罗素研究专家昆兹(P. G. Kuntz)这样评价说:"因为'分析'这个词本身就主张还原性原子论,即除了原子'无物存在',所以我们称罗素的方法为关系分析是明智的。"③我们并不否认有关一元论与多元论、内在关系与外在关系的争论具有一定的意义,而只否认把它们作为哲学发展的主线。为此,我们有必要先对罗素的多元论和外在关系说进行一些探讨。

罗素谈到外在关系的意义时说:"最重要并始终主导我全部哲学的一

---

① Bertrand Russell, *An Outline of Philosophy*, W. W. Norton & Company, INC., 1927, p. 253.
② Bertrand Russell, *My Philosophical Development*, Simon and Schuster, 1959, p. 54.
③ P. G. Kuntz, *Russell*, Boston: Twayne Publishers, 1986, p. 60.

点就是'外在关系说'。"①不过,罗素的这个思想并非顿悟而生,他是受到了许多前人思想的影响,如莱布尼茨的关系逻辑和休谟的关系说。罗素曾回忆道,自己先从一个哲学的,同样也是一个数学的问题开始,这就是关系的重要性。在他论莱布尼茨的书里,强调过有关系的事实和命题的重要性,与之相对立的是由本体和属性构成的事实和由主词和宾词构成的命题。他发现人们对关系产生了很多偏见,并在哲学和数学中产生了不良影响。正如莱布尼茨未获成功一般,布尔(G. Boole)的数理逻辑②虽然讨论类的包含,但也只不过是三段论法的一种发展。皮尔斯(C. S. Peirce)曾提出一种关系逻辑,③但他是把关系当作一种由"双"构成的类;这虽在技术上可行,但却不一定能引向重要的结果。在关系逻辑中探讨的问题与类逻辑是不同的。对此,罗素认为,他对于关系的探索对哲学有着极大的帮助。

罗素对自己关于莱布尼茨的研究成果颇为自负。事实上,他以哲学家、逻辑家和数学家的三重身份研究莱布尼茨,当然能有一些独辟蹊径的见解。他承认认识到关系问题的重要性是受到莱布尼茨影响。他认为莱布尼茨重视关系并把主谓逻辑和多元论撮合起来,却引出了一个特别的矛盾,因为有许多单子命题并不属于主谓形式。④ 罗素认为只有批判主谓逻辑的普遍性并把多元论贯彻到底,才能解决这种矛盾。从英国经验主义传统来看,罗素在关系问题上也受到了休谟的影响。罗素认为休谟非常重视关系在哲学中的意义,并在"人性论"中划分了七种关系。罗素也像休谟那样规定了几种基本关系,并指出近代因果关系哲学便是自休谟始,单从自然科学讲休谟的因果关系说是完全正确的。的确,休谟把因果关系看作是习惯的联想,这种联想不外乎只是一种非必然的外在关系。不过他只是把关系归为心理现象,这是罗素所不能同意的,因为后者在某种意义上把关系看作是客观实在的。

---

① Bertrand Russell, *My Philosophical Development*, Simon and Schuster, 1959, p. 12.
② 布尔是著名的英国数学家和逻辑学家,是布尔代数(即逻辑代数)的创立者,其理论被成功地应用到电脑线路的设计,并对符号逻辑的建立起到很大的作用。
③ 皮尔斯是美国的实用主义哲学家,他在批判传统逻辑的局限性之后,促进了现代符号逻辑的发展。他在对布尔代数加以改进的基础上,建立了关系逻辑,发展了真值表的方法,并为命题逻辑建立了一个公理系统。
④ 莱布尼兹的多元论表现为一种"单子论"(Monadology),他认为世界是由称为单子(monads)的无限个实体构成的,这些单子虽具有物理质点的若干性质,但仍然是一种"灵魂",因而从根本上说,还是精神性的,这样,就使莱布尼兹否认物质的实在性,而承认无限个灵魂。

罗素多元论的外在关系说主要有以下几点。

1. 实在是由具有关系的事物组成的,关系决定性质。罗素把实在视为一种庞大而可分析的组合体,它由许多终极构成要素合成,处于关系中的关系者和性质也是一种构成要素。世界之所以多元,是因为这个现实的世界是由具有许多关系、许多性质的各种事物构成的,复杂的实体由关系来联系其各部分,这种关系至少也和物质一样重要。罗素又提出,各种关系往往都可具备同一性质,但某几种关系更重要一些。人们只有先考察在这些关系上哪一种性质有用,否则碰到了陈述这种性质的命题时便不知其价值如何。① 在此处,罗素再次强调了与布拉德雷相反的观点,即性质处于关系之中。

2. 多元关系中的各元之间是平等而无差别的。罗素以中立一元论形式来表现自己的思想,因此其多元论有一个特点,即发生关系的各方面,不论是人或物都是平等的,元与元之间没有什么差别。这种多元论(也是二元论的一种形式),是把心与物看作了彼此独立的实体,只不过罗素往往回避这种提法,而喜欢用所谓终极构成要素来取而代之。

3. 命题有无限多的形式和无限多的关系。罗素回忆自己从皮阿诺(G. Peano)那里得到重要启示,其中之一是关于"苏格拉底是有死的"和"凡希腊人都是有死的"为不同形式的命题。这是传统逻辑所忽视的差别。因为前者是主谓式的,而后者则是两个谓语的关系,即"希腊人"与"是有死的"两项的关系,它实际上可以是"对所有 X 而言,如 X 是希腊人,则 X 是有死的"两个命题的函数关系。不管有无"希腊人",它都可为真。罗素指出,这是古希腊以来逻辑第一次真正重大的进步,并且是由皮阿诺和弗雷格两人通过数理分析不谋而合得出的结论。② 罗素正确地认为关系是普遍的,宇宙间有无限项的关系,因此,命题也绝不止一个主谓形式,而是有无限多的形式。这样,"绝对"便消除了。宇宙当然是多元的。"大于……""在……以南""居……以上"以及"与""或""除非""如果""加上""不""非""没有"等形式就都是代表关系的。再如,a 与 b 有 R 关系($a、b、R$)以及三项、四项以至无穷多项的关系都不能用主谓形式说明。每一关系都具有一个由所有相关的项组成的"域",如"父母"的域是许多

---

① Bertrand Russell,*Introduction to Mathematical Philosophy*,George Allen and Unwin LTD,1956,pp. 42—51.
② Bertrand Russell,*My Philosophical Development*,Simon and Schuster,1959,pp. 65—73.

父母和孩子的类,而"丈夫"的域是许多丈夫和妻子的类。这种关系是两项,三角恋爱是三项,"A 为 P 从 C 买 B"是四项,"A 对 B 爱 C 比对 D 恨 E 更为关注"是五项关系,而这样的系列是无限的。① 鉴于逻辑形式的繁杂,罗素提出将其分类是逻辑的第一要务。由于世界是由许多具有各种性质和关系的事物组成的,因此要注意其全部性质和关系。不仅应知道此、彼、他各物,而且还要知道哪个红、什么早于什么、在另两个当中什么是什么等等。当事实是由两事物的关系构成时,它就有三个成分,即两项与其关系等等,并且可以以此无穷类推。罗素认为,列举事实的逻辑形式时,一定把其所有关系完全包括。②

4. 提出无对称等各种基本关系。罗素自信地认为,有许多方法可驳斥主谓逻辑及其对关系实在性之否定的错误。其中最容易的一个,是援引所谓"无对称"的关系。他列举了几种关系,如对称、非对称、无对称、传递、无传递、非传递,他还提出自返、非自返以及"一对一""一对多""多对一"关系等等。他认为,所谓对称关系,是指一种关系只对 A 和 B 适用,而不对 B 和 A 适用,如丈夫、父亲、祖父以及在前、在后、较大、在上、在左等,凡是能引起系列出现的则是无对称关系。对此关系,不能把它归结为性质。而这种关系却又是普遍的,它包括在时空、大小、整体和部分等所有系列中以及包括在现存世界许多极其重要的特征中。③ 罗素肯定地认为,正像无对称关系在大部分数学中是基础的一样,有关其理论也是极其重要的。

5. 关系是可能分析的。罗素提出在某种情况下,关系显然可以分析,例如"祖父母"指"父母的父母""兄弟"指"父母的儿子"等。所有家庭关系可用三个词表达,即"配偶""男子"和"父母",此即罗素提出的所谓"最低限度词汇"的原则。④

6. 关系不依赖于思想和词语的性质而独立存在。罗素主张,如果每一种关系都包含在其词语的性质中,数学就不能成立,因为在数学中,人们必须了解此单元组是处于人们所能知道的与任何其他单元组有关系的

---

① Bertrand Russell, *Human Knowledge: Its Scope and Limits*, Simon and Schuster, 1948, p. 271.
② Bertrand Russell, *Our Knowledge of the External World*, Routledge, 1993, Chapter 2.
③ Ibid.
④ Bertrand Russell, *Human Knowledge: Its Scope and Limits*, Simon and Schuster, 1948, p. 275.

事物之前的,这就需承认外在关系。据此,关系会有一种超越并凌驾词语之上的特性,它们相互关联,但并不包含在其相互的词语中。关系不依赖思想而存在,它属于思想所能理解而不能创造的独立世界。①

7. 关系可以独立于关系者之外而存在。罗素认为关系并不内含其关系项的复杂性,也不等于全体的所有性质,也就是说,关系可独立存在,②不仅如此,他早年还致力于对柏拉图式的共相关系的抽象研究。

8. 企图把对"关系"的研究从普遍语言中解脱出来。罗素一方面认为,语言没有"关系"便不足以表达宇宙的真理,另一方面又说一个句子的语法形式往往不能反映它意义的逻辑结构,"关系"之所以历来混乱,是因为人们不用别的而只用一些字词来表示"关系"。表述一个关系事实的句子,如"此在彼上"或"这人杀那人",其结构与它所表述的事实结构有非常重要的不同。"在上"是处于"此"与"彼"两项之间的一种关系,可是,"在上"一词本身却不是一种关系。罗素的这些论述说明,他想使对关系的研究部分地从普通语言的束缚中解脱出来。这是与后来的语言分析家们所不同的地方。

9. 性质归为关系,逻辑就是研究关系。罗素提及的事实并非指一个简单事物,而是指某物具有某种性质或某些事物具有某种关系。

依罗素之见,哲学的本质就是逻辑。逻辑和数学一样,专门研究形式和关系,又因为关系逻辑在符号演算中总被看作是关系的类型,因而成为数学的基础。关系的引用能简化和概括大多数数学理论,关系的"意义"是次序的系列和许多数学概念的基本根源,甚至"数理哲学的大部分也是研究关系"③。罗素认为将一切性质还原到关系是对逻辑的一大解放,因此,逻辑以关系为其研究的专门对象。他把关系的适用范围规定得很广,如真理是由语句或信念与事实的关系决定的,他认为"一类之所以有许多顺序者,其原因在各事素间包含许多关系"④。例如,对于几何上任何两点之间的关系,就"只有借关系的差别才能把许多点彼此区分开来"⑤。

---

① Bertrand Russell, *The Problems of Philosophy*, Prometheus Books, 1988, p. 68.
② Bertrand Russell, *My Philosophical Development*, Simon and Schuster, 1959, pp. 11—15.
③ Bertrand Russell, *Introduction to Mathematical Philosophy*, George Allen and Unwin LTD, 1956, p. 42.
④ Ibid., pp. 32—33.
⑤ Bertrand Russell, *An Essay on the Foundation of Geometry*, Scholarly Publishing Office, University of Michigan Library, 2005, chapter 3.

当时，与罗素合作的怀特海（A. Whitehead）也主张唯有关系是人们知识的对象，这对罗素不无影响。罗素坚信关系逻辑有开阔人们抽象思维的功用，并能提供无限的可能假设，以便对各种复杂的事实进行分析。

10. 关系可以用算法和符号表示。罗素与怀特海在《数学原理》中提出了下列有关"关系算法"和"关系符号"的八点原则：(1) 包含于某一类中的某些项对于某一给定的 y 项有 R 关系；(2) 在包含于某一类中的某些项中某个给定的 x 项有 R 关系；(3) 构成关系"范围"一个类中的所有项对于某个对象有 R 关系；(4) 某个对象对于由一个类构成的"相反范围"中的所有项有 R 关系；(5) R 的"域"由"范围"和"相反范围"构成；(6) 一种 R 关系的"反面"，就是 x 和 y 之间有 R 关系的时候，y 和 x 之间所具的一种关系；(7) R 和 S 两种关系的"关系产物"，就是有一个 y 作中项的时候，x 和 z 之间的一种关系，即 x 对于 y 有 R 关系，y 对于 z 有 S 关系；(8) "复数"可以定义为一个类的所有项对于一个给定类的某一项有 R 关系。罗素以人与人的关系举例说明上述八点，设定 R 为父母与子女的关系，如此一来：第一点是 y 的父母；第二点是 x 的子女；第三点是所有那些有子女者的人的类；第四点是所有那些有父母的人的类；第五点是包括每个人的"父母"关系域，这个人或是某人的父母，或是某人的子女；第六点是"某某的父母"这种关系的反面为"某某的子女"那样一种关系；第七点是"祖父母"为父母与父母的关系产物，"弟兄或姊妹"为"子女"与"父母"的关系产物，其他可以类推；第八点是"某学院学生的父母们"可以看作按这一个意义来说的复数。

11. 不同类的关系有不同类的功用。罗素提出了表现逻辑和普通数学之间过渡的三种不同的关系类型。其一是"一对多"的关系，即可以产生"叙述函项"的关系，也就是最多只有一项对于给定的一项所能有的一种关系。例如在基督教的社会中，可以说"x 的妻子"，但在一夫多妻制的社会中，它表达的意思就很模糊。其二是"一对一"的关系，即在两个类之间建立相互关系的那种关系；在此关系中，不仅最多仅有一个对于某个给定的 y 有 R 关系的 x，而且最多也只有一个 y；对于这个 y，一个给定的 x 只能有 R 关系。正是由于这种一一对应的关系，所以不必计算就可得知丈夫与妻子的数目相等、人的鼻子与人的数目相等，等等等等。其三是可以产生"集合"关系，①所谓集合就是包含具有次序的某些项的组合，这种次序产生于某种关系，而这种关系必定具备下列三点特征：一是"不对称的"，即若 x 对 y 有这种关系，则 y 对 x 就不会有这种关系；二是"及物的"，即若 x 对 y 有这种关系，而且 y 对 z 有这种关系，则 x 对 z 就会有这种关系；三是"联结的"，即若 x 和 y 是这种关系域中任何两个不同的项，则不是 x 对于 y 有这种关系，就是 y 对于 x 有这种关系。据此，假若某种关系表现了这三点特征，那么它便将其域中的各项按次序排列在某一系列中。罗素也同样用人与人之间的关系来说明这些特征。例如表现为"丈夫"的关系是不对称的，因为若 A 是 B 的丈夫，B 就不会是 A 的丈夫；而表现为"配偶"关系则是对称的。表现为"祖先"的关系是及物的，因为 A 的祖先的祖先当然也是 A 的祖先；而表现为"父亲"的关系则是不及物的。在某一系列关系所必须具备的三点特征中，"祖先"关系含有两点，但缺少第三点，即"联结的"特征，因为，并非任何两个人中，其中一个一定是另一个的祖先。

12. 创立一种新的逻辑系统来解决关系问题。罗素试图以一种新的技术和数理哲学来解决关系问题。他认为，关系逻辑可以用皮阿诺的方法进行简化。他主张，谓词可以有一个变项、两项关系（有两个变项）、三项关系（有三个变项）等命题，而其函项等同。当说"人是会死的"，就意味着"在 X 之一切可能值上，如 X 是人，X 是会死的"。如人会死，无毛两足动物也会死，如有几个人，也有几个无毛两足动物。主谓形式可以表示为 S 是 P，如"苏格拉底是会死的""这是白的"，而罗素企图创立一种逻辑系统，其中包括各项的关系和相互的依赖性，并包括事物的分类。因此，他以另一种命题函数 $R(xy)$、$R(xyz)$、$R(xyz\cdots)$ 作为自己逻辑体系的基本命题形式。由此，他引入了数学上的变项，即 p、q、$r(x,y,z)$。他认为："不用变项来代表谓词或关系，肯定是不行的。"他还运用真值函项表示一些复杂的关系，如"$\sim p$""$p \wedge q$""$p \vee q$""$\sim(p \rightarrow q)$""$p \leftrightarrow q$""$(\sim p \wedge q) \rightarrow \sim(p \vee \sim q)$"等。此外还引入了带有全称和存在量词的谓词演算等。

罗素应用现代符号逻辑技术，企图精确解决事物的各种关系。尽管他的尝试不无可取，也取得了一定的成就，但从根本上说，他并未像他自诩的那样摆脱传统逻辑的束缚。人们在研究思维形式和结构时，形式逻

---

① 罗素指出，"集合(set)"是陈腐而又人人皆知的名词，他自己是对这个词给予确切意义的第一人。Bertrand Russell, *My Philosophical Development*, Simon and Schuster, 1959, pp. 86—101.

辑基本规则是不能违背的,罗素想彻底摆脱它是不可能的。尽管罗素用许多现代符号技术来改造逻辑,并进一步研究了事物的分类和关系,比亚里士多德在某些方面要严密、系统、精确得多,但却仍未超出形式逻辑的范畴,如果他只是以人类的思维形式和结构为研究对象,或以整理人类现有的知识为目标,例如在电脑程序的编写方面,他的逻辑就很有用。

罗素对旧逻辑主谓结构持怀疑态度,他坚持采用逻辑分析的方法,对绝对一元论和内在关系说进行了较为深入的分析和批判,并坚持他的经验主义多元论和外在关系说的主张。这在他的全部哲学生活中至关重要。

总结起来,布拉德雷的"内在关系"和罗素的"外在关系"之比较大概有如下几个方面:(1)布拉德雷强调"一",罗素强调"多",即布拉德雷强调统一体的绝对,罗素强调终极构成要素;一是脱离对立讲统一,一是脱离统一讲对立。在逻辑上,它们各有合理因素,但却把所执的一端扩大化。(2)布拉德雷强调"合",罗素强调"分"。这是一元观与多元观世界观在方法论上的体现,即布拉德雷强调综合,罗素强调分析。(3)布拉德雷强调"动",罗素强调"静"。所谓"动",对于布拉德雷来说,是在非常限定的意义上提出的,即他主张处在内在关系中的项相互影响、相互变化。罗素则认为,处在关系中的项不会改变任何性质。(4)布拉德雷强调"里",罗素强调"表"。布拉德雷主张事物的性质是主要的,关系因其自相矛盾而往往是虚假的。但罗素却主张一个事物在关系中表现自己,性质可归结为关系。难怪有人称罗素是"多元的现象主义者"。(5)布拉德雷强调"思辨",罗素强调"数理"。布拉德雷的很多方面继承了德国哲学思辨的传统,因而往往在纯概念中谈论关系。罗素则应用数理逻辑的各种符号,试图在公理化的形式演绎系统中表示关系。本来,抽象思维能力的逐渐深化是人类认识发展的标志,然而,像布拉德雷那样仅仅玩弄概念把戏,或像罗素那样把活生生的思维单纯地归结为符号演算,就只能使这种能力趋向衰败。(6)布拉德雷强调"玄秘",罗素强调"真确"。布拉德雷一面使关系说过于玄妙、难以捉摸,一面又带有神秘主义;罗素却企图使关系获得精确的定义,但带有机械论的倾向。

布拉德雷哲学与罗素哲学在19世纪与20世纪的世纪之交,先后出现在英国,这是很有意思的现象。作为人类认识发展历程中的两个哲学流派的代表,他们既有其价值所在,又有其根本弊端。

三、逻辑主义是分析运动的前导

1901年,罗素发现了以他的名字命名的悖论,引起了所谓第三次数学危机,促使人们对数学基础问题进行深入一步研究,从而推动了人类认识的发展。不久,罗素提出了逻辑类型论,为解决悖论做出了卓有成效的尝试。1903年,罗素独自发表了一卷本《数学原理》,建立了逻辑主义学派。接着,他又和怀特海合作,经过10年的艰苦劳动,写成了三卷巨著《数学原理》。罗素逻辑主义的主要目的之一,就是企图将整个数学归结到逻辑。但这仅能在某些程度上可做到,而无法绝对做到。

逻辑主义(logicism)认为所有的数学概念都可用逻辑的概念来加以界定,并且所有数学真值都可从逻辑真值推演出来,而数学并非别的就是逻辑。罗素在创立逻辑主义时,为了分析逻辑的量词(如"凡"和"有些")和数学中的数字,而发展了分析的形式,并且不久便利用它们去分析空间的点、时间的瞬、物质、精神、道德、知识以及语言本身,这就造成了分析哲学的产生。

我们先从逻辑的基本概念入手。一句话表示的是一个具有完整思想语词的组合。一个具有意义的陈述句(declarative sentence)具有真假二值。一个命题(proposition)就是被某陈述句所表达意义,如真命题"地球是圆的"或假命题"地球是平的"。因此,命题或真或假。表达这些命题的陈述句也或真或假。一个命题的主语是此命题所表达的谁或什么。"地球是平的"是关于地球的。因此地球是命题的主语。谓词是主语的属性。因此,"__是平的"是谓词。逻辑学家使用变量 x、y 或 z 来表示主语而不是空白的空间;这里的主语关系到谓词。罗素称谓词为命题函项(propositional functions)。谓词"x 是平的"是一位(一地)谓词,因主语只有一个地方可以去,即将一个属性归于一件事情。二位(二地)谓词是关系,如"印第安纳州比俄亥俄州更平坦"。在这里,"主语"是俄亥俄州和印第安纳州,而谓词则是"x 比 y 更平坦"。在语法中,印第安纳州是主语,俄亥俄州是宾语;而在逻辑上,这两个都是主语。通常数学中的两位关系是 $x=y$,$x \rightarrow y$ 和 $x<y$。此外还有三位关系,如"俄亥俄州是在印第安纳州与宾夕法尼亚州之间",在这里谓词"x 是在 y 与 z 之间"。这种情况在几何中经常应用。依此类推,还有四位关系等等。

在罗素的关系逻辑之前,逻辑是以亚里士多德的一位(一地)谓词的逻辑为主。这种简单逻辑可用一位谓词来分析句子,如"汤姆是高大的"或"天空是蓝色的"。它也可分析更复杂的句子,如"凡人类都是动物"(倘若有人是人,那么那个人是动物)和"有些人是有思想的"(至少有一人,既是人又有思想);从这两句可推出"有些动物是有思想的"。然而,不能用这样的句子做得更多,也就是不能用它来分析许多数学或科学报告。这是罗素首要的重大成就,即发展了更有效的关系逻辑,并用之描述由两位谓词表达的概念,如将"x 比 y 更高"用于"汤姆比鲍勃更高"这样的命题,而决不能用一位(一地)谓词表达。用此法可表达所有的纯数学概念,而在此前却无法做到。罗素的逻辑包括了集合论(set theory),因为他的逻辑包含谓词以及每一谓词所界定的一个集合。例如,谓词"x 是人"界定了所有事物的集合,它可替换 x,而使"x 是人"为真,即界定了人的类(class)。所谓理解公理(the comprehension axiom)是一种罗素的逻辑假设,即每一个谓词都界定了一个类。罗素的逻辑包含集和集合论以及一位关系和二位关系。罗素将集合看作"类",并将集合论视为"类论"。这两者说法不同,但实质一样。①

在关系逻辑后,罗素最伟大的成就是其逻辑主义的理论,即数学就是逻辑。如此一来,所有的数学概念都可用逻辑概念加以界定,并且所有的数学真值都可从逻辑真值中推出。罗素的逻辑主义及其逻辑哲学是在其1903年出版的《数学原则》一书中得到阐述的。而从逻辑到数学的实际推演,并对数学即逻辑所作的证明,是在1910—1913年与怀特海合写的三卷本《数学原理》中完成的。罗素还在1919年的《数学哲学引论》中提到逻辑主义。同建立关系逻辑一样,逻辑主义的发展,逻辑悖论的发现以及集合论的创立,罗素比其他人更多地奠定了20世纪分析哲学运动最重要的基础。罗素所引导的分析哲学在逻辑上分析概念、知识以及语言。分析是分析哲学最重要的特征,并在这场哲学运动中扮演了主要角色,这正是由于罗素的编剧和导演。罗素对数学的逻辑分析是这场运动最主要的引领。

分析的概念在每一位哲学家那里的理解和操作是不一样的。罗素本人对分析的界定也经常不同。对他来说,最通常的"分析"意味着,从常识的某种东西发端,寻求其为基础的最根本的概念和原则,罗素在《数学哲

---

① 参见 John Ongley & Rosalind Carey, *Russell: A Guide for the Perplexed*, Bloomsbury Academic, 2013, pp. 2—3。

学引论》(*Introduction to Mathematical Philosophy*)中宣称:"通过分析,我们可找出更一般的概念与原则,即什么样的起始点可被界定或推导出来。"①同样,在《数学原理》(*Principia Mathematica*)中,他主张:"有两个相反的任务在当前一定要得到演示。一是我们必须分析现存的数学,发现什么是前提;另一是当决定使用我们的前提时,必须尽可能地建构起(如综合)先前所分析的数据。"②在《未来形而上学导论》和《纯理性批判》中,康德曾用过分析和综合这两个相同的概念,他声言:"当批判本身应用综合方式时,我在分析方法之后勾勒出一项计划。"罗素在《数理哲学引论》中说道:"从自然数开始,我们首先界定了基数(cardinal number),揭示了如何来概括数的概念,然后分析在定义中所涉及的概念,直到找到我们自己所使用的逻辑基础。……在综合中,首先对那些由分析得来的基础加以演绎,而那些分析所起始的自然数则在整个过程后才能得到。"③《数学原理》可视为一个综合,它从用分析得来的逻辑基础开始,然后从中演绎出数学。罗素声称:《数学原理》是"一个演绎系统",在它那里"分析的最初工作并未出现",与此相反,它"建立了分析的结果……制造来自前提的演绎……直到达到这样一点,即我们尽可能多地证明它是真的"④。

　　罗素的《数理哲学引论》与其《数学原理》的关系,就像康德《未来形而上学导论》与《纯理性批判》的关系一样,可视为一种采取常识并发现其根本原则的做法。在这里,综合法可被当成某种基础来显示先前分析过的知识。罗素的《数理哲学引论》与康德的《未来形而上学导论》一样都是对一个主题的非正式引介。然而,康德企图寻求一种分析所没有发现的原则来判定知识,而罗素则没有这样去做。对于罗素而言,分析所不能发现的逻辑观念并不一定比分析得来的算术更为确定。⑤

　　在罗素看来,对算术的分析之所以确定,是因为其某些基本的逻辑原则是通过分析所发现,并由归纳法所判定的,而综合法揭示了算术可从那些原则演绎得出。罗素不认为从逻辑推导的算术是确定的,而认为从算术推导的逻辑是确定的。

---

① Bertrand Russell, *Introduction to Mathematical Philosophy*, p. 1.
② Bertrand Russell, *Principia Mathematica*, Vol. 1, p. 5.
③ Bertrand Russell, *Introduction to Mathematical Philosophy*, p. 195.
④ Bertrand Russell, *Principia Mathematica*, Vol. 1, p. v.
⑤ John Ongley & Rosalind Carey, *Russell: A Guide for the Perplexed*, Bloomsbury Academic, 2013, p. 6.

罗素的逻辑主义原则可归纳为以下三点：1. 所有数学真理都能够完全用逻辑语言进行表述，即都能够还原为真正的逻辑命题；2. 所有能够用数学真理翻译、并具有真值的逻辑命题就是逻辑真理；3. 所有能够归结为逻辑命题的数学真理都能够由少数逻辑公理及逻辑规则推导出来。

后来，哥德尔（K. Godel）的不完全性定理动摇了罗素的逻辑观。早年，罗素在弗雷格、戴德金、皮亚诺、怀特海等人的启发下，逐渐形成了一套逻辑主义的框架，其雄心是企图将数学彻底地进行逻辑化，或者说将数学最终还原为逻辑演绎系统。20 世纪 20 年代以后，由于遭到各种批评，罗素逐渐放弃了对逻辑主义的坚持，甚至放弃了对数理逻辑的研究，在这个领域，他开始越来越缺乏积极的发言权，昔日那种逻辑斯谛的雄心开始慢慢地淡薄下来。哥德尔对他的批评可以说是他唯一完全信服的批评。哥德尔发现在一个公理系统中，对有的命题来说，无论它的肯定或否定都不能证明，即所谓的"不完全性"，从而证明了从逻辑并不能推出算术的正确性来，当然也不可能把数学全部还原为逻辑。哥德尔在一定程度上否定了罗素的计划，使他早年认为"数学和逻辑是精确的"这一看法被动摇。罗素后来不再相信逻辑规则是事物的规则，而认为仅是一种语言的规则，从而其构造世界的计划自然也就无从谈起了。

四、分析方法的功用

在叙述了现代分析经验主义的发展脉络之后，罗素指出："……与洛克、贝克莱和休谟的经验主义不一样，这种经验主义同数学相结合，而发展了一种有力的逻辑技术。这样一来，对某些问题可以获得确切的答案，认为这些答案具有哲学特性，还不如认为它们具有科学特性。现代分析经验主义与体系创立者们的各种门派相比，它的长处就是可以逐次逐个地解决问题，而根本用不着一下子便创造有关整个宇宙的全套学说。从这点看，这种哲学方法与科学方法类似。我深信，只要可能存在着哲学知识，那它必须运用这种方法进行探索；我还深信，依靠这种方法，能够彻底解决很多自古以来的难题。"[①]罗素讲过的一件趣事可以看出他对确定性的追求：某次，他的一个朋友，也是纯数学领域的教授哈迪（G. H. Hardi）对他说，如果对他能做在五分钟内必死的证明，尽管会因失去他而悲伤，

---

① Bertrand Russell, *A History of Western Philosophy*, Touchstone, 1972, p. 863.

但更会以得到这个证明的喜悦而兴奋。对此,罗素叹道:"我完全同意,而毫不生气。"①

罗素自述自从抛弃康德和黑格尔的哲学之后,便开始运用分析的手段来解决哲学问题,并坚信哲学只有靠分析才能发展和进步。他指出,近代大部分多元论的哲学是由于对命题的逻辑分析而产生的,例如新实在论的特点就是以分析为方法、以多元论为世界观的。② 甚至他还认为,亚里士多德在对地方或地域作分析的时候,并没有提供数学家或物理学家所强调的空间理论;而他所做的却是更类似于语言分析的东西。③ 尤其值得一提的是,他的分析法本身就揭示了其世界观的形成过程。

有学者考证,罗素最早有关分析的讨论是 1904 年发表的"梅农的复合句与假设理论"一文。④ 在这篇论文中,他考察了复合句的分析问题。⑤ 本书作者不同意这个考证,因为至少罗素在 1903 年出版的《数学的原则》中就明确考察了分析方法问题。在这本书中,罗素讨论了三个观点:

一是分析与证伪(falsification)的关系。他宣称:"无论什么只要能被分析的就是一个整体,而我们已经看到整体的分析就是某种证伪。我们不能认为,一个整体的各个部分并非真是其部分;也不能认为,在一定意义上这些部分并没有预设在那个整体中,而且这个整体也不是预设在它的部分中;同样也不能认为逻辑之先并非比逻辑之后更简单。简言之,虽然分析给我们真理,而且只有真理,但它决不能给我们完整的真理……";证伪的另一个作用是揭示,"复合物并不等同于其成分的总和,而只是当分析后它被改变为这些成分"⑥。

二是概念分析(conceptual analysis)与实在分析(real analysis)区别。他指出:"仅有一种脱离绝对简单的整体,而我能赋予任何精确意义的统一体(unity),就是由部分组成的整体。但这种形式的统一体不能被称为是有机的(organic),因为如果部分表达整体或其他部分,那它们必定是复合的,所以它们也包含着部分。如果部分得到尽可能的分析,那么必定为

---

① Bertrand Russell, *Portraits from Memory*, Allen & Unwin London, 1956, p. 14.
② Bertrand Russell, *Sceptical Essays*, Routledge, 2004, p. 96.
③ Bertrand Russell, *Wisdom of the West*, Penguin Books Ltd, 1989, pp. 90—91.
④ 此文原载 *Essays in Analysis*. Edited by D. Douglas. New York: George Braziller, 1973, pp. 28—32。
⑤ P. G. Kuntz, *Russell*, Boston: Twayne Publishers, 1986, p. 56.
⑥ Bertrand Russell, *The Principles of Mathematics*, W. W. Norton & Company, INC., 1931, p. 141, 466.

简单的项,而除了表达自身外不能表达其他任何事物。于是,为了使有机统一体成立,便在概念分析与真正对部分的划分之间产生了区别。这样一来,我们得知,什么是真正不可分的东西可能在概念上却是可分的。如果概念分析被认作主观的,那么这种区别对我来说是完全不可接受的。从逻辑分析整个能力的意义上看,所有的复合性都是概念的,但从不依赖精神而仅依赖客体性质这个意义上看,它们又是实在的。"①

三是健全分析与缺陷分析(defective analysis)区别。他认为:"将一个有限空间分析为点,并不比将因果性分析为时间序列加基础和后果,或将平等性分析为关系的相似性,更为客观。在任何分析的例证中,存在着一个由部分及其关系构成的整体,它只是部分及其关系具有的特性,而由此区分了不同的情况。因此,在上述意义上,一个有机整体的看法必定是一种缺陷分析,而不能被用于解释事物。"②

可以说,在这之后的探索中,罗素不断加深了对分析方法的认识和完善。

在人类的认识史上,积极的怀疑精神始终是一种强大的动力,它促使人们一方面不断地修订、改善和深化已有的知识,另一方面又不断探索、追求和掌握尚未获得的知识。罗素正是以一种比较积极的怀疑精神为动力,在科学的旗帜下,采取了分析的方法,并走上了反神秘主义和反形而上学的道路。罗素一生始终坚持怀疑的方法,并把它作为逻辑分析的工具,换句话说,他的分析方法就是为了一点儿一点儿地消除怀疑,拨开神秘主义的谜团,打破形而上学的体系,像笛卡尔那样要求"清楚明白",直到每一个细节确定为止。

分析方法作为方法论的一个组成部分,在人类知识的起始,就已被应用于观察世界。但在漫长的岁月中,由于自然科学水平和人类认识水平的限制,却没能把它系统化。到了近代,一些哲学家开始有这方面的初步设想,但却缺乏完备的条件。直到现代,随着时机的成熟,这项任务才开始历史性地摆在了哲学家面前。罗素从不满意哲学的历史和现状,他总是着眼于为哲学构思一个理想、精妙而完善的"未来"。他以自己渊博的知识、敏捷的才思和探索的勇气使这个理想的"未来"部分地在某种程度上得到了实现。尽管他的学说仍有着偏见、繁琐和迷误,但毕竟做出了有

---

① Bertrand Russell, *The Principles of Mathematics*, W. W. Norton & Company, INC., 1931, p.466.
② Ibid.

益的尝试。那么,罗素又是如何系统地阐明、论证和实践分析方法以及如何用分析方法来揭示他的世界观的形成过程的呢?

五、对分析的界定和分类

所谓分析(analysis),从古希腊文词根看,"ana"意思是"向上"(up)或"向后"(Back);"lysis"意思是"解开"(loosing),原义就是分解,或将整体分为部分,如发现其任何属性、比率、功能、关系等;或将任何复杂的东西分解为其各种简单的元素。对于不同的知识领域,分析的表现方式也有不同。在语法中,表现为将句子划分为各种成分如名词和动词等;在数学中,表现为考察变项之间的关系或用方程式解决难题;在逻辑中,表现为将知识分解为其本初原则或找寻事物的来源;在化学中,表现为将任何化合物分解为其元素。在哲学方法上,广义地说,分析就是将某一个概念、命题、语言复合句或事实分解成其简单或终极的成分。分析可以分为两个方面:一是"分析物(analysamdum),分析所进行的对象或客体;二是分析者(analysans),即实施分析的手段或技术。① 这样看来,即便是赞同分析方法的人,由于他们选择的分析物不同,或采用的分析者不同,因而又形成了不同的分析哲学派别。

在英国经验主义传统中,不乏有人对分析方法进行了一定的论述。例如霍布斯(T. Hobbes)曾说道:"分解(the resolutive)就是通常被称为分析的方法,组合(the compositive)就是综合的方法。"对他而言,有关"任何一个事物是什么"的知识展开了我们对任何事物之因的探索。所谓部分并非指事物的部分,而是指其属性的部分,如数、量、运动、感觉、理性以及相似等。② 在《什么是逻辑分析?》(1939)一文中,魏斯曼(F. Waismann)指出:"分析意思为分解与拆开。由此'逻辑分析'可以看作:将某一思想分拆为其终极逻辑构成要素。而对此,我们很容易联想与其他领域的类比:就同物理学家透过光栅分解白光以及化学家分解某种材料一样,人们大体上也能够如此设想哲学家的工作,其任务就是展示思想的结构,并揭开它的逻辑构造。"③

---

① *The Cambridge Dictionary of Philosophy*, 2nd Edition, p. 22.
② T. Hobbes, *The English Works of Thomas Hobbes*. London: John Bohn, Volume 1, 1989, pp. 66—67.
③ F. Waismann, *Philosophical Papers*, Reidel, 1977, p. 265.

人们一般都承认分析方法是一种适当的哲学方法,但究竟什么是分析的对象却大相径庭。摩尔主张的是一种心理的分析,即将感觉材料(sense-data)分析为它们的元素;也有人提倡的是一种概念的分析(conceptual analysis),即对命题等加以分析;还有人强调的是一种言语的分析(linguistic analysis),即对语句,如专名(proper names)和摹状词等。而罗素的分析方法则涉及所有这三个方面。

罗素断言哲学的本质就是逻辑分析,并说自己一个最重要的哲学"成见",就是分析方法。在他看来,坚持分析方法并不意味自己的分析已经正确了,而是说自己试图分析的愿望是合理的。罗素理解的"分析"是"发现一种组合体的要素"的方法,或者说,"分析就是从整体 W 得知 P 是 W 的一部分,而分析可分两种形式,即逻辑分析与时空分析"①。他在各种场合对这个定义做了进一步的解释和发挥。在《逻辑与知识》一书中,罗素宣称:

> 我计划从对事实与命题的分析发端,用这样一种方式,即我所主张的主要论点就是分析的合理性,这是因为假如某人关注我称之为逻辑原子论,那就意味着他确实相信世界可被分析为一定数目相互分离,而其之间又具有关系的东西。而那些为许多哲学家用来反对分析的论证是不合理的。②

罗素认为哲学分析应当加强词与词之间的联系,并且使之更系统化的方式改善语言的结构;而科学语言就是所有语言应当模仿的范本。然而,他提到,如果一个分析的正确性取决于与日常语言用法的一致性,那就没有什么价值了。③ 罗素还提到,自己接触了一种非常重要的逻辑学说,它将有关整体与部分的理论变得更为重要,这就是"分析即证伪(falsification)的学说;任何能被分析的东西都是一个整体,而且我们已经看到对整体的分析就是对证伪的某种衡量";"分析即证伪,也就是说,复合物并非等同于其成分的相加,而当分析为那些成分时,会发生改变。在

---

① Bertrand Russell, *An Inquiry into Meaning and Truth*, Unwin Paperbacks, 1980, p. 327.
② Bertrand Russell, *Logic and Knowledge*: *Essays* 1901—1950, Psychology Press, 1988, *p.* 189.
③ Bertrand Russell, *My Philosophical Development*, Simon and Schuster, 1959, p. 230.

这种学说中,当所分析的东西是整体时,存在对真值的衡量。"①

著名哲学家维兹(Morris Weitz,1916—1981)曾论证了有关罗素哲学三个相关的内容:一、罗素哲学中的基本成分是分析的方法;二、罗素将这种分析的方法示范为下列四类不同的方式,即 1) 本体论的分析(ontological analysis),专门解决实在性的"要素"("stuff" of reality),2) 抽象宇宙论的分析(abstract cosmological analysis),或形式分析(formal analysis),3) 数理逻辑的分析,4) 科学与日常生活的符号检验——构造主义的分析(constructionist analysis);三、罗素将分析主要视为一种定义的形式,即当作一种非亚里士多德的现实定义,或者语境定义(contextual definition),抑或符号定义。② 罗素本人认为从总体上说,维兹对自己哲学的阐述和评论是完全中肯的。③

根据罗素的整体思想,我们可以将他的"分析"分为六大类,即逻辑分析、语言分析、物理分析、心理分析、社会分析与本体分析。前两种虽有紧密的关联,但以本书作者看它们是从不同的角度出发,尽管有着殊途同归的结果;因为前者是纯符号形式的,而后者则涉及日常经验的内容。至于第三和第四种分析,罗素则有《物的分析》和《心的分析》两大本著作专门进行了讨论。总的来说,罗素是将这六大类分析融会贯通在一起的,而逻辑和语言分析则是"分析"中的"分析",也就是说,不管怎么进行分析,最终都归结为逻辑和语言问题。例如,他在《物的分析》中指出:"一个演绎系统的逻辑分析并不像它最初显现的那样是如此确定的。这是由于我们先前介绍过的那种状况,即最初当成本初实体的东西可以被复杂的逻辑结构所替代。正如这种状况与物理哲学密切相关,它值得利用其他领域的例证来解释自己效果。"④

由于前面已讨论过逻辑与数理逻辑的问题,因而在此节多谈一点与语言有关的分析问题。其中一个重要问题就是"语言等级"(hierarchy of language)的问题。罗素认为,语言分析或语言的逻辑研究的一个结果就是语言等级的问题,因此对它及其有效性的论证是必要的。语言的第一

---

① Bertrand Russell, *The Principles of Mathematics*, W. W. Norton & Company, INC., 1931, p.141,466.

② 维兹:《罗素哲学中的分析与统一》,载 P. Schilpp, *The Philosophy of Bertrand Russell*, Northwestern University Press, 1944, p.57.

③ 罗素:《对批评的答复》, P. Schilpp, *The Philosophy of Bertrand Russell*, Northwestern University Press, 1944, p.684.

④ Bertrand Russell, *The Analysis of Matter*, Dover Publication, Inc., 1954, pp.2—3.

等是"客体语言"(object-language)或"初始语言"(primary language),他将其界定为一种包含"客体词"(object-words)的语言,这种客体词又可界定为具有真假值的语词,①或"逻辑上具有个别的意义,而心理上不必先前学习其他任何词汇而认知的语词"②;否则就是低一等的语词。罗素将客体词总结为六点:(1)在适当时机的情景下这个词用得恰当;(2)当你听到这个词的时候要有适当的行动;(3)将这个词与另一个相联结(如在另一种语言中)时,而那一个词对行为有适当的影响;(4)在学这个词时,将这个词与其所意指的一个客体或多个客体相联结;(5)用这个词来描述或追溯一个记忆影像;(6)用这个词描述或创造一个想象影像。

罗素认识到,对这六点若不作修改,它们对那些并非客体词的词是不适用的。例如,"火"或"狐狸"一类的词不必放在句子里也可理解,但"地球是比月亮大"中的"是"与"比"只能作为句子的一部分才能有意义。再如"苏格拉底是雅典人""苏格拉底爱戴柏拉图""苏格拉底饮了鸩酒"等句子,都包含"苏格拉底"这个人名,而且使这些句子为真的所有事实都含有苏格拉底这个人作为元素。这就是当我们说这些句子是"关于"苏格拉底的意思。苏格拉底是作为一个未加分析的整体而进入使这些句子为真的事实中。然而苏格位底本人当然是复杂的,我们能够造一些其他句子来判定这个复合体,如"苏格拉底是塌鼻子"或"苏格拉底有两条腿"等。"这样的句子对给定的整体加以分析。但到底这种分析在某一时期可以达到何种程度,这就要依赖那个时期的科学发展到何种状况。一个整体各部分相互连接的方式就构成这个整体的'结构'。"③

罗素在其《人类的知识》一书中对"分析"谈到这样一个想法:揭示一个客体的结构是引介其组成部分以及它们相关联的方式。若你正在学习解剖学,可以先认知各种骨头的名称和形状,而后在教导下弄清各个骨头在整个骨架中的位置。于是,你便得知了迄今解剖学所讲的骨架结构。然而,你对有关骨架结构的学习并未完结。骨头由细胞构成,细胞由分子构成,每个分子都具一个原子结构,而这正是由化学所研究的。原子也有一个物理学来研究的机构。到此,正统科学的分析结束了,但并无理由设想更进一步的分析是不可能的。我们仍有机会来建议将物质实体的分析

---

① Bertrand Russell, *An Inquiry into Meaning and Truth*, Unwin Paperbacks, 1980, p. 19.
② Ibid., pp. 62—77.
③ Bertrand Russell, *My Philosophical Development*, Simon and Schuster, 1959, p. 152.

引进事素(events)的结构,而且将力图揭示,甚至事素具有一个结构的看法也是有利的。接着,罗素又将这种想法延伸到语言的研究,如句子的结构问题。一个句子是一个词的系列:在口语中,这个词的系列是按先后的关系排列成一个次序,而在书写中,它则是从左到右。然而,这些关系并非真正是词与词之间的关系,而是词的实例之间的关系。一个词是相似声音的类,这些声音都有相同的或几乎相同的意义。

在这里,为了简化,罗素只讨论了口语。一个句子同样也是声音的类,因为很多人说出同样的句子。因此,我们必须说,并非句子在时间上是词的系列,而是声音的类,每一句子包含一个在时间上紧随相连的声音系列,并且每一声音都是一个词的一个实例。罗素指出这是一个句子必要但并非充分的特点,之所以不充分是因为某些词的系列是没有意义的。他没有详谈不同部分之间的区别,而是继续讨论进行分析的下一个阶段,即不属于句法,而是属于发音学的阶段。一个字的每一实例是一个复杂的音,这个音的各部分就是各个字母(设想是由发音字母构成的语言)。在对发音分析之后,还存在一个进一步的阶段,就是对发出或听进一个字母的复杂生理过程的分析。在这种生理分析之后是物理学的分析,从这一点出发,分析就如骨头那个例子一样继续进行……罗素进一步阐述说:"从那些后来被发现本身复杂的单元出发来说明结构,本身并不为错。例如,点能够被界定为事素的类,但这并不证明将点视为单一的传统几何学是错误的。所有对结构的说明对一些单元来说都是相对的,这些单元暂时被视为似乎是缺乏结构的,但绝不能够假设这些单元在另外一个语境(context)就没有结构,而承认这个结构是重要的。"①

罗素对分析还作了以下分类:

一、"形式分析"(formal analysis)的理论。罗素指出哲学逻辑中对付实在性形式的部分属于形式分析。通常可以用两种方式来界定所谓形式分析,即语言的分析与经验的分析。罗素主要沿着这第一种方式进行努力。他认为在所有的命题中都存在着特定的形式,即一种将此命题各元素结合在一起的方式。"我们可以说,逻辑由两个部分组成。第一部分探索什么是命题以及其具有什么样的形式,它列举各种不同的原子命题、分子命题以及普遍命题。第二部分由某些极普遍的命题构成,它们断定

---

① Bertrand Russell, *Human Knowledge: Its Scope and Limits*, Simon and Schuster, 1948, pp. 250—252.

具有某种形式所有命题的真值。这第二部分将与纯数学融合,它们所有的命题通过分析后成为一般形式真值。"①

二、"两层分析"的理论。从罗素整体方法看,他把分析区分为表层分析(horizontal analysis or superficial analysis)或初步分析(preliminary analysis)与深层分析(deep analysis)。像"龙"和"希特勒的女儿"这样的词或词组就是表层分析,因为它们只处于一个层面,也就是对外界事物作日常摹状的层面;而由于涉及了感觉材料的摹状,"外界客体"这类词组的分析就成了深层分析,因为它使我们深入完全不同种类的东西。例如把房子分析成砖块,这只停留在外界日常事物的层面上,但如果我们进一步再把砖块分析成原子,这就达到更深一层,因为原子是完全不同种类的东西。一般说来,表层分析并不必要,而深层分析则有必要。但罗素未能解决所谓深层分析的很多理论问题。因此有学者批评说,罗素的分析有时过于强调经济原则,而用所谓奥康剃刀刮去太多日常的意义。②

三、"完全分析"(complete analysis)的理论。罗素在《心的分析》中提到"完全分析"这一概念。③ 维特根斯坦断言:"对一个命题只有而且只有一个完全分析。"④罗素并不很同意这个观点,对他说来,由于感觉材料的局限,每个人的熟知(acquaintance)是不同的,故对一个命题的所谓完全分析也是不同的,甚至只能提供对某个命题完全分析的一小部分,也许就是这个命题的一些元素;而那些没有熟知那些感觉材料的人们,就可用某些专用名称或确定摹状(definite description)来进行命题分析。罗素指出,既然存在着作为简单指称的符号,因而这些符号意义只能通过熟知及其指称才能得到理解,而且它们不得作为存在命题的语法主语而出现。因此,为了对所谓完全分析的观念做出广泛理解性说明,他力图论证存在着这种符号。罗素发现在使用复杂符号的命题中有着很多含混性,而完全分析就可以凭借一个或多个逻辑专用名称来清除它们。⑤

四、"全解分析"(comprehensive analysis)的理论。所谓全解分析就

---

① Bertrand Russell, *Mysticism and Logic*, Dover Publications, 2004, p. 112.
② D. Pears, *Bertrand Russell and the British Tradition in Philosophy*, New York: Random House, 1967, pp. 16—20.
③ Bertrand Russell, *The Analysis of Mind*, George Allen and Unwin LTD, 1956, p. 178.
④ L. Wittgenstein, *Tractatus logico-philosophicus*, Routledge, 2001, 3.25.
⑤ D. Pears, *Bertrand Russell and the British Tradition in Philosophy*, New York: Random House, 1967, pp. 88—90, 122, 130.

是它传达了当人们用某一词组时所企图传达的每一事物,也可称为正确分析(correct analysis)。① 在罗素看来,有的命题可作全解分析,而或然全称命题(contingent universal propositions)这一类命题则不能;他承认自己不知道对一般事实的正确分析是什么。②

五、"操作分析"(operational analysis)或"功能分析"(functional analysis)理论。罗素曾对科学概念应用这种分析方法,也就是说将在日常生活中所熟悉的具体客体当作逻辑构造。科学哲学家奈格尔(Ernest Nagel)认为这是将常识的知识与常识的客体视为当然的一种分析。③

六、"定义分析"(definitional analysis)的理论。罗素指出,有的定义能为一个词组提供一个分析,而有的则不能做到这一点。例如,将"红"界定为"具有最大波长的颜色"就没有提供分析;④理由是分析能对一个词赋予意义,或至少赋予意义的合理部分。根据他的意见,为了理解词的意义,那种能给予人们决定性分析的定义知识是必要的。如果一个人了解了某个符号的意义,他就必须知道凭借摹状的指称(denotation),而这个摹状也是必须得到定义和分析的;更进一步说,如果某个性质被界定了,那么这个定义就会作为分析而被接受。⑤ 罗素总结道:"我们必须寻求一个同样也作为摹状定义的定义,即一个给予命题以意义的定义,它表现为那些用语言或符号表达,并明显代表各种类的语词或符号,而且通过对这样命题的正确分析,这种给予一个意义的定义将消除所有对类的介绍。我们能够这样说,那些类的符号知识仅是为了单纯的便利,并非代表称作'类'的客体;而且像摹状一样,那些类实际上就是'逻辑虚构',或正如我们所说的,'不完全符号'。"⑥

七、"分析位"(analysis situs)的理论。在《物的分析》一书中,罗素使

---

① D. Pears, *Bertrand Russell and the British Tradition in Philosophy*, New York: Random House, 1967, pp. 15, 68—69.

② Bertrand Russell, *Logic and Knowledge*, George Allen and Unwin LTD, 1977, pp. 236—237.

③ 奈格尔:《罗素的科学哲学》,载 P. Schilpp, *The Philosophy of Bertrand Russell*, Northwestern University Press, 1944, p. 330.

④ Bertrand Russell, *Logic and Knowledge*, George Allen and Unwin LTD, 1977, pp. 194—195.

⑤ D. Pears, *Bertrand Russell and the British Tradition in Philosophy*, New York: Random House, 1967, p. 85, 140.

⑥ Bertrand Russell, *Introduction to Mathematical Philosophy*, George Allen and Unwin LTD, 1956, pp. 181—182.

用"分析位"的方法来考察"空时（space-time）"与"事素（events）"。所谓"位（situs）"原意是指部位，或某种整体的一部分。分析位可以具体体现某一点常量距离三度平面的特征。在分析位中，"我们从两个概念出发，即一个点以及一个点的相邻（点的集合）"；"点与相邻是给定的；在另一方面，我们可将这些点界定为'事素'，它与相邻的点有一一对应的关系"；"让我们将构造好的空时与分析位的空间多重性相比较"①。

分析哲学可分为人工语言与普通语言两个阶段：前者以罗素以及早期维特根斯坦为主要开创者，强调创立一种理想化的语言作为哲学表达的工具，这种语言的标准是语言意义与指称是一一对应关系，所有语言都有意义与指称，在两者之间都形成简单的对应关系；后者以摩尔与后期维特根斯坦为主要开创者，倡导哲学应对付日常生活，日常语言或普通语言即可作哲学表达的工具，哲学的目的旨在为语言表达寻找规范，即语言的意义在于应用，语言的意义随着语境的更换而改变，哲学不必再另行规定一套规则，语言的应用规则来源于日常生活。美国哲学家怀特（M. White）指出："罗素数学训练的一个结果就是，他企图建构人工的演绎系统，而不关注自己所应用的术语是否与普通语言绝对相合。"②

六、分析方法的科学前提

在罗素看来，新的哲学把一切知识都看作只能靠科学方法才能证明和判定的。他的多元世界观即是物理学、生理学、心理学及数理逻辑四种科学相结合的产物。③ 他因此自诩，正是他本人，把科学与哲学结合成了一种更高级的思维形式。他明确地说，分析到底能达到多高的水平，取决于当时的科学水平。的确，他的分析法与以往的分析法相比，要稍微高明一些。20世纪初，相对论、量子力学、心理学、数学基础与数理逻辑的发现和发展，为他的分析方法提供了科学和理论的前提。例如，相对论用空时（space-time）代替空间和时间（space and time）、用事素（event）代替微粒，认为事素间保持着一种"间隔"的外在关系，并可分析成一种时间或空间要素。量子力学把物理现象看成是非连续的，并指出原子的一事态持

---

① Bertrand Russell, *The Analysis of Matter*, Dover Publication, Inc., 1954, pp. 295, 298, 311 页。
② M. White, *The Age of Analysis*, The New American Library, 1955, p.191.
③ Bertrand Russell, *My Philosophical Development*, Simon and Schuster, 1959, p.21.

续一段时间后可突然为它事态所取代。心理学的构造说把心理分析为各种元素,而行为主义心理学则把心理分析为一个一个的外在行动。所有上述这些科学理论都对罗素的世界观和方法论有很大影响。

罗素认为,用物理学来解释世界是自己的哲学"成见"之一,现代物理学实现了马赫(E. Mach)、詹姆士(W. James)的主张,即构造心物的原料是同样的。他还分别从这两方面进行了分析:(1)心物都是便于陈述因果律的逻辑虚构;可以用"事素(event)"代替心物概念,并且心物都可分析为与感觉类似的成分;(2)由因果律连接的一组事素从一个中心发端而形成事素流,不同空时的事素交错在一起,感觉是根据数理定律产生的一组事素,并是心物的交错线,经验则是记忆的因果律所联系的一组事素;(3)物理学和心理学的一切材料都服从于心理的因果律,纯粹的物理现象最后变为精神现象。[①] 上述对于心物分析的结果,反过来又极大地影响了罗素的整个世界观和方法论。

罗素在心物关系问题上是有一个演变过程的。早期的他,以新实在论观点反对马赫和詹姆士,而把感觉材料看作既心理又物理的,是能为人们感知的所谓物理现象。他坚持两点:(1)感觉材料与感觉有区别;(2)感觉是主客体之间的一种关系。我们应该指出,罗素的感觉材料还是一种依赖于主观而不是独立存在的客观材料。不过,在20世纪20年代末,他抛弃了"感觉材料说",认为感觉不是一种关系,不必有主客和心物之分,也没必要区分感觉与感觉材料,而感觉应服从于心理和物理两种规则,因此是真正中立的。罗素在其晚年说,这是他哲学经历的最后一次本质转变,[②]他从此采取了马赫和詹姆士的中立一元论,并相信它可以解决传统的心物关系。罗素的中立一元论几乎一辈子都没有改变。这一"几乎"有两层意思:(1)他晚年仍强调心物间没有一条不可逾越的鸿沟,并指出,心物的区别只在于人们获得知识的方式,而不在于各自的性质;(2)1959年,他似乎有点儿动摇,因为他主张在说明感觉时可以放弃二元

---

① Bertrand Russell,*The Analysis of Mind*,George Allen and Unwin LTD,1956,p.94—107;*Inquiry into Meaning and Truth*,Unwin Paperbacks,1980,p.390 *My Philosophical Development*,Simon and Schuster,1959,p.20;*An Outline of Philosophy*,W. W. Norton & Company,INC.,1927,pp.179、202、178、338、75—79.

② Bertrand Russell,*My Philosophical Development*,Simon and Schuster,1959,p.13.

论,但在说明知识时却又有必要使用它,例如知者与被知者并不同等。①

对于罗素的分析方法来说,数学基础和数理逻辑是最重要的科学前提,甚至他的分析直接来自于纯数学和数理逻辑的某种概念。1900 年,由于皮阿诺符号逻辑的影响,罗素开始了革命性的转变。在他看来,数学能使哲学的许多困惑被耐心和明晰的思维所澄清,如,从前对"物质""时间""空间"等没有讨论出结果,因此千百年来人们就不能解释"实体"本身,而现在却可以用数学方法取得一定的结果。罗素甚至把许多具体学科归结为数理逻辑的关系,因为他从不可知论出发,认为除了数理逻辑之外人们几乎毫无可知。他尤其注意数理逻辑在哲学上的作用,认为数理逻辑是"向后"的,即能够推论出那些最简单、最小量的命题。他的分析方法也正是如此全力寻求最终构成要素的。他把数理逻辑看作是沟通感觉与科学的根本工具,认为因为有了它,哲学才成了科学。

罗素把数理逻辑的用途列为四点:(1) 容易处理最抽象的概念;(2) 能够获得唯一有效的假设;(3) 可以了解逻辑或科学体系中哪些最低限度的材料是必需的;(4) 深刻揭示了对象的结构。罗素企图把数学和数理逻辑当作严格的科学方法来研究哲学。他错误地认为这种方法之所以严格,是因为它含有真实程度很高的"先天的"知识,或者说,它是一种先验的演绎系统。因此,人们在探讨世界时,也要定出与公理、公设、基本概念和命题相当的东西,由此一步步地推导和构造整个世界。数学和数理逻辑的确是人们在长期实践中高度抽象的结果。在研究中,我们可以允许在一种相对纯粹的条件下把它与具体事物和经验暂时分开,而仅从其数量和形式演绎推论的关系上来考察。不过,应当强调,数学和数理逻辑绝不是什么先验的东西。罗素的主要弊病就在于,他将其先验化,然

---

① 有意思的是,曾创立了与分析哲学直接对立的现象学学派的胡塞尔,在其早期也是一个"分析哲学家"。在 1891 年的《算术哲学》和 1900 年的《逻辑研究》中,胡塞尔企图将数学与哲学结合,但发现在逻辑的哲学基础与意识的心理分析之间的结合很难进行,于是便开始研究英国经验主义以及穆勒的逻辑学,企图从先于所有形式思维的经验分析中找到数学与逻辑的整个哲学基础。其实在对数学和逻辑的态度上,胡塞尔与罗素有相通之处,并没有什么根本的对立,问题是将它们用于解决哲学的哪一个领域。正如美国学者理查德(H. Richards)在对海德格尔《哲学的终结与思维的任务》(The End of Philosophy and the Task of Thinking)一文的评论中所指出的:海德格尔认为,从方法到内容,胡塞尔与罗素都曾支持了作为赢方的反历史主义和数理倾向的阵营(the anti-historicist and mathematically-inclined side)。只不过,胡塞尔在 1901 年之后,逐渐采取了现象学的方法,而引导了一个新的哲学运动。更有意思的是,在 20 世纪后期,以胡塞尔为开山鼻祖的现象学运动与以罗素为开先河者的分析哲学运动,通过语言学研究和后现代主义思潮作为媒介,竟有了某种合流或交汇的趋势。

后又把它上升为一种根本的哲学方法而有利于对世界的研究。

罗素始终把科学作为哲学的前提,在某种意义上说,他从科学成果中提炼出的某些方法,也的确促进了科学的发展。但遗憾的是,有些科学成就在被科学家进行理论概括时,本身就已非科学化了,而罗素由此出发,自会错上加错,例如有关相对论和量子力学的某些不正确的理论。除此之外,他本人也常常从科学前提出发,经过不合理的哲学概括而得出了非科学的结论。

七、分析的"本体"基础——逻辑原子主义

多元的世界观和分析的方法论将罗素导向了逻辑原子论的思想。罗素称自己采用逻辑原子论这一部分也是一生中最大的革命。20世纪20年代末,他声称他之所以称自己的学说为逻辑原子论,是因为希望在分析中得到的作为最终剩余物的原子是逻辑的而非物理的原子。这就等于他公开宣布了他的世界观是主观唯心的。罗素说道:"我所希望支持的哲学可以叫逻辑原子论或绝对多元论,因为当主张存在许多事物的时候,这种理论否定存在一种由那些事物组成的整体。因此,我们可以看到,只用考察分散的各种事物,而不必考察事物组成的整体;而且不仅要考察所有的事物,还要考察它们的属性,这些属性并不依赖偶然发生的性质,而它们在任何可能的世界里都是真实的,并独立于那些仅能被我们感官所发现的事实。"[①]

为何划分为逻辑原子?罗素有几点理由:(1)不假定存在许多成分,便无法解释世界的复杂性;(2)常识本来就显示出有许多独立事物存在;(3)复合体都是由相关的简单事物构成的;(4)世界及事实能够被分析为独立并且有关系的部分;(5)一个形体可以分为具有关系的成分;(6)一个对象必须被分析到不能再分析为止。因此,那种被分析到终极的构成要素就是非心非物的逻辑原子。但有时候,罗素又认为复合体无限可分析,它很难达到最简单的要素。这里似乎又包含某些辩证的因素。

罗素认为,人们要想了解逻辑原子论,最重要的是了解其整个分析过程。它既探求本原的世界观,又提供了一个完整分析过程的方法论,换言之,既是对世界的结构和关系进行逻辑思维的归宿,又是构造多元世界的

---

① Bertrand Russell, *Mysticism and Logic*, Dover Publications, 2004, p.111.

逻辑起点。下面就来考察一下这个分析的过程。

其一,"原子性原则"指导下的命题分解。罗素说道:"凡是完善的哲学都应当由分析命题开始。"①所谓命题可以界定为由表达真假的词语所构成的形式。在所说的这个原则下,复杂命题被分解为描述其部分的原子命题,即任何复合体的陈述都可分解为对各部分的陈述。"原子命题是一种表述了事实的东西,或是一种肯定某物具有某种性质或关系的判断。"②例如:设 n_1、n_2、n_3……是名称,p_1、p_2、p_3……是谓词,R_1、R_2、R_3……是两项关系,S_1、S_2、S_3……是三项关系等,若 $p_1(n_1)$ 代表"n_1 有谓词 p_1"、$R_1(n_1,n_2)$ 代表"n_1 对 n_2 有关系 R_1"、$S_1(n_1,n_2,n_3)$ 代表"n_1、n_2、n_3 居于关系 S_1 中"等,以此类推所得到的都是原子命题。一个句子是否为原子的,是纯粹的语法问题,例如只含有单一动词的命题,它有几种形式,如主谓、关系、否定等。既然原子命题是逻辑的终极构成要素,那么,它所肯定或否定的东西,就应该是其相应的世界的终极要素,即原子事实。逻辑的全部复合命题都可以分解为原子命题,而世界的所有复合体都可分解为原子事实。所谓"事实",并非指一个简单事物,如不是司马迁而是指司马迁写了《史记》,也就是指某物具有某种性质和关系。原子事实是由一种单一关系和两个以上的事物组成的,使用"事实"一词来表达各部分被分析了的联结关系比用复合体更为便利。由于外在关系是无限的,因此就产生了事实的无限层次,所有这些层次便构成了众多的所谓原子事实。③ 由此可以看到,逻辑原子论也是出自外在关系的,早年的罗素把原子事实看作是感觉材料,认为它是客观的,而原子命题却是主观的。但后来,他抛弃了感觉材料,这样一来,原子事实的客观性也就无从谈起,原子的主客之分也就没有必要了,于是,它便完全成了一种中立的要素,中立一元论的思想便由此而萌生。

其二,"结合法原则"指导下的命题组合。罗素用结合原则把两个特定的命题如 p 和 q,以"$\sim$""$\vee$""$\wedge$""$\rightarrow$""$\leftrightarrow$"等基本真值联结词构成否定、析取、合取、蕴含、等值等所谓分子命题,它由原子真值联结词构成并可以无穷组合。"所谓分子命题就是某种联结,如果、或、和、除非等这样

---

① Bertrand Russell,*A Critical Exposition of Philosophy of Leibniz*,The University Press,1900,p.8.
② Bertrand Russell,*Our Knowledge of the External World*,Routledge,1993,p.55.
③ Bertrand Russell,*An Inquiry into Meaning and Truth*,Unwin Paperbacks,1980,pp.259—273.

的词就是分子命题的标记。例如如果天要下雨,那么我将携带我的伞。"① 分子命题与否定命题一样是原子命题的真值函项,因为其真值完全以原子命题的真值为函项。由于存在着命题与事实间的某种层次相应性,因而与否定命题相应的是否定事实,如"孔子是活着的"是肯定事实,而"孔子不是活着的"则是否定事实。然而却没有分子事实,只有两个或两个以上的原子事实组合,因为分子命题与事实的相应性是与原子命题不同的。② 在罗素眼里,似乎承认分子事实就等于强调了内在关系说。

其三,"一般化原则"指导下的命题构造。罗素认为分子命题 $F(a_1$、a_2、a_3……p_1、p_2、p_3……R_1、R_2、R_3……)包含名称谓词、两项关系等"成分",这些成分都可为一变项所替代,其结果可判定这个变项的某一值或所有值,这就构成了一种一般命题。以 $f(a)$ 为例,如代入变项 x,就会得到命题函项 $f(x)$,我们就可说在 x 的一切可能值上,"$f(x)$"是真的,或至少在 x 的一个值上是真的。比方"李白是一个人,而凡人会死,所以李白是会死的",这就不是一个逻辑命题,因其成分都是特殊事物,故是具有表面变项的命题,即一般命题。此外,含有全称量词的一般命题绝不是一些原子命题的相加,它不可能穷尽无数的原子命题来满足自己,也不单纯陈述某些原子事实,而是陈述"一般事实"。如"这是白的"是一特殊事实,"凡人是会死的"是一般事实。罗素认为这种区分非常重要,因为人们不用一般事实就想完全描述世界是荒唐的。③

八、分析的范围

罗素是分析运动的开拓者,他把一种哲学潮流引向了一个狭隘的方向。1914 年,他宣称:"一种真正的科学哲学……不主张、也不希望主张解决人类或宇宙命运的问题。"④因此,一切哲学问题经过必要的分析和提炼,都只是逻辑问题。上述观点后来被逻辑实证论和语义分析哲学推到了更极端的地步,但罗素却没有走向极端,他在所有分析哲学家中被称

---

① Bertrand Russell, *Our Knowledge of the External World*, Routledge, 1993, p.57.
② Bertrand Russell, *Logic and Knowledge*, George Allen and Unwin LTD, 1977, pp. 321—344.
③ Bertrand Russell, *My Philosophical Development*, Simon and Schuster, 1959, p.152、227.
④ Bertrand Russell, *Our Knowledge of the External World*, Routledge, 1993, p.17.

为是"最形而上学的(指玄学)"①。罗素虽然说哲学不应处理根本问题,但又说由于不可避免而仍需要处理。"一战"的严酷事实使他无法回避人类命运的问题,于是便从此投身于社会政治洪流,并由此成为一生中最大的转折。

罗素的分析对象很广泛,包括传统哲学在内的各种哲学问题,甚至也包括哲学的基本问题,如他所要解决的最主要问题就是心物的关系,而这正是被极端的分析哲学家们称为最形而上学的问题。他指出:"我希望对于最古老的哲学问题之一,即我们外界知识问题,应该应用逻辑分析的方法。"②其实这个问题就包括了知识的对象是什么、获得知识的途径是什么、主体与客体的关系是什么等一系列有关宇宙和人类命运的本体论和认识论的问题。罗素把实在论的问题,像"我们感知的对象是实在的吗?它们独立于感觉吗?"等看作可由分析方法解决的,再如,他把关系说、时空论、因果论和自由意志等古老的形而上学问题都当作可用分析法解决的问题。

在罗素看来,现代逻辑扩大了人们的抽象和想象能力,提供了无数可能的假设来分析命题以及任何复杂的事实,并且要想正确分析知识必须既要考察感觉材料,又要考察和认识其他事物。"事实"和"其他事物"当然指的是某些除命题之外的对象。罗素的分析对象主要包括:(1)常识分析,即可以知道感官真正提供的是什么,以及派生的常识是怎样引起的;(2)运动分析,即从其连续性得出点和瞬;(3)结构分析,即必须把物理结构的分析变为事素结构的分析,以得到它的终极要素;(4)命题态度分析,指对信念、欲望、怀疑等的分析,例如,可得出全部智慧的生活由一个接一个的信念组成;(5)精神现象分析,即可以发现纯粹精神的因果律,例如,可以了解感觉集团的特点,知道记忆与事物的关系;(6)科学分析,即可以知道一门科学就是一种演绎系统,任何现象都是由许多原因综合产生的,只要分析出单个原因的结果就可推算共同的结果。③ 当然,罗素的分析对象还远不止这几点。

---

① M. White, *The Age of Analysis*, The New American Library, 1955, p.193.
② Ibid., p.65.
③ Russell, *Our Knowledge of the External World*, Routledge, 1993, p.68、137;*Human Knowledge: Its Scope and Limits*, Simon and Schuster, 1948, p.63、231、269;*An Inquiry into Meaning and Truth*, Unwin Paperbacks, 1980, p.21;*The Scientific Outlook*, NORTON, 1970, Chapter 2.

罗素既然主张逻辑分析，就必定重视命题和语言方面。他承认自己受到逻辑实证论的很大影响。确实，他在很多方面是与维也纳学派的逻辑语法合拍的，其分析过程往往也是从分析"词"与"句"开始。不过他认为词和句是指示经验事实的，并且表示经验的句子就是表示知识的命题。因此，真假在于命题，而不在于事实本身。罗素错误地把认识论问题归结为逻辑问题，认为对句子的分析可以用语法，对表示事实的句子，可以用抽象或"一般化"的方法来提取普遍语法，即所谓逻辑语法。

然而，罗素坚决反对把语言绝对化，他批判了下列倾向：(1)逻辑实证论认为只需研究语言而不必考察它之外的任何事件；(2)语言哲学派认为自己的哲学是把问题的含义弄清晰，而不是去解答问题；(3)许多逻辑学家认为语词从不与事物相关，而仅与另一些词相比较而存在。针对上述错误，罗素指出：(1)一个句子一定是有所指示的，一个命题必须与经验事实相应；语词与事实的关系是其意义与句法结合而产生的逻辑结果，而一个词与某种东西有一种本体的关系，即叫做"意义"；(2)未经观察的事情绝不只是一个言语的问题，而语言也是一种经验的对象，并且一个句子之中的关系是词的实例与实例的关系；(3)分析不局限于句法，还可扩展到语言、生理及物理方面；(4)词与对象的关系是随着不同的词类而变化的，从而构成词类学说的逻辑形式，一个词不必有一个永恒的意义，并且一个词句的语法结构不同于它的逻辑结构。这几点都是罗素为了反对分析哲学中极端的形式评论而提出的观点，其间或多或少包含着些合理因素，但由于仍停留在经验论的阶段，而未将实践引入认识论，故解决不了思维与存在的关系问题。此外，罗素还暴露了不少明显的错误，如他仍承认有超越经验事实的命题，他认为，从逻辑上说，这种命题必然相应于一种不必经验的事实，也就是相应于一种或然发生的事实。如果罗素为了反对狭隘经验论和绝对归纳派，而强调人们理性思维的能力，则是正确的，但把一般命题看作是先验的，那可是极端错误的。此外，他没有正确对待语言与思维的关系，而把思维活动看作是可以脱离其外在形式（或称物质外壳）语言而单独进行的，如他认为信念和知识有先于语言的形式。

罗素自谓有几条不动摇的基本信念：第一，真理与事实有某种关系；第二，世界由许多事物组成；第三，语法必须与事实的结构有某种关系；第四，不说明部分及其关系就不能说明整体。这几条既概括了罗素的本体论，也概括了其认识论和方法论，并且是他多元论、外在关系和分析方法三者统一的简洁说明。它对于走向极端的分析学派,不啻是一个批评。我们还可以看到他的分析范围是比较广泛的,即他还分析了除语言和逻辑命题以外的各种对象,甚至承认如果宇宙不存在,那么命题就不可能是真的。① 罗素"相应说"的真理观强调了语言与事实的联系,这是可取的,但他的"事实"本身的意义是含混的。分析可以从概念着手,但重要的是,在概念分析的每一步中,都必须用事实来进行检验。

九、分析方法的目的

罗素明确地表示:"我喜欢精确和清晰的线索。我厌恶神秘的模糊性。"② 他说自己始终渴求发现有多少可知的东西及其具有何种程度的确切性或可疑性。西方有人说,如果没有追求精确知识的希望,罗素的哲学方法就不可能发展。这个评价是有一定道理的。罗素认为哲学的使命就是把常识与科学中的某些根本概念和命题加以分析,澄清理智上的混乱,并把关于逻辑的知识从具体事物中抽出来使之精确、清晰,"分析就是使已知的部分再也不能与先前模糊的整体相符"。他把分析方法誉为像伽利略促进物理学的进步一样,也就是说,这种方法以一个一个的、可证实的结果来取代大批虚幻和未经检验的笼统原则。他还把神秘主义的产生归咎于缺乏清晰的分析。

为什么要精确和清晰?罗素提了几点理由:(1)存在着一种关于事物的确定真理;宇宙的复杂本性决定了必须澄清和提炼已发现的零碎事实;(2)一切人类思想都混着或然的成分和模糊性;一切研究都从不能说明确定性而开始;确定性包含在模糊、复杂和需要分析的知识结构中;(3)所有重大哲学问题都是由某些更模糊和抽象的分子问题复合而成的,所有的原始材料和事实都带有模糊性和复杂性,在分析中,必须考虑常识的确定性程度。那么,怎样才能得到精确和清晰呢?罗素也指出了一些基本原则。首先,必须充分接近对象,并像通过浓雾而观察一个目标那样,起初是一个模糊的黑影儿,越接近,形象越清晰,最后才发现那到底是什么;其次,哲学以谨慎和精细的态度用一种内在的细察来纯化常识,

---

① Bertrand Russell, *Introduction to Mathematical Philosophy*, George Allen and Unwin LTD, 1956, pp. 194—206.

② Bertrand Russell, *The Basic Writings of Bertrand Russell*, 1903—1959, ed. by R. Egner and L. Denonn, Simon and Schuster, 1961, p. 30.

并分解无法看见的表象;第三,用分析方法把知识分解成尽可能简单而确定的命题,然后将其纳入演绎系统,其中某些初始命题可成为其余命题的逻辑保障和普遍知识的前提;第四,有必要创造精确概念的工具,而数理逻辑就是这样一种工具;第五,一步一步地追溯疑难的来源,使之逐渐变得抽象和精确;第六,哲学不可能达到完全的精确化,但利用技术可以逐渐减少模糊性,因而哲学是一个不断的活动。关于确定性,罗素提出了三个注意点:(1)可以确定你所确定的;(2)可以确定你所不能确定的;(3)不能确定你是否可以确定。不过,他认为这三点并无明显界限。

追求精确、清晰和完善的知识是罗素一生的心愿。他在《哲学问题》第一段发问:"世界上有没有一种如此确定的知识,以至于一切有理性的人都不能对它加以怀疑呢?"他的逻辑斯谛就企图把世界纳入公理化的演绎系统,幻想构造出一个绝对完善的知识。然而,经过36年的探索,他在其最成熟的著作《人类知识》的最后一段里回答:"所有的人类知识都是不精确、不肯定和不完善的。"就是说,他自认失败。这有以下一些原因。

(1)哥德尔(K. Godel)的不完全性定理动摇了罗素的逻辑观。早年,罗素在弗雷格、戴德金、皮亚诺、怀特海等人的启发下,逐渐形成了一套逻辑主义的框架,其雄心是企图将数学彻底地进行逻辑化,或者说将数学最终还原为逻辑演绎系统。在弗雷格看来,作为分析和先验判断的算术规则可以视为逻辑发展的某种形式,算术中的定理实际上也是逻辑规律。人们对自然现象加以算术应用的解释不过是对所观察到的事实的逻辑加工,因此,数字的计算就是一种逻辑的推理。数字所反映的并非自然现象之间的关系,而是对自然现象所进行的逻辑判断之间的关系。罗素很欣赏这种看法,他认为,逻辑不仅是哲学的本质,而且应当也是数学的本质。他在《数学的原理》(1903年)中指出:纯粹数学是由"p 蕴涵 q"这样所有命题所组成的类,它所包含的 p 和 q 都具有数目相同的一个或多个变项的命题,p 和 q 不包含除逻辑常项外的任何常项。此外,数学使用真假值的概念。后来,罗素与怀特海合作,在《数学原理》中,更进一步将数学建立在逻辑的基础上,因而提出某些不加界定的概念,如基本命题、命题函项、断定、否定、合取、析取等,并可由它们界定逻辑上最重要的概念和联结词"蕴涵",继而可以界定"等值"。所谓命题是指具有真假值,而用来陈述某一客观事实或关系的语句,如"华盛顿曾是美国总统"等;用来判断某种价值的一个语句,如"华盛顿曾是一个伟大的总统"等。

(2)发现演绎的作用是有限的。罗素早年不重视归纳法,相反却夸大演绎法的作用,并肯定它能给人们以新知识,但在晚年,他却这样写道:"演绎法不像人们以前所想的那样有用了……它是揭示不了新知识的。"我们认为,演绎法必须以归纳法得出的知识为前提,因为它虽然反映了一般与个别的关系,但有很大的局限性。要想真正了解个别事物和判定一般理论的真假,最后还需实践的检验,而形式逻辑是无法解决实践问题的。演绎法只有在与归纳法结合时才能提供知识,并且它的各种具体形式不可能完全精确,如直言三段式不能应付必然中的偶然、普遍中的特殊等个别情形一样,假言三段式不能应付客观外界错综复杂的因果联系,另外,选言三段式也应付不了世界的无限多样性等等。

(3)后期的哲学建立在假说上。罗素认为假说可以丰富逻辑,要想正确分析,就不可缺少它。在他制定假说时,为了在经验的基础上建立科学而荒唐地规定了哪些知识必须作为先验的原则。本来自然科学的迅猛发展就没有一个确定的界限,而以理论形式来反映其规律的知识也绝不会有一个确定的界限,今天似乎确定的,明天也许就不再确定,甚至会被彻底抛弃。各门学科日益边缘化、互相渗透并向深度和广度无限发展,因此,不可能有一个绝对清晰的线索。精确和清晰只是认识过程中相对稳定的一面。在这种意义上相对达到它是合理的,但这种稳定总会被不断地打破,因而不可能达到绝对的清晰和精确。现代科学再也不仅仅满足于单纯搜集和整理材料,它常常以假说的形式不断地向尚未探索的领域进发。如果这些假说未被检验,那是绝不会精确和完善的,而它一旦得到相对的检验,便又会有新的假说出现,以至无穷。因此,人们只能向绝对的精确和清晰无限接近,而决不能一次达到它。

(4)多元世界观与分析方法论本身造成的结果。罗素既然把世界分为由外在关系联结的终极构成要素,它们就只能一个一个地被单独处理,因此就不可能达到知识的完善。此外,罗素的某些不可知论倾向也从反面促使他感到了失败。

罗素的认识论有相当积极的因素,如他指出做到绝对无偏见地求知是不可能的,但却可尽量接近它。而哲学的使命就是指明这个方向。的确,罗素一生都在开拓这条道路,尽管经历了许多挫折与迷途,但他始终勇往直前。即便是他的每一次失败,也从某一侧面推进了知识的发展。

十、分析方法的一般原则

除了已讨论过有关理想语言的设计外,罗素的分析方法还有四个一般原则,这是他世界观在方法论上的体现,它们既关涉到语言和逻辑,又关涉到了本体论和认识论的问题。

1. 逻辑构造主义的理论

罗素把逻辑构造主义作为根本原则而大量用于多元论的哲学和分析的方法中。以什么世界观来指导分析和构造世界是最重要的问题,例如实在论以事物为出发点、现象论以感觉为出发点来构造和分析世界。罗素正是以第二种出发点来进行他的分析的。他认为完善的认识论应把所有的命题都安排到了一个逻辑秩序中,[①]心与身的差别在于二者的构造而非其构成成分,主客体都可以用中立的逻辑构造来代替,并且在其后再没有实体。如果人们能在更简单、更合理、更确定的实体之间的关系中使知识得以形式化,哲学就将会进步,从此,疑虑、混乱和模糊就会代之以明白、清晰和确定。罗素把上述做法称为逻辑构造主义,因为模糊的实体被说明是由简单的成分构成的,物体不过是外貌的系列。如他解释说"一辆汽车在行驶",只是说有体现行驶的一系列感觉,而系列本身就是汽车。因此一切事物都可用系列、类和类的类来下定义。罗素的这些系列、类和类的类都是由外在的逻辑关系排列起来的,而所谓分析,也就是把系列与类等还原为其最基本的单位"事素",即一个一个的感觉,或称世界的终极要素。这正是罗素多元论、外在关系说和分析方法三者统一的生动描述。但后来,罗素以空时(space-time)构造替换了逻辑构造,并认为物理事物是凭借空时构造并通过自我与事物之间的因果律而被认识的。他站在不可知论的立场上说,人们不能认识事物自身的内在本质,而只能认识一些构造特性。

罗素把世界仅归结为一种构造甚至一种主观的构造,这是其现象主义的典型表现。但罗素以某种构造入手考虑问题仍不失为一种有益的方法。现代科学的发展使哲学物质观必须适应新的要求,而爱因斯坦和罗素等人对物质观的探讨是值得借鉴的。

---

① Bertrand Russell, *An Inquiry into Meaning and Truth*, Unwin Paperbacks, 1980, p.16.

2. 展现逻辑形式需要特定方式。

为了有效地进行分析,罗素以两种方式来展现逻辑形式:

其一,"从结论到前提"。罗素认为知识经常用似乎无可定义的概念来定义其他概念,并以此为推论的前提。所谓逻辑分析就是将理论回归到这样的前提和概念,如果分析得彻底,就一定可达目的。哲学就是对常识经过分析而提炼出抽象形式的最简单陈述,因为它与专门科学相反,是从复杂、具体回复到简单、抽象,并注重了与事实有关的逻辑形式。罗素认为,每一个真正的哲学问题都是一个分析的问题。在它中间,最好的方式是从结论到前提。"从结论到前提是归纳法的本质,在考察数理原则时,这种方式是一种真正的归纳法,并且本质上就同在任何其他科学中发现一般规律一样"[①]。从前提到结论是逻辑的目的,它可以判定"确定性的程度",因为当分析到前提时,就可发现有些前提和原始材料是有疑问的。罗素风趣地把哲学家比作侦探,说必须分析证据,从结果向前提推论。阿拉恩·伍德(A. Wood)认为,"从结论到前提揭示了罗素的全盘研究的基本线索"[②]。的确,从早期的归约公理到后期的科学推论的假说,罗素始终坚持这个原则。对此,他有两点理由:(1)可获得绝对确定的前提;(2)减少前提就可减少错误。这一原则对逻辑思维是有益的。马克思曾举例说,17世纪的经济学家从人口这样一个混沌的整体表象开始,经过分析,达到一些最简单的规定,然后反转过来,再重新组合时,人口便成了一个具有许多规定和关系丰富的总体了。[③] 罗素的计划是积极的,但却陷入了空想之中,要想获得确定的前提,还关涉到一系列复杂的认识论问题,它只能在认识发展的无限过程中逐步实现。

其二,"最低限度词汇"(minimum vocabularies)。罗素指出数理逻辑对于本体论来说,就是为了减少直接指示某一对象意义的词数,避免轻率和不能证明的假说,以使陈述过的意义可以理解。所谓最低限度词汇即指"不能再被其他词所定义的那种词"[④]。罗素说道:"如果你既想说明有关复杂性,又想说明事实上作为其成分的事物,那么只要明白那些复杂性

---

① Bertrand Russell, *My Philosophical Development*, Simon and Schuster, 1959, p. 265.
② 伍德:《未完成的哲学》,丁子江译,载《外国哲学资料》第 7 辑,北京:商务印书馆 1984 年版。原文载 A. Wood, *Bertrand Russell—the Passionate Skeptic*, Simon and Schuster, 1958, pp. 218—228。
③ 《马克思恩格斯选集》,第 2 卷,第 103 页。
④ Bertrand Russell, *Human Knowledge: Its Scope and Limits*, Simon and Schuster, 1948, p. 94.

的结构,而不必需要它们的名称,你总能达到。用这样的方式,分析法能够简化、系统化以及缩减化你的原初手段。"① 任何命题只有用这种词汇表示才能清晰、明白和精确。伍德(Alan Wood)指出:"罗素的观点就是:倘若你不用某个特殊的词便不能描述世界,那么,在宇宙里就必定有某种事物与那个词相对应。"②

3. 奥卡姆剃刀的原则。罗素把中世纪的奥卡姆剃刀(Occam's razor)③加以解释之后,将它作为自己的最重要原则,甚至自认为是一个重大发现。在他看来,要想使分析有效,最主要的是减少形而上学实体的数目,去掉除感觉之外的一切不可靠的推论及不必要的东西,并排除一切形而上学的语词。例如茶杯的式样、颜色、硬度,都是可以观察和实验的,但它的物质性却是假定的。把相互关系的事素组成类,就是所谓的茶杯。这样就省掉了一个叫做"物质"的实体。此外人们的知觉常常不必要地伸到物理世界中去,因此要用奥卡姆剃刀把延伸部分去掉,于是内省与外察就无区别了。罗素指出:"在知识的一个给定部分,对那些未经界定的术语和未经证明的命题进行数目的消减,这是我首次体会到奥卡姆剃刀的用处。"④罗素认为奥卡姆剃刀的益处就是减少错误,它是一种经济的做法。其实,这与马赫的思维经济原则是一致的。罗素这一原则不仅是世界观和目的,导致了逻辑原子论的中立一元论,而且是方法和手段,探索了获得精确、清晰的知识的途径。有时,罗素又把上述原则叫做"抽象原则"或"废除抽象的原则",例如人们把"2"这个数字从无数具体的、成对的事物中抽象出来,而他却错误地要用奥卡姆剃刀把这种抽象出来的"2"去掉,而只把所有成对的事物以逻辑关系归为一种称为"2"的类。罗素还将这一原则应用于许多领域。他认为自己第一次使用奥卡姆剃刀即定义了数之后,数学家的基本工具才被归结为一些纯逻辑的术语。

4. 把若干专门技术用于分析。类型论、专名论、摹状词和符号演算

---

① Bertrand Russell, *Human Knowledge: Its Scope and Limits*, Simon and Schuster, 1948, p. 258.

② A. Wood, *Bertrand Russell—the Passionate Skeptic*, Simon and Schuster, 1958, p. 225.

③ 奥卡姆是中世纪最重要的经院哲学家之一,也是著名的唯名论者。他有一句著名的格言是"如无必要,勿增实体"。后来这句格言所代表的思想原则被称为"奥卡姆剃刀"。本意是剃掉实在论讲的独立存在的共相,而保持客观存在的具体事务。罗素也把它当作自己的根本原则。不过他认为,除感觉之外,一切东西都是不必要的、不可靠的推论,因此都应当剔除。

④ Bertrand Russell, *My Philosophical Development*, Simon and Schuster, 1959, p. 71.

是罗素解决自己世界观和方法论问题的专门技术。它们既使分析方法在世界观指导下得以具体实施,又使世界观在经过分析方法的处理后更加精密化。这在第十章已讨论过,这里不再赘述。在罗素看来,只有上述技术才能构成理想语言,从而克服自然语言的模糊性,得以正确地分析命题,最后获得精确清晰的知识。例如,他通过分析将日常专用名称"俾斯麦"转成一个确定摹状,然后再通过分析,又将这个摹状扩展成一个已得到解释的命题。正如罗素研究专家皮亚斯(D. F. Pears)所指出的:"这就回答了是否罗素相信凭借日常专用名称所采用的个体摹状是事实的或先验的。"①事实上,罗素等人的符号演算对研究科学和人类思维确实是一种工具。由于它把数学方法用于形式逻辑,因而扩大了研究范围,使推理的功用超过了亚里士多德的三段论,并且可以分析某些旧形式逻辑无法解决的复杂问题。

---

① D. Pears, *Bertrand Russell and the British Tradition in Philosophy*, New York: Random House, 1967, p. 80.

第七章　罗素分析方法在认识论上的应用

对于罗素，哲学家的工作就是发现一个逻辑意义上的理想语言，以此来避免为自然语言偶然的、不精确的表面结构所误导。罗素写道："普通语言完全不适合表达物理学所真正确定的东西，这是因为日常生活中的话语不够抽象。只有数学和数学逻辑，才可表达物理学家所说的意思。"①原子事素（属性的关联以及与个人关系）在世界本身构成分子事素，这样的语言将允许使用逻辑连接词，如"与"和"或"。除了这种原子和分子事素的存在，罗素还认为，一般事素（关于"所有"东西的事素）需要勾勒完全我们对世界的画面。不过，他犹豫是否也还需要负的事素。罗素认为，许多通常接受的语句是值得怀疑的，这似乎指的是那些实体只能通过推理而被认知。因此，罗素各种研究项目背后不仅是他所使用的逻辑分析，也是他长期以来所追问的，到什么程度，知识是可能的。1911年，他指出："存在着一个很大的问题。人类能认知任何事情么？如果是的话，那么到底认知什么和如何认知？这个问题确实是哲学最本质的问题。"②这个问题的提出是关于外部世界的传统问题。倘若我们对外部世界的知识都是通过推论成为最好的解释，倘若这种推论总是会出错，那么，有什么可保证我们的信念是可靠的？罗素用半是形而上学半是认识论的态度来回答这个问题。在形而上的一面，罗素发展了他的逻辑原子论，世界是由逻辑原子（如"彩色的小补丁"）及其属性和关系的复合体所构成。这个理论后来影响了维特根斯坦的思想。这些原子及其性质形成了逻辑上复杂的对象。通常被推断的实体（如持久的物理对象）可被理解

---

① Bertrand Russell, *The Scientific Outlook*, London: George Allen and Unwin; New York: W. W. Norton, 1931, p. 82.

② Bertrand Russell, "Knowledge by Acquaintance and Knowledge by Description," *Proceedings of the Aristotelian Society*, 11: 108—128; repr. in Bertrand Russell, *Mysticism and Logic and Other Essays*, New York, London: Longmans, Green & Co., 1918, 209—232; also appearing in *Collected Papers*, Vol. 6. 转引自 Slater, John G., 1994, *Bertrand Russell*, Bristol: Thoemmes, p. 67。

为从直接给予的感觉实体所构成的逻辑结构,即"可感事物(sensibilia)"。

罗素认为认识论方面也很重要,它能显示出每个可疑实体可还原或界定为另一个更确定的实体。例如通常仅通过推断而被认知的某一普通物理对象可改由定义来实现。他指出:"……作为由连续性和一定因果规律而相互连接的一组确定现象的系列。……更一般地说,某'事物'被界定为一个特定方面的系列,即那些通常被认定的事物系列。如果说某一方面是某一事物的某一方面,将仅仅意味着它是那些事物系列中的一个。"①

对罗素而言,我们之所以能够做到这一点,是因为"我们的世界不完全是推理的问题。对有些事情的认知,我们不必咨询科学家的意见。如果你觉得太热或太冷,你可非常清楚这个事实,而不必问物理学家有关热与冷的构成。……我们可用'数据(data)'来命名所有的事物,而不必依赖推论"②。我们可利用这些数据(或"可感事物(sensibilia)"或"感觉数据(sense data)"),与那些所直接熟知的东西来建构知识的相关对象。同样,数字可归原到类的集合(collections of classes);而点与瞬(points and instants)也可归结为卷宗与事件(volumes and events)的有序类(ordered classes);而类(classes)本身则可归结为命题函数(propositional functions)。

1912年,罗素在《哲学问题》一书开头第一句话曾经问道:"世界上有那种任何有理智的人都无从怀疑的确定知识吗?"③过了36年,经过漫长的探索,在1948年出版的《人类知识:它的范围与限度》最后一页的最后两句话中,他得出这样悲观的答案:"所有的人类知识都是不确定的、不确切的和片面的。对于这种看法,我们还找不到任何的限制。"④实际上,这就是罗素对认识论的最大认识,也正是《人类知识》一书的最重大成果所在。

在这后一部著作的序中,罗素提出了一个原则:"在研究这一论题中遇到的困难之一,就是必须使用普通言谈中的常用词,如'信念''真理'

---

① Bertrand Russell, *Our Knowledge of the External World*, Chicago and London: The Open Court Publishing Company, 1914, pp. 107—107.
② Bertrand Russell, *My Philosophical Development*, London: George Allen and Unwin; New York: Simon and Schuster, 1959, p. 23.
③ Bertrand Russell, *The Problems of Philosophy*, Prometheus Books, 1988, p. 1.
④ Bertrand Russell, *Human Knowledge: Its Scope and Limits*, Simon and Schuster, 1948, p. 507.

'知识'以及'知觉'等,而这些术语日常用法含糊和不精确,并因没有可用的精确词能够取代它们,故在我们早先研究阶段所说的每一件事,从我们期待最终达到的观点来看,都是令人不满意的。假设我们能成功地增长知识,这就好比一位旅行家在雾矇中走近一座高山:起初仅可辨别大致轮廓,甚至连它的界限都是模糊的,但渐渐能看到更多的细节,边缘也变得较为清晰了。因此,在我们的讨论中,不可能先弄清一个问题然后再去处理另一个问题,因为渗入的雾气弥漫着所有东西。在每个阶段中,尽管问题的一部分可能成为关注的焦点,而所有的部分或多或少都与问题相关。我们必须利用的那些不同关键词都是相互联结的,只要其中某些词留有含糊,而另外的词也就必定多少伴有这类缺陷。由此可见,先前所说的话应服从后面所说的话的修正。穆罕默德通告过,如果可兰经中有两处经文有不一致处,那后来的即为准则,我希望读者用同一原则来解释这本书中所说的东西。"这就告诉我们,从《哲学问题》到《人类知识》罗素的思想发展有了不一致,但应以后者为准则。①

认识论是罗素一生最关注的领域之一。他认为,如果一个哲学问题成为他探究的主题时,就一定是认识论方面的;在漫长的一生中,他所写作的都是"关于经验与科学探索结果的关系,常识知识与经验的关系以及语言与语言是关于什么的关系";在这个意义上,"知识论成为罗素哲学的一个中心研究"②。罗素写完《哲学问题》之后,又写了《我们对于外界的知识》(1914)。自 1914 年 8 月到 1917 年末,罗素全力忙于反对战争的事务。但到了 1918 年初,他觉得无法对和平做更多工作,便赶写了一本早先约稿的《到自由之路》。当此书完稿后,他又开始回头探讨哲学问题。在他进监狱以前做了讨论逻辑原子主义的那些讲演。在监狱里,他先写了一篇对杜威的批评文章,接着写了《数理哲学引介》。这以后,他转向了认识论,尤其是似乎与心理学和语言学有关的内容。这种转向,在罗素的哲学兴趣中可以认为是永久性的,它主要表现在三本书里:《心的分析》(1921)、《对意义与真理的探究》(1940)和《人类的知识》(1948)。

我们可将罗素认识论的发展大致分为三个时期:前期从 1900 年至 1920 年,主要代表作有《对莱布尼兹哲学的批判解说》(1900)、《哲学问

---

① Bertrand Russell, *Human Knowledge: Its Scope and Limits*, Simon and Schuster, 1948, pp. v-vi.
② E. R. Eames, *Bertrand Russell's Theory of Knowledge*, George Braziller, 1969, pp. 24—25.

题》(1912)、《我们对外界的知识》(1914)、《神秘主义与逻辑》(1918)以及其他论文等。中期从 1920 年至 1940 年,主要代表作有《心的分析》(1921)、《物的分析》(1927)、《哲学大纲》(1927)《对意义与真理的探究》(1940)以及其他论文等。后期从 1940 年至 1950 年,主要代表作有《人类的知识》(1948)以及其他论文等。

什么是认识论? 罗素的答案是:"认识论涉及逻辑与心理两方面的因素。从逻辑上说,我们必须考察那些基本命题与因它们而使我们所信东西之间的推理关系(通常并非严格的演绎);我们也要考察经常存在于不同基本命题之间的逻辑关系,如果我们采用某些普遍原理,使它们适于作为一个整体的系统而加强其中每一元素的可能性;我们还要考察那些基本命题本身的逻辑特性。从心理上说,我们必须检验基本命题与经验的关系,有关在感知它们时所产生的怀疑或确定的程度,以及减少怀疑增大确定的方法。"①他还为"认知着(knowing)"下了一个定义:"反映环境的一种方式,而并非涉及只有具有知识的那个人能够观察的某种东西(某种'心灵状态')。"②这是他中期思想的看法,其中尤其是对确定性在认识论中地位的表述,具有承上启下的作用。

罗素回忆说,自己在认识论上始终保留的有六大重要的成见(prejudices):

一、他强调动物和人类心灵之间的连续性(continuity)。罗素基本上同意那种反对用理智来解释动物行为的说法,但认为对动物行为的解释方法比人类"思想""知识"或"推论"的解释方法要有更多的范围。这个成见使他阅读了不少有关动物心理的文献。罗素所关注的是对动物怎样进行学习的观察。美国人的观察相信动物都是盲目撞到解决的办法;而德国人的观察相信动物坐等而后从内意识里得到解决的办法。罗素认为上述两种观察都完全可以信赖,因为动物的行动取决于它要解决哪一类问题。但他始终坚持任何学说都不得超过已由观察证实了的范围。在罗素看来,巴甫洛夫(Pavlov)观察狗的条件反射(conditioned reflexes)积累了大量精确的实验知识,因而造就了称为行为主义(behaviorism)的哲学。它的中心思想是,心理学完全依据外部的观察,而否认完全依靠内省的材

---

① Bertrand Russell, *An Inquiry into Meaning and Truth*, Unwin Paperbacks, 1980, p.18.
② Bertrand Russell, *An Outline of Philosophy*, W. W. Norton & Company, INC., 1927, p.17.

料。尽管从哲学上罗素不接受这种看法,但从方法上却有限度地承认它有实用从而可以推行的价值。

二、他主张尽可能用物理学对自然世界进行解释。罗素从来就坚持,从宇宙观看,生命和经验对于事物的因果关系来说还是微不足道的;与银河系相比,地球是渺小的。他对拉姆塞(Ramsey)的《数学的基础》中过于夸张人在宇宙中的作用颇不以为然。他指出,人类及其干过的蠢事是令人不愉快的;思考安德鲁米达星座(Andromeda)的星云比思考成吉思汗要快乐得多。他说自己无法同康德一样把道德律和星空置于同一平面,因而任何将宇宙进行人类化(这是构成唯心论的基础)的企图都是令人不快的;世界并非来自黑格尔的苦思冥想以及他的"天界原型(Celestial Prototype)"。罗素还指出,自己并不很自信,在任何经验主题中,透彻的理解会将较重要的因果律归原为物理学定律。然而倘若问题非常复杂,他怀疑这种归原(reduction)是否可能实现。

三、他觉得"经验"的概念一直被过分强调,尤其在唯心论中,同样在许多形式的经验论中也是如此。当开始思考认识论的时候,罗素发现强调"经验"的哲学家们都没有告知这个词的意思,因为他们似乎觉得这个词无法加以定义,而其意义不言自明。这些人坚信,只有那些被经验的事物才可知其存在,而不知其存在却确定某些事物存在,则毫无意义。罗素认为这种看法过于强调知识,或过于强调与知识相类似的东西,但主张这种看法的人并没有了解到它的全部意义。由此可见,只有极少哲学家懂得能够明白"凡 A 皆 B"或"有若干 A"这一类形式的命题,而不必了解任何单独的 A。倘若在一处多石的海滩,你会相信那里有很多石子还未见过或摸过。实际上,所有人都会承认有无数有关还没有经验过的事物的命题,但当他们开始进行哲思的时候,似乎认为必须人为地把自己整得很愚蠢。罗素也承认,很难解释怎样才能取得超乎经验的知识,但他又指出那种主张不存在这种知识的说法也是不足为凭的。

四、他深信任何有关"世界存在什么"的知识,倘若并非通过知觉或记忆直接报告而知道的事实,必从某些前提推演而来,至少其中有一个前提是通过知觉或记忆而知的。罗素不认为有为证明事物存在而完全先验的方法,但他确信会有某些或然性的推论形式,尽管它们不可由经验加以证明。

五、他意识到语词与事物之间关系的很多难题。首先是单个词的分类:专名(proper names)、形容词、关系词、连接词以及诸如"所有"和"有些"这一类的词。其次是句子的意义和句子怎样会有真假二元性的问题。罗素察觉到,在算术中有些形式主义者仅满足于订立某些做算术的规则,而忽略数必须用来计算事物;同样,在语言这个更广泛的领域里有些形式主义者将真理看作是符合某些法则,而并非某个与事实相符合的问题。不少哲学家否定真理的"符合说"(correspondence theory),但罗素则相信,除应用逻辑和数学,没有任何其他学说可能会是正确的。由于他企图保持动物理智的连续性,因而也坚持,尽管语言极为重要,但它的重要性还是被高估了。在他看来,信仰和知识有先于语言的形式,而不清楚这一点,就无法正确对其进行分析。在罗素最初对语言感兴趣之际,他并未料到问题的困难和复杂性,因为他注意了语言问题的重要,却并不明白那些问题到底是什么。罗素并不自认已掌握了这个领域里的所有知识,但确信自己的思想已变得更加清楚和明确了,并且更意识到其中涉及的问题。

六、他自认在其整个思想中始终最为重要的,就是有关方法的问题。罗素说自己的方法总是发端于一些模糊而困惑的东西,即某种无可怀疑,但也不能精确表达的东西;因而经历的过程就如先以肉眼观看某物,随后再用显微镜进行检验。他发现,自己集中注意力,于是在原本无物可见之处出现了区分和差异,正如使用显微镜就可观察到污水中的杆菌那样。尽管不少人反对分析,但罗素始终坚信,就如污水的例子,分析显然会带来新知识,并对原本的知识丝毫未损;这既适于有形之物的构造,而且也适于概念。以通常运用的"知识"为例,它就是一个很不精确的名词,其中包含许多不同的东西以及从确定性到略有可能的不少阶段。罗素发现,根据自己的经验,哲学研究就是从某种好奇、不满足的心境发端,而又感到完全确定,但又无法表达所确定的究竟是什么。人们长期关注而造成的那个过程就如在浓雾中观察某种越来越近的物件;起初呈现出一片模糊的黑影,但走近后就逐渐清晰了,原来是一个男人或一个女人,一匹马或一头牛等等。罗素批评那些反对分析的人说,他们只是满足于那片起初的模糊黑影。罗素说道:"对于研究哲学的方法来说,对上述那个过程的信赖是我最强有力、最不可动摇的成见。"[①]

《罗素——热情的怀疑论者》的作者伍德(Alan Wood)说过,他相信《人类的知识》是罗素最重要的哲学著作之一,而且是哲学史上一个里程碑。可以说《人类的知识》是罗素最后一部专门而又系统的哲学著作,它

[①] Bertrand Russell, *My Philosophical Development*, Simon and Schuster, 1959, p.133.

相当完整地总结了这位一代大哲后期的主要哲学思想。但伍德也坦率地说:"我知道几乎不会有任何人能赞同我的意见。我想,此书之所以被低估,主要是由于罗素自己的过失。首先,它十分冗长而不连贯,并且过于累赘地叙述他已经在《物的分析》以及《意义与真理的探究》中所说过的内容,这是因为他一意要在这本书中对自己的观点做出一个最后的总结。另一个麻烦是(出于某种不为人知的罗素式的理由):罗素在此书的序言中说,自己的目的本来并非专为职业哲学家而写的,而是为了给那些对哲学问题感兴趣的普通读者看的。事实上,此书里也有冗长而严密的专门性论述,跟《意义与真理的探究》里的论述一样难懂,甚至在某些章节中要难懂得多。"[①]因此,这就不难理解一般职业哲学家对此书的反映了,他们起初把这本书轻蔑地看作是开导业余爱好者的通俗读物。然而,当他翻阅过前四章后,发现有很多内容是他以前读过的,随即读到第五章,他更惊愕地发觉这里充斥着数学的符号,发现是有关概率论(在所有未解决的问题中最令人迷惑的问题之一)的专门讨论。对于职业哲学家来说,这就等于是一次决定性的蔑视和侮辱。原先有人告诉他,《人类的知识》是为了使普通人都能看懂而写的一本简单的书,可是现在他发现连他这个职业哲学家自己也看不懂它了。他或者把它搁置一边,然后发一阵脾气;或者心情极不愉快地翻到第六章,即结论部分"科学推理的假设"。正是这一章才包含该书大部分具有独创性的内容。

  为什么罗素会得出我们开头所说的那种令人有些沮丧的结论呢?其中之一就是对逻辑演绎的失望。在《哲学问题》中,他企图论证演绎能给我们新知识;但在《人类的知识》中,他指出:"演绎法的能力结果证明要比以前所设想的小得多。除了用新的语句来陈述在某种意义上已知的真理外,演绎法是提供不出新知识的。"

  罗素自认《人类的知识》的中心目的就是检验个人经验与科学知识总体之间的关系。他认为,自康德,或从贝克莱以来,哲学家中始终存在着一种错误的倾向,这就是对世界的描述不恰当地受了从人类知识的性质所得出的那种考察的影响。对科学常识来说,显而易见,宇宙中仅有极微小的部分为人类所知,过去有漫长的蒙昧时期,将来也仍会有漫长的蒙昧时期。从宇宙观与因果观的意义上说,知识是宇宙的一个不重要的特征。

---

  ① A. Wood, *Bertrand Russell—the Passionate Skeptic*, Simon and Schuster, 1958, p.219.

在描述世界时,主观性(subjectivity)是一种恶习。康德自诩进行了一次"哥白尼式的革命",但他若称自己进行了一次"托勒密式的反革命",那会更加中肯,因为这又把人回归到遭哥白尼所废黜的中心地位。然而,倘若问题并非"我们生存的是什么样的世界?"而是"我们如何获得关于世界的知识?"那么主观性就有了自己的作用。

一、对心与物的分析

我们先来回顾一下,罗素在《哲学问题》一书中究竟提出与回答了一些什么问题。这部著作共分 15 章,其中讨论了现象与实在,物质的存在,物质的性质,唯心主义,熟知的知识与描述的知识,归纳法,普遍原理的知识,先验知识,共相的世界,共相的知识,直观的知识,真理与虚假,知识、谬误与概然意见,哲学知识的范围以及哲学的价值等。

在《哲学问题》中,为避免单纯否定的批判,罗素力图多注意一点有关肯定和建设性看法的问题,即解决什么是确定性(certainty)的问题。由于这个目的,他对认识论显然要比对形而上学有更详尽的讨论,而对前者的讨论实际上是贯穿全书的主线。例如此书的前 4 章讨论了现象与实在、物质存在、物质性质和唯心主义等所谓形而上学的问题;而其后则用了整整 11 章的篇幅考察了熟知(acquaintance)的知识和描述(description)的知识,归纳法,普遍原则的知识,先验的知识如何可能,共相的世界,共相的知识,直观的知识,真理和虚妄,知识、错误和或然性意见,哲学知识的范围以及哲学的价值等与认识论有关的问题;而即便是前 4 章也常常涉及认识论的问题。

罗素在 1900 年《对莱布尼兹哲学的批判解说》一书中作过这样的界定:"在哲学中,物质一词是一个问题的名称。在知觉中,设想我们确定某种并非我们自身的存在……"[①] 在 1912 年《哲学问题》中,他将物质界定为"所有物理客体的聚集"[②]。在 1918 年《神秘主义与逻辑》中,他如此说道:"……取代这样的假设,即物质是物理世界中的'真实的实在'以及感觉的直接客体是纯粹幻影等,我们必须将物质看作一种逻辑的构造;它的

[①] Bertrand Russell, *A Critical Exposition of Philosophy of Leibniz*, The University Press, 1900, p. 75.

[②] Bertrand Russell, *The Problems of Philosophy*, Prometheus Books, 1988, p. 18.

元素将是短暂的特殊物,当一个观察者偶然出现时,能成为他的感觉材料。"① 如此看来,罗素在《哲学问题》中的定义最为中肯。

罗素试图对"确定性"进行全方位的探讨。作为英国经验主义的继承者,他承认从现有的经验出发,可以断定知识无疑就是从它们那里产生出来的。但人们会遇到构成哲学的一个最困难的区别,即"现象"(appearance)与"实在"(reality)的区别,或事物好像是什么和到底是什么之间的区别;而哲学家正想探讨这"到底是什么"的问题。罗素把直接认知的对象称为"感觉材料"(sense data),如颜色、声音、气味、硬度、大小等,而把直接认知这些对象的经验称为"感觉"。如此一来,只要看到一种颜色,我们就产生一种颜色的感觉。更进一步,我们必须了解感觉材料和物理客体的关系。物理客体的总和可称作"物质"。这样,就产生两个新的问题:其一,到底是否存在任何"物质"这样的对象?其二,若存在,其性质如何?如果我们认为一个普通客体是能够靠感官认知的,那么感官所直接告知并非有关脱离我们而独立的那个客体的真理,而只是有关一定感觉材料的真理;这些感觉材料是凭借我们与客体之间的关系的。因此,我们所直接看到和感觉到的仅为"现象",而却相信那是某种"实在"的标记。但倘若这种实在并非所呈现的样子,那么,是否有方法知道到底有无任何的实在?倘若真有,那么,是否有方法能够发现它到底是什么样子呢?这些问题十分费解。这样,即便对于最荒唐的假说,也难以知道它的不真确性。

在罗素看来,很多哲学家都认为:所有实在的东西必然在一定意义上是精神的;换句话说,所有可知的东西必然在一定意义上是精神的。这种哲学家就称为"唯心主义者"。他们声称:所有表现为物质的,归根到底都是某种精神的东西;或如莱布尼兹所说的是原始的心灵,或如贝克莱所说的是心灵中的观念。因而,尽管唯心主义者并不否认感觉材料是不依赖个人感觉而独立存在的某种对象的标记,但他们却否认了物质的存在,排斥了与精神有着内在差异的某种对象。

罗素曾做过著名的两大分析,即《心的分析》与《物的分析》。

在《心的分析》中,罗素从心理学的新近成果角度,不但阐述了"意识"与"欲念"并非心的特别属性的问题,而且对心理学意义上的本能、习惯、感情、记忆、欲念、想象等概念进行了深入的探讨。1921 年 1 月,罗素在北京为这本书的英文第一版写了序言,其中这样写道:"这本著作由在伦

---

① Bertrand Russell, *Mysticism and Logic*, Dover Publications, 2004, p. 137.

敦与北京的讲演构成……在这本书中很少提及中国,因为在访华之前我就完成了写作。我并不想给读者提供准确的地理概念;在书中使用'中国'一词仅作为'一个遥远国度'的同义词,因为我试图阐述自己不熟悉的事物。"①罗素在这本书中,的确像序中所说的那样数次提到中国或中文,如"从根本上说,作为表达单纯演讲方式的写作本身就是一种独立的语言,就像在中国所保留的那样"。"在对一架计算机提问时,人们必须使用它的语言,人们不必用英语或中文来强调它。"等等。②

罗素在《心的分析》一书中,论证了精神现象的要素完全由感觉和想象(images)所构成。但他又坦言自己仍不知道这种论点是否正确,不过他仍相当自信,如不引介想象,就不能解释语言的很多用途。行为主义者拒绝接受想象,因为它们无法从没有中观察到,但这就使他们在解释记忆或想象的时候产生很多困难。当时罗素以为有可能用行为主义来解释欲望,但后来他对此产生了疑问。不过,他始终坚持,对有关在目前不可感觉的事物而解释词的用途来说,想象是必要的。

什么是所谓知觉？罗素回答道:"当一个精神现象能被视为外在于大脑的一个客体,但不规则或甚至作为一些这样客体的混杂表象时,那么我们可以将它认作对所涉及的某个客体或某些客体具有刺激作用的东西,或感官所关注的现象。在另一方面,当一个精神现象不具备外在客体与大脑的充分联系,而被当成这样一些客体的现象时,那么它的物理因果性将在大脑中找到。在前一种情况下,这种精神现象就能被称作知觉,而在后一种情况则不能。然而,这种区别仅是程度的而非种类的。"③

罗素说道:"语言的本质并非依靠这种或那种交往特殊手段的用途,而是为了当下可感的某种事物而利用固定的联想……无论何时完成这个过程,那种可感的东西可称为一个'记号'(sign)或'符号'(symbol),而'理念'可称为'意义'。"④罗素曾对一个词"正确使用"是什么意思,做过以下的界定:"当一个普通听众受到一个词本来意图的影响,这个词就算正确使用。但这仅是有关'正确'的心理学定义,而非文字上的定义。文

---

① Ray Monk. 1999. *Bertrand Russell*: *The Spirit of Solitude*, 1872—1921, Volume 1, Routledge, p. 594.
② Bertrnad Russell. 2013. *The Analysis of Mind*, CreateSpace Independent Publishing Platform. p. 5.
③ Bertrans Russell, *The Analysis of Mind*, George Allen and Unwin LTD, 1956, p. 136.
④ Ibid., p. 191.

字的定义就是将一个普通听众代之以一个生活在很久以前并受过高深教育的人;这个定义的日的就是让这个词说得正确或写得正确变得困难。一个词与其意义的关系,就是支配我们使用这个词以及听到它而行动的因果律性质。对于为什么将一个词用得正确的人应当能够说出这个字的意义,并不比下面这一情况有更多的理由,即为什么一个运行正确的行星应当知道开普勒定律。"①

罗素提到:"在一个专用名称的状态下,一个词是某个一系列相似运动的集合,它所指的是根据特定因果律而使现象聚集在一起的一个系列,这个系列构成了我们称之为一个人、一个动物或一个事物。"他有时也用"总名称"(general names)这一概念来取代"类名称","通过讨论专有名称,我们就可以了解总名称,像'人'、'猫'、'三角形'等。'人'这样的词是指含有专有名称的特称词组成的一个类"②。罗素的《心的分析》也谈到"真值"的问题。他提出,真值可界定为"信念与事实之间的对应";③"指向客观"。④

罗素进一步考察了句子和仅作句子的一部分才有意义的词,便发现了新的难题。人们能用感叹来表达"火"或"狐狸"这样的词,而不必将它们置于句中。然而有很多词却不得如此单独使用。例如,"地球是比月亮大";其中"是"与"比"仅当作句子的一部分才有意义。有人或许对"大一些"这类词产生疑问。假设你正注视马,突然又瞧见一头象,你或许大喊:"大一些!"但是谁都能认同这只是某种省略法。因此,如果不首先考察句子,或者说,不首先考察用句子作手段来表达的心理现象,某些词预设句子的这一事实使之不可能作任何更进一步的意义分析。

在写《数学的原则》之时,罗素就对句子感到困惑,不久他对动词的功能产生了兴趣,认为正是这种词使句子成为整体。"A 大于 B"是一个复合句,因其包含几个词。在使句子为真的那个事实中(如果此句为真),也必定存在相应的复合性。除了这种复合的统一体外,一个句子还有另一种特性,即真与假的二元性。由于这两个原因,解释句子意义的问题比界定客体词的意义所引起的问题,更为困难,但也更为重要。在《心的分析》

---

① Bertrans Russell, *The Analysis of Mind*, George Allen and Unwin LTD, 1956, p.198.
② Ibid., pp. 193—194.
③ Ibid., p. 166.
④ Ibid., p. 273.

中,罗素自认并没有将这些问题讨论得很彻底,但在《对意义与真理的探讨》一书中,他又自诩对这个范围进行了充分的阐述。罗素指出含糊性(vagueness)是所谓非形式逻辑的谬误之一,与歧义性不同,它指的是由于提供的信息不足,而难以理解;含糊性是一个程度的问题,"在某种程度上,所有的思维都是含糊的;所谓完全的准确性(accuracy)仅为某种理论上的理想,而实际上无法达到"①。

罗素在《心的分析》中提到"完全分析"这一概念。② 维特根斯坦断言:"对一个命题只有而且只有一个完全分析。"③罗素并不很同意这个观点,对他说来,由于感觉材料的局限,每个人的熟知(acquaintance)是不同的,故对一个命题的所谓完全分析也是不同的,甚至只能提供对某个命题完全分析的一小部分,也许就是这个命题的一些元素;而那些没有熟知那些感觉材料的人们,就可用某些专用名称或确定摹状(definite description)来进行命题分析。罗素指出,既然存在着作为简单指称的符号,因而这些符号意义只能通过熟知及其指称才能得到理解,而且它们不得作为存在命题的语法主语而出现。因此,为了对所谓完全分析的观念做出广泛理解性说明,他力图论证存在着这种符号。罗素发现在使用复杂符号的命题中有着很多含混性,而完全分析就可以凭借一个或多个逻辑专用名称来清除它们。④

罗素考察了所谓理想语言的特性,他将对此的检验视为语言哲学的目的。对他而言,所谓理想语言就是完全克服日常语言中哲学缺陷的符号主义。例如,语言"被受到科学训练的观察者为逻辑和哲学的目的所创立,那么特殊事物(particulars)就有了专名(proper names)"。在逻辑要求一个能避免矛盾的语言的意义上,理想语言应当是"逻辑上完善的"。正像这种哲学符号主义的范式所能揭示的,实际上,每一个符号都是一个指称熟知对象的"逻辑专名",因而对每一个单一对象只有一个词,而任何并不单一的事物只能被一个词组所表达。如果没有所指称的实体,那么那些专名是无法理解的。以拿破仑为例,这个专名指的是一个确定的实

---

① Bertrans Russell, *The Analysis of Mind*, George Allen and Unwin LTD, 1956, p. 180.
② Ibid., p. 178.
③ L. Wittgenstein, *Tractatus logico-philosophicus*, Routledge, 2001, 3.25.
④ D. Pears, *Bertrand Russell and the British Tradition in Philosophy*, New York: Random House, 1967), pp. 88—90, p. 122, p. 130.

体,即一个叫拿破仑的特定个体。然而作为一个人并不是简单的,这可能是一个作为拿破仑单一简单的自我,但保留了他从生到死各个阶段的严格等同,即拿破仑成为由人们经验感知,逐渐发生改变表象的一个复杂系列,或一个因果的连接,而不是靠这些阶段之间的相似性。① 罗素认为,用物理学来解释世界是自己哲学"成见"之一,现代物理学实现了马赫(E. Mach)、詹姆士(W. James)的主张,即构造心物的原料是同样的。他还分别从这两方面进行了分析:(1)心物都是便于陈述因果律的逻辑虚构;可以用"事素(event)"代替心物概念,并且心物都可分析为与感觉类似的成分;(2)由因果律连接的一组事素从一个中心发端而形成事素流,不同空时的事素交错在一起,感觉是根据数理定律产生的一组事素,并是心物的交错线,经验则是记忆的因果律所联系的一组事素;(3)物理学和心理学的一切材料都服从于心理的因果律,纯粹的物理现象最后变为精神现象。② 上述对于心物分析的结果,反过来又极大地影响了罗素的整个世界观和方法论。

根据罗素的整体思想,我们可以将他的"分析"分为六大类,即逻辑分析、语言分析、物理分析、心理分析、社会分析与本体分析。这前两种虽有紧密的关联,但以本书作者看它们是从不同的角度出发,尽管有着殊途同归的结果;因为前者是纯符号形式的,而后者则涉及日常经验。至于第三和第四种分析,罗素则有《物的分析》和《心的分析》两大部著作专门进行了讨论。总的来说,罗素将这六大类分析融会贯通在一起,而逻辑和语言分析则是"分析"中的"分析",也就是说,不管怎么进行分析,最终都归结为逻辑和语言问题。例如,他在《物的分析》中指出:"一个演绎系统的逻辑分析并不像它最初显现的那样是如此确定的。这是由于我们先前介绍过的那种状况,即最初当成本初的东西可以被复杂的逻辑结构所替代。正如这种状况与物理哲学密切相关,它值得利用其他领域的例证来解释自己的效果。"③他还提出:"在一个理想的语言中,很自然地主张,专有名称应当指示实体(substance);形容词应当凭借组成类的实体来指示性

---

① Bertrand Russell, *The Analysis of Mind*, George Allen and Unwin LTD, 1956, pp. 192—193.

② 以上各条参阅罗素:Bertrand Russell, *The Analysis of Mind*, George Allen and Unwin LTD, 1956, p. 94—107;*An Inquiry into Meaning and Truth*, Unwin Paperbacks, 1980, p. 390 *My Philosophical Development*, Simon and Schuster, 1959, p. 20 *An Outline of Philosophy*, W. W. Norton & Company, INC., 1927, pp. 179、202、178、338、75—79.

③ Bertrand Russell, *The Analysis of Matter*, Dover Publication, Inc., 1954, pp. 2—3.

质;动词与命题应当指示关系;而联结词则应当凭借真值函项(truth-functions)指示命题间的关系。"①

在《物的分析》一书中,罗素使用"分析位"的方法来考察"空时"(space-time)与"事素"(events)。所谓"位"(status)原意是指部位,或某种整体的一部分。分析位可以具体体现某一点常量距离三度平面的特征。在分析位中,"我们从两个概念出发,即一个点以及一个点的相邻(点的集合)";"点与相邻是给定的;在另一方面,我们可将这些点界定为'事素',它与相邻的点有一一对应的关系";"让我们将构造好的空时与分析位的空间多重性相比较"②。他还提出:"在一个理想的语言中,很自然地主张,专有名称应当指示实体(substance);形容词应当凭借组成类的实体来指示性质;动词与命题应当指示关系;而联结词则应当凭借真值函项(truth-functions)指示命题间的关系。"③

对罗素来说,最进步并最能解释世界结构的科学是物理学。什么是物理世界?罗素在《物的分析》中描述说:"我们发现有必要强调物理知识极度抽象的性质,以及这个事实即物理学开放了其等式所适用的有关世界固有特性的所有可能性。但物理学无法证明物理世界与精神世界在性质上是截然不同的。我本人并不相信对凡是实在性必为精神这一观点的有效性所作的哲学论证。但我同样也不相信反对这个观点的有效论证是来自物理学的。对物理世界唯一合理的态度看来就是考察了所有问题而忽略了数理属性的一种绝对不可知论。"④

至于什么是所谓知觉对象?罗素则回答道:"知觉对象与物理的区别并非是一种固有性质的区别,因为我们对物理世界固有性质毫无所知,因此就不知道它是否与感觉对象非常不同。这种区别是有关我们对两个不同领域到底知道什么。我们知道知觉对象的性质,但不知道我们极力希望知道的有关它们的定律。我们知道物理世界的规律,至今它们属于数理的并相当完善,但除此之外我们则一无所知。如果对物理世界在本性上很不同于知觉对象这一假定有任何理解上的困难,那么这就是为什么不存在绝对差异性这一假定的原因所在。实际上对这样的观点有着根

---

① Bertrand Russell, *The Analysis of Matter*, Dover Publication, Inc., 1954, pp. 242—243.
② Ibid., p. 295、298、311.
③ Ibid., pp. 242—243.
④ Ibid., pp. 270—271.

据:这就是知觉对象是物理世界的一部分,也是我们无须精致和困难的推理而能够探知的唯一部分。"①

在《物的分析》中,罗素曾揭示过科学推理的主要目的之一就是"判定我们已经享用了的那些信念的合理性;并且作为这些信念以不同方式受到判定的规则……科学从常识获得的最重要推理就是对未知觉过的实体所作的推理。"②他还提出了"生理性推理"(physiological inference)这一概念,他指出,人们的推理就是从生理性推理提高到科学性推理。③

二、对熟知与描述的分析

罗素声称,应采取他所说的"科学哲学化的最高格言"④,即"任何时间都有可能的逻辑结构"的原则;⑤或他有时所说的"逻辑虚构";来"替代推断的实体"⑥。凡拒斥这种构造的可称为某种本体论的原子。这样的对象是原子的,它们彼此独立地存在。其相应的命题也是原子,任何一对真原子命题的成分将在逻辑上彼此独立。罗素认为,倘若形式逻辑得到精心发展,不仅所有这些命题之间的各种关系,而且其各种内部结构,都必将得到精确性安排。正是在这一语境下,罗素引介了两种真理知识之间的区别:一是直接的、直观的、确定的和无错误的;另一是间接的、衍生的、不确定的、易犯错误的。⑦ 每一个间接的知识都必须能从更根本的、更直接的或更直观的知识得到。该种能被直接认知的真理,其包括直接感觉的事素以及逻辑的真理。罗素在《哲学的问题》中指出,最高程度自明的命题(直观知识)包括了"那些仅从感觉得到的,以及某些确定而抽象

---

① Bertrand Russell, *The Analysis of Matter*, Dover Publication, Inc., 1954, p. 264.
② Ibid., p. 191.
③ Ibid., pp. 190—191.
④ Bertrand Russell, *Mysticism and Logic and Other Essays*, New York, London: Longmans, Green & Co., 1918, p. 155.
⑤ Bertrand Russell, *Our Knowledge of the External World*, Chicago and London: The Open Court Publishing Company, 1914, p. 107.
⑥ Bertrand Russell, "Logical Atomism," in J. H. Muirhead, *Contemporary British Philosophers*, London: Allen and Unwin, 1924, p. 326.
⑦ Bertrand Russell, "On Denoting," *Mind*, Vol. 14, No. 56 (Oct., 1905), pp. 479—493; repr. in Bertrand Russell, *Essays in Analysis*, London: Allen and Unwin, 1973, pp. 103—119; and in Bertrand Russell, *Logic and Knowledge*, London: George Allen and Unwin, 1956, pp. 41—56.

的逻辑与算术原理,以及某些道德命题(尽管缺少确定性)"①。

罗素对直接和间接的知识之间的区分最终是用熟知知识与描述的知识(knowledge by acquaintance and knowledge by description)之间的区分来加以补充的。为此,罗素阐释说:"当对一个对象有直接的认知关系时,即当直接意识到对象本身时,我才能说我熟知某一对象。当在这里谈到一个认知关系时,我并非指那种构成判断的关系,而是指构成呈现的关系。"②后来,他对这一点加以进一步的澄清,声称熟知并不涉及真理的知识,而仅涉及事物的知识。③ 虽然直观的知识和派生的知识都涉及命题(或真理)的知识,而熟知知识和描述的知识却涉及事物(或客体)的知识。这种区分是通过以下事实,即使由描述知识部分地建立在真理的知识之上,但它仍然属于事物的知识,而非真理的知识。既然在本体论中,熟知的知识是最少争论的,因此,"罗素最终在这种客体上建立他的认识论"④。与此相关的是罗素的回归法(regressive method)。⑤ 他最终摈弃了基础主义(foundationalism),而对知识采用某种更可识别的连贯主义(coherentist)方法。⑥ 正如罗素所说的,即使在逻辑和数学中,"我们倾向于相信前提,因为我们可看到其结论为真,而并非对结论的相信是因为前提为真。然而从结论推出前提是归纳法的本质;因此,检验数学原理的方法真正是一种归纳法,而且与从任何其他科学中所发现一般规律的方法在本质上是相同的"⑦。

罗素先是区分了事物的知识与真理的知识,接着又将这前一种知识

---

① Bertrand Russell, *The Problems of Philosophy*, London: Williams and Norgate; New York: Henry Holt and Company, 1912, p.109.

② Bertrand Russell, "Knowledge by Acquaintance and Knowledge by Description," *Mysticism and Logic and Other Essays*, New York, London: Longmans, Green & Co., 1918, 209—232.

③ Bertrand Russell, *The Problems of Philosophy*, London: Williams and Norgate; New York: Henry Holt and Company, 1912, p.44.

④ "Bertrand Russell", *Stanford Encyclopedia of Philosophy*, substantive revision Mar 10, 201, http://plato.stanford.edu/entries/russell/.

⑤ Irvine, A. D., 1989, "Epistemic Logicism and Russell's Regressive Method," *Philosophical Studies*, 55: 303 - 327; Mayo-Wilson, Conor, 2011, "Russell on Logicism and Coherence," in Nicholas Griffin, Bernard Linsky and Kenneth Blackwell (2011) *Principia Mathematica at 100*, in *Russell* (Special Issue), 31(1): 63—79.

⑥ Irvine, A. D., 2004, "Russell on Method," in Godehard Link (ed.), *One Hundred Years of Russell's Paradox*, Berlin and New York: Walter de Gruyter, 481—500.

⑦ Bertrand Russell, "The Regressive Method of Discovering the Premises of Mathematics," in Bertrand Russell, *Essays in Analysis*, London: Allen and Unwin, 1973, pp.273—274.

也区分为熟知的知识与描述的知识。在《哲学问题》中，他指出："我们应当表明我们熟知了任何直接察觉的事物，而不需要任何推理的过程或真理的知识作为中介。……与此相反，作为一个物理客体，我对桌子的知识并不是一个直接的知识。它是通过对造成桌子现象感觉材料的熟知而获得的。我们曾观察到，我们有可能并不荒唐地去怀疑是否存在一张桌子，但没有可能去怀疑感觉材料。我有关桌子的知识就是我们应当称作描述的知识。"①在另一本前期著作中，他还指出："我们具有对感觉材料，不少共相以及对我们自身的熟知，但没有对物理客体或其他心灵的熟知。当我们知道凭借熟知方式而得到的具有某一或某些性质的客体时，我们便具有了对一个客体的描述知识；这就是说，当我们知道那些讨论中的这一性质或这些性质属于唯一一个客体，我们就可说具有了描述这个客体的知识，而无论我们是否熟知这个客体。我们有关物理客体以及他人心灵的知识只能是一种描述的知识，这种描述通常涉及与感觉材料有关的存在。所有对我们可理解的命题，无论它们是否最初只能凭借描述来考察事物，都是完全由我们所熟知的元素构成，因为一个我们所无法熟知的元素对我们是不可理解的。"②

当事物的知识属于熟知的知识时，它在本质上比任何真理的知识更为简单，并在逻辑上也跟真理的知识无关；而描述的知识却将某些真理的知识当作来源和基础。只适用一个客体的知识是描述的知识。包括事物的知识或真理的知识在内的所有知识都以认识作为基础。感觉材料包括在我们所认识的事物之内，它们为认识提供明显的例证；但若将其视为唯一来源，那知识就受到很大的限制；人们仅能知道直接呈现给感官的对象，除此以外将一无所知，也无法知道有关感觉材料的任何真理；因为所有真理的知识必须也能认识与感觉材料性质迥然相异的对象，即"抽象观念"或"共相"。这样，若要合理地分析知识，除感觉材料外，还应当注意其他的认识方式，如通过记忆的认识和内省的认识等。在感觉中，认识外部呈送的感觉材料；在内省中，认识内部呈送的感觉，即思想、情感、欲念等；在记忆中，认识外部感觉或内部感觉所呈送的材料。另外，我们也许还应当认识感觉了事物或对事物有意向的"自我"。除对特殊事物有所认识外，还对共相或一般概念也会有所认识。

---

① Bertrand Russell, *The Problems of Philosophy*, Prometheus Books, 1988, pp. 73—74.
② Bertrand Russell, *Mysticism and Logic*, Dover Publications, 2004, p. 231.

罗素进一步界定了什么是"描述的知识"。所谓"描述"是具有"一个某某"或"这一个某某"这类形式的短语。"一个某某"可以视为"不确定的"描述；而"这一个某某"（单称）则可以视为"确定的"描述。这样，"一个人"是不确定的描述，而"这个戴铁面具的人"就是确定的描述了。罗素着重讨论了与确定的描述有关的问题。当了解某客体是"这一个某某"，即当了解某客体具有某一特性的时候，这个客体可当作"由描述得到认识的"，但对这个客体并无由认识而来的知识。包括专名在内的普通词句实际上均为某种描述，但专名只有用描述代换时才能得到正确地表达。表达思想的描述因人因时而异，而只有名称所适用的客体不变；因此，某种特殊描述对含有这个名称的那些命题是真理还是谬误，似乎无关紧要。对具有描述的命题加以分析的基本原则是：所有可知的命题都必须全部用所认识的成分构成。描述的知识的根本意义在于，它能够超越个人经验的局限。尽管只知道完全凭借在认识中所经验的词语而构成的真理，但仍能够根据描述对从未经验过的对象得到知识。

罗素较深入考察了归纳法原则（the principle of induction）的问题，他将它的两个部分陈述为：（一）倘若某事物 A 与另一事物 B 相关联，而且它们从未分离过，那么 A 和 B 相关联的例证（cases）数愈多，则在一个已知其中某项存在的新例证中，它们相关联的或然性（probability）也会愈大；（二）在相同状况下，倘若相关联的例证数足够充分，就能使新关联的或然性近乎达到确然性（certainty），而且这种对确然性的逼近是毫无限制的。如果已知 A 与 B 相关联的次数足够充分，又已知没有不相关联的反例，那 A 与 B 就是永远关联。普遍规律的或然性当然会低于特殊事例的或然性，这是由于若普遍规律为真，那特殊事例也必定为真；但即便普遍规律为假，特殊事例却仍可为真。普遍规律的或然性与特殊事例的或然性都能够由例证的重复出现而增高。因此，有关普遍规律的原则中的两个方面可以重述为：（一）倘若 A 事物与 B 事物相关联的例证数愈多，那 A 与 B 永远关联的或然性也会愈高（假若已知没有不关联的例证）；（二）在相同状况下，A 与 B 关联的例证数达到足够数量时，就几乎能确定 A 与 B 是永远关联的，而且成为无限接近确然性的普遍规律。

不过，罗素强调，除已知例证外，可能会有其他某些材料改变或然性。归纳法原则不能单靠经验来否定或肯定。尽管经验能以例证证实归纳法原则，但对还未考察的例证，仅能用归纳法原则来判定那些从已验证到未验证所作的推论是否可靠。凡是来源经验的论证，无论其针对过去、现在还是未来,都必须采用归纳法原则。于是,我们就必须:或凭借归纳法原则的内在证据来接纳归纳法原则,或放弃对未来的期待所作的所有判定。我们所有行为都基于过去所作的那些联想,为此才想到它们有可能在未来继续生效;而这种可能性正是依赖归纳法原则才具有了有效性。科学上的普遍原则,诸如对定律的控制力的信念、对每个事件必有原因的信念,与日常生活中的信念一样,都是完全依赖归纳法原则的。所有这些普遍原则之所以可信,是因为人类已经发现了有关它们真实性的无数例证,而并未发现过它们虚假性的例证。然而,除非先采用归纳法原则,否则无法提供证据来保证它们未来的真实性。如此一来,所有基于经验而得知有关未曾经验过的某种对象的知识,就全是基于一种经验既不能肯定也不能否定的信念;但这种信念至少在比较具体的应用上,正像经验中的很多事实一样,似乎深深植根于我们的心中。这类信念的存在及其判定已经在哲学上造成了一些最困难和最具争论的问题,而归纳法并不是唯一的例子。归纳法原则对所有基于经验的论证的有效性都是必要的,但它本身并非经验能证明的;然而人们都毫不犹豫地信仰它。还有不少其他原则,经验既不能证明又不能反驳,它们的确定程度与对感觉材料存在的知识是一样的;因而构成了能够从感觉得出推论的一种手段。倘若推理出的为真,那么推理原则就必定与我们得到的材料一样为真。倘若想得到一种正确的知识论,那么实现推论原则的应用则是相当重要。

　　罗素认为,在普遍原则的全部知识中,实际上发生的是:我们首先实现这个原则的某种特殊应用,然后我们又了解到这个特殊性是无关紧要的,这样会有一种同样真正地被确定的普遍性。这样的论证并不难理解;如果承认它的前提事实上是真的,便无人能否认其结论也必然是真的。然而,它的真理依赖于一个普遍逻辑原则的例证。这个逻辑原则就是倘若这个蕴涵着那个,而这个是真的,则那个也是真的。换言之,"一个真命题所蕴涵的任何东西都是真的"或"凡从真命题得来的都是真的"。只要以相信的东西来证明另一相信的东西,这个原则就适用,因为它说明了人们能获得从感官的客体所不能获得的确定知识。我们有逻辑上自明的所谓思维律(Laws of thought)三项原则:(1) 同一律(The law of identity):"是就为是";(2) 矛盾律(The law of contradiction):"任何东西都不能既是又不是";(3) 排中律(The law of contradiction):"任何东西都必须是或不是"。最重要的事实在于,事物遵循这三条定律在进行,而不是我们依照它们去思维。换言之,倘若按思维律去思维,就会得到确定。

我们虽然承认所有知识都从经验获得，但是不能否认有些知识是先验(a priori)的，即是说，不用任何经验的证明就可明白其真理。但如果试图证明存在着不曾直接经验到的某种对象，那么在前提中就必定存在一种或一种以上的曾直接经验的对象。任何对象只要被证明其存在，而并非直接被认识，那么就既靠经验又要靠先验的原则。这样，所有肯定存在的知识都是经验的，而假定存在的知识则都是先验的。这种先验知识能够指出存在的对象之间或可能存在的对象之间的各种联系，但无法告知实际的存在。所有纯粹的数学都同逻辑一样是先验的，而非如经验主义哲学家所坚持的，经验是算术知识的来源，正像经验是地理知识的来源一样。先验的普遍命题(如 2+2=4)和经验的概括(如所有人都会死)两者之间是有区别的。对前者演绎法是论证的正确手段；而对后者归纳法则是有益的方式。很显然，存在着所谓先验的命题，其包括某些伦理的基本命题以及逻辑命题和纯数学命题。为此罗素问道：那么怎样才能获得普遍命题的知识呢？他指出，康德最先着重提出了这个问题。

康德的"批判的哲学"首先确认存在各种的知识，接着探讨它们怎样才可能的问题，然后又凭借所获的答案，演绎出很多有关宇宙性质的形而上学的结论。尽管这些结论的有效性仍值得怀疑，但康德有两点成就：其一，承认一种并非纯粹"分析的"先验知识；其二，使知识论在哲学上的重要性确凿无疑。康德哲学开宗明义就提出了"如何可能有纯粹数学？"这一问题。除了纯粹怀疑主义，任何哲学都一定要回答这个问题。康德的观念是，经验有两个不同的要素，一是来自客体；另一是来自本身的性质。物理客体与同它相关的感觉材料并不一样，后者是前者与我们本身相互作用的结果。在这一点上，罗素赞成康德的看法。但他批判了康德的一些主要论据。康德将其"物自体"视为不可知，而可知的只是经验中作为现象的客体。所谓现象是我们同物自体的联合产品，它确定具有来自我们本身的那些特征，而必定与我们先验的知识相符合。因此，这种知识虽对所有实际的和可能的经验都是适用的，然而并不能假定它适用于外界的经验。如此一来，尽管存在先验的知识，但对物自体却毫无所知，而且对经验中的所有非实际的或非可能的对象毫无所知。在罗素看来，康德正是企图以这种方式调和理性主义者与经验主义者的论战。

罗素确信事实必定永远遵奉逻辑和算术，但并不认为逻辑和算术是我们人为奉献的。我们的本性正如任何事物一样，仅是现存世界中的一个事实，因而无法确定它长久不变。倘若康德是对的，那明日我们的本性将要大为改观,就像 2 加 2 会等于 5 那样。这会将康德对算术命题所期待的那种确定性和普遍性彻底摧毁。可见,康德不适当地限制了先验命题的范围,它们确定可靠性的努力因而归于失败。

三、对共相与殊相的分析

对罗素来说,常用的"理念(idea)"一词易于形成误解,所以,他试用"共相(universals)"这个词来阐述柏拉图的观点。对此,柏拉图所指的是本质上与感觉所给定的特殊对象相对立的那种东西。所谓共相就是能为许多特殊东西所分有的东西。罗素指出:"除了用熟知来了解特殊存在的事物,我们还可以用它来了解所谓'共相的'东西,这就是诸如白色、杂多、友情等一般观念。"①从普通词汇可以看出,一般来说专名(proper names)表示殊相(particulars),而名词、形容词、前置词、动词等表示共相;代名词虽表示殊相,但只由从上下文或由语言环境中才能弄清它们所表示的那些殊相。"现在"这个词表示一个殊相,即表示目前这一时刻;但它也如代名词一样是一个多歧义的殊相,因为"目前"不断在变化。任何一个句子至少要有一个表达共相的词才能组成。例如"我喜欢这个"这一陈述中,"喜欢"一词表达一个共相,因为还可以喜欢其他对象,而且其他的人也可以喜欢一些对象。凡真理都会涉及共相,而一切有关真理的知识也都涉及对共相的熟知。由于词典中的词几乎皆表示共相,罗素指出,这很奇怪,除哲学家外,竟几乎无人了解像共相这类实体的存在。我们自然不大关注句子里那些不表示殊相的词;当我们必须考察一个表示共相的词,就会自然将它当作表示某个以共相出现的殊相。自斯宾诺莎以来,即便哲学家,也仅对那些表现为形容词或名词的共相加以认识,却常常忽略了那些称为动词和前置词的共相。一般说来,形容词和名词所表示的是单个事物的性质,而前置词和动词则表示两个或两个以上对象的关系。从事实出发,我们无法严格证明形容词和名词所表示的共相存在,但可以证明关系必然存在,即由动词和前置词所表达的共相存在。

罗素声称,既然已证明有共相这样的实体,接着便要证明其存在不仅为精神的,即其存在并非有赖于被思维或被心灵所理解。但共相究竟属于什么样的存在?例如关系并非有赖于思维而存在,而属于思想可以认

---

① Bertrand Russell, *The Problems of Philosophy*, Prometheus Books, 1988, p. 81.

识却无法创造的那个独立世界。由于只有在时间之内的事物才可被确定是存在的,因而,思想、情感、心灵和物质客体都是存在(existence)的,然而共相却并非以这种意义存在,而是生存(subsistence),或实在(being),"实在"与"存在"相对立,是超时间的。共相的世界也可视为实在的世界,它是不变的、严格的、确实的,因而对数学家、逻辑学家、形而上学体系构造者以及一切爱好完美胜于生命的人们,它是令人欢欣鼓舞的。罗素提出应对这两个世界都要同等地关注,因为说到底,两者都是实在的,不过既然作了区别后,就应当考虑它们的关系。

知识其实可分为三种:熟知的、描述的以及既非熟知又非描述的。"2+2=4"这个命题表述的是共相"2"和共相"4"之间的某种关系,它揭示了:所有先验的知识全是了解共相之间的关系;这也就解决了有关先验知识的各种困惑。由于这个陈述所涉及的都是共相,因而,只要认识那些共相,并了解那些共相之间的关系,任何人都能够知道它。没有任何事实可以不凭经验就能认知的;即便先验地知道两个东西加另两个东西是四个东西,然而并非先验地知道:如果布朗和琼斯是两个人,罗宾森和斯密斯是两个人,那么布朗、琼斯、罗宾森和斯密斯相加就是四个人。只有从经验上知道这个具体存在的四人,才能理解这个命题。这样看来,尽管普遍命题是先验的,但将它应用于实际的殊相就含有经验的成分了。先验的普遍命题与经验的概括之间的区别并非取决于命题的意义,而是取决于命题证据的性质。对先验的普遍命题来说,应注意两点:其一,如果有不少已知的特殊实例,那就能够从第一个实例归纳出普遍命题,而共相之间的关系直到后来才得以了解;其二,已知某普遍命题,但对它的实例却可能全然无知。我们能够列举有关感觉材料的实例,但却无法列举实际物体的实例。由此可见,有关物体的知识都是某种无法列举实例证明的普遍知识,此外,有关他人心灵的知识以及无法列举实例的任何他类对象的知识。

罗素根据来源和性质将知识分为以下五种对立的组合:一、事物的知识与真理的知识(knowledge of things and knowledge of truths);二、直接的知识与派生的知识(immediate knowledge and derivative knowledge);三、殊相的知识与共相的知识(knowledge of particulars and knowledge of universals);四、熟知的知识与描述的知识(knowledge of acquaintance and knowledge of description);五、经验的知识与直观的知识(empirical knowledge and intuitive knowledge)。然后,他继续揭示

了这些对立组合之间的关系:首先,任何知识可分为事物的与真理的两种,又可分为直接的与派生的两种。事物的直接知识可称为熟知的,它包含殊相的和共相的两种;殊相的知识所熟知的是感觉材料(包含我们自身);而在共相的知识所熟知是感性性质、时空关系、相似关系和逻辑方面的某些抽象。事物的派生知识可称为描述的,它永远包含事物的与真理的两种。直接的真理知识可视为直观的知识,而由直观而熟知的真理可称为自明(self-evident)的真理,它也包含仅表述感官所给予的某些真理、有关逻辑和算术的某些抽象原则以及有关伦理的某些命题(尽管确定性较低)。所谓派生的真理知识包含由自明的真理所推理出的所有对象。罗素进一步指出,如果以上论述站得住脚,那么所有真理的知识都来源于直观知识。这样,就同早期检验熟知知识的性质和范围一样,目前检验直观知识的性质和范围也成了当务之急。然而,真理的知识提出了事物的知识所没有提出的更深一层的问题,即有关"错误(error)"的问题。只有把直接客体或感觉材料当作某种物质客体标记的时候,错误才会出现。因此,与真理的知识相关的问题要比与事物的知识相关的问题更难处理。

为此,罗素把直观判断的性质和范围当作相关真理知识的首要问题加以检验。逻辑原则的真理是自明的,而从它们演绎出来的命题往往同那些没有证据的假设命题一样自明。例如,算术命题可以从逻辑的普遍原则演绎出来,像"2+2=4"一类简单的算术命题是同逻辑原则一样自明的。除普遍原则外,别的自明的真理都是直接从感觉得来的,它们可称为:"知觉的真理(truths of perception)",而表达它们的判断则可称为"知觉的判断(judgments of perception)"。所谓自明性(self-evidence)是有程度之分的,即在质量上呈现多少的问题,在排列上,它可以从绝对确定到几乎毫无察觉。知觉的真理和某些逻辑的原则都具有程度极高的自明性;直接记忆的真理与之有着几乎相等的程度;但比起某些别的逻辑原则来,归纳法原则的自明性较低。记忆时间愈长久和淡漠时,自明性也就愈低;逻辑真理和数学真理愈复杂时,自明性也就愈低。命题并非确定也似乎可能具有某种程度的自明性,因此不必摈弃自明性和真理之间的所有关系,而只在冲突时,仅保存自明性较强的命题而拒斥自明性较弱的命题。可见,对自明性有两个不同的看法:一个与最高度的自明性相应,而作为真理不可推翻的保证;另一个与自明性的程度相应,而作为某种或大或小的假定。

四、对真理与谬误的分析

罗素在早期就十分重视对真理问题的探讨。他指出:"那些我们所确信的真实东西就被称作'知识',它们来自直观或来自依靠逻辑从直观知识的推理(逻辑的或心理的)。那些我们所确信的虚假东西就成为'谬误'。那些我们所确信的既非知识又非谬误的东西,以及那些我们将信将疑来自缺乏最高程度不证自明的东西,可以称作'概然意见'。"[①]在稍后一点的中期思想中,罗素又指出:"我对真理的定义是,当某一信念与某一事实对应时,它就是真实的。但怎样才能获得这种对事实的对应性?我的答案是,当我们没有预期的许多事实时,就先确认其中某些事实;我们可以得到我们自己的情感或感觉,而它们似乎就是先前已证实的某些信念。因此,我认为,我们能说存在着这样的事物,它是在一定情况下,也只有在一定情况下,作为凭借与它对应的事实而得到证实的某个信念;我们还能说,存在着一种庞大的超级建筑而与上述情况正相对立。也许在对'对应性'的最终分析中,我们可以达到期待的结果。"[②]

罗素认为,与事物的知识不同,真理的知识有个反面,即"谬误"。对事物来说,能够认识或不认识它们,然而并不能将一种正面的思想状态描述为事物的错误知识。无论我们熟知什么,它必定是某种东西:我们能够由熟知得出错误的推理,但熟知本身却不会不可靠。熟知并无二元性(dualism),但真理的知识却有二元性。既然错误的信念与真实的信念一样为人所经常坚持,因而怎样对错误的信念与真实的信念加以划界,便成了一个难题。为此,就必须澄清真理(truth)与谬误(falsehood)的意义。对真理的性质而言,应注意任何理论都必须满足的三个必要条件:(1)真理的理论必须是承认有其反面,即谬误的理论。相当多哲学家都未能充分地满足这个条件:他们都是以我们的思维应当真实这一根据来构造理论,这样就很难为谬误发现位置。在这方面,信念理论必须不同于熟知理论,因为就后者而论,不必说明任何反面。(2)显然,从真理与谬误相关联的角度看,如果没有信念,就不可能有谬误,而且也不可能有真理。如果想象一个纯物质的世界,在其中没有谬误的位置,尽管存在着可称作

[①] Bertrand Russell, *The Problems of Philosophy*, Prometheus Books, 1988, p. 217.
[②] Bertrand Russell, *Three Ways to the World*, 1922, p. 18.

"事实"的东西,但从真理与谬误为同类事物而言,它不会有真理。事实上,真理与谬误都是信念与陈述的性质;由于一个纯物质的世界既不包括信念又不包括陈述,因而也就不会含有真理或谬误。(3)一种信念的真理性或谬误性永远依赖其本身以外的某种东西而定;也就是尽管真理与谬误是信念的某些性质,但这些性质是依赖于信念对其他事物的关系,而并非依赖于信念的任何内在性质。

当某种信念与某种相关联的复杂体(associated complex)相应的时候,它是真实的,否则相反。为明确的缘故,可以假设信念的对象为两项(two terms)与一个关系,而两项以信念的"意义"构成一定的次序,倘若这两项依照次序被关系合成为一个复杂体,那么这个信念就是真实的,否则相反。于是便造就了真理定义与谬误定义。判断或信念是某种复杂的统一体,而心灵则为其一个成分;倘若其余各个成分采取信念具有的那个次序,而构成一个复杂的统一体,那么这种信念是真实的,否则相反。如此一来,尽管真理和谬误都是信念的性质,但在一定意义上,二者都是外在的性质,因为一种信念真实性的条件是某种并不涉及信念或任何心灵的东西,而仅仅是信念的对象。当存在一个并不涉及心灵而仅涉及自己对象的相应复杂体时,一个相信着的心灵就是相信得正确了。这种相应性(correspondence)保障了真理,而缺少它便产生谬误。这样,就同时说明了两个事实:(a)信念为了自己的存在(existence)而依心灵,(b)信念为自己的真理而不依赖心灵。

罗素考虑到这样一个问题,我们可用什么方法知道哪种信念是真实或谬误的。在他看来,真理与谬误的意义问题,不如怎样才能知道何为真与假这个问题来得重要。人们到底是否能够认识任何事物?或他们是否仅是侥幸知道什么是真的?要想解答这个问题,就得首先决定"认知(knowing)"到底是什么意思。最初,我们可能以为知识可以界定为"真的信念"。当我们相信是真的时候,就以为获得自己所相信的知识了,但这并不符合"知识"一词的通常用法。很清楚,当一个真的信念是从一个虚假的信念推演出的时候,就不会是知识。同样,如果一个真的信念是得自错误的推理过程,即便前提是真的,仍不可算作知识。罗素批评道,大多数哲学家都承认能依靠先验形而上的推理来证明宗教的基本信条、宇宙的本质合理性、物质的虚幻性、所有恶的非实在性等等。很多哲学学者竭尽毕生精力企图寻求理由让人相信这些观点,但都白费时光。将宇宙视为整体的知识似乎并非靠形而上学就能取得;而那些根据逻辑规律所规划的证明来判定某种事物必然存在而某种其他事物绝不存在,都无法经受批判性的考察。以黑格尔为例,其哲学极深奥,人们有不同的阐释。罗素认为黑格尔的主要观点是:缺乏"整体"的任何事物显然都是片断的,若无世界上其他部分对其补充便显然无法存在。然而,认真探究支持这种观念的论证之后,就发现它们包含很多混乱与非确实性的假设。对此,罗素强调,对一个事物的熟知并不涉及其"性质(nature)",尽管它涉及有关认知这个事物的任何一个命题。因此(1) 对一个事物的熟知,在逻辑上并不涉及其各种关系的知识,(2) 有关一个事物某些关系的知识并不涉及它所有关系的知识,也不涉及其性质的知识。从事物本来面貌这一单纯事实出发,我们推演不出它必须具有事实上也具有的那些各种各样的关系来。

罗素批判了形而上学者的一个最有雄心的谋划,这就是企图证明现存世界的表面特征都是自相矛盾的,故并非实在的。但现代思想的整体趋向则越来越显示这些假设的矛盾都是虚幻的,也揭示了事物必定为何这类想法并能得到先验证明的事物是很少的。他指出,康德推演出时空的不可能性,称这都只是主观的。在他之后,很多哲学家开始相信空间和时间是纯粹现象,而并非真是世界的特点。由于目前数学家们的工作,其中乔治·康托尔最为卓著,已表明无限聚合的不可能性是错误的。这种聚合并非事实上自相矛盾,而仅仅是某些固执精神偏见的矛盾。因此,将空间和时间看成非实在的那些理由,已变为失效;形而上学结构的主要来源之一也已干涸了。不过,数学家们并未停步,又接着指出,就逻辑能指明的能力而言,还有很多其他形式的空间也同样可能;在他们所想象的世界中,几何公理不得成立,从而凭借逻辑松开了一些常识偏见,并揭示了某种多少与我们所居住的这个空间所不同的可能空间。如此一来,情况完全倒转。从前,经验似乎仅将一种空间留给逻辑,而逻辑则表明此类空间为不可能;当下,逻辑尽可能摆脱经验而显示了多种空间,而经验仅可在两者间做出部分的决定。因此,当对"是什么"的知识比从前所预想的要少时,我们对"可能是什么"的知识则会大量增多。罗素发现,我们自身并非关押在每一处凹角和罅隙都能探摸到的狭窄四壁中,而是在一个充满自由可能性的开放世界中,在这里留有很多不为人知的东西,因为存在着太多要知道的事物。

罗素信心十足地提出,用先验原则给宇宙加以设定的打算已经破灭;逻辑已不像从前那样作为各种可能性的障碍,而成为想象力的伟大解放者：它呈现了曾被不愿思索的常识所封闭的无数选择，并在逻辑提供选择的很多世界之间，当有抉择可能之时将这个任务留给经验。这样一来，有关存在的知识，就变成仅限于从经验所知的事物，而并非我们所实际经验的事物；因为有很多描述的知识是牵涉我们并未直接经验的东西。在所有描述知识情况下，我们需要共相之间的某种关系，从而可从这样或那样的材料中，推出我们材料所暗含的某种客体。例如，根据感觉材料仅为物理客体的象征（signs）这个原则，其本身就是共相的一个联结；而且仅凭这个原则，经验才能使我们获得有关物理客体的知识。这同样也适用于因果律，或者降格用于普遍性较低的原则，如万有引力定律。罗素将作为所有其他真理知识的根源的直观知识分为两种：一是纯粹经验知识（pure empirical knowledge），其告知有关我们所熟知的特殊事物的存在及其一些性质；二是纯粹先验知识（pure a priori knowledge），其告知有关共相之间的联系，使我们能凭借经验知识所提供的特殊事实做出推论。我们的派生知识总是依赖于某种纯粹先验知识，通常也依赖于某种纯粹经验知识。

五、对哲学与科学的分析

罗素几乎取消了哲学知识与科学知识的区别，因为他不同意存在着只为哲学而不为科学所开放的某种特定智慧来源，也不同意哲学的成果会与科学的成果有根本的差异。在《哲学问题》中，他断言，哲学的本质特征就是批判，而正由于这点使其成为一种与科学不同的研究。哲学批判地检验科学和日常生活上所应用的那些原则，并从中分辨出它们的不一致性；只有当找不出拒斥它们的理由之时，才把它们作为批判探究的结果加以接纳。正如很多哲学家相信的，如果摆脱了毫不相干的细节之后，科学所依据的那些原则能提供我们有关宇宙整体的知识，那么这种知识就与科学知识一样对我们的信念具有相同的要求；然而我们的探究还未能揭示出任何这种知识，因此如同有关更大胆的形而上学者的特殊学说，便主要的只会有负面的结果了。不过，有关普遍能够作为知识得到承认的东西，我们的结果则主要是正面的；我们很难找到作为我们批判结果而能够拒斥此类知识的理由，而且也找不到什么理由去设想人并不能掌握他通常信赖并拥有的那种知识。

罗素清醒地看到，当说哲学是一种知识批判时，有必要设定一定的界限。如果我们采取绝对怀疑论者的态度,将自己完全摆在所有知识之外,而又从这个立场被迫返回知识圈子之内,那么我们就在要求不可能的东西。如果想获得任何结果,哲学所利用的知识批判,就必定不属破坏性的一类。对于绝对怀疑论,并无任何逻辑的论证能够加以驳斥。然而,不难看出这种怀疑论是不合理的。罗素指出,作为近代哲学开端,笛卡尔的"方法论的怀疑"并非属于这一类,而是那种作为哲学本质的批判方法。总之,罗素所要求的批判并非随意抛弃所谓浅显的知识,而是依据它的价值进行考察,然后保留住所有表现为知识的东西。因为人类易于出错,所以必须承认仍有错误的风险。哲学可以公正地自认能够减少错误的危险,并且在一定情形下,它能使错误小到实际上可以忽略的程度。在这个必定会出现错误的世界里,不可能做到比这点更多;而且也没有慎重的哲学拥护者会主张自己所要做的能比这点更多。

罗素问道:什么是哲学的价值?为什么应当研究哲学?之所以要回答这些问题,部分由于在人生目的上有一种错误的观念;部分由于对哲学所力求的东西也有一种错误的观念。目前,物理科学上的发明使无数不懂这门学问的人认识到它是有用的了。而这种功利性是哲学所缺乏的。如果研究哲学对除哲学学者以外的人也有价值,就必然仅能通过学哲学之人的生活而间接地发生影响;也只有在这种影响下,哲学的价值才能获得。像别的学科一样,哲学的目的首要在于知识,它寻求的是能够为科学提供整体系统的知识,以及对我们的成见、偏见和信念的基础进行批判性检验后而获取的知识。只要任何一门知识得到确定后就不再称为哲学,而变成了一门独立的科学。于是,哲学的不确定性在很大范围内不但真实,而且更为明显:一旦有了确定答案的问题,就已经属于各种科学了;而那些得不到确定答案的问题,仍构成称为哲学的残存部分。然而,有关哲学不确定性的观点还仅是真理的一部分。有许多问题,其中包括有些对我们精神生活有最深刻兴趣的问题,是人类智慧所始终无法解决的。有关宇宙的很多问题都是哲学所提问的,而不同的哲学家却有不同的答案;但哲学所做出的答案都无法证明其正确。然而,无论寻求一个答案的希望是如何微小,哲学的部分责任就是要不停地探索这类问题,了解其重要性,检验解决它们的途径,并保持对宇宙思索的兴趣经久不衰,而如果我们仅局限于可明确断定知识范围之内,这种兴趣是易被扼杀的。因此,哲学的价值必然不在于哲学研究者所得到的任何一套可明确肯定的知识假设体系。

根据罗素的看法,实际上,哲学价值大都是在其极不确定性中加以寻求。只要我们开始了哲学的过程,我们就会发觉,连最平常的事情也有问题,而所得到的答案又是不完善的。尽管哲学对产生的疑问不能确切地告知真实的答案,但可提供很多可能性来扩展我们的思想,并能使我们挣脱习惯的制约。因此,当哲学对有关事物是什么这个问题减少了我们确定的感觉,但极大地增长了我们对事物可能是什么这个问题的知识。它将从未进入自由怀疑领域的那些人的狂妄独断论清除了,并揭示出熟悉事物不熟悉的一面,而使我们的好奇感保持着活力状态。哲学具有显示各种可能性的功用,它还有一个价值(也许是其主要价值),这就是它只考察对象的重大方面,而使人从那些狭隘盘算中解脱出来。哲学深思(contemplation)是一条逃生的出路,它以最开阔的眼界而不将宇宙分成两个对立的阵营,并无偏见地洞察全局。哲学深思只要是纯粹的,其目的便不在于证明宇宙其余部分与人类同类。知识的所有收获都是自我的一种扩张,而只有并非直接追求时,这种扩张才能最佳实现。在哲学深思中就像在其他地方一样,自我独断(self-assertion)是把世界视为达到自己目的的一种手段;因此它将世界看得比自我还轻。相反,在深思中,从非我(not-Self)出发,通过它的伟大,自我的界限得到扩展;通过宇宙的无限性,那个深思宇宙的心灵就达到对无限的分享。

罗素赞叹,灵魂的伟大不是由那些企图将宇宙同化于人类的哲学所养育出的。知识是自我和非我结合的一种形式;正像所有的结合体,它会被控制权所损害,也会被那些强迫宇宙服从于我们在自身中所发现东西的任何打算所损害。现在有一种广泛的哲学趋势显示:人是万物的尺度;真理是人造的;空间、时间和共相世界都是心灵的性质,若有什么东西并非心灵创造的,那就是不可知的,对我们也无关紧要。这种观点是不正确的,更严重的是,它使深思束缚于自我,而将哲学深思中有价值的所有东西都剥夺了。它所称为知识的东西并非与非我的结合,而是一套偏见、习惯和欲求,并在我们与外界之间安排了一道无法穿透的帷幕。一个人能在这样一种知识论中发现乐趣,他就像一个从未离开过驯养圈子的人,因为害怕自己的话不能成为法律。在非我的每一个扩张中,在扩大被深思客体的每一种事物中,也在沉思着的主体中,真正的哲学沉思得到了满足。在深思中,那些依赖习惯、兴趣或欲望的个人或私有事物歪曲了客体,因而破坏了理智所追求的那种结合。这种个人和私人的事物在主客体之间造了一道屏障,而成了关押理智的监牢。一个自由的理智正如上帝所观看的,不受此地和此刻的限制,不受希望和恐惧的束缚,不受习惯的信仰和传统的偏见的羁绊,而是冷静地、以唯一单纯追求知识进行观察,这种知识是非个人的、纯粹深思的,是人类可能获得的。这种自由的理智对抽象和共相知识比对感官知识更加看重,而这种知识是个人历史的事件所无法加入的。

罗素深情地说,那些习惯了哲学深思的自由和公正的心灵,将在行动和情绪的世界中保持某些同样的自由和公正。它会将自己的目的和欲望视为整体的一部分,而不会因将它们看作在其他元素不受任何人为影响的那个世界中的一些极小片断而坚持什么。深思中的公正是追求真理的一种纯粹欲望,它与心灵的特质相同,在行动上表现为公正,在情感上表现为能给予所有人的博爱,这种博爱不仅给予那些判定有用的或可赞美的人们。因此,深思不仅扩展我们思考中的客体,也扩展我们行为中与情感中的客体;它使我们成为宇宙的公民,而并非仅为与其余所有相敌对的一座围城中的公民。在宇宙公民的身份之中,就包括人的真正自由及其从狭隘希望与恐惧的奴役中得到的解放。罗素对有关哲学价值的讨论总结道:我们应当对哲学加以研究,但并不由于它能对所提出的问题提供任何确定的答案,因为通常不可能知道有什么确切答案是真实的,而由于这些问题本身,因为这些问题能够扩展我们对所有可能事物的概念,丰富我们心灵的想象力,并减轻教条式的自信,这些都封闭心灵而阻碍深思。最重要的是,通过哲学深思中的宇宙伟大,心灵也会变得伟大,因而可与构成至善的宇宙结合为一体。

1. 科学世界与科学知觉

罗素后期更为成熟的著作《人类的知识》主要以科学角度作为切入点,深入探究了客观外界、知觉经验、语言概念、概率归纳以及推理规则等认识论。他在此书序言中表白:"以下的篇幅并非仅为或主要为职业哲学家而写的,也是为那些更多数的广大读者;这些人对哲学问题感兴趣,而又不愿或不能付出较多时间来探索它们。笛卡尔、莱布尼兹、洛克、贝克莱和休谟的著作都是为这类读者而作的;我认为很不幸在以往大约一百六十年里,哲学已被视为几乎与数学同样的东西。必须承认,逻辑是同数学一样技术性的学问,但我坚持逻辑并非哲学的一部分。哲学所对付的是普通受教育者感兴趣的问题,如果哲学所涉及的东西仅有少数几个职业哲学家能够明白,它的价值就会大量失去。在本书中我力求以我尽可能广阔的视野来探究一个极大的问题:既然人类与世界的接触相当短瞬,并受到个人局限,那么他们是如何尽可能多地取得知识的?在我们的知识中有一部分信念是虚幻的吗? 如果不是,那么我们除了通过感官之外,还必须知道什么?"他在引言中申明:"这本书的中心目的是检验个人经验与科学知识整体之间的关系。可以这样认为,就其整个纲领而言,科学知识是应当被接受的。""本书的主要目的之一,就是发现作为判定科学推理所必需的最少量原理。"① 在这本书中,罗素描述了由于科学探索带来可能的宇宙某些主要特点,他指出,如果我们的材料与我们的推论原理能够判定科学实践,那么对这一内容的研究可以当作为推理设置必须能达到的目标。

　　罗素首先将知识分为个人的与社会的两种。他开宗明义地主张,科学知识的目标在于完全非个人化,并且力图表述为人类集体智慧所发现的东西。为此,就要探讨科学知识在实现这个目标上取得了多大的成功,以及为了达到最大可能成功而必须奉献的个人知识因素。整个社区的知识与个人的知识相比,可说多也可说少;就集体能力来说,它能够知晓百科全书的所有内容以及学术机构汇编的所有献稿,然而却对某个人生活的色调与质地的那些温暖而亲切的东西一无所知。作为传达科学知识的唯一工具,语言在其起源及其主要功能方面,本质上是社会性的,是为人们所公用的,而并非自家所创。为此,一个后果就是,在思想转译语言的过程中失去了个人经验中最个性化的东西。甚至语言公众性大都也是一种错觉。某种给定形式的语词被有能力的听众解释为正确或错误,而不管它们的意义对所有听众并非相同。那些没有影响一个陈述真假的差别,通常由于实际上意义不大而遭忽略,其结果让我们相信个人世界与公共世界比现实状况更为相似。

　　罗素指出,我们越接近逻辑上的完全抽象,不同人在一个词的意义上所产生的那种不可避免的差别就越小。科学的职能就是消除"此地(here)"与"此时(now)"。我们所生活的这个共同世界是一个结构,它一部分是科学的,另一部分则是先于科学的。在考察为什么相信一个经验陈述的理由时,我们无法避开含有个人局限性的知觉。我们从这个污染源获得的信息,经过科学方法的筛选,能被纯化到怎样的程度,达到上帝般超然而显露辉煌,这是个应多加思考的难题。个人的知觉是我们所有

---

① Bertrand Russell, *Human Knowledge: Its Scope and Limits*, Simon and Schuster, 1948, p. v, xi, xiii.

知识的基础,但我们还未能找到一种在很多观察者所共有的材料上起步的方法。

对于所谓科学世界,罗素列出了以下几个方面:

一、天文科学的世界。作为最古老的一门科学,天文学对天体及其周期性运行规律的观察使人类获得有关自然律的最初概念,而且它至今与以往一样生机勃勃,在帮助人们合理估量人在宇宙中的地位仍是重要的,尤其是爱因斯坦的相对论等使人们以新的视界看待宇宙。我们从天文学的宇宙观所得到的结论是:尽管宇宙确实非常广袤和悠久,我们却有一些目前还很玄的理由,认为宇宙既非无限大也非无限久。通过将观察和推理巧妙地结合,广义相对论能专业性地告知什么是宇宙整体。但罗素并不相信我们未来可以"将宇宙改造得更接近人们的心愿"①。

二、物理科学的世界。最进步并最能解释世界结构的科学是物理学。什么是物理世界?罗素在中期著作中说:"我们发现有必要强调物理知识极度抽象的性质,以及这个事实即物理学开放了其等式所适用的有关世界固有特性的所有可能性。但物理学无法证明物理世界与精神世界在性质上是截然不同的。我本人并不相信对凡是实在性必为精神这一观点的有效性所作的哲学论证。但我同样也不相信反对这个观点的有效论证是来自物理学的。对物理世界唯一合理的态度看来就是考察了所有问题而忽略了数理属性的一种绝对不可知论。"②相对论和量子论已用"能量(energy)"概念取代了旧的"质量(mass)"概念。人们常将"质量"界定为"物质的数量";一方面"物质"在形而上学(玄学)的意义是"实体(substance)",另一方面它是常识中称为"东西(thing)"的技术形式。相对论和实验都证明质量并非从前所想的是恒定的,而是随激烈运动增大的;一个质粒的运动速度若同光速一样快,那么其质量就变得无限大。由于一切运动皆为相对,因而随不同观察者对所计算的质粒相对运动的不同,他们在质量上不同的运算结果都是合理的。无论量子论将来出现何种情况,可以肯定常数 h 将始终保持重要性;电子可能从物理学的基本原理中完全消失,但可以完全肯定电子的电荷 e 和质量 m 将始终保留下来。在某种意义上,我们也可以说"这些常数的发现和测定是现代物理学中最稳

---

① Bertrand Russell, *The Problems of Philosophy*, Prometheus Books, 1988, p.8.
② Bertrand Russell, *The Analysis of Matter*, Dover Publication, Inc., 1954, pp.270—271.

固的东西"①。

三、生物科学的世界。天文学和物理学的知识是完全中立的,它对我们本身或对我们周围时空不存有任何特殊的关系。我们必须把注意力转移到我们这个星球及其寄生物上。人类发现以科学态度探索生命比探索天体更为困难;在牛顿时代,生物学还遭受迷信的束缚。我们仅知道这个行星上有生命存在,而太阳系中其他行星上的生命存在可能微乎其微;大多数恒星可能不具有行星,因而我们几乎能够确定生命是一种罕有现象。即便地球上的生命现象也是非常短瞬的。"我们没有任何理由假定,有生命的物质所服从的与无生命的物质所服从的定律是不同的,但我们有理由认为有生命的物质行为的所有东西在理论上都能够用物理学和化学的术语来阐明。"②

四、生理科学的世界。这里所要探索的是那些感觉引起物与伴随物的生理现象,以及那些意志的引起物与伴随物的生理现象。属于哲学中最常谈的题目的心物关系问题在从大脑发生的事件过渡到感觉,和从意愿过渡到大脑其他事件这个过程上达到了最关紧要的一个阶段。所以这是一个两方面的问题:在感觉上物质怎样影响心理,在意愿上心理又怎样影响物质?这里提到这个问题只是为了说明生理学中有些部分对于哲学必须讨论的问题所具有的重要性。

五、心理科学的世界。科学的心理学由于与哲学和不久以前甚至还与神学纠缠在一起而受到很大的损失。苏格拉底之前的哲学家并未将心物截然区分开来,但到了柏拉图那里受到重视,他还将它与宗教联结起来。基督教接纳了柏拉图的这一方面,并以其作为很多神学教义的基础。灵魂与肉体是毫不相同的实体;灵魂是不朽的,而肉体则在死后腐烂,尽管复活时我们能够得到一个永不腐烂的新生肉体。灵魂是有罪的,因此,它由于神明审判的结果而惨遭永世的惩罚,或由于神恩赐结果而享受永世的快乐。所有经院派的顶尖学者都承认物质与心灵两种实体的存在;正统的基督教既需要心灵也需要物质,因为圣体论(transubstantiation)③的教义需要基督的圣体。灵魂与肉体的区别最初是形而上学的深奥精妙之处,后来逐渐成了公认常识的一部分,直到当今仅有极少几个玄学家仍

---

① Bertrand Russell, *Human Knowledge: Its Scope and Limits*, Simon and Schuster, 1948, p. 28.
② Ibid., p. 36.
③ 这种教义认为圣餐中面包和酒变成了耶稣的肉和血。

敢于质疑这种区别。笛卡尔派的学者拒斥心与物之间的任何相互作用，从而增大了心物区别的绝对性。但在这种二元论之后跟进的是莱布尼兹的单子论，根据这种学说，凡实体都是灵魂，而我们称之为"物质"的东西只是很多灵魂混杂的知觉。在莱布尼兹之后，贝克莱由于完全不同的原因，也否认物质的存在；费希特和黑格尔则由于另外不同原因提出了这样的主张。同时，尤其在 18 世纪的法国，存在过一些鼓吹物质存在而拒绝灵魂存在的哲学家。在大哲学家中，仅有休谟完全否认实体的存在，从而为近代涉及心与物区别的讨论铺平了道路。

罗素认为先要讨论心理科学与物理科学的区别才能对心与物作一些形而上学的讨论；个人感觉材料的知识是存在的，因此应当建立一门研究它们的科学；承认了这一点，我们就能够探讨心理学真正关注的问题。有关人类的知识可以提出两个问题：其一、我们能知道什么？其二、我们怎样知道它们的？科学回答是第一个问题，而它力图做的是尽可能非个人化与非人类化。科学的宇宙观自然要从天文学与物理学开始，它们所考察的是广大而普遍的东西；而罕见的并且显然对事件进程仅有极小影响的生命与精神，在这个公正的观察中仅占一个次要的地位。但对第二个问题，即怎样得到我们的知识，心理学在各门科学中最为重要。"不仅从心理学上来研究我们进行推理的过程是必要的，而且我们推理所依据的材料也是属于心理学性质的；这就是说，它们是单独个人的经验。我们世界所具有的明显公共性一部分来自幻觉，一部分来自推理；我们知识的所有原料都是由人们孤立生活中的精神事件构成的。因而，在这个领域内，心理学是至高无上的。"[①]

罗素企图解决科学知觉的问题。在通常被当成经验知识的东西中把材料和推理区分开来，他所做的还不是判定推理或探索推理所依据的原理，而是要揭示与逻辑构造相对的推理对科学是必要的。罗素区分了两种空间与时间：一是主观的并从属材料的，另一是客观的并推理出的；他指出，除非唯我论以从未接受过的极端形式出现，那么它就是处于片断的材料世界与完整科学世界中间的一所非逻辑建筑。罗素进行了另一种探讨，它的顺序与前面的宇宙观正好相反，也就是从最大限度的非主观化、非个人化与非人类化，转为一个具有强大知觉能力的人如何观察外界现

---

① Bertrand Russell, *Human Knowledge*: *Its Scope and Limits*, Simon and Schuster, 1948, pp. 52—53.

象并将其加以描述。他指出,我们不再问世界是什么,而要问我们如何了解有关世界的全部知识。这样一来,人类又恢复在世界上所占的中心地位。实际上,人们只有凭借自己生活中的各种事件才能认识世界,如果没有思想的力量,那些事件不会为人所知。在罗素看来,所要追踪的就是从个人感觉和思维到非个人化的科学所经历的那个漫长过程,否则就无法充分理解人类知识的范围及其基本限度。他列举了三个典型问题:(1)昨日世界存在;(2)明日太阳将升起;(3)存在着声波。他说自己要问的并非这些信念是否是真的,而是在假定它们为真的情况下,我们相信它们的最佳理由是什么。总的来说就是:为什么我们应该相信科学所断定的而无法为当下知觉所证实的那些东西?

  罗素首先区分了事实的知识(knowledge of fact)与定律的知识(knwledge of law)。他指出,有些事实的信念直接来自知觉和记忆,而有些则通过推理得出;前一种对常识而言是毫无疑问的;而在后一种情况下,推论虽易出错但也易于纠正,除非那些特殊费解的问题。我们应杜绝无批判地将常识视为知觉所给予的材料,而只承认感觉和记忆才是我们有关外界知识的材料。就其全部内容而言,我们的"知觉"都是心理学的材料,我们事实上的确有着相信某某物体的经验。罗素经常使用"知觉(perception)"与"知觉对象(percepts)"两个相关的概念。

  什么是所谓知觉?他曾在自己中期著作里回答道:"当一个精神现象能被视为外在于大脑的一个客体,但不规则或甚至作为一些这样客体的混杂表象时,那么我们可以将它认作对所涉及的某个客体或某些客体具有刺激作用的东西,或感官所关注的现象。在另一方面,当一个精神现象不具备外在客体与大脑的充分联系,而被当成这样一些客体的现象时,那么它的物理因果性将在大脑中找到。在前一种情况下,这种精神现象就能被称作知觉,而在后一种情况则不能。然而,这种区别仅是程度的而非种类的。"① 至于什么是所谓知觉对象?罗素则回答道:"知觉对象与物理的区别并非是一种固有性质的区别,因为我们对物理世界固有性质毫无所知,因此就不知道它是否与感觉对象非常不同。这种区别是有关我们对两个不同领域到底知道什么。我们知道知觉对象的性质,但不知道我们极力希望知道的有关它们的定律。我们知道物理世界的规律,至今它

---

  ① Bertrand Russell, *The Analysis of Mind*, George Allen and Unwin LTD, 1956, p.136.

们属于数理的并相当完善,但除此之外我们则一无所知。如果对物理世界在本性上很不同于知觉对象这一假定有任何理解上的困难,那么这就是为什么不存在绝对差异性这一假定的原因所在。实际上这样的观点有根据:这就是知觉对象是物理世界的一部分,也是我们无须精致和困难的推理而能够探知的唯一部分。"①

此外罗素有的场合还用"知觉着(perceiving)"这一动名词概念,他解释道:"对不同观察者来说,既然刺激物不同,反映也就不同;结果是,在我们所有有关物理过程的知觉中,存在着一种主观性元素。因此,在宽泛的纲领下(正如上面论证所假设的),如果物理学为真,那么我们称作'知觉着'一个物理过程就是某种个人与主观的东西;并且至少在部分上,这种'知觉着'也是对我们物理世界的知识唯一可能的起点。"②从根本上说,罗素仍与休谟的"知觉"观有某种共同点,如同样坚持知觉不能脱离感觉材料,以及从知觉的能力范围而引向对复合词组的深刻分析等。③ 对罗素来说,知觉本身是进行知觉的行动,而知觉到的对象和内容就是感觉材料。

在罗素看来,我们仅是为了获得在我们自己精神之外存在物的知识才有必要将感觉看成材料。如果将"材料(data)"界定为"那些不依赖推理就有理由感到几乎接近确定的事实",那么就可得出这个结论:全部我的材料都是我所碰到的,并事实上就是通常所说的在我心中所发生的事件。这是一种曾是英国经验论特征的观点,但也遭过大多数欧洲大陆哲学家的反对,而现在杜威的追随者们以及大多数逻辑实证主义者都拒绝采纳这种主张。罗素认为,经验外的事实可能遭受怀疑,除非能够证明它们的存在是经验内的事实加上那些有理由确信其必然性的规律所得到的结论。为了避开休谟的怀疑论,他主张在知识的前提中至少有一个普遍命题,从分析意义上它并非必要,即对其虚假性的假设并非自相矛盾的。一个判定归纳法科学用途的原理具有这种性质。"我们所需的是用某种方式将概然性(不是必然性)给予那些从已知的事实到某种现象的推理,这些现象还未成为发生,也许永远不会成为个人推理的经验。如果某人

---

① Bertrand Russell, *The Analysis of Matter*, Dover Publication, Inc., 1954, p.264.
② Bertrand Russell, *An Outline of Philosophy*, W. W. Norton & Company, INC., 1927, p.130.
③ D. Pears, *Bertrand Russell and the British Tradition in Philosophy*, New York: Random House, 1967, p.28.

想知道任何一件超出他目前经验的事物,那么他的未经推理的各种知识不仅由事实,而且由他根据事实进行推理的普遍定律或至少一个定律所构成。与演绎逻辑的原理不同,这样的一个定律或一些定律必定是综合的,即并非由它们作为自相矛盾的假来证明其真。对这个假设的唯一另外选择就是对所有科学和常识的推理,包括我所说的动物性推理①在内,持绝对怀疑论的立场。"②

罗素批判了所谓唯我论(solipsism),指出人们通常将此学说界定为那种主张只有我独自存在的信念,但这过于简单。他主张必须将两种唯我论区别开来,即"独断的(dogmatic)"和"怀疑的(skeptical)";前一种认为,"除了材料什么东西也不存在",而后一种则认为"除了材料不知道有什么东西存在"。对独断的唯我论讨论没有什么意义,因此罗素把自己的注意力放在对怀疑的唯我论批判上。

罗素接着讨论了"概然性"的推理,即在前提为真和推理过程正确的情况下,结论仍然不具必然性而仅具或多或少概然性的一种推理;这种推理与纯粹数学推理等"实质性"的推理不同。总体而言,罗素认为任何已被承认的科学理论体系的推理都是正确的,除非它们含有某一特质的谬误。为此,他考察了那些先于科学的常识以及常识的推理。可信性(trustworthiness)是科学知识的一个前提,如果相信科学大体正确,这种可信性实为必要;但如果依靠非假定记忆的论证,那么科学就不会具有概然性。如果我回想起某件事情,那么它很可能发生过,我就可凭借记忆的生动性做出概然性的评估。罗素断言,只有假定定律是正确的,某个事实才能使另一事实具有或不具概然性。尽管并非普遍,记忆的一般可信性是一个独立的公设,它对大部分知识是必要的,它也不能从任何不假定其

---

① 罗素所说的"动物性推理"是指某现象 A 引起某信念 B,而不需要任何意识上的中介。例如狗闻到狐狸的气味产生亢奋,但狗并不会自己联想到:"这种气味从前常与狐狸到过之处有联系,因此可能有一只狐狸就在附近。"狗的行为可能与这种推理过程相一致,但仅是依靠习惯,或如人们所说的"条件反射"由身体来实现的。只要 A 在动物的过去经验中常与 B 相联系,那么 A 的发生就引起 B 的行为。这里 A 与 B 并没无任何相关意识;我们可说有知觉 A 和行为 B。罗素认为与纯粹数学推理相对的科学中大多数实质性的推理,最初是由动物性推理的分析中得来的。(Bertrand Russell, *Human Knowledge: Its Scope and Limits*, Simon and Schuster, 1948, p.182)有时罗素又用"生理性推理(physiological inference)"这一概念,他指出,人们的推理就是从生理性推理提高到科学性推理。(*The Analysis of Matter*, Dover Publication, Inc., 1954, pp. 190—191)

② Bertrand Russell, *Human Knowledge: Its Scope and Limits*, Simon and Schuster, 1948, pp. 174—175.

存在的东西中推理出来。同记忆一样,证据(testimony)也是我们原始信念的一部分来源,但并不需要将它本身作为一个前提,因为它可以并入类推这个较为宽泛的前提中去。

罗素问道:假定物理学从广义上是正确的,是否可知它是正确,如果答案肯定,那么是否涉及物理学真理之外的其他真理的知识? 他认为这个问题因知觉问题而变得尖锐。从远古起,就存在两种知觉论:一是经验论的;另一是唯心论的。根据前一种说法,某些连续的因果链条将客体引向知觉者,而人们所说的对客体"知觉"就是这个链条中最后一个环节,或者说这个连锁是将知觉者的身体引出而非引进之前的最后一个环节;根据后一种说法,当知觉者位于物体周边的时候,神灵引起知觉者的灵魂产生一种类似这个客体的经验。这两种学说各有困难。唯心论的学说导源于柏拉图,但到了莱布尼兹才攀上了它的逻辑顶峰。

罗素指出,主要问题是:如果物理学是正确的,那么我们是如何知道的,并且除了它以外,还需要了解什么才能将物理学推论出来? 这个问题的产生是由于知觉的物理因果关系,这种关系使物体与知觉之间可能有着很大的不同;但倘若如此,我们又怎能从知觉推论出物体来? 此外,因为人们把知觉视为"精神的",而将其原因看作"物理的",我们就碰到了心物关系的老问题。罗素的看法是:"心理的"和"物理的"并非如一般所认为的那样截然不同,他将"心理的"界定为不必凭借推理就能认识到的一种现象;"故'心理的'与'物质的'两者的区别是认识论的,而非形而上学的。引起混乱的困难之一是人们对知觉的和物理的空间未加区分,知觉的空间由知觉各部分之间可知觉的关系所构成;而物理的空间则由推论出的物体之间关系构成。我所看见的东西可能在我身体的知觉之外,但不能在作为物体的我的身体之外。从因果关系而论,知觉位于内传神经中的事件(刺激,stimulas)与外传神经中的事件(反应,reaction)两者之间;它们在因果链条中的位置与大脑中某些事件的位置相同。作为物体知识的一个来源,知觉仅能在物理世界中分割的、多少各自独立的因果链条才能达到目的。这只是近似的情况,因此从知觉到物体的推论就不可能精确。在知觉提供了最初近似真理的假设下,而科学为克服这种缺乏精确,而构成了大量的方法。"①

---

① Bertrand Russell, *Human Knowledge: Its Scope and Limits*, Simon and Schuster, 1948, pp. 209—210.

罗素考察了知觉对象(precepts)中有关时空的以下两个问题：

一、经验中的时间。他指出，对时间的知识有两个来源：一是现时有关变化的知觉；二是记忆。回忆能被知觉到，它具有一种较大或较远的性质，由于这种性质我当下的全部记忆才能排列于一个时间顺序中。但是这种时间是主观的时间，而必须与历史的时间区分开来。历史的时间对现在有着"先发(preceding)"的关系，这种关系是我在似乎属于现在的一段时间内从有关变化的经验中得知的。在历史的时间，我当下的全部记忆都是属于现在的，但从它们的真实性而言，它们都表示在以往历史中所发生过的东西。有关为什么任何记忆都应当为真实的并无什么逻辑的理由；而逻辑所能揭示的是：如果从未有过历史的过去，那么我现在的全部记忆可能保持原样。因此，我们对于过去的知识依赖某个不能仅靠单纯分析我们当下的回忆就能发现的公设。

二、心理中的空间。他指出，心理学并非将空间视为物体间的关系体系，而是将其看作知觉的一个特点加以探究。当我有"见到一张桌子"的经验时，视觉中的桌子首先在我的暂时视域中有一位置。然后，依靠经验中的相互关联，它才在那个包含我所有知觉的空间中有一位置。接着，通过物理定律，它与物理时空中的某一地点联结起来，这就是物理桌子所处的地点。最后，通过心理物理的定律，它与物理时空中的另一地点相连，这就是我的脑子作为一个物体所处的地点。如果空间的哲学企图避开毫无希望的混乱，就必须谨慎地将这些不同的相互关联解开。总而言之，罗素认为："我们应该观察到处于两重空间(the twofold space)的知觉对象与记忆中的两重时间(the twofold time)十分类似。在主观的时间中，记忆是在过去；在客观的时间中，记忆是在现在。同样，在主观的空间中我对一张桌子的知觉对象是在那边，而在物理的空间中它则在这里。"[①]

对罗素来说，常识主张我们对精神和物质分别都知道某些方面；常识还主张我们对两者的知识足能显示它们是非常不同的东西；但他的看法正与常识相反，主张无论何种我们不凭借推理就能认识的东西都是精神的，对物理世界所能认识的东西只作为它的时空结构的某些抽象特征，这些特征由于其抽象性而不足以表明物质世界是否与精神世界在内在性质

---

① Bertrand Russell, *Human Knowledge: Its Scope and Limits*, Simon and Schuster, 1948, p. 223.

上不同或相同。罗素的结论是：当不凭借推理就能够知道精神事件及其性质时，我们就仅能将物质事件作为其时空结构而加以认识。构成这类事件的那些性质是不可知的，这种不可知性是如此的彻底，以致我们无法表达它们与那些属于精神事件的性质是否相同或不同。

2. 科学概念与科学概率

与科学概念相关，罗素先讨论过科学语言的问题，它涉及个人经验与社会公认的普通知识整体的关系。这部分内容我们将在本书第 12 章详谈。在这一部分，罗素要做的是分析从推理来的科学世界的基本概念，尤其是物理空间、历史时间和因果律。什么是概念？他指出，数理物理学所用的术语需要满足两种条件：其一，它们必须满足某些公式；其二，对它们的解释必须产生能够被观察肯定或否定的结果。通过后一条件，它们与材料相联结，尽管这种联结在某种程度上有些松散；通过前一条件，它们在某些结构属性方面变得确定。然而在解释上仍保留自由度；而将与构造相对的推理作用尽量缩小来应用这个自由度是审慎的；例如，以此为据，把时空中的瞬点构成事件或性质的各种组合。从这个论题的开始到结束，罗素认为空时结构与因果链条这两个概念设想了一个逐渐增长的重要性。他称这个讨论概括提出了，如果科学能被判定，那么什么是我们必定能从材料推论出的东西。

罗素着重讨论了以下几个有关科学概念的问题：

一、科学与解释。罗素指出，一组给定的公理可以有两种解释：一是逻辑的；另一是经验的。如果穷究以往，所有名词定义（nominal definition）最终引向仅有明指定义（ostensive definition）的词项；而在一门经验科学中，那些经验性的词项必定依赖那些在知觉中所获得的明指定义的词项。例如，天文学家的太阳与我们所见的太阳很不相同，但它必须具有从我们童年就习知的"太阳"一词的明指定义所获得的一种定义。因此，当对一组公理作经验性解释完成时，总是必用那些从感觉经验中得到明指定义的词项。这种解释当然不仅含有这类词项，因为总会存在逻辑词项；但这些词项是来自使一个解释带有经验性的经验。人们曾忽视了解释的问题。只要我们还停留在数学公式的范围内，所有东西看来都是准确的，但当我们寻求解释它们时，则会发现这种准确性有一部分是虚幻的。除非澄清这个问题，我们无法确定地告知任何一门科学所断定的东西。

二、科学与用词。罗素讨论了最低限度词汇（minimum vocabularies)问题,他指出这是对分析科学概念十分有用的一种语言技术。他将这样一组基本词汇称为一门科学的"最低限度词汇";其一,凡这门科学中的其他用词都能由这些用词给出名词的定义;其二,这些基本用词中的任何一个都不能由其他基本用词得出它的名词定义。科学中的每一句话都能用最低限度词汇的用词加以表达。所有经验科学,无论其如何抽象,必定会被包容在描述我们经验的任何最低限度词汇之内。当直到我们获得只有明指定义的用词而完成一系列定义时,可以发现甚至如"能量"这样最数学化的用词也依赖直接描述经验的用词;在那些称为"地理的"科学中,甚至给予个别经验以名称。如果这个结论正确,那么它是很重要的,并在解释科学理论的努力上提供极大的协助。

三、科学与结构。罗素指出,对作为逻辑概念的结构加以讨论对进一步解释科学是必要的。他认为,不管采用什么假设,物理世界都具有相同的结构,并和经验有相同的关系。从结构的重要性上得出的思考来解释我们的知识,尤其是物理学的知识,比习惯所显示的更抽象并受逻辑更多的影响。然而将物理学转为逻辑与数学的过程有一个非常确定的限度;这个限度决定物理学是一门经验科学,它的可靠性依赖于和知觉经验的关系。罗素还发现,每一种结构上的发现都能缩小一门特定学科所需的最低限度词汇。任何一门经验科学都需要三种词:一是专有名称,它们通常表示时空中一个连续部分,如"苏格拉底""威尔斯""太阳"都属于这一类;二是指示性质或关系的词,如"红""热""响"等性质词,还有"在上""在前""在……之间"等关系词;三是逻辑用词,如"或""非""某些""所有"等等。每一个时空域(space-time region)可被界定为一个性质复合体,或者一个由这类复合体构成的系统。日期不再出现的"事件"可被视为复合体;而所有我们不知道如何分析的东西都有可能在时空的不同部分重复出现。当我们超越自己的经验范围之后,正如在物理学中所做的,就不再需要新的用词。未经验过的事物的定义必定是指示性的;未经验过的性质与关系必定凭借对指示经验过的事物的常项所作的描述才能得到认识。

四、科学与时空。罗素对"时间"一词进行了解释。时间所涉及的是早与晚之间的关系;在经验过的东西里不会有某种只有瞬间(instants)的存在。所有比另外一个东西早或晚的东西都可称为一个"事件"。我们对"瞬间"所作的定义能表明一个"事件"存在于某些瞬间而不存在于另外一些瞬间;而事件并不是仅有瞬间的存在。定义有两种:即"指示性"与"结构性"的定义。前者将一个实体界定为只有一种特定关系或一些特定关系的唯一实体;后者则通过构成一个结构的元素及其关系进行界定。以变量 t 为例,由于我们不承认绝对时间,也就不可能为之作指示性的定义,而仅能作一个结构性的定义。这意味着瞬间必定存在某种由一些已知元素构成的结构。我们有作为经验材料的"重合"与"先发"这些关系,而且我们发现借助这些关系能够建立数理物理学家所要求"瞬间"的形式性质的结构。因此,这类结构满足所有需要的目的,而不必诉诸任何专设的假定。罗素继续阐述了物理学的空间,并为物理学所用的几何名词找出一种"解释"(不必定是唯一可能的解释)。他认为有关空间比有关时间所产生的问题更复杂和困难。虽然这部分是由相对性带来的,但目前还是根据爱因斯坦之前的物理学的说法,将空间当成能够与时间分开的东西加以处理。尽管物理学家和哲学家对莱布尼兹的理论越来越青睐,但数理物理学的方法却还是牛顿式的。在数学系统中,空间仍是由"点(points)"构成的集合物,并由三个坐标加以界定;"物质"是由"粒子(particles)"构成的集合物,而每个粒子在不同时间占有不同的点。如果我们不愿赞同牛顿的意见,而认为"点"具有物理实在性,那么这个体系就需要某种解释,而使"点"具有结构的定义。罗素指出,如果认为"物理实在性(physical reality)"的形而上学色彩过重,那么也可以更现代的方式,即通过最低限度词汇的方法加以表达。假定一个名称组合中一些事物可以用其他词项加以结构定义,那么在这种情况下,将出现一组不包括可用定义取代名称的最低限度词汇。罗素还指出,如果没有进一步认真检验物理定律与物理空间几何学之间的关联,就无法考察几何测量论的复杂性。

在以上讨论的基础上,罗素深入探索了空时(space-time)问题。[①] 他指出,众所周知,爱因斯坦用空时替换了空间和时间,但那些对数理物理学外行的人对这个变化的性质通常仅有一种非常模糊的概念;然而它对力图理解世界的结构是一个重大的变化。罗素认为:"相对论并未影响知觉的空间与时间。我从知觉认识到的空间和时间与物理学中随着我的身体运动的轴的空间和时间是关联的。相对于与某一片物质联结的轴而言,旧有空间与时间分离的说法仍然成立;只有在我们比较两套急速相对运动的轴的时候,才产生相对论所解决的那些问题。既然不会有两个人

---

① 通常将英文 space-time 译成时空而与英文原文是颠倒的,这大概是最早译法留下的习惯,但本书作者还是倾向用"空时"代替"时空"。

具有接近光速的相对速度,因而对他们的经验加以比较将无法显示飞机像β粒子般快速运动时所引起的那些差别。由于这个原因,在空间和时间的心理学研究中,我们可以对相对论加以忽略。"①

五、科学与个体化(individuation)。罗素提出了一个十分古老的问题的现代形式,即关于特体(particular)的问题。对此,有三种有影响的观点:一是莱布尼兹的看法,即一个特体由性质构成的,当将其所有性质列出,它就有了充分的定义;二是托马斯·阿奎那的看法,即一个特体由其空间和时间的位置得到定义;三是大多数近代经验主义者的看法,即数字的多样性是终极的和不可定义的。从纯逻辑结构来看,一个有关结构的陈述能够替换为有关其组成部分的陈述,但从时间顺序来看,根据"特体"的说法则是不可能的。在理论上,每个共现复合(complex of compresence)都能够凭借列举它的成分性质而得到界定。但事实上我们能知觉一个复合而不必知觉它的成分性质;在这种情况下,如果我们发现某一种性质是其一个成分,我们就要给这个复合一个名称来表达我们所发现的东西。因此,对专有名称的需求与我们获得知识的方法是不可分的,但若我们的知识尽善尽美,这种需求就不再必要了。

六、科学与因果律。罗素指出,科学的力量缘于它在因果律上的发现。对他而言,"因果律"可以定义为一个普遍原理,在已知关于某些时空领域的充分数据的条件下,凭借这个原理我们能够推论出有关其他时空领域的某种东西。这种推论可能只是概然的,但当概率超出一半的时候,我们所讨论的那个原理就可称为一个"因果律"。所有这些都对归纳产生重大的影响。凯恩斯有一个他认为能够判定归纳论证合理的公设,他把它叫作有限变化性的原理,也可当成是自然种类的假定的一种形式。这是用来代替一个如果为真便会证实科学方法的有效性的普遍假定的手段之一。物理学将物理事件安排在一个称为空时的四维多样体(four-dimensional manifold)里。这种四维体是对那种安排在变化着的空间形式中的"事物"所构成旧有多样体的改进;而这又曾是对那种从假定在知觉对象与"事物"之间存在着精确对应关系而构成的多样体的一种改进。罗素认为,有某些成分在从感觉世界转到物理世界时没有发生改变,如同现的关系、早晚的关系,某些结构的成分以及某些环境的差异等,也就是说

---

① Bertrand Russell, *Human Knowledge: Its Scope and Limits*, Simon and Schuster, 1948, p. 291.

当经验到属于相同感官的不同感觉,我们就能够假定它们的原因是不同的。这是素朴实在论在物理学中所留下的残余,它之所以得到幸存是因为不存在拒斥它的正面论证,因为物理学符合已知事实,还因为偏见引导我们无论素朴实在论是否得到证明,我们都要紧紧把握住它。

在罗素看来,由于科学推理通常被公认为仅能使结论具有概率或概然性(probability),因而就应当对这个问题加以更多的关注。他指出,概率这个术语能够有各种不同的解释,而不同的作者也为它作过不同的定义;人们对这些解释和定义加以检验,并对企图将归纳与概然性相结合的尝试也加以了检验。罗素在他的中期著作里提到:"概率论在逻辑上和数学上都处于一种非常不令人满意的状态……"①"我们可以有效地证明某某结论有极大概然性,但它也许不会发生。我们也可以无效地证明这个结论是概然的,但它还没有发生。那些影响命题概率的东西是相关的证据;但它从未改变那些作为有关先前有用证据的概率。"②他认为,从概率这个问题所得的结论主要是凯恩斯所提出的想法,也就是除非某些条件得以满足,归纳并不能使其结论具有概然性,而单凭经验则永远不能证明这些条件得到了满足。科学推理与逻辑和数学推理的不同在于前者仅具有概然性;换句话说,若前提真并且推理正确,那么结论仅可能真。

罗素对概率问题做了以下探讨:

一、概率分类。"概率"有两种不同的概念:一是数学概率;另一是"可信度(degree of credibility)"。前一种能够用数字测量并可满足概率计算的公理,它涉及统计和归纳法;与这种概率有关的为各种类而非个别的实例。而后一种则适用于个别命题,并总将所有相关证据加以考察,甚至还利用某些没有已知证据的实例。我们所能得到的最高程度的可信性应用于大多数的知觉判断;不同程度的可信性也随着记忆判断的明显程度和时间远近而应用于记忆判断上。就有些实例来说,可信度可以根据数学上的概率推断出来,而另外一些实例就不能这样;但是即使在可以的情况下,记住它是个不同的概念这一点还是要紧的。当有人说我们所有的知识只具有概然性,而概然性又是生活的指南时,所说的正是这一种概然性,而不是数学上的概率。

罗素用较多的篇幅讨论了可信度问题。他指出"可信度"这个概念在

---

① Bertrand Russell, *Religion and Science*, Oxford University Press, 1997, p. 168.
② Bertrand Russell, *An Outline of Philosophy*, W. W. Norton & Company, INC., 1927, pp. 274—275.

应用范围上比数学概率的概念要宽泛,并认为它特别适用于那些已尽可能接近于只表示数据的命题,甚至一个命题所具有的可信度本身有时就是一种数据。为了深入讨论,罗素区分了三种确定性(certainty):其一,"逻辑的"确定性,就是说当满足第二个命题函项的词项的类是满足第一个命题函数的词项的类的一部分时,这一个命题函项对另一个命题函项具有确定性;这种意义的确定性属于数学概率。其二,"认识论的"确定性,就是说当无论其可信性是固有的还是来自论证的,而一个命题有着最高度的可信性时,一个命题具有确定性。其三,"心理学上的确定性",就是说当一个人对一个命题的真理毫无怀疑时就感到这个命题具有确定性。"从广义上说,科学方法是由旨在使信念程度与可信度尽可能符合的技术与规则所构成的。"①

二、概率计算。罗素将概率论作为纯数学的一个分支而加以讨论,并试图推论出某些公理的结论而不必作任何解释。尽管人们对这一领域内的解释各抒己见,但这种数学计算本身正像其他数学分支一样要求同样的估量。

三、频率理论。罗素探讨了"有限频率(finite-frequency)"的理论,指出它是从这样的定义开始:设 B 是任何一个有限的类,而 A 是任何一个另外的类。我们想界定随机选择的 B 的一个分子为 A 的一个分子的机会,比方说,你在街上遇见的第一个人名叫斯密斯的机会。我们将这个概率界定为 B 的分子也是 A 的分子的数除以 B 的总数的商。我们用 A/B 这个符号来指示它。显然给予这样定义的概率一定是一个有理分数或者就是 0 或 1。罗素指出,如此看起来可疑性和数学概率,后者就是在有限频率的意义上说的,是除自然律和逻辑规则外唯一需要的概念。罗素认为通过对莱辛巴哈频率论的研究,发现与他在许多论点上有一致的地方,但并不赞同他为概率所作的定义,主要反对理由是这个定义所依赖的频率是假言的和永远无法确定的;他说与后者的分歧还在于自己比他更明确地将概率与可疑性加以区别,以及自己还强调与必然逻辑相对立的概率逻辑在逻辑上并非最基本的东西。罗素揭示了莱辛巴哈概率论的特点在于归纳包含在概率的定义之中。罗素还指出凯恩斯的《概率论》(1921)在某种意义上是频率论的反题。根据凯恩斯的主张,概率是一种逻辑关

---

① Bertrand Russell, *Human Knowledge*: *Its Scope and Limits*, Simon and Schuster, 1948, p. 397.

系,而只有理性信念的程度才能做出定义。但总体说来,凯恩斯倾向用概率关系的说法对"合理信念的程度"做出定义。罗素的结论是:凯恩斯的概率论主要形式上的缺点在于他将概率视为命题之间而非命题函项之间的一种关系;而对命题的应用属于这个理论的用途而不属于这个理论本身。

四、归纳逻辑。罗素指出,归纳的问题有着不同的方面和分支,如科学归纳法与简单枚举归纳法就是不太一样。前者首先需要很多观察到的事实,再有一个与全部事实相一致的一般理论,然后又从这个理论引出能被后来观察所证实或证否的推理。罗素回顾说,自休谟以来,在科学方法的探究中,归纳始终发挥着十分重大的作用。他为此列举了以下结论:1. 在数学概率论中,无论有利实例的确定数目有多大,没有任何东西能够判定一个特殊归纳或一个普遍归纳具有概然性。2. 如果在一个归纳中对有关 A 与 B 这些类的内涵定义的性质不加任何限制,那么就能证明归纳原理不仅可怀疑并且是虚假的。这就是说,已知某一个类 A 的 n 个元素属于其他某一个类 B,那么 A 的下一个元素不属于 B 的那些"B"的值比下一个元素属于 B 的值更多,除非 n 并非太少于宇宙中事物的总数。3. 在"假言归纳"中,因为迄今为止所有它观察到的后果都得到证实,所以我们认为某一普遍理论是概然的,这种归纳与单纯列举的归纳并无本质的不同。4. 如果一个归纳论证总是有效的,那么归纳原理必须以某种迄今还未发现的限制来加以陈述。在实践中,科学的常识从各种不同的归纳中退缩。但那种引导科学常识的东西至今始终没有得到明确的系统阐述。5. 如果科学推理大体有效,那么它们必须凭借自然界的某个或某些定律,陈述现实世界的一种或几种综合性质。凭借来自经验的论证来断定这些性质的一些命题的真值甚至连概然性都无法得到,因为当这些论证超出迄今记载的经验,它们的有效性就会依赖所提及的那些原理。

3. 科学推理

罗素曾揭示过科学推理的主要目的之一就是"判定我们已经享用了的那些信念的合理性;并且作为这些信念以不同方式受到判定的规则……科学从常识获得的最重要推理就是对未知觉过的实体所作的推理"[①]。罗素试图发现从一个材料组合判定推论定律的合理性所必需的先于经验的最小量假定(minimum assumptions);并进一步考察在什么意

---

① Bertrand Russell, *The Analysis of Matter*, Dover Publication, Inc., 1954, p.191.

义上,我们能够知道这些假定是有效的。这些假定所必须完成的逻辑功能是使满足某些条件的归纳结论具有很高的概率。为了这个目的,因为所涉及的仅是概然性,我们不必假设这样一种事件联结永远出现,而仅需它经常出现。例如,似乎必要的假定之一是可分离的因果链条的假定,就像光线或声波所显示的那样。这个假定可以陈述如下:当一个具有复合时空结构的事件发生时,经常发生的是它仅是具有相同或非常相似的一组事件之一。这是一个较宽泛规则性或自然律假定的一部分,但这个假定需用比通常更特殊的形式加以陈述,因为在通常形式下,它变为了一个重言式(tautology)。为了有效,科学推理需要一些经验无法给予的原理,这一点是从概然逻辑得到的一个无法避开的结论。在罗素看来,对经验主义而言,这是一个蹩脚的结论,但他认为通过对"知识"概念的分析能够使其变得更为合乎我们的口味;但"知识"并非通常所想的那种精确概念,它深深植根于非语言的动物行为中并超过了大多数哲学家情愿采纳的程度。分析引导人们得到了逻辑基本假定,从心理学上看,是一长套系列精致化的终点;这种精致化从动物的期望习惯开始,如有某种气味的东西将会好吃等。因此,问我们是否"知道"科学推理的公设并非看起来那样明确的问题。从一种意义上,答案一定是;而从另一种意义上就不是;但从"不是"是正确答案的那种意义上,我们无论什么都不知道,在这种意义上"知识"是一个幻象。哲学家们的困惑在很大程度上是由于他们不愿从这种幸福梦境中觉醒。

罗素从以下几个方面探究了所谓科学推理的公设(postulates)问题。

一、知识的判定。罗素指出,对科学推理的公设探究中存在着两种问题:其一是有关公认的有效推理的分析,其目的在于发现有效推理所涉及的原理,因此纯粹为逻辑的;另一是有这样的困难,即初看并无多少理由能够假定这些原理为真,更无理由能够假定人们知道这些原理为真。人们怎样才能认知这些原理?罗素认为,必须对"知识"这个概念加以分析,而很多哲学上的困难和争论都来自对不同知识之间的区别,以及对我们自认获得的大部分知识所特有的模糊性与不精确性认识不足。知识可分为两类:一是关于事实的知识;其二是关于事实之间的一般相关知识。此外还可作另一种分类,即"照镜(mirroring)"的知识与控制力(capacity to handle)的知识。莱布尼兹的单子论属于前者;而马克思则属后者,如他说过:"人的思维是否具有客观的真理性,这并不是一个理论的问题,而是一个实践的问题。人应该在实践中证明自己思维的真理性,即自己思维的现实性和力量。哲学家们只是用不同的方式解释世界,而问题在于改变世界。"①罗素批评说,莱布尼兹与马克思的主张都是不完全的:前者适用于有关事实的知识,后者适用于有关事实之间的一般相关的知识。这两种知识都是非推理的知识,我们对概率的研究已证明存在着非推理的知识,它们既是有关事实的知识,又是有关事实之间的相关知识。

罗素接着表明,事实的知识有两个来源,即感觉与记忆,而前者具有更基本的性质,因为我们仅能回忆已成为感觉经验的东西。虽然感觉是知识的一个来源,但它本身并非通常所说的知识。当论及"知识"时,应将认知与认知对象加以区分,但对感觉则无这种区分。罗素是这样谈到"知识"定义的:一种动物能"认知""B 通常随着 A"这个普遍性命题,就在于下列条件得到满足:1. 这种动物已有 B 随着 A 的重复经验;2. 这种经验已使动物在 A 显现时的动作多少与先前 B 显现时的行为一样;3. B 事实上通常随着 A;4. A 与 B 有这样的性质或这样的关系,即在这种性质或关系存在的大多数情况下,被观察的序列的频率为并非不变而又普遍性的序列定律呈现了概率的证据。他指出,显然,第四个条件会产生困难的问题。罗素批评说,某些近代经验主义者(预期是大多数逻辑实证主义者),误解了知识与经验的关系,这由于两种错误:一是对"经验"这个概念的分析不够充分;二是认为某种特定性质属于某个未确定的主体这种信念究竟涉及了什么。与此相应,产生了两个特殊的问题:一个关系到意义,另一个关系到"存在命题"的知识,即具有"某种东西具有这种性质"这种形式的命题。罗素称自己有这样一种想法,那就是有效的归纳以及一般来说超越个人过去与现在经验的推理总依赖因果关系,有时由类推加以补充。他只想清除那些反对某种推理的一些先验性理由,而这些理由正是那些自认能够彻底摈弃先验性的人们所促使的。

二、公设理论。罗素指出,为了使从归纳得出的概率接近必然性并以其为极限,对建立公设有两种要求:其一,从单纯逻辑观点来看,公设必须有充足的能力完成其应完成的任务;其二,某些依靠它们才具有效性的推理从常识说多少是无可置疑的。罗素并不要求凭借这种方法所得的普遍性公设本身具某种自明度,但他要求在逻辑上通过它所成立的应是这样一类推理,这就是除怀疑论者外,所有理解这些推理的人都感到它们已明显到不必陈述的地步。为此,他专门评判了凯恩斯"有限变化(limited

---

① 马克思:《费尔巴哈论纲》,北京:人民出版社1962年版,第19页。

variety)"的公设。罗素作了这样一个结论:"虽然在建立像'狗吠''猫叫'这类先于科学的归纳上有用,但自然种类的学说仅是在通向另一个不同的基本定律道路上的一种近似和过渡性质的假定。由于这个原因以及它的随意性,我不能采纳它作为科学推理的一个公设。"①

经过检验后,罗素为保证科学方法有效性,提出将所需的公设减少到五个:1. 准永久性(quasi-permanence)公设;2. 可分开的因果线(seperable causal lines)公设;3. 因果线中空时连续性(spatio-temporal continuity)公设;4. 围绕一个中心分布的相似结构的共同因果源的公设,或结构(structural)公设;5. 类推(analogy)公设。罗素进一步指出,这些公设中每一个都断定某事物经常发生,但并非必然总是如此;因此,就个别例证来说,每个公设都判定了那些缺少确定性的理性期待为合理的。每个公设都有一个客观的和一个主观的方面;从客观方面说,它断定某事物在某一种类的大多数情况下发生;从主观方面说,它断定在某些情景下,一种缺少确定性的期待多少具有合理可信性。这些公设被设计用来提供为判定归纳法为合理时所需要的那种先发概率。

三、因果关系。罗素指出,虽然以往的因果概念已经过时,但在当代哲学家当中流行的概念都是从原始概念发展而来的,而这种原始概念作为近似性的概括和先于科学的归纳来源,以及作为在一定条件下仍然有效的一个概念始终有其重要意义。罗素考察了"因果线(causal lines)"这一概念,并将它界定为:一个由事件构成的时间系列,它们的关系是已知其中若干事件,就可以推论出其他事件,不管别的地方可能发生什么事件。"一条因果线总能被看成是某种事物的持续性(persistence),无论是一个人,一张桌子,一个光子或其他任何东西。一条因果线从始至终可能性质不变,结构不变,或两者都有缓慢的渐变,但没有任何巨大的突变。存在着像这样多少自定(self-determined)的因果过程并无逻辑的必然性,但我认为这是科学的基本公设之一。正是由于这条公设的真实性(如果它为真)才能获得部分的知识而不管我们极度无知。这一看法即宇宙是一个由相互联结的部分所构成的系统可能是对的,但只有在某种程度上某些部分能够独立于其他部分而被认知的条件下才会被发现。正是在这点上我们的公设使之成为可能。"②

---

① Bertrand Russell, *Human Knowledge: Its Scope and Limits*, Simon and Schuster, 1948, p. 444.

② Ibid., p. 459.

罗素接着考察了结构与因果律关系问题。他认为,在寻求经验定律上可以应用下面的原理:1. 如果很多结构相似的事件存在于各自相隔不远的一些区域,并围绕一个中心排列,那么就存在某种显著的概率显示出这些事件由于一个具有相同结构的中心复合而先行发生,而且这些事件发生的时间与某一时间的差别跟它们与这个中心结构的距离成比例。2. 无论何时我们发现一个结构相似的系统与一个中心在下面这种意义上关联着:这就是每个事件发生的时间与某一时间的差别跟这个事件与这个中心的距离成比例时,那么就存在显著概率显示全部这些事件与处于中心一个事件由一些时空上彼此邻近的中间环节联结着。3. 当我们发现一定数目结构相似的系统,如作为这种或那种元素的原子,而被发现以随机方式分布,并不具有一个作为参照的中心时,我们就可推论:可能存在使这类结构比其他在逻辑上可能但很少或根本未曾发生的结构更加稳定的自然律。①

从知识论的观点看,罗素声称,我们原理的最重要的应用就在知觉与物体的关系上。我们的原理暗含着这一点:在经常但并非恒定发生的外界情况下,一个知觉对象的结构与回复到一个原发事件的一系列事件的结构是相同的,在这个原发事件之前不存在具有这种所涉及的结构并在时空方面相关联的事件。当人们主张不同的人能够"知觉"相同客体时,这个原发事件就是所说的被"知觉"的东西。感觉经验与其物理原因之间在结构上的相同性解释了素朴的实在论是如何在实践中仅产生很少的困惑。已知同一结构的两个例子,一个为真的陈述都对应着一个对另一个为真的陈述;考察这一个陈述通过代换相关的词项与相关的关系而转变成考察另一个的陈述。举言谈与写作为例,为简便让我们设想有一套完备的语音字母;那么每一个字母的形状都对应某一种发音,从左到右的关系对应从前到后的关系。由于这种对应性,我们才能说出一篇发言"精确的"书面记录,尽管这两者的性质毫不相同。同样,在适当的外界情况下,知觉能够提供一个物理现象的"精确"表达,尽管事件知觉对象之间可能存在着跟言谈与写作之间同样大的差别。

为了了解所谓相互作用(interaction),罗素讨论了一种可称为"固有的(intrinsic)"因果关系,它可被解释为一个事物或一个过程的持续性

---

① Bertrand Russell, *Human Knowledge: Its Scope and Limits*, Simon and Schuster, 1948, p.471.

(persistence)的因果关系。由于人们认为事物的持续性是理所当然的事情,并认为它具有实体的等同,因而这种因果形式并未照其本来面目得到认识。我们将之陈述如下:"已知在某一时间地点发生的一个事件,那么在每一相邻的时间和地点通常有一个极其相似的事件发生。"这个原理为大量的归纳提供了一个基础,但初看并不能解决那种通常称作相互作用的关系,例如台球的撞击。罗素的结论是,"作为基本的公设之一,'因果线'的公设能够从任何已知事件推论出某些(尽管不多)有关在全部相邻时间以及某些相邻地点具有概然性的东西。只要一条因果线不与另外一条相交缠,我们就能够推论出很多东西,但若发生交缠(即相互作用),这个公设本身就许可了一个有更多限制的推论。然而,在数量测度为可能的情况下,一次相互作用之后可测的不同可能性的数目是有限的,因此观察加上归纳就能够使一个普遍定律具有高度的概然性。以这种方式,看来科学概括性能够判定为合理。"①

与因果关系相关,罗素对类推(analogy)问题也进行了考察。他指出,我们所谈的这些公设都是物理世界的知识所需要的公设。广义而言,它们已引导我们一定程度承认有关物理世界时空结构的知识,但对物理世界性质却几乎一无所知。但对其他人来说,我们感到自己知道的比这要多;我们深信别人具有性质上类似于我们自己的思想和情感。我们不会满足于认为我们仅知道我们朋友心灵的时空结构,或仅知道他们对发起以我们自己的感觉为终点因果链条的能力。一位哲学家可能自称他仅知道这一点,但让他同妻子吵闹一番,你就可看出他并没有将她看成只是一座仅知道它的逻辑性质而一无所知它的固有性质的时空结构物。因此,我们有充分理由推论出他的怀疑论是出于专业而非真诚。我们的公设正是认为这类情况具有概然性的那种假定。罗素对这个公设陈述如下:"如果无论何时我们能够观察 A 和 B 是否出现或不出现时,就发现 B 的每种情况都有一个 A 作为原因前件,那么大多数 B 有 A 作为原因前件就是概然的,甚至在观察不能使我们知道 A 出现或不出现的情况下也是如此。如果这个公设可被接受,那么它就能够判定那个推出别人心灵的推论以及常识中不经思考所得出的很多其他推论是合理的。"②

六、认识限度。罗素曾为经验主义下定义:"凡是综合性知识都以经

---

① Bertrand Russell, *Human Knowledge: Its Scope and Limits*, Simon and Schuster, 1948, pp. 481—482.

② Ibid., p. 486.

验为基础。"他认为,这个陈述究竟揭示了什么,它是否完全真实,或仅有某些限度的真实。在获得确定性之前,我们必须首先界定"综合性的""知识""以……为基础"以及"经验"等。我们很难为"综合性的"这个词作一个精确的定义,但为了我们的目的,可以从负面将之界定为任何一个不属数学或演绎逻辑,并不能从任何数学或演绎逻辑命题推论出的命题。"正如我们所看到的,'知识'是一个无法得到精确意义的术语。凡是知识在某种程度上都是可疑的,我们无法说出到什么样的可疑度它就终止为知识,就像我们无法说出一个人掉了多少头发就成了秃头一样。当人们用语词表达一个信念时,我们必须明白凡是不属逻辑和数学的语词都是含糊的:它们对某些客体是确定适用的,而对另一些客体又是确定不适用的,但也存在(或至少可能存在)某些无法确定适用或不适用的中介客体。当人们不用语词表达,而用非语词的行为显示一个信念时,就会发生比通常用语言表达信念时大得更多的含糊。甚至何种行为可看作表达一个信念也是可疑的。"①

以罗素观点看,我们"认知"那些原理与我们认知特殊事实具有不同的意义。我们是在下面这个意义上来认知这些原理的,这就是当我们使用经验说服我们相信一个如"狗叫"的普遍命题时,我们是根据这些原理来加以概括的。随着人类理智的进步,他们的推理习惯已经逐渐接近自然律,而这些自然律造成了那些习惯,并始终作为真实期待而非虚假期待的来源。形成引向真实期待的推理习惯是生物生存所依赖环境适应的一部分。虽然我们的公设可用这种方式纳入一个可称为经验主义"味道"的架构中去,但无法否认的是:我们有关它们的知识,就迄今确知它们的程度来看,是不能建立在经验基础之上的,尽管它们全部可证实的后果都能为经验所证实。从这个意义上说,我们必须承认经验主义作为一种认识论已证明不充分(inadequacies)了,尽管它比先前任何一种认识论要好。的确,我们似乎已在经验主义上所发现的这种不充分性是由于严格坚持一种激发过经验主义哲学的学说而发现的:即所有人类知识都是不确定的、不确切的和片面的。对于这种看法,我们还找不到任何的限制。

罗素的认识论招致各种派别哲学家的批评。爱因斯坦就曾这样提

---

① Bertrand Russell, *Human Knowledge*: *Its Scope and Limits*, Simon and Schuster, 1948, p.497.

及:"无论人们怎样高度赞美罗素在最新著作《对意义与真理的探究》(1940)中的敏锐分析,而对我来说,对形而上学恐惧的幽灵已引起了损害。"①对此,罗素回复说:当爱因斯坦指出"对形而上学的恐惧是当代的通病,我同意这个观点……"②

---

① 爱因斯坦:《罗素的认识论》,载 P. Schilpp, *The Philosophy of Bertrand Russell*, Northwestern University Press, 1944, p. 289。
② 罗素:《对批评的回复》,载 P. Schilpp, *The Philosophy of Bertrand Russell*, Northwestern University Press, 1944, p. 696。

第八章 罗素对科学实在论思潮的影响

在本书著者看来,罗素哲学是后来所谓科学实在论及其改良变体——结构实在论思潮的某种思想前导。科学实在论属现代意义上的哲学实在论。现代哲学实在论当然无论在形式和内容上,都与古希腊和中世纪经院哲学所鼓吹的实在论根本不同。科学实在论是 20 世纪英美实在论思潮的一个重要演变形式,也是现代西方科学哲学的一个重要分支。科学实在论产生于 20 世纪 60 年代。自 20 世纪 70 年代以来,对西方,尤其是对英语国家的哲学界和科学界产生了很大的影响。现代西方科学哲学新历史派的夏皮尔(D. Shapere)和萨普(F. Suppe)等人就坚持科学实在论的立场,还有不少著名的科学家也接受了科学实在论的许多观点。

对科学实在论的争论几乎充斥于科学哲学的所有领域,因其关注的是科学知识的本质。科学实在论表现了对科学最佳理论和模型及其内容积极的认知态度,引介了科学描述中对可观察和不可观察客体的二元划分。这种认知态度具有形而上学(玄学)本体论和语义方面的重要意义。对这些方面的争议,造成了现代哲学实在论与反实在论的分野。[①]

美国科学实在论的主要代表人物是 W. 塞拉斯(W. Sellars)。W. 塞拉斯是美国著名哲学家、物理实在论者 R. 塞拉斯的儿子。一方面他受到老塞拉斯思想以及整个美国实在论思潮的影响,另一方面又受到以罗素、维特根斯坦为代表的英国分析哲学思想的极大影响。总体来说,分析哲学家们对科学实在论有着某种特别的青睐,因他们都认为对实在的性质来说,科学方法乃是一种可靠的导向。

本章主要对在罗素分析思想影响下,以 W. 塞拉斯(W. Sellars)为代表的分析学派支流之一的科学实在论,以及后期以沃拉尔(John Worrall)

---

① "Scientific Realism," Apr 27, 2011, *Stanford Encyclopedia of Philosophy*, http://plato.stanford.edu/entries/scientific-realism/

为代表的结构实在论思想进行一些评介和分析。①

一、科学实在论的思想前导

科学实在论与新实在论、批判的实在论和物理实在论有着密切的关系。19世纪末,英国的罗素和摩尔在哲学领域发动了一场对新黑格尔主义的反叛。他们复兴了英国经验主义的传统,并开创了一个新的哲学运动,即新实在论。正如罗素所指出的:"常识的假设是:确实有着不依赖于我们而独立存在的客体,这些客体对我们所起的作用就是我们的感觉发生的原因"②;"凡常识认为是真实的任何事物,就一定是真实的,它并不受哲学和神学的影响。我们怀着一种逃离监狱的心情自在地认为,青草是绿的,即使没有任何人意识到太阳和群星,它们也应存在,同时还有一种柏拉图式的永恒而复杂的理念世界"③。

罗素等人的新实在论表现了一种多元的世界观和分析的方法论,主张外在关系说,并承认共相的存在。它虽然具有某些唯物主义的色彩,但从根本上说是柏拉图主义和马赫主义的混杂物。罗素的《哲学问题》就是英国新实在论运动的思想总结。

1. 新实在论。20世纪初的美国,出现了一种更强大、更普遍的新实在论思潮。培里(R. B. Perry)等人的《六位实在论者的方案和初步纲领》一文的发表,就说明美国新实在论已形成了一种有组织的运动。不久,这些人又出版了一本很有影响的代表作《新实在论》(1912)。美国的新实在论公开声明"新实在论主要是研究认识过程和被认识的事物之间的关系的学说"④。他们一般承认外界物理客体的存在,坚持认为被认识的事物是真实独立的,而反对唯心主义和一些实用主义的主观主义认识论。他们也像罗素那样主张多元论、外在关系说、分析方法和柏拉图式的"共相",但他们强调一种直接呈现说,认为不用通过任何摹写和媒介就可以

---

① W. 塞拉斯在美国和其他英语国家的哲学界颇有名气,他曾在许多大学授课,1970 年在美国哲学协会东部分会担任主席,1977 年被选为美国形而上学学会主席。他撰写过不少著作和论文,主要有:《科学、知觉与实在》(1963)、《哲学的前景》(1967)、《科学和形而上学》(1968)、《哲学及其历史论文集》(1974)等。此外,他还与著名的分析哲学家费格尔(H. Feigo)合编了两部具有很大影响的文集《分析哲学读本》和《分析哲学新读本》。
② 罗素:《哲学问题》中译本第 14 页,北京:商务印书馆 1959 年版。
③ 罗素:《我的思想发展》,丁子江译,载《哲学译丛》1981 年第 5 期。
④ 霍尔特等:《新实在论》中译本第 8 页,北京:商务印书馆 1980 年版。

直接认识外界事物本身,被认识的事物受到意识的作用就会直接变成意识的内容。因此,他们往往称自己为"直接实在论"。

2. 批判的实在论。20 世纪 20 年代,从新实在论中分裂出一个新派别"批判的实在论"。它的主要代表人物有桑塔亚那(G. Santayana)和德雷克(D. Drake)等。他们强调自己的实在论并不是物理的一元实在论和逻辑的实在论,因而既避免了那些妨碍新实在论得到普遍接受的各种困难,也避免了洛克及其继承者早期实在论的许多错误和含混之处。他们主张物质对象是独立实在的,但却深信直接反映在知觉中的东西不是客体本身,而是"一种感觉材料(sense data)所显现出来的东西,即我们的材料(感觉材料、记忆材料、思想材料等等)仅仅是性质复合体、逻辑实有体,而不是要为它们在存在世界中寻找一个位所的另外一套存在体"①。这种材料可能给观察者提供客体存在的证据,但决不是客体的一部分或客体的特性,也就是说,物理客体不能直接被认识,而只能通过推理。这个派别坚持一种认识论的二元论,即必须在感觉材料和客体之间作严格的区分。他们之所以称为批判的实在论,并不是因为与康德"批判的"哲学有关,而是因为要批判新实在论"认识的直接呈现说"。他们认为新实在论虽然在反对唯心主义方面有功,但仍然表现得很不彻底。

3. 物理实在论。第二次世界大战后,实在论思潮出现了一种新的形式,即以 R. 塞拉斯为代表的物理实在论(或称进化的唯物主义和进化的自然主义)。R. 塞拉斯自称是一位新唯物主义者,是新实在论和批判实在论中唯一的左派,他的重要代表作有《进化的自然主义》(1922)、《物理实在论的哲学》(1932)等。他认为:新唯物主义承认无限多样的物理世界,而且完全承认它的实际形式,"无论是星辰、烈日的原子,还是地球表面的原始黏质和人脑的复杂组织"②。他指出,轻视唯物主义的倾向应该被纠正,为了避免唯心主义和现象论,就必须坚持感觉是由被感知的事物从外界控制的。他认为,虽然自己的唯物主义与辩证唯物主义都反对唯心主义、现象主义和实证主义,但它们是不同的类型。唯物主义必须以实在论为前提,但却不等同于实在论,因为前者是本体论,而后者是认识论。R. 塞拉斯认为自己在本体论上是唯物主义,而且是一种非还原的唯物主义,即它不主张把物质的高级形态还原为低级形态。他还把知觉问题看

---

① 德雷克等:《批判的实在论论文集》中译本第 23 页,北京:商务印书馆 1979 年版。
② R. Sellars, The Philosophy of *Physical Realism*, New York, The Macmillan Co., 1932, p. 6.

作是认识论中的中心问题,而且主张间接呈现说。

二、心物二元分析的翻版

在一定意义上,W.塞拉斯的思想受到罗素的科学观以及《心的分析》与《物的分析》的影响。1963年,W.塞拉斯在其主要代表著作《科学、知觉与实在》中断言:"在描述和解释世界方面,科学是万物的尺度,即判定什么东西存在或非存在的尺度。"① 也就是说,任何物理对象和任何主体都仅仅是科学的对象,科学为人们提供了有关世界的描述和解释,也只有被科学描述和解释的存在才是真正的存在。这一主张就等于正式宣告了科学实在论的诞生。W.塞拉斯强调说,一切常识的图像都可以被科学的图像所替代。人们在认识世界时,会产生明显的(或称常识的)与科学的(或称假设的)两种不同的映像。前者是指人们对一切可以直接观察和感知的存在物的经验概括系统,其对象包括人、动物、生命的低级形式以及像河水、山石那样纯粹有形的东西。一切没有超越直接观察的科学如牛顿力学,也都属于它的范围;后者则指对一切不可直接观察和感知的存在物经过特殊的科学推理所得来的概念构架。

W.塞拉斯的这种看法在某种意义上反映了人类在科学史上的认识过程:当科学还处在牛顿经典力学阶段的时候,它的确在人们认识中是明显的和常识的,但当爱因斯坦的相对论使科学认识从低速到高速、普朗克的量子论又使之从宏观到微观的时候,人们就不能仅局限于直接观察和经验的概括,而要运用复杂的逻辑思维和想象力。W.塞拉斯认为,明显的映像只不过是对原始映像的精致化,而科学映像则是从假设的理论构造得来的,它是一种完善的映像,即规定了某种完整真理构架的映像,而且可以担负起常识映像的全部作用,其中包括观察或感知的作用。有关科学或假设映像的概念是一种理想化的概念,它是某种具有能动性概念构架的实施。与常识映像有关的那些常识的物理客体不应存在,因为它们本身就是不实在的。只有那些与科学映像有关的微观客体才是实在的,因而才会存在。这种观点正反映了W.塞拉斯的唯心主义倾向。但他也注意到由于从方法论的角度看,任何科学理论都是在人们可以了解的可感事物的世界中,从不同的程序和不同的位置建立起来的结构。因

---

① W. Sellars, *Science*, *Perception* and *Reality*, Ridgeview Pub Co (June 1, 1991, p.173.

此，从某种意义上说，科学的映像也可以是来自常识或明显世界所支持的某些映像。

W.塞拉斯主张必须把本体论的承诺（Ontological Commitment）从常识映像转移到科学映像，而科学所提供的映像就是实在的对象，只有它才是真实存在的。本体论的承诺是美国当代最著名的实用主义分析哲学家奎因（W. V. O. Quine）经常使用的哲学术语，他认为，一门科学理论或一种说话方式通常包含着"本体论的承诺"，例如，有说红房子、红花、红日有一个共同的红色特性时，这就做出了本体论的承诺，即承担了一种含有性质的本体论。总之，某人的本体论就是他用来解释一切经验的概念系统的基础。但W.塞拉斯对这一术语赋予了不同的意义。在W.塞拉斯看来，任何感官对象的存在都只像科学所描述的那样存在着，任何日常经验对象都可以用科学的实体来替代，故西方有人也把科学实在论叫做替代实在论。W.塞拉斯还提倡一种层次说（Level），认为可以从不同的层次来看世界，在某个层次上可以承认有感知的特性，如可以为色、香、味在世界上安排位置，而在另一个层次上，这种感知的特性又可以被替代掉，但这种特性并不是客观对象的特性，而只是感觉材料的特性。

W.塞拉斯的科学实在论不同意直接呈现说，它和批判的实在论一样主张洛克式的间接实在论。W.塞拉斯在讨论科学概念的构架时指出：当某人看到眼前的一个物理对象是红颜色和三角形时，真正发生作用的一部分东西是红和三角形这些感觉材料。换言之，感觉材料就是最好的知觉论和外部世界的一个组成部分，它既关系到外部世界的性质，又关系到人们在感知这种外部世界时所构成的关系。科学实在论与洛克的素朴实在论、康德的实在论有异曲同工之处，那就是它们都主张外界对象独立于主体，不过，它并不完全同意洛克有关两种性质的学说，而认为第二性质的感觉材料与第一性质是类似的，它也不完全同意康德的不可知论，而认为至少外界对象有一部分是可感知的物理客体。科学实在论认为外界对象并不是直接被感知的，而是通过感觉材料。任何感知某种外界对象的人都是在感觉上认识某种感觉材料。换句话说，一个人有关物理对象的全部知觉经验就在于从知觉上认识或经验了感觉材料。总之，科学实在论认为客观外界的万事和万物都是间接被感知的，人们所感知的只是感觉材料。这种感觉材料说受到了罗素早期思想的影响。①

有意思的是,W. 塞拉斯的得意门生丘奇兰德(P. M. Churchland)等,在新的社会与科学条件下,对罗素《心的分析》加以进一步的发展。丘奇兰德的新著《物质与意识》(P. M. Churchland, Matter and Consciousness, 1988),提供了重要的论证方法论和经验材料来研究心的哲学。他试图表明,只有认知科学的经验性才能解决基本的哲学问题。为此,他创造了一种把人工智能、神经科学与人品论(Ethnology)结合在一起的方法,并指出,人们有关心灵的思维将发生剧烈的变化。丘奇兰德对各种不同的智能进行广泛的探讨,并结合伦理学系统地讨论了心身的本体论、认识论、方法论以及句法等问题,其中包括意向性、他心、自我意识、认知方式等内容。

有关人的心与身、自心与他心以及内心与外物等的关系问题,也是20世纪末以来,美国哲学界普遍关注而且争论不休的问题。人文哲思贯彻到底最终必会复到对人的本身及其精神现象、意识活动和主观能动性的探索。人总是试图了解宇宙和周围的世界,然而却并不真正了解自身的奥秘。人对人生与外界的态度、情感、价值观、精神状态、认识能力、逻辑思维以及理性的决策决定了社会关系的复杂性。20世纪以来,原属哲学的心理学和行为科学从其母体脱胎出来,成为完全独立的学科,并以一种经验的、实验的、数理统计的和科技化的方式,得到研究和发展。甚至有人极端地预言,就连认识论也要从哲学中分化出去,成为心理学和行为科学的组成部分。信息时代的到来,更是带来人的认知能力的巨大飞跃。人的认识一方面无限地向外——向自然界、宇宙太空以及一切最终本体或超自然的力量扩展;另一方面又无限向内——向自身心灵、精神活动和认知能力深入。由于人们并不了解自身和"心"的奥秘,宗教才可占据灵魂、静思及心的超渡性问题等地盘。美国哲学家把心的研究当作哲学的

---

① 西方科学实在论的另一位重要代表人物是澳大利亚的斯麦特(J. J. C. Smart),他具有一定的唯物主义倾向,其主要著作有《哲学与科学实在论》(1963)和《时空问题》(1964)等。斯麦特自称是一位物理主义者,认为用物理学可以解释一切科学领域。与塞拉斯不同的是,他彻底摒弃了洛克的所谓第二性质。他认为,物理的世界是无色、无声、无嗅的世界,物理学家根本就不用要"色香味"一类词,但他的思想带有浓厚的形而上学机械观的色彩,因而往往把物质的高级运动形式归结为低级运动形式,例如他把人看作是一架精密的机器等,西方有人把他的思想叫做极端的"替代实在论"。实在论还有其他发展形式或变种形式,如冯弗拉森(B. C. Van Fraassen)的反实在论;杰利(R. N. Giere)的建构实在论;哈金(J. Hacking)的实验实在论;萨普(F. Suppe)与詹宁斯(R. Jennings)的准实在论;法因(A Fine)与罗蒂(R. M. Rorty)的后实在论等。因篇幅限制,本文不作详细评述。

一个分支,称之为"心的哲学"或"心理的哲学"。其实,从历史上看,古今中外的思想大哲们,无不对心的问题倍加重视,只不过今天的学者们在新的社会文化和科学条件下,对这一古老的论题加以新的解释罢了。

这种心本位化的哲学研究,实际上是试图揭示人对自然、超自然、其同类构成的社会所产生的精神活动和现象的规律,并试图揭示作为万物之灵的人的主观能动性的性质、状态、结构、范围、限度、功用、过程和关系等。例如经验与理性、动机与行为、头脑与意识、意识与物质、自我与他我、自我与自由意志、精神活动的硬体与软体等问题。哲人们或继承和发展了某些旧的理论框架,如唯物论、唯心论、二元论、实在论、怀疑论、唯我论等;或是以新的方法论提出新的理论范式,如行为论、表达论、归元论、功能论、物理论、标准论、认同论、意向论等。这个研究方向在美国的主要代表人物有丘其兰德(P. M. Churchland)、哈姆普谢尔(S. Hampshire)、纳格尔(T. Nagel)、普特南姆(H. Putnam)、登内特(D. Dennett)、希尔(J. Searle)、巴赫(K. Bach)、斯蒂奇(S. Stich)以及霍夫斯塔德特(D. R. Hofstadter)等。

科学哲学家普特南姆重构了认知科学,他把精神状态视作抽象数码电脑的功能性状态,正像电脑程序的操作,思维成为对某种抽象符号的"操纵",而且,心灵由符号在世界中指示事物而获得意义。由此功能,哲学成为心的哲学的主导学说。然而,后来随着反对功能主义的经验证据越来越多,普特南姆本人也意识到功能主义有着逻辑的不一致,于是,在其著述《表述与实在》(H. Putnam, *Representation and Reality*, 1988)中,揭示自己学说的哲学谬误,甚至指明为什么功能主义作为心之哲学必然失败。这种失败给语言学、人工智能以及认知性与发展性心理学带来了巨大的冲击。书中,普特南姆还探讨了意义与唯心论、意义与他人和世界、真理问题以及作为狭性内容可观察性的功能和概念作用等。罗蒂评价说,普特南姆以其新著为代表的后期思想,是在心的哲学中对归元主义所做的最彻底、最认真的批判,它将指导电脑与人类类比的研究。

作为心的哲学先驱者之一,登内特在其《内容与意识》(D. Dennett, *Content and Consciousness*, 1986)一书中,试图结合哲学与科学两种途径来研究"心",把神秘精神的现象分解为数个独立现象,并把它们作为头脑物理行动的基础。他讨论了有关心的本体论问题,例如心的存在与认同、心之语言的内容、意向性、信息的理智用途、以目的指导的行为及解释性人格与亚人格的层次,还讨论了意识的各种问题,如确定性、注意力、想象力、思维推理、意志力、意向行为及知与理解等。登内特还在与霍夫斯塔德特合著的《心之我》(D. R. Hofstadter and D. C. Dennett, *The Mind's I*, 1981)一书中,结合宗教学来研究"心",探讨了自我灵魂、心灵、自由意志以及内视(The Inner Eye)。

与此相关,斯蒂奇针对人们在信仰和欲望问题上的困惑,推出了一套理论架构,即把信仰看作是精神的句型而加以分析。他还分析了信仰的内容观、信仰概念与认知科学的关系、心的强表述与弱表述理论、心的句法理论以及通俗心理学与认知科学的关系问题。女哲学家 P·丘奇兰德称斯蒂奇的《从通俗心理学到认知科学》(S. Stich, *From Folk Psychology to Cognitive Science*, 1983),是研究内容及其作用的一个新的转折点。纳格尔的《无中生观》(T. Nagel, *The View from Nowhere*, 1986)一书从更人文性的角度探讨了心身关系,如个人的认同与例证、客观自我、知识思想、自由价值、伦理原则、生存权利以及生死与生命的意义等。

三、罗素与维特根斯坦语言观的双重影响

塞拉斯明显地追随罗素所力图创制理想语言的设想。按照 W. 塞拉斯的观点,所谓真理就是在某一概念结构中由描述这个结构的语义规则所正确肯定的东西。由于概念结构是不断进化发展的,因此,每一种后继的概念结构都比前一结构更完善。W. 塞拉斯主张,应该构想出某种语言,这种语言能使使用者勾画出对象的理想图景,而且这种语言是由某种理想概念系统的语义规则所认可的。W. 塞拉斯把这种语言称为皮尔士式语言。在他看来,所谓真理就是皮尔士概念结构的语义规则所正确肯定的东西。某个命题为真就是与有关语义规则相一致,真的就是在语义上可以肯定的。某个陈述在语义上可肯定必须满足有关语义规则的全部需要。理想的概念结构是由理想的科学理论所提供的,但理想的科学理论在原则上是不可能获得的。人们只有掌握了一个完整的概念系统,才能掌握它所包含的每一单个的概念。W. 塞拉斯的这种观点是与经验主义传统不同的。

W. 塞拉斯的语言哲学还受到维特根斯坦思想的影响,而认为图像是与事实和真理的概念密切相关的语言项目,它也是某种单独的事实陈述,完善的图像是与语言的语义和用法规则相一致的。某个词的意义主要是指这个词与某种规则联系在一起并在这种规则的支配下所发生的作用。

这种作用就是以语言行为各种层次和范围的词所造成的某种可许可的移动系统。一种有意义的言词是与某种规则的逻辑地位相关的。通过阐述在语言中支配某个词作用的有关规则，就可以知道这个词的意义。W. 塞拉斯的《物理实在论的哲学》《科学、知觉与实在》《科学与形而上学》《自然主义与本体论》等著作，以及一系列重要论文，如《科学实在论站得住脚吗？》《论给与和解释的一致性》《意识是物理的吗？》《自然主义和进步》《阿基米德的方法》和《精神事件》等，从科学实在论的立场出发，进一步讨论了语义学、意向性、谓词和抽象实体之间的相互联系问题。

W. 塞拉斯把一种方法论的行为主义引进了意义说。他宣称，若想把有关意义的实在论观点同有关言词一致性的观点结合起来，就必须建立一座通向意义的行为标准的桥梁。进一步说，某个命题的表达是作为受规则支配和决定的某种行为项目的结果而获得意义的。W. 塞拉斯与经验主义传统相对立，认为词的意义是表示语言项目之间的某种关系，而并非表示词与外界对象的关系。他接着指出，要想表示语言与外界对象的关系，只有靠描述这一手段。W. 塞拉斯还认为，各种语言项目之间可以在同样的用法下互相转换或翻译，但它们不能转换或翻译为某种非语言的项目。美国著名的分析哲学家普特纳姆(H. Putnam)于1981年出版了《理性、真理与历史》，该书着重阐述了科学实在论对于意义和所指、心与身、事实与价值、理性与历史以及科学对现代推理能力的影响等问题。随后，他还在一篇题为《三种科学实在论》的文章中把科学实在论分为三种：(1) 唯物主义的实在论；(2) 形而上学的实在论；(3) 专门研究科学知识的实在论。他只承认这第三种，即科学实在论对于科学知识的有条理思维来说是必不可少的。

20世纪80年代以来，不遗余力地发展科学实在论的恐怕要数W. 塞拉斯的学生丘奇兰德(P. M. Churchland)了。丘奇兰德在他的著作《科学实在论与心灵的适应性》(1979)中指出：科学实在论的眼界使我们找到了出路来摆脱当前认识论中的僵局和方法论中的困难。他认为，目前的概念构架是整个旧概念构架发展中的最后一步，人们可以在不同的基础上和更加有利的概念构架中创造出新的概念。显然，最理想的是物理学、化学以及其他许多分支科学的概念构架。这些科学的概念构架是强有力的，而且它作为实在性的系统表现也是极其可靠的。总之，科学的作用将为我们提供一种优越无比的，而且从长远看来是非常深刻的不同的世界概念。值得注意的是，一些科学实在论者试图把科学实在论与社会实践结合起来。他们认为,随着经验主义认识论的发展,人们也日益注意到了知识的社会决定因素及认识的实践活动在知识结构中的根本地位。因此,对于科学实在论来说,充分强调社会实践的作用是一项迫在眉睫的使命。①

总的来说,20世纪的整个现代实在论思潮是来源于经验主义传统的,它也是罗素等所引导的现代分析哲学的一个重要支派。由于现代经验主义和形式主义因走向极端而发生了深刻的危机,所以,现代实在论思潮也在不断地完善着自己,科学实在论便是它的第四代变种。科学实在论的特点可以概括为:(1)为了克服经验主义的狭隘性,试图把它与唯理论结合起来,但在认识论尤其在真理观上,却表现了更明显的唯心主义倾向;(2)在现代自然科学潮流的冲击下,更加注重打着科学的旗号,并试图对自然科学进一步做认识论和方法论上的哲学概括;(3)吸收了包括实用主义在内的其他一些哲学流派的观点,尤其更多地吸收了逻辑和语言分析的思想,对人类知识和科学理论的结构做了静态的分析;(4)某些代表人物在新形势下复活了17世纪和18世纪的机械观,并出现了庸俗唯物主义的倾向。

四、结构实在论——科学实在论的改良形式

"当代不少实在论者或反实在论者都认为,结构实在论(structural realism)被视为科学实在论最雄辩的形式。"②结构实在论与本体论、认识论、物理哲学和数学哲学都有密切的联系。作为当代分析哲学运动的一个支派,结构实在论曾受到罗素分析思想的相当影响。

科学实在论认为,我们应相信对不可观察实体做出最成功的科学理论假定。对科学实在论而言,最有力的论据是无奇迹论证,据此,倘若科

---

① 科学实在论者们出版或发表了许多著作和论文。其中比较重要的有冯弗拉森(B. C. Van Fraassen)的《科学映像》、格利莫尔(C. Glymour)的《理论与证明》、布拉底(M. Bradie)的《模态、隐喻与科学实在论》、皮特(J. Pitt)的《图像、映像与概念演变》、瓦拉尔(J. Worrall)的《科学实在论与科学演变》、劳丹(L. Laudan)的《问题、真理与一致性》、弗尔德(H. Field)的《实在论与相对主义》、雷波林(J. Leplin)的《科学实在论的历史缺陷》、雷蒙(R. Laymon)的《科学实在论与不同层次违反事实的途径(从素材到理论)》及林根(J. D. Ringen)的《为科学实在论辩护》等。这些著作和论文从不同的角度对科学实在论进行了详细的阐述,从而使这个学派的思想对西方哲学界和科学界日益产生重大的影响。

② "Structural Realism," *Stanford Encyclopedia of Philosophy*, substantive revision Jan 10, 2014. http://plato.stanford.edu/entries/structural-realism/.

学理论并非近似真实世界的描述,科学的成功将是奇迹。而这种说法常被引用作为对不可观察实体理论怀疑的理由,可以说对科学实在论最有力的反驳就在于科学激烈发生理论嬗变的历史。

结构实在论是由约翰·沃拉尔(John Worrall)为了打破争论的僵局,而引介给当代科学哲学的。沃拉尔在1989年发表了《结构实在论:对两个世界都是最好?》,此文阐明了结构实在论的宗旨和方法,在科学理论变化时,只有内在的数学结构(形式),而非内容(实体)能够生存。沃拉尔断言:"在从弗瑞斯内尔(J. Fresnel)到麦斯威尔(G. Maxwell)的转换中,有一个连续性的重要元素;这是远远超过一个简单的问题,即将成功的经验内容置于新的理论之中。在相同的时间,它又是相当少地进行了充分的理论内容或完全的理论机制(即使在"近似"的形式中)……在上述转换中,存在着连续或积累,但连续性是一种形式或结构,而并非内容。"①

沃拉尔主张,我们不应该接受常规的科学实在论,因为它判定,我们观察那些引起现象的不可观察的客体性质曾被我们最好的理论所正确地加以了描述。然而,我们不应该成为科学上的反实在论者。相反,我们应该采用结构实在论,并仅承认理论的数学或结构性的内容。由于保留变迁理论的结构,结构实在论:一、避免悲观的元归纳法;二、不做奇迹式的科学的成功(强调理论结构描述世界,而非其经验内容)。沃拉尔的论文被广泛引用,人们开始鼓吹不同形式的结构实在论。这些争论概括了当代一些最伟大科学哲学家的工作。沃拉尔称自己的结构实在论发端于庞加莱(Henri Poincaré)的结构主义,并结合了新康德主义的算术性质和组合论,以及有关时空几何的传统主义。2000年,高尔(Gower)对结构实在论作了历史考察,并讨论了卡西尔(Ernst Cassirer)、石里克(Moritz Schlick)、卡尔纳普(Rudolf Carnap)以及罗素等人对结构主义的看法。结构实在论可看作是科学实在论在认识论上的改良,即我们只相信科学理论所告知的不可观察的对象,并推迟判断后者的性质。结构实在论有各种各样的形态,这可能需要:1. 我们无法知道那些实例化世界结构的个体,但可知道它们的性质和关系;2. 我们无法知道个体或其内在/非关系属性,但可以知道它们的一阶关系属性。3. 我们无法知道个体,其一阶性质或关系,但可以知道它们的关系性质的二阶结构。罗素(1927)和

---

① Worrall, J., 1989. "Structural realism: The best of both worlds?" *Dialectica*, 43: p. 117. Reprinted in D. Papineau (ed.), *The Philosophy of Science*, Oxford: Oxford University Press, pp. 139—165.

卡尔纳普(1928)采取了这种极端的看法,认为科学只告诉我们世界上纯粹的逻辑功能。①

裴罗斯(Psillos)指出结构实在论"上升之路"是从经验主义认识论原则起始,并到达外部世界的知识结构。"下降之路"能以弱化常规科学实在论的方式达到结构实在论,这是由沃拉尔倡导的。裴罗斯对两条路都进行了抨击。1927年,罗素是沿着那条向上的路行进,②他遵循了三个认识论原则:一、我们只有直接进入我们的知觉(艾耶尔的"自我中心困境");二、不同的效应有不同的原因(这被称为裴罗斯的亥姆霍兹—维尔原则,the Helmholtz-Weyl Principle);三、作为原因之间的关系,知觉之间的关系具有相同逻辑数学结构。如此一来,罗素便主张科学只能描述世界的同构,因此对于上述第三条,我们仅能知道世界结构的第二阶的同构,而非(一阶)结构本身。沃兹斯(I. Votsis)捍卫了罗素的这条上升之路。③

结构实在论是对传统科学实在论加以认识论的光泽,创始人麦斯威尔想让科学实在论与有关理论术语的概念经验论相容,并力图解释我们如何能认知不可观测的实体。他关注的问题是,理论讨论了各种各样我们并不熟知的实体和过程。他想知道人们能否了解它们及其属性?追随罗素的方法,他所给的答案是我们可通过描述来认知这些东西,也就是通过其结构特性来了解它们。事实上,他认为,这是我们对它们认识的限度,可利用单纯的结构来获知理论术语的意义。

因此麦斯威尔同罗素一样,宣称不可观察领域的知识对于结构的知识是有限度的,或对其高阶性质的知识是有限的。最纯粹的结构主义有可能实现,结构对理论的高阶属性来说是适用的,而它们仅能在纯粹的形式术语中得到表达。

德默普罗斯(W. Demopoulos)和弗里德曼(M. Friedman)得出结论,将某种理论归结为拉姆西语句(Ramsey sentences)④等同于将它归结

---

① 参见 Bertran Russell, *The Analysis of Matter*, London: Routledge Kegan Paul, 1927; Carnap, R., *The Logical Structure of the World*, Berkeley: University of California Press, 1928.
② Bertrand Russell, *The Analysis of Matter*, London: Routledge Kegan Paul, 1927.
③ Votsis, I., 2005. "The upward path to structural realism," *Philosophy of Science*, 72: 1361—1372.
④ 拉姆西语句是一种理论命题的形式逻辑构造,用来在语句与形而上学(玄学)之间划分一条界线。

为其实证后果。① 因此,"罗素的实在论坠入了某种版本的现象主义或严格的经验主义:所有具备相同观测后果的理论将是同样真实的"②。梅利亚(J. Melia)和萨兹(J. saatsi)也认为,内涵的概念,如自然的因果意义,可适用于属性以保存拉姆西语句的形成。③ 这使人回顾起当年罗素为驳斥纽曼(Max Newman),而对结构主义所做的辩解。④ 戴默普罗斯还认为罗素、拉姆西以及卡尔纳普各自有三个非常不同的看法,但都具有结构主义核心版本。⑤

沃拉尔引介结构实在论的动机仅仅是对悲观的元归纳法做出实在论的回应。弗任齐(French)和雷迪曼(Ladyman)在描述一种结构实在论的形式时,提出了另外两个问题:一、量子粒子、时空点以及联结点的认同与个性;二、科学的表现,特别是在物理中模型和理想化的作用。由此可见,当年罗素和卡尔纳普结构主义的版本在认识论和语义问题上,比从物理学所产生的本体问题具有更直接的动机。⑥

本纳斯拉夫(P. Benacerraf)认为,不能只具有结构属性的客体。⑦ 这种对客体的想法被杜梅特(Dummett)谴责为"神秘主义"。⑧ 布什(J. Busch)在结构实在论的语境下对此进行了批判。⑨ 这些反对意见让人想

---

① Demopoulos, W. and Friedman, M., 1985 [1989]. "Critical notice: Bertrand Russell's *The Analysis of Matter*: Its historical context and contemporary interest," *Philosophy of Science*, 52: 621—639. Reprinted in C. W. Savage and C. A. Anderson (eds.), (1989), *Rereading Russell*: *Essays on Bertrand Russell's Metaphysics and Epistemology* (Minnesota Studies in the Philosophy of Science: Volume XII). Minneapolis: University of Minnesota Press.

② Demopoulos, W. and Friedman, M., "Critical notice: Bertrand Russell's *The Analysis of Matter*: Its historical context and contemporary interest," *Philosophy of Science*, 52, 1985, p. 635.

③ Melia, J. and Saatsi, J., "Ramsification and theoretical content," *The British Journal for the Philosophy of Science*, 57, 2006, pp. 561—585.

④ Hochberg, H., "Causal connections, universals and Russell's hypothetico-scientific realism," *Monist*, 77, 1994, pp. 71—92.

⑤ Demopoulos, W., "Three Views of Theoretical Knowledge," *British Journal for the Philosophy of Science*, 62(1), 2011, pp. 177—205.

⑥ "Structural Realism," *Stanford Encyclopedia of Philosophy*, substantive revision Jan 10, 2014. http://plato.stanford.edu/entries/structural-realism/

⑦ Benacerraf, P., "What numbers could not be," P. Benacerraf and H. Putnam (eds.), *Philosophy of Mathematics*: *Selected Readings*, second edition, Cambridge: Cambridge University Press, 1983, pp. 272—294.

⑧ Dummett, M., *Frege*: *Philosophy of Mathematics*, London: Duckworth, 1991.

⑨ Busch, J., 2003. "What structures could not be," *International Studies in the Philosophy of Science*, 17: 211—225.

起罗素的看法:"……正如德得金特(R. Dedekind)所建议的,序数不可能只是作为构成某种进程关系的术语。如果它们是某种东西,那么一定是某种固有的东西;它们必须不同于作为点和瞬或色和声的其他实体。德得金特力图表明的是一种可能通过抽象原则的手段所得到的定义……但如此得到的定义总是表明某些实体的类……即具有某种它们自己真正的特性。"①

---

① Bertrand Russell, *The Principles of Mathematics*, W. W. Norton & Company, INC., 1903, p. 249.

第九章　罗素分析方法在社会人文上的运用

罗素是世界著名的学者和社会活动家,也是现代西方分析运动的开拓者,他把一种哲学思潮引上了一个非常狭隘的方向。他在1914年宣称:一种真正的科学哲学不主张解决人类或宇宙命运的问题;一切哲学问题经过必要的分析和提炼,都只是逻辑问题。① 后来,分析哲学中的某些派别把这些思想贯彻到底,使之成了极端的形式主义。而罗素本人并没有沿着这个方向走到极端,在分析哲学中,人们往往把他称作最"形而上学"(指玄学)的一位人物。罗素虽然主张哲学不解决根本问题,却又认为由于不可避免仍需要解决。他就是以这种态度来对待所谓心物关系的。第一次世界大战使他觉得无法回避人和人类命运的问题,从此他便投身于社会改革的活动,并且对此进行了系统的理论概括。

可以说,从抽象的哲学转到对人生和社会问题的研究是罗素一生的一个最大转折。罗素晚年曾说,爱情、求知和对人类苦难的同情是自己一生的三大激情,爱情和求知使他升入天堂,而同情又使他降入尘世。实际上,这三大激情都促使他关心着人和人性的问题。罗素的人性论是其整体思想的一个重要部分,他的历史观、社会观、政治观、伦理观和教育观等都是从这种人性论出发的。

一、罗素分析方法影响了社会人文的研究

从一定意义上说,罗素将分析的方法更广泛地运用到人文伦理以及社会政治理论的研究方面。1938年,罗素出版了政治哲学名著《权力:一种新的社会分析》(*Power: A New Social Analysis*, Allen, 1948)。书中主张,即便在社会主义国家里,自由也应当保有地位;社会理论的基本概念并非财富,而是权力,社会主义应当实现最大可能的权力平等;只有在国家民主的条件下具备制约官员权力的手段时,土地与资本的国家所有

---

① Bertrand Russell, *Our Knowledge of the External World*, Routledge, 1993, p.33.

可以说,在罗素的某种启发下,西方不少学者运用分析的方法考察社会文化分析的单位(units)与层次(levels)。霍夫斯泰德(G. Hofstede)将文化描述为"心灵集体编程,它区分了某一群体成员与另一群体成员不同,或一类人与另一类人不同"①。他还曾区分了人性与个人特性的不同。根据这种观点,文化具有集体性质,可适用于不同的社会群体,如国家、行业、企业、部门、职能等,因此,文化团体可在不同层次加以界定与研究,而且相互之间不一定排斥。② 詹本雷狄克和斯廷坎普(E. Jan-Benedict and M. Steenkamp)区分了文化的三大层次:元文化(meta-culture)、国家(民族)文化(national culture)和微观文化(micro-culture)。③ 元文化是国家集群,可能会具有一些共同的文化特性。④ 国家文化由国界划定,微观文化是一个国家内部的亚文化。元文化甚至比国家文化更全面,微观文化或亚文化则更为具体。一个微观文化所保留的不仅是国家文化的重要模式,而且也是其独特的行为模式。这种微观文化上可以用各种交叉的标准来界定,包括语言、种族、宗教、年龄、城市化和社会阶层等。文学的考察表明,国家经常作为跨文化研究的一个分析单位。霍夫斯泰德论证说,由于相对类似的历史、语言、政治、法律和教育环境等,当今的国家"是其公民常见精神编程的来源"。国家是文化的一个合适和便利的指标,但将它当做文化的唯一代理,却值得商榷。事实上,国家仅是所研究文化的一个层面。国家级别的文化可以是单一的或多元的。单一文化具有同质性,并为其成员提供共同价值观。相比之下,多元文化是由许多亚群体所组成,可以共享一些共性,但在其他许多问题上是不同的。当单元文化有一个高度同质化时,多元文化的特点是亚文化的异质性和存在性。只有少数国家,如日本有相对同质的民族文化,这可以看作是单一性。大多数其他国家的特点是具有某种程度的异质性,并在境内存在不同亚文化,这阻碍了研究者将国家等同于文化。进行跨文化研究时,应注意在国

---

① Hofstede, G. 1997. *Culture and Organization: Software of the Mind*. McGraw-Hill.
② Hofstede, G. 1980. *Cultures Consequences: International Differences in Work-related Values*. Beverly Hills, CA: Sage.
③ Jan-Benedicte, E. and Steekamp, M. 2001. "The role of National Culture in International Marketing Research." *International Marketing Review*, 18,1.
④ Ronen, S. and Shenkar, O. 1985. "Clustering Countries on Attitudinal Dimensions: A Review and Synthesis." *Academy of Management Review*, vol. 10, 3, 435—454.

家文化中的亚文化。① 除了国家内部异质性，利用国家文化作为分析单位可能有其他的局限性，因为国家或民族原本是一个西方的概念，许多西方普遍接受的假设对其他非西方的国家来说不一定是真实的。世界历史表明，许多国家的边界已经确定，但是由于政治和军事因素，而并非由于文化边界的因素。考虑到上面讨论的问题，有人建议，只有注意了国家内部的同质性和国家之间的差异性，研究者才能在国家的层次上对文化加以概念化。尽管国家等同于文化的说法是一个非常方便和实用的方法，但重要的是要考虑其他层面的文化分析，这可以用语言、宗教、种族、地域，甚至经济因素的影响来加以界定。作为国家文化的一个狂热的拥护者，霍夫斯泰德关注到了如地理因素（西非，东非）和语言（如阿拉伯国家）等其他的决定因素来界定文化分析的单位。② 除了国家的其他决定因素，如语言、宗教、科技、工业、国界以及气候等，也可能是文化分析的有用单位。③ 在添加这些决定因素之后，我们可以提供更有意义同质文化的单位，而这可能会带来更可靠的研究结果。

在当前的社会文化研究中，越来越多的学者应用数据分析的方法。数据分析是将收集的各种数据经由加工、分类、整合、比对、解读等操作后加以缜密的分析，从中得到正确有用的信息，最终制定合理的决策。其方法分为传统与创新两类：前者包括排列图、因果图、分层法、调查表、散步图、直方图、控制图等；后者则包括关联图、系统图、矩阵图、KJ法、计划评审技术、PDPC法、矩阵数据图等。在进行数据分析时，应注意数据是否足量、真实、准确与可信，并且所得到的信息是否符合预设的计划；同时尽量防止失误、错置、虚假、夸大和遗漏等。在统计学领域，有学者将数据分析分为三类，即描述性统计分析、探索性数据分析以及验证性数据分析等。数据分析尤为关注的是定性分析与定量方法的使用。④ 一般来说，实证研究采用分析数据的定量方法。在这方面，一些研究者认为，定量和

---

① Hofstede, G. 1991. *Culture and Organization*. McGraw-Hill.
② Ibid.
③ Peterson, M. F. & Smith, P. B. 1997. "Does National Culture or Ambient Temperature Explain Cross-National Differences in Role Stress? No Sweat." *Academy of Management Journal*, 4, 930—946.
④ Lim L. and Firkola P. 2000. "Methodological Issues in Cross-Cultural Management research Problems, solutions, and proposal." *Asia Pacific Journal of Management*, 17, 133—154.

定性的方法之间的选择从根本上是不同认识论立场之间的显著差别。①例如,现实主义立场的定量研究与理想主义的定性研究处于直接的对立,并且这两种方法不可通约。然而,有些人认为,定量和定性研究之间的二分法是不完整的。② 事实上,根据研究设计,有可能采用定性或定量的方法抑或两者结合来收集或分析数据。定性研究可以应用实证性解释其实验结果的方法。虽然许多研究者仍然喜欢定量方法,事实上,定量的方法无法解决那些使用概念和定性研究所产生的方法论问题。③

有时人们假定定性研究更有利于认识,最优秀的研究都属于完整的、概念的以及理论构建的类型,而非纯粹定量实证的。还有人认为辅以统计和数字处理方法的定性研究论文更为有用。然而,定性研究似乎仅为最初的步骤,而多数跨文化研究者仍然喜欢采用定量的方法。通过识别两种方法的重要性,一些研究者提出定性与定量相结合的方法。④ 为减少定量结果而发展的技术从根本上依赖于相关的检验。⑤ 二元分析的应用是作为可能造成误导的唯一技术。文化问题的复杂性需要额外的数据来进行多元分析,并使用其他强大的统计技术。多元回归分析可用于检测多个变量对观察到的现象的影响,而其他技术,如因子分析等,可能需要确定变量是否相互独立。⑥

不少东西方研究学者,试图将历史上与现状下各种文明在发展中的事件,用案例分析的方法加以阐释、检验、审思与归纳,然后得出理论上的抽象与概括。著名社会学家福山(Francis Fukuyama)相当擅长运用案例分析研究法,例如他在早年(1973)出版的《牧师的转型:神学教育的一个

---

① Filstead, W. 1979. "Qualitative Methods: A Needed Perspective in Evaluation Research." In T. Cook and C. Reichardt, *Qualitative and Quantitative Methods in Evaluation Research*. Beverly Hills, CA: Sage.

② Smith, J. K. 1989. *The Nature of Social and Educational Inquiry: Empiricism versus Interpretation*. Norwood: Ablex.

③ Nasif, E. G., Al-Daeaj, H., Ebrahimi, B. and Thibodeaux, M. S. 1991. "Methodological Problems in cross-cultural Research: An Updated Review." *Management International Review*, 31, 1, 79—91.

④ Morey, N. C., & Luthans, F. 1984. "An Emic Perspective and Ethnoscience Methods for Organizational Research." *Academy of Management Review*, 29, 1, 137—159.

⑤ Sekaran, U. 1983. "Methodological and Theoretical Issues and Advancements in Cross-Cultural Research." *Journal of International Business Studies*, 14, 2, 61—73.

⑥ Nasif, E. G., Al-Daeaj, H., Ebrahimi, B. and Thibodeaux, M. S. (1991). "Methodological Problems in Cross-cultural Research: An Updated Review." *Management International Review*, 31, 1, 79—91.

案例研究(Ministry in Transition: aCase Study of Theoretical Education)。在《第三次浪潮》一书中，著名学者亨廷顿(Samuel P. Hungtington)以1974—1990年间实现民主的31个国家为样本，采用案例研究法以及比较研究和统计研究，分析了独立变量(the independent variables)与因变量(the dependant variable)的关系。

二、罗素对个人主义的分析

罗素的人性论是建立在个人主义这一基点之上的。在他看来，人类进步的起点和归宿都是个人主义，也就是说，社会发展的原因在于追求个人的自由、平等和幸福，而社会发展的结果也必然表现为上述个人理想的圆满实现。正如罗素所说的，政治理想就是有关个人生活的理想；政治目的就在于谋求个人生活的幸福。由此便引出"社会究竟应该造就个人，还是公民？"[①]这一问题。罗素认为，这个问题在政治、伦理、教育以及形而上学(玄学)等方面都很重要。他反对黑格尔主义把个人与公民看作是一致的，而把这种观点看作是一种最终的形而上学真理，这在分析哲学家那里是最重的批评了。

罗素承认，主张社会合作与主张个人独闯的人们之间始终存在着激烈的斗争，"道德与政治的根本问题是寻求某种方式协调社会的需要与个人欲望之间的关系"[②]。人性中的确存在着个体性与社会性两种缺一不可的因素，但它们决不是有机联系的。罗素指出，造成"公民"，就会失去个人价值和自我存在，使个人成为他人的依存者，于是，个人心理与政府组织就产生了一种悲剧性的结合，人们在机械的模式下，将会逐渐丧失个性。实际上，人本身应该是一种自我存在的个体，个人事业是人类最好的活动，虽然在现代，任何人都得沦为公民，但必须首先意识到个人价值和个人所有的潜在本能，这样才不至成为毫无个性的"公民"。

罗素在《权力》一书中试图解决个人与社会组积的关系问题。他并不像存在主义者那样把任何社会制度和组织都看作是个性自由发展的锁链。他认为有一类组织是为了实现个人的利益，还有一类则是为了扼杀个人利益。真正理想社会的组织完全是为了维护个人的自由和利益的。

---

① Bertrand Russell, *Political Ideals*, 1917, p.1.
② Bertrand Russell, *Philosophy and Politics*, the Cambridge Univ. Press, 1947, p.1.

个人对组织可以构成主人、自愿者、无心者和仇敌四种关系,任何个人都必定属于其中一种。其实,罗素所罗列的只是一些非本质的社会关系。罗素还试图解决"有利进步的个人独创性"与"有利生存的社会合作性"的关系问题。

罗素主张,一切美好的东西必须体现在个人身上,一个理想的政治制度的最终目标是个人的自由发展。但问题在于以什么途径达到这个目标,随着生产力的发展,狭隘地域性的个人必为世界历史性的、真正普遍的个人所代替,个人解放的程度是与历史完全转变为世界历史的程度一致的。在一次讲演中,罗素疾呼:"我们在精神世界需要个人主义,在物质世界则要社会主义。"① 罗素虽然也赞同社会主义,但他所向往的理想社会是费边派和基尔特主义改良思想所空想的一种社会。

罗素指出,造就"公民",就会使人们缺乏科学态度;盲从传统和权威,毫无创新和进取精神。而实际上,个人的价值在于具有大胆的怀疑精神、蔑视一切迷信和神秘主义、对人类做出创造性的贡献。一切文化之所以不朽是因为它建立在个人自由之上,例如当诗人、科学家的冲动强烈的时候,如果他们坚信自己正确,就不会屈从权威,也就不会畏惧迫害,他们因此而受到了人类的尊敬。这些观点反映了罗素人生观中某种积极的因素。的确,罗素自幼就表现出一种可贵的叛逆精神。他怀疑几何公理,怀疑宗教,怀疑一切没有得到验证的东西。他早年就指出:"一个更高级完善的世界是不能被陈腐的伦理体系所束缚的。"罗素一生都在向社会的强者、传统偏见和宗教迷信挑战,他的许多思想都被当局和顽固势力看作是大逆不道的。然而,罗素的这种个人自由主义的奋斗不可能根本改变不合理的社会现状。后来,他逐步看到在现代社会中,个人的作用再也不像从前那样大了。但他仍坚持认为有四种情况是对个人开放的,即政治领袖、工业巨头、大科学家和江洋大盗。不过,他还是清醒地看到,科学家往往也成了统治集团的一种工具,等于失去了个性的存在。罗素正确地认识到由于政治和经济的压迫,人的个性会被摧毁,社会会失掉进步的希望,例如大机器的统治者可以摧残个性和心灵的自由,使人们日益变成统一的模式。罗素认为洛克菲勒和俾斯麦两人分别代表近代的经济垄断和政治独裁,并指出他们"打破了通过个人竞争带来普遍快乐的自由幻

---

① Bertrand Russell, *How to be Free and Happy*, The Rand School of Social Science, 1924, p.43.

梦"①。

到晚年,罗素产生了一种像谭嗣同那样"有心杀贼,无力回天"的悲观情绪,他感叹地说,人类惨痛的呼号震撼着我的心灵,"……我渴求除暴安良,但又无力实现,连我自己也难逃其害"②。这道出了罗素的心声。特有的局限性使他只能以一种居高临下的悲悯态度对待下层民众的疾苦。他说过"一个达尔文能胜过三千万男女劳动者"③。因此,他只能在知识分子和某些名人的小圈子中奔走呼吁,企图用个人和小团体的力量来扭转不合理的乾坤,而远远脱离了一般民众,他充其量只代表中高级知识分子中不满垄断统治、要求民主自由的人们。

罗素指出,造就"公民"就会使个人成为政府的工具、政治牺牲品和不义战争的炮灰。个人为了防止自我价值遭到摧毁,必须反对战争、专制、法西斯和霸权。第一次世界大战使他发现表面上有理智的人,却在以最大的快感屠杀同类,而且这种浩劫就发生在"西方文明"中。他奋然宣布自己反对战争,并斥责那些屠杀的罪行。他热爱祖国,从情感上也希望英国取胜,但对他来说,真理比民族情感更重要。在这一点上,他比号称第二国际某些头子们要高明得多。他强烈反对民族沙文主义的喧嚣,因为它用荣誉和英雄主义的伪装遮掩了残酷的屠杀。他希望将和平的愿望变成有理智的决心来阻止未来更大的战争。他反对在学校施行狭隘的民族主义和尚武精神的教育,认为对个性的压抑产生于对抗世界的强烈敌意,甚至会引起野蛮残忍的行为。好战是由教育等种种社会弊端造成的,只要有了合理的政治经济和教育制度,就可以消除因竞争心、权力欲和嫉妒感等造成的国际争端。只有使人性充满快乐,才能建设起和平美好的世界。人们应当受到一种发展健康心理的个人主义教育,而不要盲从政府充满偏见的教育。罗素一生积极参加反战、反核武器以及争取和平的运动,曾多次遭到当局的迫害。20 世纪 50 年代,罗素在 BBC 发表了著名的讲演《人类危机》,在结语中他说:"保持人性,舍弃其余一切,新的天堂之门将会向你敞开,否则只有毁灭。"罗素从抽象的人性和个人自由主义的立场出发来解释和反对战争,虽然当时在保卫和平中起过积极作用,但他的想法却过于天真。

---

① Bertrand Russell, *Freedom and Organization*, G. Allen & Unwin ltd, 1934, p.357.
② Bertrand Russell, "Foreword," *The Autobiography of Bertrand Russell*, George Allen and Unwin LTD, Volume 1, 1967.
③ R. Clark, *The Life of Bertrand Russell*, Knopf, 1981, p.5.

罗素个人主义的形成主要有以下几个原因。

1. 哲学世界观和方法论。坚持多元论、外在关系说和分析方法是罗素哲学的一个重要特点。1898年,罗素由所谓新黑格尔主义的"绝对一元论"者变成了"经验主义多元论"者。在他看来,黑格尔认为宇宙是胶汁而非子弹,因此分割物都是虚假的;他则强调,宇宙正像子弹,一切分割物都是真实的。他声明多元论是科学的常识,而黑格尔派的一元论却是从神秘主义伪逻辑派生而来的。罗素提出可分组合体的思想来反对新黑格尔主义把绝对看作不可分的统一体的思想。他认为,世界之所以多元,是因为它是由具有外在关系的终极要素的逻辑原子所构成的。这种多元论有一个特点,就是发生关系的元和元之间是平等而毫无差别的。罗素把他的多元论典型地称为"逻辑原子论",后又改称为"中立一元论"。他断言哲学的本质就是分析,而自己最重要的一个哲学"成见"就是分析方法。什么是分析?分析就是"发现一种组合体构成要素的方法",就是从整体 W 得知 P 是 W 的一部分。这种世界观和方法论在社会观上表现为个人主义。因为在罗素看来,一个社会也是可分组合体,它的终极要素就是孤立的个人。总之,"个人也和莱布尼茨的单子一样"①。在某种意义上,罗素的个人主义正是逻辑原子论的人格化,也正是分析法对于社会观的应用。当然,这种个人主义反过来也影响着他的多元世界观和分析方法论。

2. 继承和发展了英国人性论的传统。罗素的人性论吸取了历史上一些进步人性论的思想,尤其是他注意吸取了英国经验主义的人性论,其中个人主义是最重要的内容。例如培根把所谓人类哲学的对象看作是单个的个人,认为个人利益不同于社会利益;霍布斯把自然状态中的孤立个人看作是国家的构成要素等等。罗素十分信奉他父亲的挚友穆勒(也是他本人非宗教意义的"教父")的思想,后者强调必须给个人以彻底的活动自由,个人发展只有在本人自由采取最快乐的生活方式时才能实现。罗素极为欣赏上述主张,在他眼里,黑格尔的绝对一元论是代表专制主义的,一定会抹杀个人的一切,而英国的经验主义多元论则是代表民主主义的,它充分尊重个人的利益、自由和权力,正像他所指出的,唯一为民主做出合理论证的哲学就是经验主义。② 这种看法充分反映了罗素的唯心史观。

---

① Bertrand Russell, *Education and the Social Order*, 1932, p. 10.
② Bertrand Russell, *Philosophy and Politics*, the Cambridge Univ. Press, 1947, p. 70.

3. 新贵族家庭的某种思想影响。第一章说过,罗素的家族史是资产阶级新贵族的发家史。罗素本人认为自己的家族史就是反对国王、争取立宪自由的斗争记录。他非常崇敬因为参加革命而被查理二世处死的一个祖先威廉·罗素。罗素的父母是热情的自由思想者。罗素年轻时就感到自己也有与父亲相似的思想和情感的发展过程,当然其中最重要的就是尊重个人价值、争取个性的充分自由和解放。

4. 特定的教育环境。罗素当时就学的剑桥大学是英国培养自然科学人才的中心,在学者和青年学生中充满了一种崇尚科学、追求真理的进取精神。由于学生和教授在学术上是平等的,因此学生可以自由抒发个人的任何见解。在这样较为自由的气氛中,罗素感到个人价值开始受到重视,而生活在这样一种理性被尊为上帝、智慧被奉作德行的天地里是何等的快事!在那里,他参加了由一些具有个人自由思想的人所组成的学生团体,并受到了很大的影响。罗素把团体内的讨论看作是自由赋予个人的一件珍贵礼品。当然在那里所谓个性的自由只局限在某些高级知识分子的小圈子里,并以一种清谈的形式表观出来,它并不危及统治集团的根本利益。

5. 个人特殊的政治经历和信仰。19世纪末,自由党和保守党是分霸英国政界的两大政党。罗素很自然地加入了前者的阵营。不久,费边派产生了,它主张以无产阶级和资产阶级的合作,缓慢、耐心地和平长入社会主义。后来,在这个派别的支持下成立了工党,罗素也成了它的成员。在费边派的影响下,罗素开始对社会主义产生兴趣,他曾在德国专门研究德国社会民主党,并与倍倍尔和李卜克内西等人来往,他很欣赏他们争取民主和反对德皇专制的事业。他曾认真钻研了马克思主义,认为它摈弃了一切传统思想和正统的道德和宗教。他同意共产主义充分发展人的个性等思想和其他某些原则,但又反对马克思主义的根本原则和进行革命的途径。20世纪初,随着工党的执政,费边派公开维护垄断资本的利益,支持重新瓜分世界的战争。罗素认为费边派走向了扼杀人们个性的邪途,于是他又改信了基尔特主义。这个派别企图以中世纪的行会制度来改良社会。罗素认为只有这个主义才能使个人获得自由、平等、权力、幸福以及最充分的发展。一方面,个人主义和自由思想促使他加入了自由党和工党,并信奉了费边派和基尔特主义;另一方面,这些政治经历和信仰反过来又促使他系统地发展了个人主义。他的不少人性论思想正是在这种情况下应运而生的。

三、罗素对社会人性的分析

罗素在其自传中说,自己曾把政治学建立在冲动比有意的目的能更好地控制人类生活这一基点上。罗素对"冲动说"进行过详细的论述,甚至到晚年,他仍坚持这个思想。"冲动说"在英国传统人性论中是屡见不鲜的,例如培根认为人类有一种自私的冲动;休谟也认为人的各种欲望,包括让敌人受害、友人得福的心理往往发生于一种自然的冲动。而罗素则把"冲动说"加以理论系统化了。罗素认为一切哲学和伦理都含有一种冲动的思想,它的目的在于使冲动的放纵有一个合理依据。冲动使人有求知的愿望,甚至"人的一切活动都来自冲动和愿望"[1]。因此,"应首先找出普通人的根本冲动及其利用环境发展的方式"[2]。

罗素把冲动分为占有的和创造的两种。占有性冲动表现在:(1)它追求私人独占财产,表现为财产冲动,造成了私有制和贫困;(2)它为了攫取更大的权力,实行专制,造成了残酷的政治压迫;它以武力进行掠夺和侵略,成为一切战争的根源,造成了不幸与死亡;它专门扼杀创造性,剥夺个性,导致了人类精神财富的毁灭;(3)它把人们投入到疯狂的竞争之中,追逐虚假的荣誉,造成了敌对的关系,使善行消失。而创造性冲动则表现为:(1)它能无限地发挥才能,激励社会改革;(2)它是爱的来源,能建立最善和最有益的生活,使人们获得最大的精神快乐;(3)它最大限度地促进科技和文化的发展,使社会得到进步;(4)它造成生命和发展,并强烈反对导致死亡的战争;(5)它造就了许多杰出的历史人物,保留了人的最完善的个性;(6)它使人既尊重自己又尊重他人,协调了人们之间的关系。尽管罗素认为前一种冲动是有害的,但又认为有冲动总比无冲动好,因为缺乏冲动就是死亡,而即使具有坏的冲动,也有可能引向生命和发展。如果人生只有目的和愿望而没有冲动,那么,人的生命就会枯竭。冲动必须是自发的,而不是强迫的,否则,一个艺术家或科学家的工作就会毫无意义。

罗素声称,一切政治制度的最大目的就是保持造成个性的冲动,使之更加完备和稳固;由于理智与冲动存在着矛盾,道德规范是必要的;"一种

---

[1] Bertrand Russell, *Principle of Social Reconstruction*, Routledge, 1997, p.1.

[2] Bertrand Russell, *Sceptical Essays*, Routledge, p.208.

使人快乐的道德必须在冲动和抑制两股力量之间寻找一个中点"①。这个中点就是在政治和私人生活的最高原则下尽量减少占有的冲动,增大创造的冲动,即是把不良冲动变为有益冲动。冲动还分为内抑与开放的两种,前者是消极的,包括野蛮、恐惧、嫉妒等;后者是积极的,包括希望、怜悯、友善、好奇等。伦理的真正本质是由开放性冲动组成的。②

罗素在《政治理想》一书中提出了理想政治制度消除不良冲动的两种办法:(1)增加创造性的冲动,它通过改革教育来实现;(2)减少占有性冲动,它通过废除资本主义与工资制度,去掉恐怖和贪财的动机来实现。总之,改革一切制度就能把冲动引向正确的方向,而判断一个政治制度的好坏就在于它是否鼓励创造性冲动、消除占有性冲动。罗素把社会的种种弊端与社会制度联系起来,这是正确的,但他颠倒因果关系,错误地把私有制及其种种罪恶看作是由人的本能冲动引起的,这是一种既反历史又非理性的观点。

罗素指出:人的活动有本能、思想和精神三个来源。人的冲动属于第一种来源的本能,这是人与低等动物所共有的;"人类就像动物一样,有一种自然进化的冲动,它在心理上的发展与生理上的发育是一致的"③。罗素认为属于生物范畴的人群是由本能的喜爱而聚集在一起的,不过,人类的冲动比一般动物更复杂,他们既不像蚂蚁和蜜蜂那样完全喜欢群居,也不像狮子和老虎那样完全喜欢独居,人类是一种"喜欢半群居的动物"④。罗素甚至认为善的冲动产生于生理上的腺体。这样,他就:(1)把人的社会活动降低到动物的自然活动;(2)把人的心理活动降低到生理活动;(3)把人的高级思维活动降低到低级意识和本能活动。罗素最根本的错误就在于:他把人类的活动与社会的具体发展方式、利益关系割裂开来。

罗素有时似乎也察觉到了自己的非理性倾向,他补充说,要把思想与冲动密切结合起来,使它们成为一种有客观目标的活动,否则对于两者都只有害处。例如,他认为爱属于本能,而恨则属于理性。但这样一来理性和思想就并非在人类一切社会活动中起必要作用了。虽然他承认人类的

---

① Bertrand Russell, *Human Society in Ethics and Politics*, Simon and Schuster, 1955, p.16.
② Bertrand Russell, *How to be Free and Happy*, The Rand School of Social Science, 1924, p.24.
③ Bertrand Russell, *Political Ideals*, 1917, p.2.
④ Bertrand Russell, *Human Society in Ethics and Politics*, Simon and Schuster, 1955, p.16.

行为并不都是直接产生于直接的冲动,而有些是有意识的目的所支配的,但他又指出在一定意义上,某些高等动物也具有这种能力。① 有一次,罗素在引用了休谟的"理性是而且只能是激情的奴隶"之后说,"它表达了一个我所同意的观点"②。由此看出,罗素人性论的非理性化倾向直接来源于休谟关于本能和激情的思想。理性在休谟看来只是人们灵魂中一种神奇而不可理解的本能,人类心灵的统一性类似于植物动物的统一性,所谓慈善、愤恨、爱生命、爱儿女等都是植根于我们天性中的本能。有关道德的善恶标准不是由于理性,而是由于心灵凭一种原始的本能企图趋福避祸。直接的激情,如欲望、厌恶、悲喜、希望、恐怖、失望、安心等来自难以说明的本能。③ 此外,罗素的冲动说与唯意志论和生命哲学等非理性主义派别也有着某种联系。

罗素正确指出,一切社会制度,尤其是经济制度,对人性有着深刻的影响,而资本主义制度严重地压抑着人性。但他又错误地认为经济制度的好坏主要看人的本能是否不受阻碍、个性是否不受束缚、创造性冲动是否有最大的发挥,而分配是否公平则是次要的。同样,政治制度的好坏也主要看是否摆脱了对人性的压抑,它的最重要目标是充分发挥个人的创造性、活力和快乐。在不良的经济制度下,贫困者是不可能得到人性的解放的;在不良的政治制度下,统治者限制了人的自主性和个性,由此,常常会爆发社会冲突。

培根认为不能压抑人的天性,即使它暂被压抑也不会绝灭,天性一旦冲破压抑就会更加强烈。罗素很赞同这种看法。摆脱人性压抑的思想正反映了他对不合理社会的某种叛逆精神。罗素认为社会有自然、权力和性格三大灾难。前两种可以用科技和社会改革来克服,而后者的克服则要靠教育来摆脱对本能的压抑,保全人们的独立性和冲动,使它们得到良好的教化,并使人的正当活动有实现的可能。要想充分发展人性,必须将他的知性、情感、意志三者发挥到最大的限度。④

罗素用一种快乐主义来解释人性,这与自由主义者边沁和穆勒有着密切关系,这两个人都主张追求个人利益和快乐是符合最大多数人的最

---

① Bertrand Russell, *Human Society in Ethics and Politics*, Simon and Schuster, 1955, pp.17—18.
② Ibid.
③ 休谟:《人性论》,北京:商务印书馆1980年版,第201、283、455、495、471页。
④ Bertrand Russell, *Education and the Social Order*, 1932, p.1.

高幸福原则,一切社会关系的基础和道德的标准就是个人的利益与快乐。在罗素眼里,摆脱压抑的结果就是获得了快乐。他认为第一次世界大战就是由于人的内心不快乐,因此人想借毁灭性的屠杀得到发泄。压抑天性就会产生对抗世界的强烈敌意,甚至会间接地引起残暴的罪行。只有传播本能的快乐,才能创造美好的世界。人生为什么会不快乐?罗素认为:一是由于社会制度,另一是由于个人心理。① 罗素还着重分析了个人的心理,他认为正是一种向内滞结的情绪,使人的心思只集中于自我,于是产生了恐惧、嫉妒、自罪、自怜等情绪而不得解脱。天性受到囚禁,完全割断了向外发展的情绪和兴趣,例如中世纪的禁欲主义把人拘泥于自我而牺牲其余一切,使人既不能享受现实的快乐,也不会达到最终的目标,造成人生极度的乏味,最终会产生意识与潜意识、自我与社会的两种冲突,接着又带来自我本身和自我与社会的两种分裂。这些冲突和分裂势必会产生种种恶劣的社会后果。而快乐的人格就不会产生冲突和分裂,这种人的生活是客观的、情感是豪放的、兴趣是广泛的,并且意识到自己是世界的一个成员,有权享受一切快乐。人的根本快乐就是对外界有一种广泛的兴趣,它是从同情感而不是从仇恨感出发的。

罗素主张用疏导法把兴趣引向外界,使人的行为能自然而合乎道德地进行,而快乐主义的行为与真正的道德家所主张的行为是一致的。罗素意味深长地说:一个快乐的人死的时候是坦然的,因为他"与具有最大快乐的生命之流是自然而紧密地结合在一起的"②。罗素很欣赏一种"开明的自利心",他预言:"只要人民追求自身的快乐而不造成他人的苦难,就可使我们的尘世变为天堂。"③

罗素还把"冲动说"引进了快乐论,提出:"一个对旺盛生命力所具有的本能的冲动持排斥态度的人是得不到快乐的。"④他认为真正的快乐必须体现在精神与肉体两个方面。前者在于创造力的发挥、思想的自由、事业的顺利、爱情的美满、亲友的尊敬等;后者则在于衣食的丰足、身体的健康等。例如科学家就是一种最快乐的人,因为他们基本上具备了快乐的

---

① Bertrand Russell, *Human Society in Ethics and Politics*, Simon and Schuster, 1955, p.1.
② Ibid., p.249.
③ Bertrand Russell, *Sceptical Essays*, Routledge, 2004, p.25.
④ Bertrand Russell, *How to be Free and Happy*, The Rand School of Social Science, 1924, p.30.

各种条件,尤其是精神条件。罗素正确地认识到个人心理也大都是社会的产物,因此"如果想发展人的快乐就必须改革社会"①。罗素生活在垄断逐渐形成的年代。由于垄断开始控制了社会生活的每个角落,资本主义的各种矛盾和危机更加剧了。为了谋生,人们终日疲命于高度现代化机器的飞速运转之中,因此出现了许多被扭曲、甚至完全变态的人格。两次世界大战造成了空前的浩劫,军国主义、法西斯主义和霸权主义日益威胁着世界。一切正直的人都感到了不同程度的压抑。

因为反战,罗素被斥为败类、间谍、卖国贼,并三次被判刑。某些离经叛道的伦理观使他在"最民主的"美国也遭到了种种迫害。作为追求自由民主、同情人类苦难的人,作为向社会强者和传统势力勇敢挑战的活动家,罗素感到格外压抑,是不难理解的。罗素的愿望是善良的,他一生都在为摆脱压抑而斗争,但却找不到一条正确的道路。

在某种意义上说,人类历史就是人性不断摆脱压抑的过程。但人们对"人性"和"压抑"的理解是不同的。罗素一类的快乐主义在反对禁欲主义的文艺复兴时期有着积极意义,在精神追求上,它反映了善良人们的空想;在物质追求上,它反映了某种消极的人生观。罗素把自己的快乐论标榜为人类的快乐标准只是一厢情愿的想法。

英国经验主义者大都是主张人性可变的。培根坚信可用某种教育方式来改变人性;洛克则把人性看作是可以任意刻画的白纸或蜡块;穆勒父子也都主张人性是通过环境和教育形成的。罗素发展了这一思想。他在早年认为成年男女的性格并不是一个数学上的固定的已知数,人的性格具有极大的可塑性,它是环境、教育和机遇影响的结果。他在晚年仍坚持:所谓人性,基本上是习俗、传统和教育的产物。罗素曾把这种思想作为自由平等的理论依据,例如他从穆勒有关男女在能力上的差异是由后天形成的这一思想中得到启发,从而投入到了争取妇女参政权的运动中。人性的可塑性是罗素人性论中最有价值的思想,主要体现在以下几个方面。

1. 强调外界影响与后天培养。罗素认为人性在环境影响下发生变化,人的本性与外界结合便产生了人的性格。经济等制度对人性有巨大的作用,因为人性中的爱、快乐和创造性冲动极大地受到物质条件的限

---

① Bertrand Russell, *The Conquest Happiness*, Liveright Publishing Corporation, 1996, p. 1.

制。与公有制相反,私有制对人性产生坏的影响。例如大机器的兴起使工人的个体所有制解体,人们为了工资而奋斗,因而失去了人生的许多乐趣。但发财欲望并不是人性固有的,可以用一种合理的社会制度来消除它。人性至少有十分之九是后天形成的,即使那十分之一的天生本能也可以改变,例如它可以为宗教信仰带来影响,再如本能中的恐怖也是后天造成的。人的冲动不为本性所固定,它可以在后天环境里得到改变。"协调原始冲动与文明生活方式是可能的,人类学研究已经证明人性对不同的文化有着广泛的适应性。"①

2. 提出人性改变的根本原由。罗素认为造成人性改变的根本原因在于控制物质世界的变化程度,人依靠科技进步来日益有效地控制物质世界,而只有这种变化打破了人们本能与生活状况的平衡,才能促使社会物质条件的变化,以改变人性。

3. 研究人性的科学。罗素基本上承认休谟的人性科学的思想。休谟认为人的科学是其他科学唯一牢固的基础,一切科学最终都回归到人性,人们一旦掌握了人性,就会在一切方面获得胜利。不过,罗素并不同意休谟把人性科学夸大到科学之王的地步,也不同意休谟的所谓人性恒常的原则。罗素认为当科学像控制自然界那样也控制了人性,那它就会从根本上改变人性,并给人一种非物质科学所能带来的空前快乐,甚至有可能用科学来改变天生的本能。在罗素看来,心理学和优生学才是达到这种结果的理想方式。

4. 鼓吹教育决定论。罗素与近代一些进步思想家一样把教育看作是改变人性的最重要方式。他指出:"教育是打开新世界的钥匙。"②它既能带来好的品性,又能带来坏的德行。人们幼时的教育最先决定了人性,这个过程甚至在人们出生的瞬间就开始了。最初的教育应该是性格的教育,其次才是知识的教育,这两种教育是不同的,因此"对我们的孩子的教育必须从培养人的性格出发"③。所谓求知欲、谦虚、信仰、忍耐、勤勉、恒心和精确性等性格都是通过教育培养的,因此,人们必须创造一种教育方法来改变青年人的欲望和冲动。

改变人的本性是要有一定的教育和训练的,但问题在于:(1) 由什么

---

① Bertrand Russell, *Authority and the Individual*, Beacon Press, 1960, p. 21.
② Bertrand Russell, *On Education, Especially in Early Childhood*, Taylor & Francis Books Ltd, 1985, p. 66.
③ Bertrand Russell, *Education of Character*, Philosophical Library, p. 196.

性质的社会经济、政治和教育制度来改变人性;(2)改变成什么样的人性。在这两点上,罗素带有偏见和局限性。应当注意,人性可变的思想并不一定是为进步势力服务的,它也可以企图主观随意地改变人性,从而扩大统治者的阶级基础。实际上,在近代社会,极端主张人性不变的人是极少的。当权者总是妄图用符合自身需要的思想规范来改变人性,使之为其利益服务。罗素人性教育论多少对此也有一定的影响,以"五四"之后的中国为例,新民学会的个别成员就主张:"用罗素的温和办法,先从教育入手,作个性之改造。"①以此反对采取暴力革命的方式。

为了实验自己的理论,罗素创办了一所小学,幻想在一个世外桃源里从事理想化的人性教育和改良,但是他失败了。这正说明环境是由人来改变的,而教育者本人一定是受教育的。罗素把环境和教育的作用片面夸大,却恰恰忽视了人首先要把最主要的环境即经济政治等制度改变成合理的。虽然罗素也看到了社会改革的必要性,但他所采取的却是一条改良主义的道路,他本人的实践就证明了这条道路是行不通的。经济政治制度没有发生改革,教育也不会得到根本改变。罗素充满偏见地说:"只有受过良好个性教育的人,才能知道哪一种个人教育有利于培养公民。"②这无异是说,只有他那样受过良好贵族教育的人才能知道怎样教育人。但是,如果教育者本身所受的教育拘于某种特定范畴的教育,那么就不可能造就真正完全的人性。罗素的人性教育论有两个错误:一是夸大了教育者的作用,鼓吹教育万能论;二是把教育对人的影响加以机械的理解。

罗素人性论的形成既由于英国社会条件的决定作用,也由于罗素本人特定的出身、经历和个人的某种思想特征。他的人性论有着自己的特点,我们所说的它对传统人性论的发展就是指这一点,它表现在:(1)打着科学的旗帜,强调跟上自然科学发展的潮流。例如罗素试图运用生理学、心理学等学科的最新成就来说明人性。(2)注意结合多种知识领域。罗素是百科全书式的多产作家,在知识广度方面很少有其他西方学者能与他相比。他广泛利用了教育学、伦理学、社会学、宗教学、政治学以及国际关系等社会学科的知识来研究人性问题。(3)企图解决社会上各种复杂的现实问题。罗素从两次大战的教训,从军国主义、法西斯主义、霸权

---

① 《新民学会会务报告》第 2 号。
② Bertrand Russell, *Education and the Social Order*, 1932, p.2.

主义、专制主义以及人类普遍的现实中,寻求对人性问题的回答。

在罗素将近一个世纪的生涯中,他的丰富经历和社会活动是历史上任何西方哲学家都难以比拟的,因此,他的人性论也有着同样丰富的内容。但必须看到罗素人性论带有某种反历史的观点、非理性的倾向、机械性的思想方法甚至伪科学的色彩。尽管罗素本人是一个正直、善良、勇于追求真理的学者和社会活动家,但他的人性论在客观上并未达到预想的积极成果,他和许多杰出的思想家一样陷入了自己所无法解决的矛盾之中。

第十章　罗素分析方法对中国哲人的影响

1920年代初,几乎同时访华的杜威与罗素在哲学方法上很不相同。大致上说前者强调"综合主义",而后者则注重"分析主义"。

罗素自认继承了英国的传统,而杜威则属德国传统,尤其是黑格尔传统。虽然杜威的工具主义最大特征与最重要的教条与分析观相一致,但杜威采用了与斯玛兹(General Smuts)在《整体论与进化论》一书中称作"整体论(holism)"相联系的形式。整体论认为在自然中起决定因素的是有机整体的理论,这种整体不能还原为它的部分之和,也就是说,整体不能被分析为其部分的总和或归结为分离元素,例如完形心理学。因此,罗素提议首先考察杜威逻辑的"整体"方面及其工具学说,并说道:"杜威博士本人坦承自己借用了黑格尔的思想。他还补充说:'我不能忽略,也尽量不否认一个精明的批判者对某种虚构的发现所偶然谈论的东西,这种东西因熟知黑格尔而在我的思想中留下了一个永恒的储存。'我在别的场合曾指出,这个学说与另一个前黑格尔主义者马克思相似;正如马克思在论费尔巴哈的文章提到,而后来又包含辩证唯物主义的理论(恩格斯从未理解的)中的那些意思:'人的思维是否具有客观的真理性,这不是一个理论的问题,而是一个实践的问题。人应该在实践中证明自己思维的真理性,即自己思维的现实性和力量,亦即自己思维的此岸性。哲学家们只是用不同方式解释世界,问题在于改变世界。'"①

当时,杜威的综合主义满足了中国的思维方式。在早期研究中,黑格尔主义的确影响了杜威。② 杜威在密执安大学的指导教授莫瑞斯(G. S. Morris)就是一位著名黑格尔哲学的学者,他的哲学观点最接近德国客观理想主义。在"从绝对主义到实验主义"的短文中,杜威说明了黑格尔哲学对自己的感染力以及原因。从黑格尔的唯心主义,在青春后期,他获

---

① S. Meyer, *Dewey and Russell: an Exchange*, pp. 36—39.
② P. Schilpp, *The Philosophy of John Dewy*, Northwestern University Press, 1944, pp. 16—21.

得了情与理智的融合,但在幼年的宗教经验中却没有找到。在杜威早年对辩证法的信心让位给怀疑论之后,对有关更技术的哲学问题,他那种黑格尔式对连续性与冲突作用的强调坚持了经验主义的基础。在芝加哥的一次有关黑格尔逻辑的研讨会上,杜威试图重新用"重新调整(readjustment)"与"重建(reconstruction)"来解释黑格尔的范畴。谢尔普(A. Schilpp)认为凯尔德(Edward Caird)从黑格尔辩证法思辨中机智地解放出来,这对杜威有极大的影响。① 杜威本人说过:"然而,黑格尔对主观与客观,物质与精神,神灵与人类的综合并非单纯是一个理智的公式;它作为一种巨大的释放和解放而运作。黑格尔对人类文化、机构和艺术的治疗,涉及了严格地分开墙壁的同样消解,而对我有一种特别的吸引力。"②他还说道:"在1890年代早期,实际上所有英语中的重要哲学都受到新康德主义与黑格尔唯心主义的影响。实用主义与所有实在论的派别都是后来成长起来的。"③

杜威从早期的黑格尔唯心主义转到后来的实用工具主义,而我们仍能发现一些与黑格尔主义相连的"胎记"。1)他将哲学视为某种理智工具的观点本身就是一种传统的重建,这就是主要来自黑格尔的历史观;2)他对冲突的理解来自黑格尔,尽管它并非仅仅是在经济,而且也在心理和文化感觉上;3)他有关连续性的理论与黑格尔相似,这种连续性被视为弥漫与包容一切;4)他的实的概念包括黑格尔的连续性,而他对主观与客观的描述是受到黑格尔的影响被包含在一个经验整体中;5)他将个体看作一个唯一的历史特征,也是受到黑格尔的影响;6)他的社会心理学认为黑格尔的观点,即个人不能与历史、文化或环境分开是根本上正确的。④

杜威对中国影响的一个重要原因就是他思想中的"整体"性质,这与中国思想的性质有异曲同工之妙。例如,陈独秀对儒家全面抨击的其中一个因素,就是将儒家传统视为一种基本整体论,并由它引导了所有后来儒家的发展。另一方面,他了解到,黑格尔哲学的确深远地影响了现代中国文化,因为它不仅与传统思维方式,而且也是与共产主义需要相投机。

---

① P. Schilpp, *The Philosophy of John Dewy*, Northwestern University Press, 1944, p. 22.
② Ibid., p. 138.
③ Ibid., p. 521.
④ Ibid., pp. 88—89, 107, 181, 266, 498.

对这种亲和力有两个基本的原因:一是中国思维方式真正地强调辩证,如《易经》将变化、对立统一以及事物相互作用看作对自然与社会发展最主要的动力;二是马克思主义将德国古典哲学,尤其是黑格尔的辩证法,当作自己最重要的来源之一。

在当时,罗素的分析主义却不能满足中国思维方式。实际上,甚至罗素在早期也受到过黑格尔的影响。不过,与杜威不同,罗素与黑格尔彻底决裂,并为哲学发展创造了一个革命性的分析方法。他批评了杜威的逻辑:1)知觉与经验知识的关系在杜威的书里并不清楚,而且他拒绝将"感觉材料(data)"看作知识的出发点;2)杜威的"探究"无法为真理用逻辑的概念与知识的理论加以取代;3)杜威对探究的强调是与真理或知识相对立的;4)对杜威来说,知识不可是生活目的的任何部分,它仅仅是满足其他东西的手段。① 罗素说道:"我和杜威博士曾于月食期间在长沙;随着无法追忆的风俗,盲人们敲打铜锣来消耗天狗,它企图吞下月亮是月食的起因。在数千年里,敲锣这一实践从未失败过;每一次月食都在充分的喧闹后而告结束。这个例证表明,我们的概括不仅使用同一方法,而且也可用差别方法。"② 不过,中国知识分子没有接受罗素的哲学贡献,其中原因之一就是它过于技术和琐细,而不适于中国传统的思维方式。

一、对金岳霖、冯友兰的影响

在哲学上受罗素影响最深的是金岳霖(1895—1984)。罗素访华时,金岳霖刚获得美国哥伦比亚大学博士学位,于 1921 年底赴英国继续深造,也正是在这一期间,全面接受了罗素的哲学思想。在西南联大读书时,殷海光面对当时的思想争论,曾问金岳霖:"哪一派是真理?"金没有正面答复,他沉思地说:"凡属所谓时代精神,掀起一个时代的人兴奋的,都未必可靠,也未必能持久。"殷海光又问:"什么才是比较持久而可靠的思想呢?"金说:"经过自己长久努力思考出来的东西,比如说,休谟、康德、罗素等人的思想。"③

金岳霖曾这样描述自己学术生涯的开始:他最初发生哲学上的兴趣

---

① S. Meyer, *Dewey and Russell: an Exchange*, pp. 35—45.
② Ibid., p. 43.
③ 余世存编:《非常道——1840—1999 的中国话语》,北京:社会科学文献出版社 2005 年版。

是在1919年的夏天。那时候他正在研究政治思想史,并在政治思想史课程中碰到了格林(T. H. Green)①。他记得自己头一次感觉到理智上的欣赏就是那个时候,而在一两年之内,如果说有点想法的话,他的思想似乎是徘徊于所谓"唯心论"的道旁。1922年在伦敦念书,有两部书对他的影响特别大;一部是罗素的《数学的原则》(*Principles of Mathematics*);另一部是休谟的《人性论》(*Treatise*)。"罗素底那本书我那时虽然不见得看得懂,然而它使我想到哲理之为哲理不一定要靠大题目,就是日常生活中所常用的概念也可以有很精深的分析,而此精深的分析就是哲学。从此以后我注重分析,在思想上慢慢地与Green分家。"②金岳霖说自己所著的《论道》就有旧瓶装新酒的毛病,即将中国传统哲学中的许多概念如无极、太极、几、数、理、势、情、性、体、用等引入《论道》中,并用从罗素那里得来的分析方法,重新加以阐释。他对精确的分析达到如醉如痴的境地。徐志摩有过栩栩如生的描绘:"金岳霖先生有这样一种嗜好,除了吃大西瓜——是捡起一根名词的头发,耐心的拿在手里给分。他可以暂时不吃饭,但这头发粗的怪可厌的,非给它劈分了不得舒服。……但这功夫太大,他只能选几个凑手的词。一半当作抛棉花球儿的玩艺,拿在手里给剥去点泥,擦去点脏,磨去点毒,以显示出他们的本来面目,省得一般粗心的人把象牙看作狗骨头,或把狗骨头看作象牙,这点子不看清楚知识是不易进步的。……我们真用的着金先生劈头发丝一类的工作。"③有一则流传的轶事,很符合金岳霖的禀性,说他十几岁的时候,就觉得中国俗语"金钱如粪土,朋友值千金"有问题。他说,如果把这两句话作为前提,得出逻辑结论应该是"朋友如粪土"。

金岳霖的《逻辑》一书的问世标志着他成为"中国第一个真正懂得近代逻辑学的人","又是中国第一个懂得并且引进现代逻辑的人"。冯友兰曾这样评价说,金岳霖运用逻辑分析法,创建了自己本体论名著《论道》的哲学体系,此书就"是用逻辑学形式写的。他是一条一条地写的,每条都用一个逻辑命题表示"。他的另一部认识论名著《知识论》,同样解决"共相与殊相的分别和关系的问题",从而解决了"认识论和逻辑学的根本问题"。"这是金先生的特识。"所以说,"金先生是使认识论和逻辑在中国发

---

① T. H. Green(1836—1882),英国牛津大学哲学教授,英国新黑格尔主义哲学主要代表之一。
② 金岳霖:《论道》,北京:中国人民大学出版社2010年版,第3—4页。
③ 徐志摩:《晨报副刊》第59期,1926年8月23日。

达起来的第一个人"。冯友兰本人也运用了逻辑分析法,创建了"新理学"的哲学体系。他指出:"对于哲学是从逻辑学入门的";照逻辑学讲,一个普通名词,都是一个类名,都有内涵与外延两个方面,内涵即共相,外延即殊相。二者的关系,是希腊哲学所说的"一"与"多"的关系,也是宋明道学所说的"理一分殊"的关系。这个道理清楚以后,理学的主要概念就都有了。有了这些概念后,再用宋明道学的有些话相印证,那就是"接着讲",而不是"照着讲"了。因此,张岱年先生评价金、冯两人时说道:西学东渐以来,中西哲学的结合便是必然的趋势。当代中国哲学界最有名望的思想家是熊十力先生、金岳霖先生和冯友兰先生,三家学说都表现了中西哲学的融合;"熊氏哲学体系中,'中'层十分之九,'西'层十分之一;金先生的哲学体系可以说是'西'层十分之九,'中'层十分之一。唯有冯友兰先生的哲学体系可以说是'中'、'西'各半,是比较完整意义上的中西结合"。

据《金岳霖年表》透露:1956年阴历除夕,毛泽东请金岳霖先生吃饭,对他说:"数理逻辑还是有用的,还要搞。希望你写个通俗小册子,我还要看。"金岳霖先生生前还说过另一件重要事情。有一次,毛泽东会见金岳霖先生,问他是否有兴趣研究《资本论》的逻辑。金岳霖先生回答说:"我有兴趣,但我不懂政治经济学,恐怕研究起来有困难。"此时,毛泽东笑了,操着湖南口音风趣地说:"看来,隔行如隔山呀!"①

中国哲学界在金岳霖诞生110周年纪念会上,来宾的众多评价中有这样一段:从20世纪50年代末开始,金先生一直在做一件重要的事,这就是对罗素哲学的清理和批判。罗素是现代西方哲学中最有影响的代表人物之一,他的哲学中有许多值得借鉴的东西,但罗素哲学的体系是唯心主义的,无论前期还是后期都是这样。罗素曾是金先生的老师,金先生以往的哲学思想受罗素影响很大。对罗素哲学的清理和批判,也就是对他自己思想的清理和批判。金先生是最有资格对罗素哲学进行批评的,因为他是为数不多真正懂得罗素哲学的中国学者之一,在中国,他是研究罗素哲学的最大权威。冯契先生在《罗素哲学》一书的跋中说,该书是金先生在转变为马克思主义者之后最重要的著作。他还说:"它是中国当代一位杰出的哲学家对西方当代的一位杰出的哲学家的评论,这种评论是作者多年探索和思考的结晶,是精深而富有智慧的,因而如果人们要求了解

---

① 胡军:《金岳霖思想研究》附录《金岳霖年表》,北京:中国社会科学出版社2004年版。

和研究罗素哲学、了解和研究金岳霖哲学,即可从中吸取营养,得到启发。"这一评论十分中肯。周礼全先生为该书作的序中指出,金老的这部书受到"左"的观点的影响,这是事实。但综观全书,金老对罗素的批评没有简单化。金老这部著作的难能可贵之处在于,把极其复杂的罗素哲学理出了一个头绪,把它的基本骨架、它的最本质的东西清楚地揭示了出来。正如冯契先生所说,该书在运用马克思主义哲学考察认识论和逻辑学中某些根本性的问题方面,提出了创造性的见解,标志着金先生晚年的哲学思想经历了一次飞跃而达到了新的高度。这就是《罗素哲学》一书最有价值的地方。①

冯友兰(1895—1990)在中国哲学界也是积极地提倡分析方法的哲学家。他对于逻辑分析方法传入中国给予了极高的评价。他说:"1919年邀请约翰·杜威和柏兰特·罗素来北京大学和其他地方讲学。他们是到中国来的第一批西方哲学家,中国人从他们的讲演第一次听到西方哲学的可靠说明。……这两位哲学家,接受者虽繁,理解者盖寡。可是,他们的访问中国,毕竟使当时的学生大都打开了新的知识眼界。就这方面说,他们的逗留实在有很大的文化教育价值。……就我所能看出的而论,西方哲学对中国哲学的永久性贡献,是逻辑分析方法。……佛家和道家都用负的方法。逻辑分析方法正和这种负的方法相反,所以可以叫做正的方法。……正的方法的传入,就真正是极其重要的大事了。它给予中国人一个新的思想方法,使其整个思想为之一变。……逻辑分析法就是西方哲学家的手指头,中国人要的是手指头。"②

二、对张申府的影响

张申府,原名张嵩年,字申甫,出生于河北献县。鲜为人知的是,他乃北京共产党早期组织的三个主要创始人之一,当过周恩来、朱德等人的入党介绍人。1908年,张申府考入顺天高等学堂中学班。1913年,考入北京大学。张申府刚进北大时在预科班学习数理,按规定无文凭的学生只能考北大文科,因而他先考入哲学系,学习了几周后又走关系转到理科数学系。从此游走在哲学与数学之间。1917年,张申府以助教名义教预科

---

① 邢贲思:《在金岳霖先生诞生 110 周年大会上的讲话》。
② 冯友兰:《中国哲学简史》,北京:北京大学出版社 1985 年版,第 378 页。

数学和逻辑,由此结交了北大图书馆主任李大钊,并通过后者又认识了时任北京大学文科学长的陈独秀。在李大钊出差的时候,就数度由张申府代理图书馆主任。张申府在谈红楼和藏书楼时,曾回忆道:考进北大后,"有一天,我发现了一本装帧精美的书,是精装本,1914年美国出版,书名是《我们的外界知识》,英国罗素著。翻看一遍,觉得很有意思,又坐下来接连看了两遍,真有点爱不释手了。由此我发现了罗素,并对之产生了兴趣。30年代,我一度再任北大讲师,专讲罗素哲学,这也可以说是与北大藏书楼的帮助分不开的。"①

同时代的老人在谈张申府时回忆道:"五四学人的命运,大多和这座红楼有关。《知堂回想录》、《负暄琐话》迷人的地方,也恰是谈及五四的部分。知堂②谈红楼,多注重人物的佚事,有些掌故,倘不是他描述出来,老北大的许多旧事大概就会消失于时光的空洞里了。张中行是知堂的弟子,他的《红楼点滴》,分明就受到了老师的影响,连韵味儿也相似得很。在文体上和境界上,均有冲淡之气,和红楼的色调庶几近之。不过,张中行写红楼,毕竟多了一点哲思,他的不同于知堂,乃是有罗素式的反诘,峰回路转之间,走到形而上的路上,红楼历史因他的叙述,有了哲学与诗的味道。"

张申府开始系统研究罗素主义时,年仅25岁。据说"罗素"这一译名就是张申府拍板而定。罗素曾在给一位法国友人的信中说:"中国的张申府先生,比我还了解我的著作。"

1918年,毛泽东由伦理学教授杨昌济,即第一任夫人杨开慧的父亲介绍来担任北大图书馆登录室的工友。毛泽东对北京大学图书馆这一段经历印象很深:"我连大学都没有上过,我只是中学毕业,在北京大学图书馆当一个小职员,一个月八块大洋,张申府就是我的顶头上司。"据说张申府对毛泽东的管理相当严格,甚至有点苛求。

张申府的女儿张燕妮这样回忆道:父亲约在90岁的时候对友人说:"我吃亏在没有写出一本大书来。"她也谈到父亲最早对罗素发生兴趣是在北大藏书楼的往事,说他从此就对罗素发生了浓厚的兴趣,开始广泛搜集罗素的文章和著作,并推荐给他的同学。1919年至1920年间,父亲先后翻译了罗素的《我们所能做的》《哲学之价值》等文章,还撰写了若干介

---

① 张申府:《从藏书楼到红楼》,邓九平主编:《文化名人忆学生时代》,北京:同心出版社2002年1月版。

② 周作人,鲁迅之弟,著名学者和北大教授。

绍罗素的文章,发表在当时的《新青年》和《每周评论》上……1920年10月,罗素来中国讲学,父亲得知后9月中旬就从北京赶到上海迎接罗素。罗素在中国的第一次讲演在上海举行,由赵元任先生担任翻译。他的演说平易畅达,语皆中的……父亲说罗素的讲话很像"玉泉山水的爽人宜人,清洌干脆"……在与罗素交谈的过程中,父亲更多是作为一个学生,向罗素请教哲学问题,这是他们都感兴趣的。……父亲前半生参加的活动太多,始终没有办法埋首书斋,五四运动也好,抗日救亡也好,他都是积极投身其中……后来在父亲的晚年,美国的历史学家舒衡哲多次访问父亲并撰写了一本口述史《张申府访谈录》,舒衡哲当时就问父亲:作为一个学者,为什么要投身于轰轰烈烈的革命活动之中呢?父亲当时就说:知识分子就应该以天下为己任,承担历史的责任感和使命感。这种良知使他自己的学术生涯出现了缺憾,父亲在晚年检讨自己的学术生涯,说自己"用心过分,浅尝辄止"。……"有一次我和周谷城先生的孙女聊天,她说,如果父亲能够研究学问,那么在学术上的建树恐怕会超过我的叔叔张岱年。叔叔在学术上确实受了父亲很大影响。我在给父亲整理文集时也看了叔叔早年的一些文章。叔叔早年对罗素以及马克思哲学产生兴趣,引路人应该说就是父亲。所以后来有学者说父亲没有完成的著作由我叔叔完成了。"①

从各种层面都可看出张申府对罗素的痴迷。他称罗素是"最哲学而又最科学的科学哲学家","……现代西洋哲学家最懂得科学方法最能用他的,要数罗素第一,杜威也知重之,便差远了"②。章乃器之子章立凡曾回忆说:"申府先生曾将自己的书斋命名为'罗名女人许之斋','罗'即罗素,'名'则名学(逻辑),'女'是《列女传》,'人'为《人物志》,'许'乃许刻本。他一生读书的爱好集中于此,而以罗素排位第一。老先生对我说:'罗素、马克思的观点是我在北大图书馆时接触到的。当时比较重视马克思,主要是苏俄革命的影响。'"③"除了'五四'期间在《新青年》、《每周评论》、《少年世界》等杂志上,向国人介绍马克思主义外,申府先生也是最早将罗素哲学介绍到中国来的学者,这项工作直到1949年以后才中断。罗素在1920年9月来华讲学,他曾代表北京大学前往上海迎接;不久罗素

---

① 张燕妮:《一度辉煌 半生暗淡》,《新京报》2004年4月13日。
② 张申府:《英法共产党——中国改造》(1921年6月12日),《一大前后》(一),北京:人民出版社1980年版。
③ 张申府:《我对罗素的敬仰与了解》,《所忆》,北京:中国文史出版社1993年版,第66页。

来到北京,申府先生行将赴法留学,梁启超先生曾感叹:'罗素来了,你却要走了!'行前两位学者又曾多次见面。此后一直保持着通讯关系,老先生还珍藏着罗素的信件。申府先生在'五四'时期经常用'赤'、'赭'为笔名,1922年巴黎共产党小组创办刊物《少年》后,他常用'R'为笔名发表文章。这个字母有三个涵义:'俄国'(Russia)、'红色'(Red)和'罗素'(Russell)。老先生说:取这个笔名,就是'我是红色的罗素'的意思。但这三个'R'最终无法调和,从革命的激情重归理性的学术,这正是我认为需要研究的'五四'知识分子现象。我曾问老先生:'如果早年你没有退党,或者1948年没有发表《呼吁和平》,是否就不是现在这样了?'他说:'事已至此,也无可如何了。'我又问:'你当年呼吁和平,是否因为受罗素的影响?'(罗素是和平主义者,在欧战时曾被英国政府拘禁)他答:'是的。'"①

1911年,他为京津同盟会的刊物《民国报》撰稿时,给自己起名张弓,号见素,这"素"不知是否与罗素有关。张申府对罗素的偏好,恐怕与对数学的热爱不无关系,他在中学时期对数学很感兴趣,受到当时北大数学系主任冯祖荀先生的提携,准备学习数学。他说:"1914年我考入北大,当时预科尚未毕业,按规定无文凭的学生只能考北大文科,我就是先考入文科哲学系,又通过冯先生的关系转到理科数学系的。没想到这样一来,我又对哲学发生了浓厚的兴趣。"他还回忆说:"到了数学系,我又不能忘情哲学。所以对数学正课常用心体会,而纵情读哲学书,尤其逻辑书。"因而自己所最重视的"是兼乎数学与哲学的,也是介乎数学与哲学的,是数学与哲学之间的东西"②。

有学者评述说:"张申府的人生道路,与许多五四时期知识分子所走过的路大致相似,都是有着许多的希望与憧憬,在经历过辛亥革命、五四运动之后,最终成为追求民主自由科学的新一代知识分子。其间,张申府曾经历过一次个人的人生危机,原配妻子分娩后去世,为摆脱丧妻之痛,他开始大量阅读所见新书,最后发现痛苦心灵的解药,竟是英国的罗素和缜密的数学。在这一点上,倒与他的朋友梁漱溟是相通的。后者则是在父亲沉湖自尽之后,透过佛学研究获得了心灵的药方。后来,这两位年轻人都通过个人的努力追寻,建立起自己的学术地位并获得社会的认可。1917年,北大校长蔡元培对这两位年轻人均破格录用,先后邀请他们来

---

① 章立凡:《翻开尘封的历史——记张申府先生》,《南方周末》2004年11月18日。
② 张申府:《所忆》,北京:中国文史出版社1993年版,第84—85页。

北大任教。不过,张申府在访谈中承认,在革命的激流中,他只是同情者与支持者而已,最终也只能成为革命的同路人,'在这方面,我很像罗素,支持正义,但同时不偏不倚,保持逻辑头脑。'五四运动后,张申府开始用罗素的文字,提醒学生进行政治运动时,应以自我解放为目的,而不是通过政治来推动制度的改变,因为政治运动固然重要,但不能替代批判性思考;如果国家借口需要人民替它效忠,而可以禁止思想自由的话,爱国热情是一样可以达到这个目的。张申府称这两种倾向都不可取,中国需要的是'新思想',这才是打倒传统价值和愚忠的唯一力量,这种'新思想'就是人的'内心解放',是为了自己的'去思去想'。他甚至给胡适去信,反对新文化运动提倡者的激进方式。"

1948年,张申府在《论纪念孔诞》一文,仍坚持28年前的主张:一,"合孔子、列宁、罗素而一之";二,"打倒孔家店救出孔夫子";三,"国于天地,必有与立"。张申府在其《续所思》中宣称:"罗素一生最反者乃是宗教,但却有人说他的行动是'宗教的',这是不无意义的。什么是宗教的精神呢?宗教的精神之一点便是把一切生死毁誉等等都置之度外而力行自己之所信。"

与毛泽东同岁(1893年出生)的张申府,青年得志,在北大当助教时曾替李大钊当图书馆当代理主任而当过见习生毛泽东的顶头上司,后来他回忆说,某次为一件重抄卡片的小事得罪了毛泽东,以致带来以后的种种麻烦。张申府有一系列辉煌的正面经历:中国共产党的早期创建人之一;中共旅欧支部的负责人;周恩来、朱德的革命引路人兼入党介绍人;以中共党员身份当过黄埔军校第一任政治部副主任;周恩来成为黄埔军校政治部主任最关键的推荐人;"一二·九"运动游行总指挥兼被捕入狱者;民盟创建人;清华哲学系四大名教授之一;钱钟书、张岱年①等著名学者的学术导师;晚年得到平反后任全国政协委员;逝世后《人民日报》讣告称他为"党的老朋友"。还有一系列负面经历:1925年中共四大宣布而退党者;《观察》杂志上因发表《呼吁和平》之文向国民党妥协而遭民盟开除者;1957年的"右派分子"等等。然而,无论是非得失,有一点始终令他格外自豪的,就是他是以罗素专家著称于学界,常自诩乃中国唯一了解罗素的

---

① 顺便提及一下,本书作者某次因有关1920年张申府接待罗素访华的史料,专门访谈了张岱年先生。原名张崧年的张申府就是张岱年先生的亲兄长。张崧年对自己的这个小弟极为推崇,称他与钱钟书先生并称为中国的"国宝"。张岱年先生对罗素的思想也有相当的了解,并为作者详细分析了为什么这位西方大哲的哲学分析方法对中国影响并不大。

人。不过,据牟宗三先生的看法,张申府先生最崇拜罗素,对罗素生活的情调与思考问题的格调很熟悉,但是罗素本人的学问,张先生却讲不出来。所以,罗素那一套哲学没有被他传到中国来。①

1979年至1984年,经过特许,研究中国现代启蒙运动史的著名美国女学者舒衡哲(Vera Schwarcz)多次与张申府深入交谈,先后共采访了70多个小时。她先是于1991年发表一篇题为"在罗素与孔夫子之间:记中国罗素专家张申府(Between Russell and Confucius:China'sRussell Expert ZhangShenfu)"的文章,谈了访谈的来龙去脉。② 第二年,她又编成《说实话的时间不多了:张申府访谈录》(*Time for Telling Truth is Running Out:Conversations with Zhang Shenfu*)一书,于1992年由耶鲁大学出版社推出。这个别有含义的书名正是张申府受访中的一句名言。2001年北京图书馆出版社出了中文版,书名所暗藏的锋芒得到抑制,而只取了原来的副标题,改为《张申府访谈录》。这本书以张申府的谈话为主干,加上他所发表的文章,有关他的原始档案,以及亲友与相关人士的描述;再辅以作者自己的观察、分析,如对张申府致罗素信中"我崇拜你"这样一句话作了深入的引证和分析等等。本书的确有助于我们较全面地了解这位中国现代史传奇人物。

这本书的作者在原序将张申府称为:"风流成性的妇女解放运动者、癖好数理逻辑的共产主义者、宗师罗素却又景仰孔子的哲学家、爱好学院式哲学的政治活动者。"在访谈中,张申府如此自我估价:一生中从未正式完成过学业,总是从一班跳到另一班;"世界观一变再变,先由数理逻辑变为辩证唯物主义,再由辩证唯物主义变为一种融和孔子和罗素的个人哲学";不但"总是从一个哲学科目跳到另一个哲学科目",而且还总是"从一个女人跳到另一个女人,从一个政治活动跳到另一个政治活动"。他知道自己是"太杂:想得太阔而又无可无不可"。他坦率地承认:"我有三好:好名、好书、好女人……我犯了舍我其谁的个人英雄主义。"这三好他从未放弃,并为此付出了沉重的代价,但"他享受他的弱点,至死不悔"。这似乎是罗素"求知""爱情"以及"同情苦难"三大动力的张氏通俗版。1925年的退党,也许是他深受罗素自由主义影响,而不拘束缚的后果;1948年

---

① 王兴国:《牟宗三论中国现代哲学界》,加拿大《文化中国》2000年3月号和6月号,第7卷第1—2期,总第24—25期。

② Schwarcz, Vera. 1991. "Between Russell and Confucius: China's Russell Expert, Zhang Shenfu," *Russell: the Journal of Bertrand Russell Studies*, Vol. 11, pp. 117—146.

10月23日那篇导致结束他个人政治生命的《呼吁和平》,看来也是追随罗素的反战和平主义的产物。张申府是个"杂家"和"启蒙者",强调自己"我追求的是世俗而不是完美","情不自禁地随着自己的广泛兴趣走","只要不断尝试新观点便行","总之是新的东西我都爱",就连对崇拜的罗素也是零散之作,并未形成系统专著;他将罗素等西方大哲的思想介绍给挚友梁漱溟,却不如后者"人多势众",终成学术气候。他自鸣得意地说:"在中国,一些西方最重要的新的理论与人物最先由我介绍。现在流行的好些名字和著作,是由我最先翻译和解释的","这是我对中国的一个主要贡献"。的确,他涉猎过罗素、弗洛伊德、爱因斯坦、维特根斯坦、罗曼·罗兰等思想巨匠的著述,但浅尝辄止。张申府最爱自诩"罗素专家",但比他精专的比比皆是。张申府"对一切美的事物都有好奇心","追求感官享受,尤其对女性和生活品位方面"。他"对罗素的哲学家形象背后不甚道德的'小人物'私生活,也很有兴趣",甚至自己也变成了"标榜女权主义的风流人物","我不知道我的感情为什么转变得这样快。在女人方面,我真像罗素"。他讲究服饰,衣着时髦,"垂暮之年仍修边幅",故使作者不知是褒还是贬地假设,倘若当年在巴黎街头邂逅这样"一个翩翩俗世佳公子",会问他衣着上的而非中国的问题……①

除了学术趣味,可还有什么使张申府对罗素始终有一种如遇知音的感觉?有学者以为,"罗素来华期间的一则'花边新闻'大可留意,原来已为人夫的罗素此次来华还带着新结交的女友勃拉克小姐,一些以新派自居的青年趁机模仿'罗素式婚姻',从而引发了关于性自由和性道德的争论。也许是为了平息事态,中国知识界和新闻界的一些人对大师和情人的关系作了技术处理,有的称他俩是'师生加上友情'的关系,有的则干脆称勃拉克为罗素夫人。谁都没料到这一做法竟会惹恼张申府。他写了一封极度愤怒的信给《晨报》编者,指责这种技术处理是伪君子的态度,他认为罗素和勃拉克是爱的结合是性的吸引而非其他,他称赞男女这种自由结合的新道德。"②

访谈录记载,在1979年12月17日的对谈中,一开场,张申府张口又是罗素:"我相信我了解罗素;我可能是全中国唯一了解罗素的人……罗

---

① 参见舒衡哲(Vera Schwarcz):《张申府访谈录(*Time for Telling Truth Is Running Out. Conversations with Zhang Shenfu*)》,李绍明译,北京:北京图书馆出版社2001年3月出版。

② 黄波:《张申府——漫游在孔子与罗素之间》,载《光明日报》2004年7月25日。

素本人不认识孔子,但他的思想事实上十分接近孔子。其他人看不到这点,但我看到了。就算罗素不承认他的学说接近孔子,但我的哲学能把他俩拉在一起。我是他们的桥梁。"张申府在1980年6月4日对舒衡哲说:"我是20世纪中国最伟大的思想家之一(眼里闪过一丝得意的光芒)。我尝试做出不可能的事——把中国传统哲学最好的东西和西方最新的意念连在一起。……我现在仍然相信我的大客观概念可以将两个不同的世界联起来。"

张岱年为《张申府访谈录》作的中文版序中说:"申府哲学上推崇马克思主义的唯物辩证法与西方的分析哲学的逻辑分析方法,试图把二者结合起来,认为'解析'和'唯物'是20世纪哲学的两大主潮,同时又赞扬孔子'仁'的学说,提出'列宁、罗素、孔子,三流合一'的观点。"著名学者汤一介也评价道:"张申府的哲学是以'唯物'为基础,以辩证法、逻辑分析法等为方法,而以'中庸之道'为目标,他虽企图把孔子、马克思、罗素的思想结合起来,但最终仍然回归到中国哲学。"①

为罗素访华,张申府作了很多先行舆论操作,如发表罗素传略;翻译了罗素和罗曼·罗兰等人联名公布的《独立精神宣言》;向《晨报》的编者写信对杜威称罗素是"极度悲观主义者"的说法加以反驳。罗素在华期间,他发文与张东荪争辩如何界定罗素的哲学问题;为《新青年》编了期罗素特辑,并亲笔为之写了罗素著作目录等等。1930年,张申府在哲学小册子《所思》的序中,提出了"仁"与"科学法"两种说法,并认为"是最可贵重的两种东西":前者来自孔子的伦理价值观;而后者则来自罗素的逻辑分析方法。对此,他企图将两者合二而一为一个新的哲学整体。②

三、对洪谦、沈有鼎、王浩的影响

有关罗素等的西方分析哲学思潮,恐怕洪谦(1909—1992)最为专业。1920年代末他先就读于耶拿和柏林大学,1928年到维也纳学习。在这里,他以论文《现代物理学中的因果性问题》在石里克(M. Schlick)那里获得了博士学位。1930年到1936年石里克被暗杀期间,他常参加石里克小组即维也纳学派的星期四夜晚讨论会,无疑是参加石里克小组会议时

---

① 汤一介:《中国现代哲学的三个"接着讲"》,载《解放日报》2006年5月15日。
② 雷颐:《仁与科学法——漫话张申府》,《所忆》,北京:中国文史出版社1993年版,第191页。

间最长的外国人之一。洪谦主要从事西方哲学史的研究和翻译,不仅对维也纳学派在中国的传播做出了重要贡献,还讨论了与维也纳学派有关的罗素、弗雷格、维特根斯坦、卡尔纳普等人的哲学。洪谦在自己几乎所有的哲学著作中,都反复提及和评述罗素及其思想。① 例如早在1945年,洪谦的《维也纳学派哲学》一书中有一节题为"弗雷格、罗素与数理逻辑问题",该文分两个部分,分别批判了弗雷格和罗素的数理逻辑思想。洪谦说道:"假如弗雷格当时就发觉本文所指出他的数的定义所包含的缺点,那么他等不到罗素的警告之后,便早已对于他的'数理哲学'持消极态度了。"②

在评介维也纳学派的形成条件时,他这样说道:除了继承休谟、孔德、穆勒和马赫等人的实证论基本观点之外,还有其他重要的因素;首先是相对论的创立和量子物理学的新发展;其次是弗雷格(G. Frege)的巨著《算学基础》(1884)之开始受到重视;罗素与怀特海合著的《数学原理》(1910—1913)的出版;以及石里克的《普通认识论》(1918)和维特根斯坦的《逻辑哲学论》(1922)的影响。"没有这些理论作为其思想基础和方法论基础,则任何形式的新实证主义或新经验主义,无论逻辑实证主义还是逻辑经验主义,都是根本无法想象的。"③洪谦还提到:卡尔纳普在其《自传》(见希尔普:《卡尔纳普的哲学》,1963)中也说过:维特根斯坦的《逻辑哲学论》对维也纳学派的影响很大,但不能因此就说:"维也纳学派哲学就是维特根斯坦的哲学。"从他个人来说,他不否认维特根斯坦对他的影响仅次于罗素和弗雷格。④

洪谦在讨论维也纳学派以及其他有关重要哲学人物,如他的恩师石里克,还有马赫、卡尔纳普、艾耶尔、维特根斯坦等人时,总要涉及罗素。在谈到马赫哲学对维也纳逻辑实证论以及其他当代分析学派的影响时,洪谦认为,马赫的实证主义在1920年代的英国剑桥和维也纳影响都很大,如英国的罗素就是著名代表之一,其《我们关于外部世界的知识》和《心的哲学》都是以马赫的感觉论为出发点,并根据当时数理逻辑的发展

---

① 甘阳曾回忆说:"有一次,洪谦先生自己向我提了一个问题说:如果举出四个20世纪最伟大的哲学家,您心目中是哪四位? 我想了一下说:罗素、维特根斯坦、胡塞尔、海德格尔。先生沉吟一下说:我会加上一个萨特。"
② 《维也纳学派哲学》,北京:商务印书馆1989年新版,第143页。
③ 洪谦:《逻辑经验主义概述》,《论逻辑经验主义》,北京:商务印书馆1994年版。
④ 洪谦:《关于逻辑经验主义的几个问题》,《论逻辑经验主义》,北京:商务印书馆1994年版。

写成的。维也纳学派的主要成员卡尔纳普的名著《世界的逻辑构造》,也是应用数量逻辑方法,企图发展马赫的现象主义;他的"构成论"是马赫的要素论加上数理逻辑的论证理论而形成的。至于其他维也纳学派逻辑实证论成员,如纽拉特或弗朗克等,就更不必说了。"但无论是罗素,还是卡尔纳普或其他的实证论者,他们挽救马赫主义哲学的企图都以失败而告终。在第二次世界大战以前,就有这个趋势,第二次世界大战之后,就更明显了。总而言之,当代各种各样的分析哲学学派,都放弃或部分放弃了马赫的主观主义的实证论观点,而倾向渊源于休谟的经验主义原则。就以'逻辑实证论'的名称来说,这是为维也纳学派的成员们所不愿意听的。'逻辑经验主义'是他们常用的名称。总而言之,当代分析哲学的经验主义各流派都以经验主义代替马赫的实证论了。"①洪谦提到了一个关于现代西方哲学发展史的问题,他指出,当时奥地利的哲学趋势虽然深受康德的先验主义和德国的思辨哲学的影响,但是同时也存在一种与之对立的经验实在论和反形而上学的思潮。这种思潮的创始者是 F. 布伦坦诺和他的学派(B. 波尔察诺、A. 迈农、A. 马尔蒂和 E. 胡塞尔等)。它不仅控制当时的哲学局面,同时在国际上也有其影响。例如英国分析哲学创始人 B. 罗素和 G. E. 穆尔曾经多次引证布伦坦诺和迈农的意向性(intentionality)以及其他方面的理论。一直到今天,关于心的哲学(philosophy of mind)的研究还经常谈到布伦坦诺和迈农的观点。

在哲学家 R. 哈勒对他的访谈中,洪谦曾回忆道:1927 年他到了德国,在那里学习物理、数学和哲学。赖兴巴赫提醒他重视石里克,他对石里克的《当代物理学中的空间与时间》及《普通认识论》评价很高,爱因斯坦也说石里克在这方面很有造诣。正是由于这种偶然情况,他才于 1928 年从柏林、耶拿到维也纳去。石里克在讨论班上的讲解非常突出,他善于向学生提出问题,让他们充分发表意见,始终很耐心,使讨论的问题得到清楚的解释。同时,他让大家讨论的问题不一定是他本人的著作和观点。洪谦记得,有一次他们"把罗素的《我们关于外部世界的知识》和《哲学问题》讨论了整整一学期。石里克十分尊敬罗素,既尊重他的哲学,又尊重他的人品"。洪谦还谈及,从 1928 年起,自己听卡尔纳普的数量(数理)逻辑课,后来又参加他主持的关于罗素的《数学哲学导论》和弗雷格的《算学

---

① 洪谦:《谈谈马赫》,《论逻辑经验主义》附录,北京:商务印书馆 1994 年版。

基础》的讨论课。① 洪谦阐述说,凡是读过《普通认识论》的人都会知道,石里克在《逻辑哲学论》问世之前就已经知道或预见到《逻辑哲学论》里的一些观点,只不过这些观点是以另一种形式提出,以另一种方式来表达而已;例如体验(Erleben)和认识(Erkennen)之间的区别;概念和命题的符号和结构性质;有效的演绎推理的分析性质;以配列(Parallel Phrases)学说为基础的真理和意义的符合理论;"强调弗雷格和罗素的数学真理观点,以及从这种观点出发,拒斥当时哲学上的心理主义等等"。②

洪谦在深入讨论"必然性概念的真实意义是什么?"这一问题时,引证了罗素和石里克关于必然性概念在科学中的运用与意义的考虑。他指出,在罗素看来,如果说B"必然"跟随着A,那么这只是表示,依照某种已被大量观察所证实,并无在任何情况下被证明是假的普遍准则,B类事件是紧跟A类事件出现的。这里我们无须任何"强制"概念,好像是原因强迫结果出现似的。强制概念之不适合于结果,就如同它不适合于原因一样。如果说原因强迫结果出现,那么,这个说法正如同人们反过来说结果强制原因出现一样,会导致同样的谬误。强制是一个拟人论的概念。一个人在想做某件事情时,却被强迫去做相反的事情;但在既不考虑人的愿望,也不考虑动物的愿望的地方,强制概念是不适用的。科学要研究的只是发生的事实,而不是必须发生的事实。洪谦进一步认为,如果我们完全可以谈论自然规律的不可移易的次序,那么它根本就是另一种东西,而并非一般经验中的东西,这种经验告诉我们,在相同条件和相同状态下,B是跟随着A出现的。他声称:"罗素曾最清晰地说明了这一点;如果我们在自然界寻找具有不可移易的次序的规则,那么结果将表明,这种规则不同于一般理智所确立的规则。"③

洪谦在谈到维特根斯坦时说:根据这个大哲的观点,逻辑命题一般来说,并不是对于事实有所陈述的,而只是语言使用或符号应用的事情。在逻辑命题里,只是表示我们按照哪一种程序去把一种符号配列关系变换成另一种符号配列关系,而在变换中被指示的事实却不发生改变。它们是重言式命题,是分析的命题。伯特兰·罗素的《数学原理》曾证明,整个数学可从逻辑推导出来,所以分析的性质也适合于数学的命题。说到这里,顺便谈一下维特根斯坦思想在中国的传播。据学者考证,维特根斯坦

---

① R.哈勒:《洪谦教授访问记》,《论逻辑经验主义》附录,北京:商务印书馆1994年版。
② 洪谦:《维特根斯坦和石里克》,《论逻辑经验主义》,北京:商务印书馆1994年版。
③ 洪谦:《现代物理学中的因果性问题》,《论逻辑经验主义》,北京:商务印书馆1994年版。

的名字最早是由罗素在访华演讲中首次提到的,因他回顾了作为自己学生兼朋友的这位奥地利怪哲的逻辑思想对他的影响。当时对罗素最痴迷的张申府把维特根斯坦的名字译为"维特根什坦"。在罗素的引介下,张申府及时译出了于1921年问世的《逻辑哲学论》,并发表在1927年的《哲学评论》第1卷第5期和第6期上,他根据《逻辑哲学论》的书名是仿照斯宾诺莎的《神学政治论》而定的理由,于是也为该书起了一个非常古典的名字《名理论》,取逻辑为名、哲学为理之意。译者在简短的注语中写道:"本书乃是晚近一部奇书,其中所称,可说是近代西学成就,尤其数理逻辑的一种精华。懂之似不易,但越寻译之,必越有得而有味。"这是自该书的英德对照版于1922年出版后的第一个外文版,在当时中国的学术界产生了一定影响,成为中国逻辑学和科学方法论研究的重要历史资源。《名理论》的出版也引起了西方学术界的重视,该书由前往维也纳求学的洪谦带到西方,成为《逻辑哲学论》传播于世界的有力证明,其原件至今仍被保存在剑桥的维特根斯坦文献档案馆。

洪谦在回忆卡尔纳普(Rudolf Carnap,1891—1970)时,说这位大哲性格内向,但对同事,对学生总是十分友善,乐于助人,作为一个大思想家,对于哲学问题及其论证,他一贯追求严格而准确的表述。卡尔纳普还建议,"为了实现这一目的,人们必须学会使用由弗雷格、罗素和怀特海所创立的数理逻辑方法去处理哲学问题"。洪谦提到,卡尔纳普本人就在其全部哲学研究中创造性地应用了符号逻辑的方法。不幸的是,卡尔纳普这种有步骤的、递进的、典型的系统化的思维方法却被维特根斯坦认为是"学究式的卖弄"。这或许导致了其后卡尔纳普与维特根斯坦的疏远。[①] 1991年,是卡尔纳普的100周年诞辰,洪谦写了《鲁道夫·卡尔纳普》一文,而这也是洪先生的最后一篇学术论文。文章简要叙述了卡尔纳普的生平,谈到了弗雷格、罗素、塔尔斯基对他的巨大影响,介绍了卡尔纳普早期的构造论、逻辑句法理论以及后来的语义学理论,介绍了他在美国时研究的概率论和归纳逻辑。

洪谦提到,美国著名哲学家 W. V. 蒯因(Quine)曾经说过:卡尔纳普是一位非常杰出的人物,"自从1930年以来,如罗素在前二十年那样,支配当时哲学的,就是卡尔纳普"(R. Carnap: Logical Empiricism, ed. J. Hintikka, 1975, p. xiv)。洪谦回忆道:1926年,卡尔纳普应石里克之邀

---

① 洪谦:《关于逻辑经验主义》,《论逻辑经验主义》,北京:商务印书馆1994年版。

到纳也纳大学任教,同时参加"石里克小组",成为维也纳学派主要成员之一。当时,小组讨论会处于维特根斯坦的《逻辑哲学论》"热"之中。卡尔纳普在《自传》中提到他和维特根斯坦的关系,认为"维特根斯坦对他的影响仅仅次于弗雷格和罗素"。主要有两点:一是数学和逻辑命题仅是些重言式(tautologies),与实在无关;一是所有形而上学命题都是没有认识意义的"伪命题"(pseudopropositions)。但是卡尔纳普对维特根斯坦关于神秘的观点(The view of the mystical)则持反对态度。洪谦指出,在卡尔纳普的著作中,我们不难发现他的哲学特点,即:他惯于制作和应用"形式化的人工语言",惯于进行抽象的"形式化的理论构造"。这在他早期的代表作《世界的逻辑构造》(der Logische Aufbau der Welt,1928)和《语言的逻辑句法》(Logische Syntax der Sprache)中已有充分的表现。从上述著作中,"我们还可看出卡尔纳普是如何利用并发展弗雷格、罗素和维特根斯坦的逻辑哲学思想,来建立他自己的逻辑经验论的"。卡尔纳普在另一部主要著作《语言的逻辑句法》中提出:科学哲学的任务之一是构造"形式的人工语言"以及系统理论,以便于我们更好地进行科学概念和科学陈述的重新构造。这种语言和自然语言不同,它不是世袭的,而是按照我们制定的规则构造出来的。这种规则卡尔纳普称之为句法规则。句法规则的特点是以语词为对象,但不牵涉到语词的意义。因此卡尔纳普称他的逻辑句法为"形式的语言理论"(formal theory of language)。这个形式的语言理论是在弗雷格的逻辑思想和罗素的《数学原理》基础之上创立起来的。洪谦还这样评介卡尔纳普:在他眼里,哲学家应该不受任何政治目的左右,否则由于意识形态的关系,对事物进行观察时,就不能采取中立的、客观的立场,但这并不是说,他缺乏固定的政治立场;正如在《自传》中已指出的,他与维也纳学派其他成员一样,都是社会主义者。"以我所知,卡尔纳普深受罗素和石里克的自由主义的影响。他是一位和平主义者、世界主义者,他反对专制独裁,反对种族歧视,主张社会平等,民主自由。"①

在谈及艾耶尔(A.J.Ayer,1910—1989)时,洪谦指出:在《语言、真理和逻辑》中,艾耶尔试图一方面阐明维也纳学派的逻辑实证论的基本学说,另一方面把它与B.罗素和G.E穆尔创立的剑桥分析学派结合起来,这个学派是受休谟思想鼓舞的。休谟的经验是艾耶尔的解释的真正关键

---

① 洪谦:《鲁道夫·卡尔纳普》,《论逻辑经验主义》,北京:商务印书馆1994年版。

所在。艾耶尔把这个问题处理得如此巧妙,以致使许多人相信"英国的分析学派"与逻辑实证论是"实际上同一的"。然而,实际上,逻辑实证论者对英国分析学派从开始就专注的历史的认识论问题没有兴趣。与逻辑实证论者相对比,英国分析学派很少注意科学理论的结构问题和数学——逻辑的方法论及其应用于哲学的问题。尽管英国分析学派和逻辑实证论者都倾向经验论和反形而上学,但他们关于哲学任务的观念却是大相径庭的。某些逻辑实证论者曾试图建立一种科学的哲学,并因此提出以"科学的逻辑"或"物理主义"代替哲学的概念。但是对英国分析学派来说,哲学的真正功能仅仅在于所谓的"语言分析"是洛克、巴克莱和休谟基本上实行了的。正如艾耶尔所说:"当我们区别一个给定的精神对象和另一个给定的物理对象,或者区别一个精神对象和另一个精神对象,区别一个物理对象和另一个物理对象的时候,我们在每一个场合都是在区别不同的逻辑构造,它们的要素本身既不能说是精神的,也不能说是物理的。"[①]洪谦认为,艾耶尔看到这样一点是很有意思的,也就是说他"在企图重申休谟的观点时,基本上退回到马赫的要素学说和罗素的构造理论"[②]。洪谦评述说,对于精神——身体这个问题,艾耶尔既不同意石里克和费格尔的心物平行论,也不同意纽拉特和卡尔纳普的物理主义。在这个问题上艾耶尔完全放弃了逻辑实证论的趋向回到英国的经验论,主要是罗素和 G. E. 穆尔的剑桥语言学等派,此外就是休谟的"感觉材料论"(theory of sense datum)。

洪谦还认为,关于感觉内容和经验假设的关系,艾耶尔仍然认为能以休谟的方式加以阐明,即我们根据这种关系的内容或结构,提出对物理客体的假说。艾耶尔说,如果我们区别这种实指的心理对象和那种实指的心理对象,如果我们区别这种实指客体和那种实指客体,那么,我们在每个不同场合之下,区别其不同的"逻辑结构"(logical construction)。显而易见,艾耶尔因为应用休谟的感觉理论,把自身投到马赫的要素论和罗素的逻辑结构论的中立一元论中去了。[③] 艾耶尔本人在回洪谦的一封信中说道:洪谦提出,我之坚持质素——这是我的知识等级中的原始项——之中性,使我的立场与纽拉特和卡尔纳普在 30 年代所采取的立场相一致。这是不对的。因为我并不像他们那样相信这种中性会迫使我用我的基本

---

① 艾耶尔:《语言、真理和逻辑》(*Language, Truth and Logic*),伦敦,1946 年,第 123 页。
② 洪谦:《艾耶尔和维也纳学派》,《论逻辑经验主义》,北京:商务印书馆 1994 年版。
③ 洪谦:《艾耶尔和逻辑实证主义》,《论逻辑经验主义》,北京:商务印书馆 1994 年版。

陈述来指称物理对象。尽管这么做，只是在把他们导向融贯真理论时才成为一种错误，但是，这从一开头就会使他们难以避免那种被罗素称之为"宁肯偷窃，不愿劳作"的责难。①

1989年6月27日，艾耶尔在伦敦逝世。洪谦在悼念时说道："他的逝世引起了国际哲学界的哀悼，尤其是在英美两国。英国哲学界称他在现代哲学中的地位仅次于罗素。的确，艾耶尔一生对于分析经验论这一英国哲学传统的发展作了许多贡献，这是无可置疑的。"他追述说，艾耶尔也是一位社会活动家、演说家，一生中获得很多学术界和社会上的荣誉称号，如他是一位FBA（英国科学院院士），一位爵士，是美国科学文学院的荣誉院士；此外还获得各国一些荣誉教授、荣誉研究员和荣誉院长等称号。不过，艾耶尔在其《我的生活的一部分》（1977）中则说："如果有人认为我在罗素的'哈姆雷特'那里扮演霍拉旭的角色，我就感到非常光荣了。"洪谦还提到，艾耶尔对维特根斯坦也有他个人的看法。他虽然承认维特根斯坦是仅次于罗素的大哲学家，但绝不像一般的维特根斯坦研究者那样把他"神化"。对于维特根斯坦的著作和论题，他不是局限于作这样或那样的诠释，而是掌握其精神实质，探究其正确与否。艾耶尔的小册子《维特根斯坦》（1985）就是以此为出发点写成的。它对维特根斯坦的主要著作作了一种系统的、批判性的考察，使读者由此得到关于维特根斯坦基本思想的一个明确而公正的观念。"批判性的考察"可以说是这本书的重点，也是它的特征。例如，他把康德对形而上学的批判和维特根斯坦的语言批判作类比的论断：它们都是为这样或那样的神秘实体辩护的。艾耶尔还批评了维特根斯坦的唯我主义、概率理论、用语言博弈概念解释宗教的做法，尤其是关于私人语言和关指定义（ostensive definition）的论点。然而，另一方面，艾耶尔又在该书结尾时说："这样做并不意味着我对维特根斯坦的卓越和创见有所怀疑，否则我就不会称他为20世纪哲学家中仅次于罗素的大哲学家了。"

洪谦赞扬说，艾耶尔一生在哲学方面的努力，主要是发扬洛克、巴克莱和休谟的经验论传统，尤其是休谟的观点。"他心目中的经验论的两个哲学大师是休谟和罗素。这种从他对于罗素（1972）和休谟（1980）的研究中就可以见到。但是他对当前在英国哲学界有影响的维特根斯坦后期哲学和以奥斯汀（J. L. Austin）为首的牛津学派的语言哲学则持批评的态

---

① 艾耶尔：《答洪谦》，《论逻辑经验主义》附录，北京：商务印书馆1994年版。

度。艾耶尔强调指出,认为我们仅仅对于思维和语言,或者说语言形式和行为形态作彻底而精细的观察、分析和研究,毋需借助于科学的论据,就能排除哲学方面的一切困难,这是值得怀疑的。"①

洪谦在另一些哲学的问题上也谈到罗素,并加以批评。在他看来,歪曲康德的星云假说的哲学意义,并不只是哲学家的鲍赫而已,当代哲学家罗素对于这个假说在哲学史中的看法也是一个典型的例子。罗素在他的《西方哲学史》中对于康德当时的唯物论思想、发展观点和辩证因素根本没有提到,他对于康德在这部书中个别地方所表现的目的论思想竟大加赞扬,并称之为具有弥尔顿式的崇高性,然而罗素对康德与目的论自然观那样尖锐的斗争的事实,则避而不谈。罗素还不顾《自然通史与天体理论》一书内包含着的星云起源学说方面的许多积极的、严格的科学观点和论据,而专从它的第三部分"星球上的居民"中,从这一比较缺乏事实根据而偏于推测和想象的一章中,来判断康德的星云假说的科学价值。罗素说:"康德最主要的科学著作是他的《自然通史和天体理论》(1755),这部书出版在拉普拉斯的星云假说之前,制定了一个太阳系的可能起源论。这部书的一些部分具有令人佩服的弥尔顿式的崇高性……另一方面则纯粹是虚构的。例如在他的理论中,所有行星上都住着人,而且最远的行星上生活着的人是最好的居民。这种看法将为世俗的道德家所赞美,但是无任何科学根据支持。"(罗素:《西方哲学史》,第732页)②

洪谦虽然是维也纳学派和分析哲学的重要成员和忠实信徒,但他也看到了这种思潮的一大弱点。1981年,他在《欧行哲学见闻》中回顾说:1980年秋季,自己去欧洲跑了一趟,在奥国的维也纳和英国的牛津,待了几个月。这两个地方对他来说,都是旧地重游。但是,"现在维也纳和牛津同几十年前则无法比较了。那里的一切如我首次到欧洲那样,使我感到非常陌生,摸不着头绪"。他还做了个比较:一个国际性的经验主义的分析哲学会议,过去总是以认识论、方法论、语言哲学、科学哲学或逻辑哲学为题目,这次讨论会竟以伦理学作为讨论的对象,这倒是一件新鲜事。毋庸讳言:当代分析哲学的多数流派,从维也纳学派开始,就没有足够重视伦理学,就没有把伦理学摆在哲学中应有的地位。"虽然英国的分析哲学家如罗素和 G. E. 穆尔等对伦理学持不同的态度,但是他们的哲学趋向

---

① 洪谦:《悼念艾耶尔》,《论逻辑经验主义》,北京:商务印书馆1994年版。
② 洪谦:《康德的星云假说的哲学意义》,《论逻辑经验主义》,北京:商务印书馆1994年版。

从 30 年代开始,就被维特根斯坦的《逻辑哲学论》的思想洪流所冲淡了。"维特根斯坦在该书中对于伦理学问题的主要看法只说了那几段话(该书 6.42—6.23),而且那些话更能使人对伦理学在哲学中的地位抱消极态度。的确如人们指出的那样:一个完整的哲学体系,既应有其完整的理论哲学部分,也应有其完整的实践哲学的部分。例如,康德哲学有其三大批判,马克思主义哲学有辩证唯物论和历史唯物论。对此,无怪乎罗素曾经慨乎言之:"逻辑实证主义这类哲学,严格说来,没有哲学,仅有方法论。"

洪谦接着评论说,有关维特根斯坦以及康德和维特根斯坦的哲学方面,从提出的论文来看,也许可以概括为下列一些问题:从维特根斯坦的原子命题中如何区分维特根斯坦和罗素的逻辑原子论的异同?维特根斯坦的《逻辑哲学论》对于维也纳学派,特别是对石里克的影响如何?维特根斯坦"前""后"期哲学的关系怎样?如何评价语言应用中的意义——维特根斯坦的博弈论?关于康德和维特根斯坦的讨论,也许可以概括为下列一些问题:维特根斯坦的康德主义和语义学的关系怎样?维特根斯坦是一个康德主义哲学家么?是所谓"语言的超验主义者"么?如果是,他们中间有无界限?如何从维特根斯坦的"逻辑哲学论"来了解康德的伦理立场?康德的"绝对伦理学"和维特根斯坦的"分析伦理学"关系怎样?关于意志和思维在《逻辑哲学论》中如何解释?等等。当前逻辑经验论在牛津虽然没有像 30 年前那样流行,但也没有如我们有些人传说的那样"已经过时了"。它不仅在英国,就是在欧洲大陆和美国各地也并非"过时"。至于 30 年以前在那里同样流行的牛津剑桥的语言分析派、即所谓"Oxbridge(牛剑)分析派"的情况怎样呢?这一学派的创始人如罗素、G. E. 穆尔、维特根斯坦和 J. 魏斯顿(剑桥),G. 赖尔、H. H. 普赖斯、J. L. 奥斯汀和魏斯曼(牛津)虽然已经逝世多年或退休了,但这个学派并不因之停滞不前,反而在这些年有了新的进展。这个进展是在所谓"哲学逻辑"基础上形成的。

洪谦进一步指出,他的牛津朋友、国际驰名的实证主义法哲学家 H 教授对他说:"现在 Oxbridge 的分析哲学的趋势和我们在 N 学院的时候不同了。这些年来,牛津的哲学思想中心既不是维特根斯坦,也不是逻辑经验主义,而是溯源到 G. 弗雷格、维特根斯坦以及经过 W. V. 蒯因、S. A. 克里普克而形成的'哲学逻辑'分析派,这一派在牛津大学的代表,主要的是斯特劳逊,杜麦特和 G. J. 瓦纳克等。"洪谦经过与其他牛津哲学家谈论,证明 H 教授这种看法是有其事实根据的,这种"哲学逻辑"的分析派的确是当前牛津分析哲学的主流。尽管这类的语言分析派是那里的主流,但也不如30年前的维特根斯坦或逻辑经验论那样,渗透了牛津哲学界的一切活动。"现在仍然有人坚持以 R. 卡尔纳普为代表的与以日常语言作为逻辑分析对象的观点;N. 乔姆斯基、D. 达里逊、J. R. 西尔斯、J. 卡茨和 H. 普特曼等的语言哲学在那里也很有影响。谈到科学哲学问题时,石里克、卡尔纳普、波普尔和 C.G. 亨佩尔等仍然受到重视。谈到分析哲学的认识论时,罗素、G. E. 穆尔、石里克、卡尔纳普、O. 纽拉特和波普尔、艾耶尔等人,仍然是为人们津津乐道的。"①

有学者论述说:"在本世纪初,科学哲学伴随现代科学革命的新成果和封建王朝的衰败和垮台,从西方逐渐传入中国,在二三十年代曾有过一段相对繁荣的时期。当时曾翻译出版了为数不少的科学哲学(以及科学通论)著作。中国科学社的创始人胡明复、任鸿隽、杨杏佛,科玄论战中科学派的主将、地质学家丁文江,化学家和科学哲学家王星拱等人都曾不遗余力地把批判学派的思想评介到国内,并撰写了诸多科学哲学论著。洪谦教授在40年代介绍逻辑经验论也有所建树。"根据考证,1938年6月1日,当时的贵阳医学院开学,除了教育部规定的课程设置,"贵医"还办了个"人文科"(Humanities),开设语言、文学、哲学、逻辑等课程。为的是扩大医学生的视野。当时主持这一科的是留德专攻康德哲学的洪士希(洪谦)教授。在贵医院史中,洪谦博士名列教授名单之首位。这是因为贵医的科目是按人文科、基础学科、临床前学科和临床学科的次序排列的。在当时创办人的心目中,人文科目绝非可有可无,它应该居于先行的位置。

其实,正如罗素1920年访华后,他的分析哲学在中国并没有多大影响一样,洪谦在回国后所做的种种努力也没有使中国哲学界受到多大的影响。有学者就这样评论过:马赫的实证论、维也纳学派的逻辑经验论以及他们的现代主义的科学世界观在美国传播的历史,有力地表明了美国有发展经验论哲学的肥沃土壤。与我国唯一的维也纳学派成员洪谦教授归国后的遭遇形成了显明的对比。所以洪谦先生在20世纪80年代曾说,"中国缺乏发展经验论哲学的土壤"。新中国成立前如此,新中国成立后情况并没有好转,由于种种原因,现代西方哲学被贴上了西方资产阶级哲学的标签,甚至大都还加上反动或腐朽两字。洪谦所代表的"维也纳小组"当然也在此列。逻辑实证主义、维也纳小组以及整个分析哲学的思

---

① 洪谦:《欧行哲学见闻》,《论逻辑经验主义》附录,北京:商务印书馆1994年版。

想,尽管在 20 世纪 80—90 年代中国的学术界闹腾了一阵子,但其实并没有产生实质性和有意义的重大影响。本书作者每次回国,似乎人人言必称胡塞尔和海德格尔、现象学和存在主义,洪谦的那一套却始终很难掌握人心,这也许是他老人家九泉之下最感到遗憾的事吧?!①

沈有鼎(1908—1989)先生是一个创立"沈氏悖论"的哲学怪才,此公通晓英、德、法、俄、希腊、拉丁、梵文等各种文字,还能够同时用数门语言讲课;他对中国古代的儒、道、佛、墨、名等各家哲学,西方的亚里士多德、康德、罗素、维特根斯坦、哥德尔、胡塞尔等都有着精深的研究。沈有鼎在哈佛学过逻辑,获得一个硕士,其任课老师有怀特海(罗素的老师)、谢佛(逻辑学家),还有蒯因(王浩后来的导师),但他读完硕士就到欧洲拜胡塞尔和海德格尔为师去了,在那里拿到了哲学博士。牟宗三先生回忆说,在抗日战争前一年,有一次在金岳霖先生家里开逻辑讨论会,主题是罗素的"还原公理",主讲人为清华毕业的张遂五。张讲来讲去,闹不明白。后来,沈有鼎先生突然出来冒一句,说这个公理就等于"全称命题等于无穷数的个体命题之乘积"。他也没有详说,大家自然都不懂。金岳霖先生当时也说:"你这句话,开始我好像很明白,一会又不明白了。"沈有鼎照例皱皱眉、摇摇头,表示在疑惑中。既然无人能懂,讨论只好无结果而散。牟宗三事后评论说:"沈先生那句话,虽然有来历,但却不是那个公理的直接中肯的意义,而是引申的远一层的意义。若不通透了解,光说那一句话,是没有用的。若能通透了解,则说那句话是不中肯的。"②这是当时中国逻辑学界的"高峰"会议,然而对于罗素的"还原公理",连逻辑学大师金岳霖都搞不明白,似乎只有沈有鼎才能知其所以然。但他的明白,"其实也还处在可意味而不可言传的境界"③。

王浩(1921—1995)是金岳霖和沈有鼎在西南联大时的学生,可以说在华人学术界,他是对罗素数理逻辑与哲学的研究最专业、最深入、最有成就的一位哲学家。晚年的牟宗三先生曾回忆道,清华哲学系在逻辑方面有金岳霖领导,有所表现。哲学上以实在论、经验主义为主。第二代出

---

① 由于本书作者的导师任华教授几乎双目失明,所以,实际上,洪先生是我有关罗素研究硕士论文指导委员会的主要成员之一(另外还有周礼全先生和陈启伟先生等)。学业完成之后,我在北大外哲所从事研究工作,不久,由于某种需要,我当上了洪先生的外事助手,协助他接待了英国剑桥大学维特根斯坦专家——麦金内斯博士等西方哲学家。
② 参见牟宗三:《五十自述》,台湾:鹅湖出版社 1989 年版。
③ 邓文初:《沈有鼎与沈有乾》,光明网 2007 年 9 月 7 日。

了沈有鼎,第三代有王宪均,第四代是王浩。① 高中时王浩偶然得到金岳霖写的《逻辑》(1935),其中约 80 页介绍罗素的名著《数学原理》第一卷的内容,他感到这些内容既吸引人又容易懂,因此想:应该首先尝试学习较容易的数理逻辑,为以后学习辩证法作较好的准备。大学一年级时,他旁听了王宪钧的符号逻辑课,系统地学习了《数学原理》第一卷。王浩年轻时就有创立大一统哲学的野心,但晚年放弃了。他也这样批评过罗素,说以老罗的智力,应该为哲学做出更大的贡献。王浩是机器定理证明的奠基人。他在 1958 年夏天在 IBM-704 上写的程序,只用 9 分钟就证明了罗素《数学原理》中一阶逻辑的全部定理。②

王浩的著述《超越分析哲学——公平对待我们具有的知识》(*Beyond Analytic Philosophy-Doing Justice to What we Know*, 1986),对分析哲学的代表人物罗素、维特根斯坦、卡尔纳普和奎因等人的思想观点作了详细介绍,并给予缜密的分析和有力的批判,主要论据是他们的哲学无法为人类现有的知识,特别是数学知识提供基础。由于著者非常熟悉这四人的工作,甚至与其中一些人有直接交往,所以其批判十分深刻。牛津大学的彼特·斯特苏森爵士(Sir P. Strawson)评论道:哲学家们对于王浩此书的主要的、深厚的兴趣在于,它记录了一位极富才智、卓越和敏锐的哲学家对所谓分析或英美哲学在本世纪经历的发展过程的看法。王浩的书是对现代哲学史和元哲学的丰富、迷人的贡献。1983 年在美国丹佛召开的,由人工智能国际联合会会议(International Joint Confernce on Artificial intelligence)和美国数学会共同主办的,自动定理证明(Automated Theorem Proving)特别年会上,王浩被授予首届里程碑奖(Milestone Prize),以表彰他在数学定理机械证明研究领域中所作的开创性贡献。提名时列举的主要贡献有:强调发展应用逻辑新分支——推理分析(inferential analysis),其对于数理逻辑的依赖关系类似于数值分析(numerical analysis)对于数学分析的依赖关系;坚持谓词演算和埃尔布朗(Herbrand)与根岑(Gentzen)形式化的基本作用;设计了证明程序,有效地证明了罗素与怀特海(Whitehead)的《数学原理》中带集式的谓词演算部分的 350 多条定理;第一个强调在埃尔布朗序列(Herbrand expansion)中预先消去无用项的算法的重要性;提出一些深思熟虑的谓词演算

---

① 王兴国:《牟宗三论中国现代哲学界》,加拿大《文化中国》2000 年 3 月号和 6 月号,第 7 卷第 1—2 期,总第 24—25 期。
② 《王浩与他的朋友们》,《东方早报》2011 年 10 月 9 日。

四、对唐君毅、牟宗三的影响

号称儒家第三期代表人物的唐君毅(1909—1978)、牟宗三(1909—1995)等人也受到罗素分析思想的影响。唐君毅在思想方法和研究的视角方面,受到黑格尔《历史哲学》及罗素、杜威、斯宾格勒、诺斯诺郭、汤因比等人论中国文化的影响和启发。在评述了黑格尔的"矛盾"后,他指出:那些不喜讲斗争矛盾的西方人,知道重视宇宙事物的"并存",并常以此表示漠不相关的独立,这从怀特海对近代思想的批评中可以看出。这些西方人想象宇宙有无数个体事物,在空间上并存,视如许多分立之物,以分的眼光去看自然,分成许多类的动物、植物、矿物;一类物再分为多种,一种再分为无数之个体物,一个体物又分成为许多的分子、原子、电子之组合。"罗素之流的逻辑分析,再把任一物分析成依一群感相或事件而成之逻辑构造。西方之人类世界,从中世纪以后,便分成许多国家。近代早期之国家思想,均相信每一国家有其至高无上的主权。黑格尔亦以国家为一绝对自足之客观精神。进而国家分成阶级。柏拉图亚里士多德与尼采,都肯定阶级之必然存在。马克思再以阶级斗争概括人类社会中真正的斗争。阶级又分成各个体人。霍布士(Hobbes)、边沁(Bentham)、洛克(Locke)等,均以个人为一绝对单位。休谟(Hume)、罗素(Russell)再将个人分成一堆观念,一群习惯或中立原素。"②

牟宗三受到张东荪、金岳霖、熊十力和西方哲学家、尤其是罗素、康德等人的影响。他指出,在西方的传统中,黑格尔的哲学超出了亚里士多德这个传统之外,所以西方沿那个传统下来的正统哲学家都讨厌黑格尔。因此严格讲,黑格尔并非西方哲学中正统的哲学家。什么是西方哲学正统的哲学家呢?古代是柏拉图和亚里士多德等;近代是莱布尼兹、康德和罗素等;这些人才是正统的西方哲学家。事实上黑格尔讲的那些问题并非表象的思想,也并非做概念的分解(conceptual analysis),而是具体的

---

① 参见 http://www.chinavib.com/wiki/edition-view-452-1.html。
② 唐君毅:《中国先哲之人生思想之宽平面》,《唐君毅全集》第5卷,台北:台湾学生书局1988年版,第242—259页。

哲学(concrete philosophy),然而西方哲学本来所重视的是抽象的分解。什么是具体的哲学呢?比如专门讨论道德、宗教、艺术、历史的,这些都属于具体的哲学;而黑格尔就专门讲这些,如他的艺术哲学、宗教哲学、历史哲学。这就是他超出西方正统的哲学范围之外的地方。他讲的那一套东西,中国人很容易懂。人们讨厌黑格尔,是因其表达方式不好。牟宗三说,我们也不应当用黑格尔那个表达方式,但是他所讲的那些道理,中国人常常也提到。很显然,黑格尔所接触的那些问题,严格讲已经不在西方哲学的正统之中。既然黑格尔的方式不足取,那么到底什么方式能够适用呢?在牟宗三看来,当然罗素一类的方式是比较理想的。

牟宗三就是这样采取了罗素的分析法检验了所谓真理问题。他提到,罗素在《对意义与真理的探究》这本书中就提到,科学知识总要承认两个基本原则:一是外延性原则(principle of extensionality),另一个是原子性原则(principle of atomicity);这两个原则是讲科学知识所必须假定的。为什么要外延原则呢?外延的知识可以脱离我们主观的态度(subjective attitude)。凡是不系属于主体(subject)而可以客观地肯定(objectively asserted)的那一种真理,通通都是外延真理。科学的真理是可以脱离我们主观态度的。比如一棵树,假定你用审美的态度来看,说这棵树如何如何的美,这个不是科学知识,这是系属于主体的。把一棵树用科学的态度来研究的,是植物学里面所讲的那些。植物学是门科学,它研究一棵树所得到的结论是可以客观地肯断的,这就是属于外延的真理。就科学知识而言,内容的真理是没有的,也不能有内容的命题(intensional proposition)。科学里面的命题通通都是外延命题(extensional proposition),没有所谓的内容命题。"外延命题""内容命题"这些名词是罗素首先使用的。照罗素的说法,所谓内容真理,内容命题通通系属于主体,系属于主观态度上的一些话。罗素早期还客气一点,还用"内容命题"这个名词。但到了后来,他就不再用这个名称,而改叫它为命题态度(propositional attitude),说它不是命题:只是命题的态度而已。这个态度是主观态度,是系属于主体的。举例来说,假定上帝存在已经被证明了,那么"上帝存在"这句话就是可以客观肯断的一句话,这句话就是个外延命题。可是如果上帝存在没有被证明,而你说"我相信上帝存在",那么这句话就不是外延命题,这句话没有客观性也没有普遍性。因为它系属于"我相信",系属于我的主观态度。我相信的别人并不一定相信，我今天相信的明天也不一定相信，所以可见这就没有客观性和普遍性。因此像"我相信如何如何"或是"我认为如何如何"凡是套在这些"我相信""我认为"下面的话通通都是内容命题。到了后来，罗素干脆就说它是个命题态度，不承认它是命题，而只是命题态度。"我们要知道，罗素的这种分法主要是为了讲科学知识、数学知识。数学知识、科学知识里边的那些命题通通是外延命题，它不能够有内容命题，不能够有那些只是命题态度而实际上并不是个命题的那些话。后来逻辑实证论者所说的大抵都是根据这个观念而来的。……刚才我是借用罗素的用语，来点出有个内容真理。有内容真理就有内容的普遍性。我们到现在一直是用'内容的'来表示英文的 intensional；用'外延的'来表示 extensional。"①

牟宗三在晚年，悲观地回顾了现代中国哲学界发展的一个脉络。在他看来，"五四"新文化运动期间，北大哲学系最热门，大家都念哲学，但真正能登堂入室的却很少，多的是空话，不能入哲学之堂奥。新文化运动仅是一般性的思想启蒙运动，多的是思想者(thinker)，但并不一定是哲学家，譬如胡适就是一个典型，所以"五四"运动在哲学方面没有成就，没有一个思想家可以站得住脚。清华哲学系在逻辑方面第一代有由金岳霖领导，有所表现，哲学上以实在论、经验主义为主；第二代出了沈有鼎；第三代有王宪均；第四代是王浩。北大方面，首先是张申府讲数理逻辑，后来去了清华；虽然出了个胡世华(与王浩同辈)，但是与哲学脱了节；有张季真(名颐)任系主任，但并不太注重逻辑，而是比较重视古典哲学，且不只限于英美的实在论。张季真留学英国，研究黑格尔，在北大讲康德哲学，但他是否有黑格尔的头脑，很有问题。康德哲学讲是可以讲，学是可以学，可是要掌握得住，并不容易。张申府最崇拜罗素，对其生活的情调与思考问题的格调很熟悉，但对其本人的学问却讲不出来。所以，罗素那一套哲学没有传到中国来，即便他有"五大讲演"。

罗素分析哲学的思想在中国哲学界影响了一代又一代的学人。除沈有鼎、王浩外，王宪钧、江天骥、周礼全等著名学者都是研究罗素分析哲学和逻辑学的杰出专家。1921 年 3 月，罗素在北京大学讲新兴的数理逻

---

① 牟宗三：《两种真理以及其普遍性之不同》，《中国哲学十九讲》，台北：台湾学生书局 1983 年版。

辑,数学教育家傅种孙在事前给罗素的《数学哲学引论》写了一篇摘要《罗素算理哲学入门》刊于《数理杂志》,后来又与张邦铭将全书译为中文,书名《罗素算理哲学》;这是植入我国的第一株数理逻辑新苗。著名美学家朱光潜先生在其《自传》回忆自己在英国留学时,"在罗素的影响下,我还写过一部叙述符号逻辑的书(稿交商务印书馆,抗日战争中遭火焚掉)。"①著名哲学教授黄顺基先生谈到他的学术研究得益于两门学科,即数学与哲学:"当时主要是读罗素的哲学,受益匪浅。"②

---

① 朱光潜:《自传》,南京:江苏文艺出版社 1998 年版,第 5 页。
② 黄顺基:《师法自然 顺意人生》,《人民大学校报》2006 年 5 月 8 日。

简 要 结 论

我们必须肯定罗素哲学在人类思想史上的重大作用,他的世界观、认识论和方法论都有很多值得肯定的东西。罗素试图利用高度发展的科学成果说明世界的构造,并对宇宙事物相对静止的一面进行了逻辑分析,力求获得精确、清晰的知识。这种尝试是积极的,而且在一定范围内也取得了成效。正如美国哲学家怀特所说:"罗素的分析概念让哲学变成科学本身的一个必要部分。"①顺应自然科学的潮流,在实践中随时对客观外界进行新的解释和概括,然后将得到的知识能动地改造世界,这是哲学发展的一条规律。尽管由于种种局限,人们会得出不同的结果,但总比那种抱残守缺、故步自封的人要积极和高明得多。罗素正是一个积极进取的人。在现代科学的飞速发展中,那种仅仅满足于简单用几句术语来囊括宇宙万物或用某些社会政治的行话来表述自然界的人是远离真理的。

就同很多大哲一样,包括他所敬仰的唯理论者笛卡尔、莱布尼兹与斯宾诺莎等,或经验论者培根、洛克、休谟等,罗素也试图创立一个伟大的世界体系。然而,既不像那些始于宏大形而上学(玄学)的唯理论的先驱者,也不像始于感觉观察的经验论者,罗素选择了一条中间之路,即始于科学。对他而言,科学才是系统化信念最坚实的依托。一方面,科学是比先验的形而上学(玄学)思辨更可靠的导向;另一方面,科学不仅更具一致性和对个体感觉经验的组合性,而且有可能比那些构建常识的众人信念更为真实。"科学并非每时每刻都对,但很少出大错;作为一种规则,它比非科学的理论更有机会获得正确性。因此,从假设的角度看,接受科学是合理的。"②在罗素看来,哲学的一个重要任务就是提供与现今最佳科学知识相一致的解释。这个理念在其整个哲学生涯中是始终如一的。我们必须同时看到,由于罗素的某些哲学偏见,由于其世界观、方法论以及这二者之间的一些矛盾,因而他的目的和手段也产生了很大的矛盾,一方面他

---

① M. White, *The Age of Analysis*, The New American Library, 1955, p.193.
② Bertrand Russell, *My Philosophical Development*, Simon and Schuster, 1959, p.17.

没有一条正确的途径能完全达到自己所希望的一切,甚至连某些合理的目标也达不到;另一方面,他所希望的许多东西本身就是不合理的,即使有一个正确的方法,也无法实现。

早在 1968 年,美国学者伊梅斯(E. R. Eames)就指出:哲学界不少名人对罗素有颇多批评,对其著述中的宗旨、观念、方法、假设以及结论进行了很多尖锐的抨击:"我的目的是考察这些反罗素的文献,以便澄清罗素思想与当代英国哲学之间的某些观点分歧。"①《大英百科》(*Encyclopedia Brittanica*)如此评价道:"维特根斯坦发表于 1921 年的《逻辑哲学论》(*Tractatus Logico-Philosophicus*)破坏了逻辑的整个方法,而正是这个方法激发了罗素对数理哲学的伟大贡献。这使罗素信服,逻辑并非'真理',它完全由重言式所构成,真理不是由柏拉图观念王国的永恒事实所保障,而简单地依赖于语言的性质。这是从毕达哥拉斯撤退的最后一步,但进一步激励罗素放弃技术哲学,而转向其他的追求。"②罗素也自责道:"失败让我崩溃……维特根斯坦的批评给我一种失败的痛苦。"③哥德尔对他的逻辑主义进行了致命的一击。哥德尔发现在一个公理系统中,对有的命题来说,无论它的肯定或否定都不能证明,即所谓的"不完全性",从而证明了从逻辑并不能推出算术的正确性来,当然也不可能把数学全部还原为逻辑。哥德尔在一定程度上否定了罗素的计划,使他早年认为"数学和逻辑是精确的"这一看法被动摇。罗素后来不再相信逻辑规则是事物的规则,而认为仅是一种语言的规则,从而其构造世界的计划自然也就无从谈起了。

自从罗素去世之后,人们对他的贡献及其重大意义一直存在争论,这不仅在哲学,而且也表现在其他领域。罗素的拥护者们极力推崇他对数理逻辑和分析哲学的开创性。芒克(Ray Monk)的两卷本传记是一个重要的例子。他将罗素所有的著述分为两种颜色,"那些有关数学逻辑和数理哲学属于红色,所有哲学学生都应该读之,而那些伦理学与政治学则属于蓝色,应不准许学生去读之"④。也就是说,对专业学者来说,在学术声

---

① Elizabeth R. Eames,"Contemporary British Criticism of Bertrand Russell,"*The Southern Journal of Philosophy*,Volume 6,Issue 1,pages 45—51,Spring 1968,p.45.

② http://www.britannica.com/biography/Bertrand-Russell.

③ Bertrand Russell,*The Autobiography of Bertrand Russell*,Routledge,2005,pp.301—302.

④ Ray Monk,*Bertrand Russell*:1921—1970,*the Ghost of Madness*,Jonathan Cape.2000,p.278.

望上,作为政治社会思想家的罗素远不如作为逻辑学家和哲学家的罗素。即使如此,无论是他有多大的贡献和多持久的声誉,罗素最终的声望就在于他总是摈弃无证据的理论与陈腐过时的信念;他的真正信誉是不断为自己的想法寻求新的证据,罗素回忆说:作为一个年轻人,他每日的一部分就是阅读康托尔(Georg Cantor),并将心得写到一个笔记本上:"那时我错误地设想他所有的论证都是谬误的……但后来我却发现所有的谬误都是属于我自己的。"①"我经常违背我自己的意志。在我的思想探索中,在剑桥大学所形成的那种任何事情值得认知的信念逐渐消退。对此而言,我的探索很有意义。"②

总结起来,罗素哲学有以下局限性:(1)外界对象被分析成感觉的结合,这就为通过贝克莱和马赫主义而最终走向唯我论开辟了道路;(2)不注重实践,企图单凭纯粹的逻辑、以一种虚构的形式推演知识,从而表现为先验论;(3)在公理化的演绎系统中用一系列基本命题形式表示全部真理,其结果便会导致绝对论;(4)把科学与哲学研究的手段看得高于目的,自称注重方法而不注重内容,为后来的形式主义奠定了基础;(5)没有解决感性与理性的关系问题,因此有现象论和不可知论的倾向;(6)把高度的语言技巧和表面琐细的问题与逻辑结合起来,因而带有诡辩论和经院主义的色彩;(7)往往进行无原则的兼收并蓄和无条件的调和冲突,大有折中主义的气味;(8)常常从科学的前提出发却得出非科学的结论。罗素本身并未将这些推向极端,有的甚至就是他自我夸大其某些优点的结果,然而,其他一些流派却将此推向极端,最终造成了更恶劣的后果。

罗素最初提出自己不解决人类命运的问题,但不久便否定了这个主张。他一生的一个重大转折就是从抽象的哲学转到对人生和社会问题的研究。他的多元论、外在关系说和分析方法,在社会领域也有显著表现。其一,伦理观上的个人主义。原子主义和可分体的思想使他认为个人价值是崇高的,个性解放和个人自由是不容压制的,认为战争和压迫是对个人价值的摧残,因此,他走上了反战、反专制、反法西斯和反霸权的道路,甚至早年还信奉无政府主义;其二,政治观上的改良主义。原子主义和可分体思想使他认为社会没有整个的法则,每个社会问题都是孤立的,因而

---

① Ray Monk, *Bertrand Russell*:1921—1970, *the Ghost of Madness*, Jonathan Cape. 2000, p.127.

② Bertrand Russell, *The Autobiography of Bertrand Russell*, Vol.1, London: George Allen and Unwin; Boston, 1967, p.133.

不必全盘改造,只需局部改良。也有时,他的哲学与社会观并不绝对一致,如他主张取消各国政府,而建立世界政府,形成了一种政治大统一的思想;其三,历史观上的虚无主义。原子主义和可分体思想使他认为不存在历史的规律性,而只有偶然事变的链条,历史是由个别人物创造的一个个以逻辑关系排列的个别事件。当然,罗素对各种社会问题的分析有不少是卓有成效的。他的一些分析是中肯的,甚至一些推理的结论也被后来的实践证明是正确的。

总起来说,罗素思想的"多变性"还是现象的、细节的、支流的,除了从新黑格尔主义变为新实在论,再由后者变为多元的现象主义之外,他的整个世界观和方法论没有大变,甚至某些表面上极为矛盾的说法最终也只是从不同侧面说明一个观点。罗素多元论、外在关系说和分析方法的统一,正说明了这个问题。它们在局部的变化中得到了整体的不断修改及精致和系统化。

正如美国哲学家格里芬所指出的,"相对而言,仍有大量的罗素著述还未被人们所知晓,因此值得更认真地探讨。这对当今的哲学争论会有更有意义的贡献。从罗素那里直接吸取,总比重新发明要便利得多"[1]。

---

[1] Nicholas Griffin(Ed.), *The Cambridge Companion to Bertrand Russell*, Cambridge University Press, 2003, p. 46.

后　　记

　　顺挂在这部著述主人公及其思想所舒展的巨翅上,作者在大哲独游的历史时空穿越一遭,宛若升腾到了一个从未达到的境界。在那之上,俯视大地人间,万事万物万景似乎尽收眼底,一览无遗,但匆匆掠过,这一切又如此模糊不定。当飞到自己能力的极致,便有摇摇欲坠的恐惧。但不管如何,在思想巨擘的内力穿透下,增添了追求知识与真理的底气。

　　当高科技电子化数字化浪潮铺天盖地压来之时,人们猛然惊觉,很多事情都已改变。娱乐化网络化商业化消费化,还有一些什么"化",似乎漫不经心地联手涂抹了我们头顶的星空,使人类有所追求的"精神本体",退到繁复的重彩后面。在这个观念似乎新潮而又失向和错位的年代,许多像我们一样的人,基于某种固执的信念,继续在天空质朴的原色中跋涉。来自苍穹的光波,本初而强劲!

　　某位著者在主编一套丛书时,这样说过:在色彩学中,质朴的蓝色与红、黄两色同为三原色,天然而成,无法分解成其他颜色,却可融合成无数新的色彩;而在思想与思想的对话中,这种"三原色"正是良知、智慧、理性;它们因人、因时、因地、因事而异,融合成无数引领潮流的新思想,而使人文精神发扬得越加光大。这正是人类文明和文化纯净而透彻的结晶。正是这一结晶,赋予社会发展以灵魂、动力、脊梁和血脉,而它们的肉身显现或人格载体就是一代代的东西方大思想家。以此观察历史、现状和未来,便有了一种理智、公正、犀利的洞穿。这种洞穿,是致力于东西方思想对话的本书著者在无止境的跋涉间隙,真诚奉献给读者的礼物,微薄而又厚重。它将反观那些连贯古今思想上的一步步累积过程,及其不断爆发的聚变;正是这些累积与聚变,引起了人类社会巨大的发展与进步。为了实现这种洞穿,这本题为《罗素与分析哲学:现代西方主导思潮的再审思》的著述应运而生。

　　罗素一生的所说所为,就是以人类精神和人文底蕴为"原色",即良知、智慧、理性,所凝成的结晶。评说罗素,对他洞若观火的睿智,独辟蹊径的创力,百科全书式的博学,同情人世苦难的良知以及充满戏剧张力的整个生涯,不可能也没必要全部包揽到位;也许多留一些未完成的遗憾,也是一种令人满足的"成就",因为可以启迪更多的人继续走下去,走下去……

罗素向世人宣告:

> 世界上再没有任何事物,甚至包括毁灭与死亡,比思想更令人畏惧。思想具有颠覆性、革命性、破坏性及可怕性。思想不会偏袒那些特权,既定制度以及安逸的习俗。思想直窥地狱深处而不畏缩。思想是伟大的、疾速的、自由的,它是世界之光,也是全人类的荣耀之首。
>
> ——《社会重建的原则》①

他还断言:许多人宁愿死,也不愿思考,事实上他们也确实至死都没有思考。他就是一位一直到死都始终坚持思考着的人。

罗素还有四段话一直激励着本书著者:

> 三种简约而又无比强劲的激情驾驭着我的一生:对爱情的渴望,对知识的探求,以及对人类苦难不可遏制的悲悯。这些激情,好似飓风一般,在浩瀚无边的苦海上,疯狂地把我刮来刮去,一直刮到濒临绝望的边缘。…爱情和知识,尽可能地将我引入天堂,而悲悯总将我带回尘世。悲惨呼号的回声在我心中震荡,饥饿的儿童,被压迫者拷打的受害者,为子女看作负担的无助老人,以及遍布孤寂、贫穷和痛苦的整个世界,都是对人类应有生活的讥讽。我祈求减轻那些邪恶,然而我无能为力,甚至连我自身也遭遇磨难。
>
> ——《自传:序言 我为何而活着》②

> 我一直坚持外在关系说及多元论,而这两者是互相结合的;我一直坚持一个孤立的真理可以为真;我一直坚持分析并非虚假。
>
> ——《我的哲学发展》③

---

① Bertrand Russell, *Principle of Social Reconstruction*, Routledge, 1997, p.115.
② Bertrand Russell, "What I Have Lived For." The Prologue to the *Autobiography*, 1956.
③ Bertrand Russell, *My Philosophical Development*, Simon and Schuster, 1959, p.63.

我曾对现代分析经验论建立了一个不同于洛克、贝克莱和休谟的哲学纲领,因它是与数学以及强大逻辑技术的发展相联系的。

——《西方哲学史》①

我对真理的定义是,当某一信念与某一事实对应时,它就是真实的。但怎样才能获得这种对事实的对应性?我的答案是,当我们没有预期的许多事实时,就先确认其中某些事实;我们可以得到我们自己的情感或感觉,而它们似乎就是先前已证实的某些信念。因此,我认为,我们能说存在着这样的事物,它是在一定情况下,也只有在一定情况下,作为凭借与它对应的事实而得到证实的某个信念;我们还能说,存在着一种庞大的超级建筑而与上述情况正相对立。也许在对"对应性"的最终分析中,我们可以达到期待的结果。

——《通向世界的三条道路》②

没有思想的民族是没有希望的民族,没有东西方思想对话的世界是没有希望的世界。

最后,以罗素《自由思想十诫》(Liberal Decalogue)作为本书的终结注脚吧!

一、切勿认为任何事物是绝对确定的。

二、切勿认为其有价值而掩盖证据,因为证据必定带来光明。

三、切勿觉得一定会成功而放弃思考。

四、当遇到反对意见时,即使它可能来自你的丈夫或孩子,也要努力用论证而不是权威去克服它,因为依赖权威的胜利是不可靠而虚妄的。

五、切勿屈从任何权威,因为总会发现相反的权威。

六、切勿用权力去压制你认为不利的意见,因为如果你发表意见时也会遭到压制。

七、切勿为自己离经叛道的想法而恐惧,因为我们现在所接受的任何想法都曾经是离经叛道的。

八、从理智的异议中寻找乐趣,因为只有尊重理智,才能比消极的服

---

① Bertrand Russell, *A History of Western Philsophy*, New York: Simon & Schuster, 1945, p. 834.

② Bertrand Russell, *Three Ways to the World*, 1922, p. 18.

从带来更深刻的一致。

九、即便真理没有带来便利,也要恪守它,因为你若企图掩盖真理,就会带来更多的麻烦。

十、切勿羡慕那些生活在愚昧"天堂"的人们,因为只有傻瓜才认为那里是幸福的。①

丁子江

2015 年 7 月修稿于洛杉矶。

---

① Bertrand Russell. *The Autobiography of Bertrand Russell*,Vol. 3: 1944—1969,pp. 71—72.

主要参考文献

昂格雷与卡瑞(John Ongley & Rosalind Carey):《罗素:对困惑者的指南》(*Russell: A Guide for the Perplexed*, Bloomsbury Academic, 2013)。

艾耶尔(A. J. Ayer):《语言、真理和逻辑》(*Language, Truth and Logic*, Dover Publications, 1952)。

宾内(Michael Beaney, Ed.):《牛津分析哲学历史手册》(*The Oxford Handbook of The History of Analytic Philosophy*, Oxford University Press, edited by Michael Beaney, 2013)。

布勒维特(John Blewett):《杜威的思想及其影响》(*John Dewey: His Thought and Influence*, Greenwood Press Reprint, 1973)。

布拉德雷(F. H. Bradley):《逻辑原理》(*The Principles of Logic*, Oxford University Press, 1922)。

布拉德雷(F. H Bradley):《现象与实在》(*Appearance and Reality*, Routledge, 2004)。

布拉克维尔、茹扎和图尔考等(Kenneth Blackwell, Harry Ruja, Sheila Turco, EDs):《罗素书目》(*A Bibliography of Bertrand Russell*, Routledge, 2003)。

布拉姆堡(R. S. Brumbaugh):《作为教育家的杜威、罗素与怀特海》(*Dewey, Russell. Whitehead: Philosophers as Educators*, Carbondale: University of Southern Illinois Press, 1985)。

陈勋武:《哈贝马斯:当代新思潮的引领者》,"东西方思想家评传系列"丛书(丁子江主编,北京:九洲出版社出版 2014 年版)。

迪库曾(G. Dykhuizen):《杜威的生平与思想》(*The Life and Mind of John Dewey*, Southern Illinois University Press, 1973)。

卡尔纳普(R. Carnap):《逻辑句法》(*Logical Syntax*, Harcourt, Brace, and Company, 1937)。

戴维斯(M. Davis):《逻辑的引擎》,张卜天译,长沙:湖南科学技术出版社 2005 年。

德雷克(D. Drake):《批判的实在论论文集》(*Essays in Critical Realism*, Macmillan, 1920)。

杜威(J. Dewey):《实在论简论》(*Brief Studies of Realism*, *Journal of Philosophy* 8, 1911)。

道格拉斯(D. Douglas)编:《分析文集》(Essays in Analysis. New York:George Braziller,1973)。

弗雷格(G. Frege):《弗雷格的哲学著作》Philosophical Writings of Gottlob Frege, edited by P. Geach & M. Black, Totowa, Rowman & Littlefield, 1980]。

格里芬(Nicholas Griffin, Ed.):《罗素的剑桥伙伴》(The Cambridge Companion to Bertrand Russell, Cambridge University Press, 2003)。

嘎西亚狄格(A. Garciadiego):《罗素与理论悖论的起源》(Bertrand Russell and the Origin of the 'Set-Theoretic Paradoxes, Birkhauser,1992)。

格洛克(Hans-Johann Glock):《什么是分析哲学?》(What is Analytic Philosophy? Cambridge University Press, 2008)。

哈格(P. Hager):《罗素哲学发展中连续与演变》(Continuity and Change in the Development of Russell's Philosophy, Springer, 1899)。

洪谦:《论逻辑经验主义》,北京:商务印书馆1994年版。

霍布斯(T. Hobbes):《霍布斯的英文著作》(The English Works of Thomas Hobbes. London:John Bohn,1989)。

霍尔特(E. B. Holt)等:《新实在论》(The New Realism, Periodicals Service Co, 1974)。

胡军:《分析哲学——回顾与展望》,成都:四川教育出版社2001年版。

胡军:《金岳霖思想研究》,北京:中国社会科学出版社2004年版。

胡塞尔(E. Husserl):《逻辑研究》(Logical Investigations, Routledge, 2001)。

怀特(M. White):《分析的时代》(The Age of Analysis, The New American Library, 1955)。

金岳霖:《金岳霖文集》,兰州:甘肃人民出版社1995年版。

金岳霖:《论道》,北京:中国人民大学出版社2005年版。

康苏格拉(F. Rodriguez-Consuegra):《罗素的数理哲学》(The Mathematical Philosophy of Bertrand Russell, Birkhauser, 1991)。

克拉克(R. Clark):《罗素生平》(The Life of Bertrand Russell, Knopf, 1981)。

克拉克(R. Clark):《罗素与他的世界》(Bertrand Russell and His World, Thamas and Hundson,1960)。

克劳普顿与欧(R. W. Clopton and T. Ou):《杜威在中国的讲演》(John Dewey Lectures in China, 1919—1920)。

克雷姆克(E. D. Klemke):《有关罗素的论文》(Essays on Bertrand Russell, 1971)。

克里普克(S. A. Kripke):《命名与必然性》(Naming and Necessity, Harvard University Press, 2006)。

克拉沙—威廉姆(Crawshay-Williams):《罗素回忆》(Russell Remembered, Oxford University Press, 1970)。

蒯因(W. V. Quine):《从逻辑的观点看》(*From a Logical Point of View*,Harvard University Press,1980)。

昆兹(P. G. Kuntz):《罗素》(*Russell*,Boston:Twayne Publishers,1986)。

赖特(G. H. von Wright):《知识之树及其他论文》(*Tree of Knowledge and Other Essays*,Brill Academic Publishers,1993)。

刘培育主编:《金岳霖的回忆与回忆金岳霖》,成都:四川教育出版社1995年版。

罗素:《几何学的基础》(*An Essay on the Foundation of Geometry*,Scholarly Publishing Office,University of Michigan Library,2005)。

罗素:《莱布尼兹哲学的批判解说》(*A Critical Exposition of Philosophy of Leibniz*,The University Press,1900)。

罗素:《数学的原则》(*The Principles of Mathematics*,W. W. Norton & Company,INC.,1931)。

罗素与怀特海:《数学原理》(*Principia Mathematica*,Cambridge University Press,1960)。

罗素:《哲学问题》(*The Problems of Philosophy*,Prometheus Books,1988)。

罗素:《我们对于外界的知识》(*Our Knowledge of the External World*,Routledge,1993)。

罗素:《战争是恐惧的源泉》(*War, the Offspring of Fear*,The Union of Democratic Control,1916)。

罗素:《战时的正义》(*Justice in War-time*,Spokesman Books,2005)。

罗素:《社会重建的原理》(*Principle of Social Reconstruction*,Routledge,1997)。

罗素:《政治理想》(*Political Ideals*,1917)。

罗素:《自由之路》(*Roads to Freedom*,Routledge,1970)。

罗素:《神秘主义与逻辑》(*Mysticism and Logic*,Dover Publications,2004)。

罗素:《数理哲学引论》(*Introduction to Mathematical Philosophy*,George Allen and Unwin LTD,1956)。

罗素:《心的分析》(*The Analysis of Mind*,George Allen and Unwin LTD,1956)。

罗素:《自由思想与官方宣传》(*Free thought and Official Propaganda*,Huebsch,1924)。

罗素:《工业文明的前景》(*The Prospect of Industrial Civilization*,The Century Co.,1923)。

罗素:《怎样获得自由和幸福》(*How to be Free and Happy*,The Rand School of Social Science,1924)。

罗素:《我信仰什么》(*What I believe*,Routledge,2004)。

罗素:《相对论ABC》(*The ABC of Relativity*,Routledge,2001)。

罗素:《论教育,尤其是幼儿教育》(*On education, Especially in Early Childhood*,

Taylor & Francis Books Ltd,1985)。

罗素:《哲学大纲》(*An Outline of Philosophy*,W. W. Norton & Company,INC.,1927)。

罗素:《我为什么不是一个基督徒》(*Why I am not a Christian*,Simon and Schuster,1957)。

罗素:《物的分析》(*The Analysis of Matter*,Dover Publication,Inc.,1954)。

罗素:《怀疑论集》(*Sceptical Essays*,Routledge,2004)。

罗素:《婚姻与道德》(*Marriage and Morals*,Liveright Publishing Corporation,1970)。

罗素:《赢得快乐》(*The Conquest Happiness*,Liveright Publishing Corporation,1996)。

罗素:《科学观》(*The Scientific Outlook*,NORTON,1970)。

罗素:《教育与社会秩序》(*Education and the Social Order*,1932)。

罗素:《自由与组织》(*Freedom and Organization*,G. Allen & Unwin ltd,1934)。

罗素:《闲散颂》(*In Praise of Idleness*,W. W. Norton & Company,INC.,1935)。

罗素:《宗教与科学》(*Religion and Science*,Oxford University Press,1997)。

罗素:《什么样的途径通向和平》(*Which Way to Peace?*,M. Joseph Ltd,1936)。

罗素:《权力:一种新的社会分析》(*Power: A New Social Analysis*,Allen,1948)。

罗素:《意义与真理的探索》(*An Inquiry into Meaning and Truth*,Unwin Paperbacks,1980)。

罗素:《西方哲学史》(*A History of Western Philosophy*,Touchstone,1972)。

罗素:《哲学与政治》(*Philosophy and Politics*,London,1947)。

罗素:《人类知识》(*Human Knowledge: Its Scope and Limits*,Simon and Schuster,1948)。

罗素:《权威与个人》(*Authority and the Individual*,Beacon Press,1960)。

罗素:《非通俗文选》(*Unpopular Essays*,Simon and Schuster,1950)。

罗素:《科学对社会的影响》(*The Impact of Science on Society*,Routledge,1985)。

罗素:《记忆的肖像》(*Portraits from Memory*,Allen & Unwin London,1956)。

罗素:《西方的智慧》(*Wisdom of the West*,Penguin Books Ltd,1989)。

罗素:《我的哲学发展》(*My Philosophical Development*,Simon and Schuster,1959)。

罗素:《性格的教育》(*Education of Character*,Philosophical Library,1961)。

罗素:《罗素重要文选》(The Basic Writings of Bertrand Russell,1903—1959,ed. by R. Egner and L. Denonn,Simon and Schuster,1961)。

罗素:《哲学论文集》(Philosophical Essays,Simon and Schuster,1966)。

罗素:《逻辑与知识》(*Logic and Knowledge*,George Allen and Unwin LTD,1977)。

罗素:《罗素自传》(*The Autobiography of Bertrand Russell*,George Allen and Unwin

LTD,1967,1968,1969)三卷。

罗素:《论分析》(*Essays in Analysis*,George Braziller,1973)。

罗素:《哲学化的艺术》(*The Art of Philosophizing*:*and other Essays*,Littlefield,Adams & Co.,1977)。

罗素:《罗素文集》(*The Collected Papers of Bertrand Russell*,Routledge,2000)第11、15、28、29卷。

芒克与帕尔默(Ray Monk and Anthony Palmer (Eds.):《罗素与分析哲学的起源》(*Bertrand Russell and the Origins of Analytical Philosophy*,Thoemmes Pr,1996)

梅耶尔(S. Meyer):《杜威与罗素的交往》(*Dewey and Russell*:*an Exchange*,1995)。

摩尔海德(Caroline Moorhead):《罗素一生》(*Bertrand Russell*:*A Life*,Viking,1993)。

蒙克(R. Monk):《罗素:狂热的幽灵》(*Bertrand Russell*:*the Ghost of Madness*,Free Press,2000)。

蒙克(R. Monk):《维特根斯坦:天才的职责》(*Ludwig Wittgenstein*:*the Duty of Genius*,Free Press,1990)。

牟宗三:《中国哲学十九讲》,台北:台湾学生书局1983年版。

缪尔黑德(J. H. Muirhead):《现代英国哲学》(*Contemporary British Philosophy*,Routledge,1976)。

帕特森(W. Patterson):《罗素逻辑原子论的哲学》(*Bertrand Russell's Philosophy of Logical Atomism*,Peter Lang Publishing,1967)。

皮亚斯(D. Pears):《罗素与英国哲学传统》(*Bertrand Russell and the British Tradition in Philosophy*,New York:Random House,1967)。

皮亚斯(D. Pears):《逻辑原子论的哲学》(*The Philosophy of Logical Atomism*,Peter Lang Publishing,1993)。

培里(R. B. Perry):《现代哲学倾向》(*Present Philosophical Tendencies*,Athena University Press,2004)。

乔治与维勒曼(A. George and D. Velleman):《数学的哲学》(*Philosophy of Mathematics*,Blackwell Publishing,2002)。

拉姆西(F. Ramsey):《数学的基础及其他逻辑论文》(*The Foundation of Mathematics and other Logical Essays*,Routledge,1931)。

桑斯布瑞(R. M. Sainsbury):《罗素》(*Russell*,Routledge & Kegan Pail,1979)。

萨瓦格与安德森(C. Savage and C. Anderson):《再读罗素》(*Rereading Russell*,University of Minnesota Press,1989)。

唐君毅:《唐君毅全集》,台北:台湾学生书局1988年版。

田中裕:《怀特海有机哲学》,包国光译,石家庄:河北教育出版社2001年版。

魏斯曼(F. Waismann):《哲学论文集》(*Philosophical Papers*, Reidel, 1977)。

维德克尼(A. D. Wedekind):《罗素与分析哲学》(*Russell and Analytic Philosophy*, Toronto: University of Toronto Press, 1993)。

维兹(M. Weitz):《20世纪哲学引论:分析的传统》(*Introduction to Twentieth Century Philosophy: The Analytical Tradition*, Free Press, 2000)。

威特根斯坦(L. Wittgenstein):《逻辑哲学论》(*Tractatus logico-philosophicus*, Routledge, 2001)。

伍德(A. Wood):《罗素——热情的怀疑论者》(*Bertrand Russell—the Passionate Skeptic*, Simon and Schuster, 1958)。

谢尔普(P. Schilpp):《罗素的哲学》(*The Philosophy of Bertrand Russell*, Northwestern University Press, 1944)。

谢尔普(P. Schilpp):《摩尔的哲学》(*The Philosophy of G. E. Moore*, Tudor Publishing Company, 1952)。

谢尔普(P. Schilpp):《怀特海的哲学》(*The Philosophy of Alfred North Whitehead*, Tudor Publishing Company, 1941)。

谢尔普(P. Schilpp):《杜威的哲学》(*The Philosophy of John Dewey*, Open Court Publishing Company, 1989)。

史瓦兹(S. P. Schwartz):《分析哲学简史:从罗素到罗尔斯》(*A Brief History of Analytic Philosophy: From Russell to Rawls*, Blackwell, 2012)。

索姆斯(Scott Soames):《哲学中的分析传统 卷一:开创性的巨匠们》(*The Analytic Tradition in Philosophy*, Volume 1: *The Founding Giants*, Princeton University Press, 2014)。

希尔(C. Hill),《胡塞尔、弗雷格与罗素的言语与对象》(*Word and Object in Husserl, Frege, and Russell*, Ohio Univ Press, 1991)。

希尔顿(P. Hylton),《罗素:唯心主义与分析哲学的诞生》(*Russell, Idealism and the Emergence of Analytic Philosophy*, 1993)。

伊姆斯(E. R. Eames):《罗素的知识论》(*Bertrand Russell's Theory of Knowledge*, George Braziller, 1969)

扎格(R. Jager),《罗素哲学的发展》(*The Development of Bertrand Russell's Philosophy*, Routledge, 2004)。

詹姆斯(W. James):《多元的宇宙》(*A Pluralistic Universe*, Longmans, Green and Co., 1909)。

罗素著作列表

《德国社会民主》(German Social Democracy),1896 年。
《几何学的基础》(An Essay on the Foundation of Geometry),1897 年。
《莱布尼兹哲学的批判解说》(A Critical Exposition of Philosophy of Leibniz),1900 年。
《数学的原则》(The Principles of Mathematics),1903 年。
《自由人的崇拜》(A Free Man's Worship),1903 年。
《论指称》(On Denoting),1905 年。
《数学原理》(Principia Mathematica),与怀特海合著,1910 年。
《哲学论文集》(Philosophical Essays),1910 年。
《反选举权的焦虑》(Anti-Suffragist Anxieties),1910 年。
《哲学问题》(The Problems of Philosophy),1912 年。
《我们对于外界的知识》(Our Knowledge of the External World),1914 年。
《哲学中的科学方法》(Scientific Method in Philosophy),1914 年。
《柏格森的哲学》(The Philosophy of Bergson),1914 年。
《战争是恐惧的源泉》(War, the Offspring of Fear),1914 年。
《战时的正义》(Justice in War-time),1916 年。
《协议的政策:对基尔伯特·穆瑞教授的答复》(The Policy of the Entente: A Reply to Professor Gilbert Murray),1916 年。
《社会重建的原理》,(Principle of Social reconstruction),1916 年。
《政治理想》(Political Ideals),1917 年。
《无政府主义与公团主义》(Anarchism and Syndicalism),1917 年。
《为什么人会打仗》(Why Men Fight:? A Method of Abolishing the International Duel),1917 年。
《自由之路》(Roads to Freedom),1918 年。
《神秘主义与逻辑》(Mysticism and Logic),1918 年。
《逻辑原子论的哲学》(The Philosophy of Logical Atomism),1918 年。
《数理哲学引论》(Introduction to Mathematical Philosophy),1919 年。
《布尔塞维克主义的理论与实践》,(The Practice and Theory of Bolshevism)1920 年。
《心的分析》(The Analysis of Mind),1921 年。

《中国问题》(The Problem of China),1922 年。
《二种途径走向世界》(Tree Ways to World),1922 年。
《自由思想与官方宣传》(Free thought and Official Propaganda),1922 年。
《工业文明的前景》(The Prospect of Industrial Civilization),合著,1923 年。
《原子论 ABC》(The ABC of Adams),1923 年。
《伊卡罗斯或科学的未来》(Icarus, or The Future of Science),1924 年。
《布尔塞维克主义与西方》(Bolshevism and the West),1924 年。
《怎样获得自由和幸福》(How to be Free and Happy),1924 年。
《逻辑原子论》(Logical Adamism),1924 年。
《我信仰什么》(What I believe),1925 年。
《相对论 ABC》(The ABC of Relativity),1925 年。
《论教育,尤其是幼儿教育》(On education, Especially in Early Childhood),1926 年。
《教育与善的生活》(Education and the Good Life),1926 年。
《罗素文选》(Selected Papers of Bertrand Russell),1927 年。
《哲学大纲》(An Outline of Philosophy),1927 年。
《物的分析》(The Analysis of Matter),1927 年。
《我为什么不是一个基督徒》(Why I am not a Christian),1927 年。
《怀疑论集》(Skeptical Essays),1928 年。
《婚姻与道德》(Marriage and Morals),1929 年。
《赢得快乐》,(The Conquest Happiness),1930 年。
《哲学对文明作过有益的贡献吗?》(Has Religion Made Contribution to Civilization?),1930 年。
《科学观》(The Scientific Outlook),1931 年。
《教育与社会秩序》(Education and the Social Order),1932 年。
《数学的性质》(The Nature of Mathematics),1933 年。
《自由与组织》(Freedom and Organization),1934 年。
《闲散颂》(In Praise of Idleness),1935 年。
《宗教与科学》(Religion and Science),1935 年。
《什么样的途径通向和平》(Which Way to Peace?),1936 年。
《决定论与物理学》(Determinism and Physics),1936 年。
《安伯雷文献》(The Amberley Papers),1937 年。
《权力:一种新的社会分析》(Power; A New Social Analysis),1938 年。
《意义与真理的探索》(An Inquiry into Meaning and Truth),1940 年。
《让人们思维》(let the People think),1941 年。
《西方哲学史》(A History of Western Philosophy),1945 年。
《物理与经验》(Physics and Experience),1946 年。

《哲学与政治》(Philosophy and Politics),1947年。

《人类知识》(Human Knowledge: Its Scope and Limits),1948年。

《权威与个人》(Authority and the Individual),1949年。

《非通俗文选》(Unpopular Essays),1950年。

《科学对社会的影响》(The Impact of Science on Society),1951年。

《变化中世界的新希望》(New Hopes for a Changing World),1951年。

《善良公民的字母表》(The Good Citizen's Alphabet),1953年。

《郊区的撒旦》(Satan in the Suburbs),1953年。

《在道德和政治中的人类社会》(Human Society in Ethics and Politics),1954年。

《杰出人们的梦魇》(Nightmares of Eminent Persons),1954年。

《约翰·斯图特·穆勒》(John Stuart Mill),1955年。

《记忆的肖像》(Portraits from Memory),1956年。

《理解历史及其他论文》(Understanding History and other Essays),1957年。

《罗素、赫鲁晓夫和杜勒斯之间的通信》(The Vital Letters of Russell, Khrushchev, Dulles),1958年。

《怀疑的意愿》(The Will to Doubt),1958年。

《常识与核战争》(Common Sense and Nuclear Warfare),1959年。

《西方的智慧》(Wisdom of the West),1959年。

《我的哲学发展》(My Philosophical Development),1959年。

《科学的未来》(The Future of Science),1959年。

《罗素谈他的心灵》(Bertrand Russell Speaks His Mind),1960年。

《事实与虚构》(Fact and Fiction),1961年。

《人类有将来吗?》(Has Man a Future?),1961年。

《罗素重要文选》(The Basic Writings of Bertrand Russell, 1903—1959, ed. by R. Egner and L. Denonn),1961年。

《性格的教育》(Education of Character),1961年。

《非武装力量的胜利》(Unarmed Victory),1963年。

《论科学哲学》(On the Philosophy of Science),1965年。

《在越南的战争与残暴》(War and Atrocity in Vietnam),1965年。

《逻辑与知识》(Logic and Knowledge),1966年。

《哲学论文集》(Philosophical Essays, Simon and Schuster),1966年。

《在越南的战争罪行》(War Crime in Vietnam),1967年。

《罗素自传》(The Autobiography of Bertrand Russell),共3卷,1967年,1968年,1969年。

《哲学化的艺术》(The Art of Philosophizing: and other Essays),1968年。

《亲爱的罗素》(Dear Bertrand Russell),1969年。

《我自己的哲学》(My Own Philosophy),1970 年。
《罗素小说集》(The Collected Stories of Bertrand Russell),1972 年。
《逻辑原子论的哲学》(The Philosophy of Logical Atomism),1972
《论分析》(Essays in Analysis),1973 年。
《罗素文集》(The Collected Papers of Bertrand Russell),共 29 卷,2000 年。[①]

[①] 部分书目参阅 A Bibliography of Bertrand Russell, edited by Kenneth Blackwell, Harry Ruja, Sheila Turcon, Routledge, 2003。

罗素重要分析哲学著作列表

《几何学的基础》(An Essay on the Foundation of Geometry),1897 年。
《莱布尼兹哲学的批判解说》(A Critical Exposition of Philosophy of Leibniz),1900 年。
《数学的原则》(The Principles of Mathematics),1903 年。
《论指称》(On Denoting),1905 年。
《数学原理》(Principia Mathematica),与怀特海合著,1910 年。
《哲学论文集》(Philosophical Essays),1910 年。
《哲学问题》(The Problems of Philosophy),1912 年。
《我们对于外界的知识》(Our Knowledge of the External World),1914 年。
《哲学中的科学方法》(Scientific Method in Philosophy),1914 年。
《神秘主义与逻辑》(Mysticism and Logic),1918 年。
《逻辑原子论的哲学》(The Philosophy of Logical Atomism),1918 年。
《数理哲学引论》(Introduction to Mathematical Philosophy),1919 年。
《心的分析》(The Analysis of Mind),1921 年。
《逻辑原子论》(Logical Adamism),1924 年。
《哲学大纲》(An Outline of Philosophy),1927 年。
《物的分析》(The Analysis of Matter),1927 年。
《数学的性质》(The Nature of Mathematics),1933 年。
《意义与真理的探索》(An Inquiry into Meaning and Truth),1940 年。
《物理与经验》(Physics and Experience),1946 年。
《人类知识》(Human Knowledge: Its Scope and Limits),1948 年。
《我的哲学发展》(My Philosophical Development),1959 年。
《论科学哲学》(On the Philosophy of Science),1965 年。
《逻辑与知识》(Logic and Knowledge),1966 年。
《哲学论文集》(Philosophical Essays, Simon and Schuster),1966 年。
《我自己的哲学》(My Own Philosophy),1970 年。
《逻辑原子论的哲学》(The Philosophy of Logical Atomism),1972。
《论分析》(Essays in Analysis),1973 年。[1]

---

[1] 部分书目参阅 A Bibliography of Bertrand Russell, edited by Kenneth Blackwell, Harry Ruja, Sheila Turcon, Routledge, 2003。

罗素重要分析哲学论文列表

- 1901a: Draft of "On the Logic of Relations with Applications in Arithmetic and the Theory of Series", in *The Collected Papers of Bertrand Russell*, vol. 3, ed. by G. H. Moore, London: Routledge, 1993, pp. 589—627.
- 1901b: "Recent Work on the Principles of Mathematics," *International Monthly*, 4: 83—101; repr. as "Mathematics and the Metaphysicians," in Bertrand Russell, *Mysticism and Logic and Other Essays*, New York, London: Longmans, Green & Co., 1918, 74—96; also appearing in *Collected Papers*, Vol. 3.
- 1902: "General Theory of Well-Ordered Series", reprinted in *The Collected Papers of Bertrand Russell*, vol. 3, ed. by G. H. Moore, London: Routledge, 1993, pp. 384—421.
- 1904: "Fundamental Notions", in *The Collected Papers of Bertrand Russell*, vol. 4, ed. by A. Urquhart. London: Routledge, 1994, pp. 111—259.
- 1905: "On Denoting," *Mind*, Vol. 14, No. 56 (Oct., 1905), pp. 479—493; repr. in Bertrand Russell, *Essays in Analysis*, London: Allen and Unwin, 1973, pp. 103—119; and in Bertrand Russell, *Logic and Knowledge*, London: George Allen and Unwin, 1956, pp. 41—56.
- 1907: "The Regressive Method of Discovering the Premises of Mathematics," in Bertrand Russell, *Essays in Analysis*, London: Allen and Unwin, 1973, 272—283; also appearing in *Collected* Papers, Vol. 5.
- 1908: "Mathematical Logic as Based on the Theory of Types," *American Journal of Mathematics*, 30: 222—262; repr. in Bertrand Russell, *Logic and Knowledge*, London: Allen and Unwin, 1956, 59—102; also appearing in *Collected Papers*, Vol. 5.
- 1908:"Mathematical Logic as Based on the Theory of Types," *Logic and Knowledge*, George Allen and Unwin LTD, 1977, pp. 59—102.
- 1911: "On the relations of Universals and Particulars," *Proceedings of the Aristotelian Society*, 11: 1—24. Reprinted in B. Russell. *Logic and Knowledge*, London: Unwin, 1956.
- 1911: "Knowledge by Acquaintance and Knowledge by Description," *Proceedings*

- *of the Aristotelian Society*, 11: 108—128; repr. in Bertrand Russell, *Mysticism and Logic and Other Essays*, New York, London: Longmans, Green &. Co., 1918, 209—232; also appearing in *Collected Papers*, Vol. 6.
- 1912a: *The Problems of Philosophy*, London: Williams and Norgate; New York: Henry Holt and Company.
- 1912b: "On the Relations of Universals and Particulars," *Proceedings of the Aristotelian Society*, 12: 1—24; repr. in Bertrand Russell, *Logic and Knowledge*, London: Allen and Unwin, 1956, 105—124; also appearing in *Collected Papers*, Vol. 6.
- 1913: "The Philosophical Implications of Mathematical Logic," Monist, Oct., pp. 481—93.
- 1914a: "On the Nature of Acquaintance," *Monist*, 24: 1—16, 161—187, 435—453; repr. in *Logic and Knowledge*, London: George Allen and Unwin, 1956, 127—174; also appearing in *Collected Papers*, Vol. 7.
- 1914b: "The Relation of Sense-Data to Physics," *Scientia*, 16: 1—27; repr. in *Mysticism and Logic and Other Essays*, New York, London: Longmans, Green &. Co., 1918, 145—179; also appearing in *Collected Papers*, Vol. 8.
- 1914: "The Relation of Sense Data to Physics," Reprinted in Mysticism and Logic and Other Essays, London: Longmans, Green &. Co., 1919, pp. 145—79.
- 1918a: "Knowledge by Acquaintance and Knowledge by Description," *Mysticism and Logic and Other Essays*, New York, London: Longmans, Green &. Co., 1918, pp. 209—232.
- 1918b: "The Philosophy of Logical Atomism," *Monist*, 28: 495—527; 29: 32—63, 190—222, 345—380; repr. in Bertrand Russell, *Logic and Knowledge*, London: Allen and Unwin, 1956, 177—281; also appearing in *Collected Papers*, Vol. 8.
- 1919: "On Propositions: What They Are and How They Mean," *Proceedings of the Aristotelian Society*, Supplementary Volume 2: 1—43; also appearing in *Collected Papers*, Vol. 8.
- 1924: "Logical Atomism," in J. H. Muirhead, *Contemporary British Philosophers*, London: Allen and Unwin, 1924, pp. 359—383.
- 1950: "Logical Positivism," *Logic and Knowledge*, George Allen and Unwin LTD, 1977, pp. 365—382.
- 1957: "Mr. Strawson on Referring," *Mind*, Vol. 66. No. 263, July, pp. 385—389.

西方学者有关罗素分析哲学的重要英文著作列表

- Ayer, A. J., 1971, *Russell and Moore*, Cambridge: Harvard University Press.
- ——1972a, "Bertrand Russell as a Philosopher," *Proceedings of the British Academy*, 58: 127—151; repr. in A. D. Irvine (ed.) (1999) *Bertrand Russell: Critical Assessments*, 4 vols, London: Routledge, vol. 1, 65—85.
- ——1972b, *Russell*, London: Fontana/Collins.
- Blackwell, Kenneth, 1983, "'Perhaps You will Think Me Fussy …': Three Myths in Editing Russell's *Collected Papers*," in H. J. Jackson (ed.), *Editing Polymaths*, Toronto: Committee for the Conference on Editorial Problems, 99—142.
- ——1985, *The Spinozistic Ethics of Bertrand Russell*, London: George Allen and Unwin.
- ——and Harry Ruja, 1994, *A Bibliography of Bertrand Russell*, 3 vols, London: Routledge.
- Bostock, David, 2012, *Russell's Logical Atomism*, Oxford: Oxford University Press.
- Broad, C. D., 1973, "Bertrand Russell, as Philosopher," *Bulletin of the London Mathematical Society*, 5: 328—341; repr. in A. D. Irvine (ed.) (1999) *Bertrand Russell: Critical Assessments*, 4 vols, London: Routledge, vol 1, 1—15.
- Burke, Tom, 1994, *Dewey's New Logic: A Reply to Russell*, Chicago: University of Chicago Press.
- Carnap, Rudolf, 1931, "The Logicist Foundations of Mathematics," *Erkenntnis*, 2: 91—105; repr. in Paul Benacerraf, and Hilary Putnam (eds), *Philosophy of Mathematics*, 2nd edn, Cambridge: Cambridge University Press, 1983, 41—52; repr. in E. D. Klemke (ed.), *Essays on Bertrand Russell*, Urbana: University of Illinois Press, 1970, 341—354; and repr. in David F. Pears (ed.), *Bertrand Russell: A Collection of Critical Essays*, Garden City, New York: Anchor Books, 1972, 175—191.
- Chalmers, David J., 1996, *The Conscious Mind: In Search of a Fundamental*

Theory, Oxford: Oxford University Press.
- Chomsky, Noam, 1971, *Problems of Knowledge and Freedom: The Russell Lectures*, New York: Vintage.
- Church, Alonzo, 1974, "Russellian Simple Type Theory," *Proceedings and Addresses of the American Philosophical Association*, 47: 21—33.
- ——1976, "Comparison of Russell's Resolution of the Semantical Antinomies with That of Tarski," *Journal of Symbolic Logic*, 41: 747—760; repr. in A. D. Irvine, *Bertrand Russell: Critical Assessments*, vol. 2, New York and London: Routledge, 1999, 96—112.
- Clark, Ronald William, 1975, *The Life of Bertrand Russell*, London: Jonathan Cape and Weidenfeld & Nicolson.
- ——1981, *Bertrand Russell and His World*, London: Thames and Hudson.
- Copi, Irving, 1971, *The Theory of Logical Types*, London: Routledge and Kegan Paul.
- Demopoulos, William, 2013, *Logicism and Its Philosophical Legacy*, London and New York: Cambridge University Press.
- Dewey, John, and Horace M. Kallen (eds.), 1941, *The Bertrand Russell Case*, New York: Viking.
- Doxiadis, Apostolos, and Christos Papadimitriou, 2009, *Logicomix: An Epic Search for Truth*, New York: St Martin's Press.
- Duffy, Bruce, 1987, *The World as I Found It*, New York: Ticknor & Fields.
- Eames, Elizabeth R., 1967, "The Consistency of Russell's Realism," *Philosophy and Phenomenological Research*, 27: 502—511.
- ——1969, *Bertrand Russell's Theory of Knowledge*, London: George Allen and Unwin.
- ——1989, *Bertrand Russell's Dialogue with his Contemporaries*, Carbondale: Southern Illinois University Press.
- Eliot, T. S., 1917, "Mr Apollinax", *Prufrock and Other Observations*, London: Egoist Press.
- Feinberg, Barry, and Ronald Kasrils (eds.), 1969, *Dear Bertrand Russell*, London: George Allen and Unwin.
- ——1973, 1983, *Bertrand Russell's America*, 2 vols, London: George Allen and Unwin.
- Gabbay, Dov M., and John Woods (eds.), 2009, *Handbook of the History of Logic: Volume 5- Logic From Russell to Church*, Amsterdam: Elsevier/North Holland.

- Galaugher, Jolen, 2013, *Russell's Philosophy of Logical Analysis*, London: Palgrave Macmillan.
- Gandon, Sébastien, 2012, *Russell's Unknown Logicism*, New York: Palgrave Macmillan.
- Gandy, R. O., 1973, "Bertrand Russell, as Mathematician," *Bulletin of the London Mathematical Society*, 5: 342—348; repr. in A. D. Irvine, *Bertrand Russell: Critical Assessments*, vol. 1, New York and London: Routledge, 1999, 16—23.
- Gödel, Kurt, 1944, "Russell's Mathematical Logic," in Paul Arthur Schilpp (ed.), *The Philosophy of Bertrand Russell*, 3rd edn, New York: Tudor, 1951, 123—153; repr. in Paul Benacerraf and Hilary Putnam (eds), *Philosophy of Mathematics*, 2nd edn, Cambridge: Cambridge University Press, 1983, 447—469; repr. in David F. Pears (ed.) (1972) *Bertrand Russell: A Collection of Critical Essays*, Garden City, New York: Anchor Books, 192—226; and repr. in A. D. Irvine (ed.) *Bertrand Russell: Critical Assessments*, vol. 2, New York and London: Routledge, 1999, 113—134.
- Grattan—Guinness, I., 1977, *Dear Russell, Dear Jourdain: A Commentary on Russell's Logic, Based on His Correspondence with Philip Jourdain*, New York: Columbia University Press.
- ——2000, *The Search for Mathematical Roots*, 1870—1940, Princeton, Oxford: Princeton University Press.
- Griffin, Nicholas, 1991, *Russell's Idealist Apprenticeship*, Oxford: Clarendon.
- ——(ed.), 2003, *The Cambridge Companion to Bertrand Russell*, Cambridge: Cambridge University Press.
- ——(ed.), 2014, *Bertrand Russell, A Pacifist at War: Letters and Writings 1914—1918*, Nottingham: Spokesman Books.
- ——and Dale Jacquette (eds), 2009, *Russell vs. Meinong: the Legacy of "On Denoting"*, New York: Routledge.
- ——and Bernard Linsky (eds.), 2013, *The Palgrave Centenary Companion to Principia Mathematica*, London: Palgrave Macmillan.
- ——and Bernard Linsky and Kenneth Blackwell (eds.), 2011, *Principia Mathematica* at 100, Hamilton, ON: Bertrand Russell Research Centre; also published as Special Issue vol. 31, no. 1 of *Russell*.
- Hager, Paul J., 1994, *Continuity and Change in the Development of Russell's Philosophy*, Dordrecht: Nijhoff.
- Hardy, Godfrey H., 1942, *Bertrand Russell and Trinity*, Cambridge: Cam-

bridge University Press, 1970.
- Hintikka, Jaakko, 2009, "Logicism", in A. D. Irvine (ed.), *Philosophy of Mathematics*, Amsterdam: Elsevier/North Holland, 271—290.
- Hochberg, Herbert, 2001, *Russell, Moore, and Wittgenstein*, New York: Hansel-Hohenhausen.
- Hook, Sidney, 1966, "Lord Russell and the War Crimes Trial", *The New Leader*, 49 (24 October); repr. in A. D. Irvine (ed.) (1999) *Bertrand Russell: Critical Assessments*, 4 vols, London: Routledge, vol. 4, 181.
- ——1976, "Bertrand Russell the Man", *Commentary*, July 1976, 52—54.
- Huxley, Aldous, 1921, *Chrome Yellow*, London: Chatto & Windus.
- Hylton, Peter W., 1990a, *Russell, Idealism, and the Emergence of Analytic Philosophy*, Oxford: Clarendon.
- ——1990b, "Logic in Russell's Logicism," in David Bell and Neil Cooper (eds), *The Analytic Tradition: Philosophical Quarterly Monographs*, Vol. 1, Cambridge: Blackwell, 137—172.
- Ironside, Philip, 1996, *The Social and Political Thought of Bertrand Russell: The Development of an Aristocratic Liberalism*, London: Cambridge University Press.
- Irvine, A. D., 1989, "Epistemic Logicism and Russell's Regressive Method," *Philosophical Studies*, 55: 303—327.
- ——1996, "Bertrand Russell and Academic Freedom," *Russell*, 16: 5—36.
- ——(ed.), 1999, *Bertrand Russell: Critical Assessments*, 4 vols, London: Routledge.
- ——2004, "Russell on Method," in Godehard Link (ed.), *One Hundred Years of Russell's Paradox*, Berlin and New York: Walter de Gruyter, 481—500.
- ——(ed.), 2009, *Philosophy of Mathematics*, Amsterdam: Elsevier/North Holland.
- ——and G. A. Wedeking (eds.), 1993, *Russell and Analytic Philosophy*, Toronto: University of Toronto Press.
- Jager, Ronald, 1972, *The Development of Bertrand Russell's Philosophy*, London: George Allen and Unwin.
- Kaplan, David, 1970, "What is Russell's Theory of Descriptions?" in Wolfgang Yourgrau and Allen D. Breck, (eds), *Physics, Logic, and History*, New York: Plenum, 277—288; repr. in David F. Pears (ed.), *Bertrand Russell: A Collection of Critical Essays*, Garden City, New York: Anchor Books, 1972, 227—244.

- Klement, Kevin C., 2001, "Russell's Paradox in Appendix B of the Principles of Mathematics: Was Frege's Response Adequate?" *History and Philosophy of Logic*, 22: 13—28.
- ——2003, "Russell's 1903—05 Anticipation of the Lambda Calculus," *History and Philosophy of Logic*, 24: 15—37.
- ——2010, "The Functions of Russell's No Class Theory," *Review of Symbolic Logic*, 3—4: 633—664.
- ——2012, "Neo-logicism and Russell's Logicism," *Russell*, 32: 127—59.
- Klemke, E. D. (ed.), 1970, *Essays on Bertrand Russell*, Urbana: University of Illinois Press.
- Korhonen, Anssi, 2013, *Logic as Universal Science: Russell's Early Logicism and Its Philosophical Context*, London: Palgrave Macmillan.
- Kroon, Fred W., 2006, "Russellian Descriptions and Meinongian Assumptions," in A. Bottani and R. Davies (eds), *Modes of Existence: Papers in Ontology and Philosophical Logic*, Heusenstamm: Ontos Verlag, 83—106.
- ——2009, "Existence in the Theory of Definite Descriptions," *Journal of Philosophy*, 106: 365—389.
- Landini, Gregory, 1998, *Russell's Hidden Substitutional Theory*, New York and Oxford: Oxford University Press.
- ——2011, *Russell*, London and New York: Routledge.
- Leithauser, Gladys Garner, and Nadine Cowan Dyer, 1982, "Bertrand Russell and T. S. Eliot: Their Dialogue," *Russell*, 2: 7—28.
- Link, Godehard (ed.), 2004, *One Hundred Years of Russell's Paradox*, Berlin and New York: Walter de Gruyter.
- Linsky, Bernard, 1990, "Was the Axiom of Reducibility a Principle of Logic?" *Russell*, 10: 125—140; repr. in A. D. Irvine (ed.), *Bertrand Russell: Critical Assessments*, 4 vols, London: Routledge, 1999, vol. 2, 150—264.
- ——1999, *Russell's Metaphysical Logic*, Stanford: CSLI Publications.
- ——2002, "The Resolution of Russell's Paradox in *Principia Mathematica*," *Philosophical Perspectives*, 16: 395—417.
- ——2011, *The Evolution of Principia Mathematica: Bertrand Russell's Manuscripts and Notes for the Second Edition*, Cambridge: Cambridge University Press.
- ——and Guido Imaguire (eds.), 2005, *On Denoting* 1905—2005, Munich: Philosophia-Verlag.
- Lycan, William, 1981, "Logical Atomism and Ontological Atoms," *Synthese*, 46:

207—229.
- Maclean, Gülberk Ko?, 2014, *Bertrand Russell's Bundle Theory of Particulars*, New York: Bloomsbury Academic.
- Mares, Edwin, 2007, "The Fact Semantics for Ramified Type Theory and the Axiom of Reducibility" *Notre Dame Journal of Formal Logic*, 48 (2): 237—251.
- Mayo-Wilson, Conor, 2011, "Russell on Logicism and Coherence," in Nicholas Griffin, Bernard Linsky and Kenneth Blackwell (2011) *Principia Mathematica at 100*, in *Russell* (Special Issue), 31(1): 63—79.
- Monk, Ray, 1996, *Bertrand Russell: The Spirit of Solitude*, London: Jonathan Cape.
- ——2000, *Bertrand Russell: The Ghost of Madness*, London: Jonathan Cape.
- ——and Anthony Palmer (eds.), 1996, *Bertrand Russell and the Origins of Analytic Philosophy*, Bristol: Thoemmes Press.
- Monro, D. H., 1960, "Russell's Moral Theories," *Philosophy*, 35: 30—50; repr. in David F. Pears (ed.), *Bertrand Russell: A Collection of Critical Essays*, Garden City, New York: Anchor Books, 1972, 325—355; and repr. in A. D. Irvine, *Bertrand Russell: Critical Assessments*, vol. 4, New York and London: Routledge, 1999, 65—85.
- Moorehead, Caroline, 1992, *Bertrand Russell*, New York: Viking.
- Nagel, Thomas, 2002, *Concealment and Exposure and Other Essays*, New York: Oxford University Press.
- Nakhnikian, George (ed.), 1974, *Bertrand Russell's Philosophy*, London: Duckworth.
- Nasim, Omar W., 2012, "The Spaces of Knowledge: Bertrand Russell, Logical Construction, and the Classification of the Sciences," *British Journal for the History of Philosophy*, 20: 1163—1182.
- Ongley, John, and Rosalind Carey, 2013, *Russell: A Guide for the Perplexed*, London: Bloomsbury.
- Park, Joe, 1963, *Bertrand Russell on Education*, Columbus: Ohio State University Press.
- Patterson, Wayne, 1993, *Bertrand Russell's Philosophy of Logical Atomism*, New York: Lang.
- Pears, David F., 1967, *Bertrand Russell and the British Tradition in Philosophy*, London: Collins.
- ——(ed.), 1972, *Bertrand Russell: A Collection of Critical Essays*, New York:

Doubleday.
- Potter, Michael, 2009, *Wittgenstein's Notes on Logic*, Oxford: Oxford University Press.
- Potter, Michael K., 2006, *Bertrand Russell's Ethics*, London: Continuum Books.
- Proops, Ian, 2006, "Russell's Reasons for Logicism," *Journal of the History of Philosophy*, 44: 267—292.
- Putnam, Hilary, 1967, "The Thesis that Mathematics is Logic," in Ralph Schoenman (ed.), *Bertrand Russell: Philosopher of the Century*, London: Allen and Unwin, 273—303; repr. in Hilary Putnam, *Mathematics, Matter and Method*, Cambridge: Cambridge University Press, 1975, 12—42.
- Quine, W. V., 1938, "On the Theory of Types," *Journal of Symbolic Logic*, 3: 125—139.
- ——1960, *Word and Object*, Cambridge: MIT Press.
- ——1966a, *Selected Logic Papers*, New York: Random House.
- ——1966b, *Ways of Paradox*, New York: Random House.
- ——1966c, "Russell's Ontological Development," *Journal of Philosophy*, 63: 657—667; repr. in E. D. Klemke, *Essays on Bertrand Russell*, Urbana, Chicago, London: University of Illinois Press, 3—14.
- Ramsey, Frank P., 1931, *The Foundations of Mathematics*, London: Kegan Paul, Trench, Trubner.
- ——1990, *Philosophical Papers*, Cambridge: Cambridge University Press.
- Roberts, George W. (ed.), 1979, *Bertrand Russell Memorial Volume*, London: Allen and Unwin.
- Rodríguez-Consuegra, Francisco A., 1991, *The Mathematical Philosophy of Bertrand Russell: Origins and Development*, Basel: Birkhauser; repr. 1993.
- Russell, Dora, 1975, 1981, 1985, *The Tamarisk Tree*, 3 vols, New York: Putnam.
- Ryan, Alan, 1988, *Bertrand Russell: A Political Life*, New York: Hill and Wang.
- Savage, C. Wade, and C. Anthony Anderson (eds.), 1989, *Rereading Russell: Essays on Bertrand Russell's Metaphysics and Epistemology*, Minneapolis: University of Minnesota Press.
- Schilpp, Paul Arthur (ed.), 1944, *The Philosophy of Bertrand Russell*, Chicago: Northwestern University.
- Schoenman, Ralph (ed.), 1967, *Bertrand Russell: Philosopher of the Century*, London: Allen and Unwin.

- Schultz, Bart, 1992, "Bertrand Russell in Ethics and Politics," *Ethics*, 102: 594—634.
- Shapiro, Stewart (ed.), 2005, *The Oxford Handbook of Philosophy of Mathematics and Logic*, Oxford: Oxford University Press.
- Slater, John G., 1994, *Bertrand Russell*, Bristol: Thoemmes.
- Stevens, Graham, 2005, *The Russellian Origins of Analytical Philosophy*, London and New York: Routledge.
- ——2011, *The Theory of Descriptions*, London: Palgrave.
- Stone, I. F., 1981, "Bertrand Russell as a Moral Force in World Politics," *Russell*, 1: 7—25.
- Stone, Peter, 2003, "Ray Monk and the Politics of Bertrand Russell," *Russell*, 23: 82—91.
- Strawson, Peter F., 1950, "On Referring," *Mind*, 59: 320—344; repr. in Anthony Flew (ed.), *Essays in Conceptual Analysis*, London: Macmillan, 1960, 21—52, and repr. in E. D. Klemke (ed.), *Essays on Bertrand Russell*, Urbana: University of Illinois Press, 1970, 147—172.
- Sullivan, Arthur, 2013, *Reference and Structure in the Philosophy of Language: A Defense of the Russellian Orthodoxy*, London and New York: Routledge.
- Swanson, Carolyn, 2011, *Reburial of Nonexistents: Reconsidering the Meinong-Russell Debate*, Amsterdam/New York: Rodopi.
- Tait, Katharine, 1975, *My Father Bertrand Russell*, New York: Harcourt Brace Jovanovich.
- Thomas, John E., and Kenneth Blackwell (eds.), 1976, *Russell in Review*, Toronto: Samuel Stevens, Hakkert and Company.
- Urquhart, Alasdair, 1988, "Russell's Zig-Zag Path to the Ramified Theory of Types," *Russell*, 8: 82—91.
- *Vellacott, Jo*, 1980, *Bertrand Russell and the Pacifists in the First World War*, Brighton, Sussex: Harvester Press.
- Wahl, Russell, 2011, "The Axiom of Reducibility," in Nicholas Griffin, Bernard Linsky and Kenneth Blackwell (2011) *Principia Mathematica* at 100, in *Russell* (Special Issue), 31(1): 45—62.
- Weidlich, Thom, 2000, *Appointment Denied: The Inquisition of Bertrand Russell*, Amherst, New York: Prometheus Books.
- Weitz, Morris, 1944, "Analysis and the Unity of Russell's Philosophy," in Paul Arthur Schilpp (ed.), *The Philosophy of Bertrand Russell*, 3rd edn, New York: Tudor, 1951, 55—121.

- Wittgenstein, Ludwig, 1921, *Logisch-philosophische Abhandlung*; trans. as *Tractatus Logico-Philosophicus*, London: Kegan Paul, Trench, Trubner, 1922.
- ——1956, *Remarks on the Foundations of Mathematics*, Oxford: Blackwell.
- Wood, Alan, 1957, *Bertrand Russell: The Passionate Sceptic*, London: Allen and Unwin.

罗素著作中文译本列表

罗素:《哲学问题》,"新青年丛书",黄凌霜译,新青年社,1920年版。
罗素:《算理哲学》,"万有文库"第一集,付种孙、张邦铭译,1920年版。
罗素:《社会改造之原理》,"晨报丛书",余家菊译,北平:晨报出版部,1920年版。
罗素:《社会改造原理》,"公民丛书",岫庐译,上海:群益书社 & 伊文思图书公司,1920年版。
罗素:《罗素五大讲演哲学问题》,北平:北京大学新知书社,1921年版。
罗素:《罗素五大讲演心之分析》,北平:北京大学新知书社,1921年版。
罗素:《罗素五大讲演物之分析》,北平:北京大学新知书社,1921年版。
罗素:《罗素五大讲演数理逻辑》,北平:北京大学新知书社,1921年版。
罗素:《罗素五大讲演社会结构学》,北平:北京大学新知书社,1921年版。
罗素:《物的分析》附《数理逻辑》,"北京惟一日报社丛书",宗锡钧、李小峰编,北平:北京惟一日报社,1921年版。
罗素:《社会结构学五讲》,北平:晨报出版部,1921年版。
罗素、勃拉克:《罗素勃拉克讲演合刊》,北平:北京大学新知书社,1921年版。
罗素:《社会结构学》,北平:晨报出版部,1921年版。
罗素:《政治理想》,程振基译,上海:商务印书馆,1921年版。
罗素:《社会改造之原理》,余家菊译,北平:晨报出版部,1921年版。
罗素:《哲学中之科学方法》,"罗素丛书",王星拱译,上海:商务印书馆,1922年版。1995年4月,台湾联经出版公司据以重印。
罗素:《德国社会民主党》,陈与漪译,上海:商务印书馆,1922年版。
罗素:《物的分析》,任鸿隽等译记,上海:商务印书馆,1922年版。
罗素:《罗素的相对原理观》,关桐华译,上海:商务印书馆,1922年版。
罗素:《罗素论文集》,"东方文库丛书",杨端六等译,上海:东方杂志社,1923年版。
罗素:《战时之正义》,"罗素丛书",郑太朴译,上海:商务印书馆,1921,1923年版。
罗素:《政治理想》,"罗素丛书",程振基译,上海:商务印书馆,1924年版。
罗素:《罗素论思想自由》,"新中国丛书",朱枕薪译,上海:民智书局,1924年版。
罗素:《哲学问题》,"东方文库丛书",上海:东方杂志社,1924年版。
罗素:《哲学中之科学方法》,"共学社罗素丛书",王星拱译,上海:商务印书馆,1926年版。

罗素:《物的分析》,"罗素讲演录",任鸿隽(笔记),上海:商务印书馆,1926年版。
罗素:《我的信仰》,何道生译,上海:商务印书馆,1926年版。
罗素:《社会结构学》,"罗素讲演录",伏庐(笔记),上海:商务印书馆,1926年版。
罗素:《工业文明的景况》,邓家彦编,出版信息不详,1927年版。
罗素:《心的分析》,"北京惟一日报社丛书",罗素讲演,宗锡钧、李小峰笔记,北京惟一日报社,1928年版。
罗素:《婚姻革命》,"世界学会丛书",野庐译,上海:世界学会书局,1930年版。
罗素:《教育论》,北京:北平文化学社,1930年版。
罗素:《罗素教育论》,"师范丛书",柳其伟译,罗素教育论》,上海:商务印书馆,1931年版。
罗素:《快乐的心理》,于照伦译,上海:商务印书馆,1932年版。
罗素:《幼儿之教育》,钱星海编,上海:商务印书馆,1932年版。
罗素:《儿童教育原理》,"新儿童教育丛书",谢曼译,上海:新中国书局,1933年版。
罗素:《怀疑论集》,"万有文库"第一集,严既澄译,1933年版。
罗素:《快乐的心理》,"社会科学丛书",于熙俭译,1933年版。
罗素:《自由与组织》,陈瘦石译,上海:商务印书馆,1934年版。
罗素:《科学观》,王光煦等译,科学之将来》,"百科小丛书",1935年版商务印书馆,1935年版。
罗素:《婚姻与道德》,李惟运译,科学之将来》,"百科小丛书",1935年版中华书局,1935年版;此为《性爱与婚姻》的第二个译本。
罗素:《科学之将来》,"百科小丛书",上海:商务印书馆,1935年版。
罗素:《哲学问题》,黄凌霜译,上海:上海新文化书社,1935年版,该书撰写于1917年,此为《哲学问题》目前所知之最早译本。
罗素:《我的人生观》,哲学丛刊,丘瑾璋译,上海:正中书局,1936年版。
罗素:〈哲学问题〉,叶青译,上海:辛垦书店,1936年版。
罗素:《中国之问题》,赵文锐译,上海:中华书局,1936年版。
罗素:《哲学大纲》,高名凯译,上海:正中书局,1937年版。
罗素:《赞闲》,柯硕亭译,上海:正中书局,1937年版。
罗素:《罪人之书》,上海:广学会,1939年版。
罗素:《结婚与道德》,程希亮译,上海:商务印书馆,1940年版;此为《性爱与婚姻》的第三个译本。1990年1月,商务印书馆据以影印再版。
罗素:《罗素与迪肯生对于中国文化的批判》,张引翼编,出版信息不详,1942年版。
罗素:《幸福之路:贝特兰·罗素通情达理集》,傅雷译,上海:上海南国出版社,1947年版。截至目前,陕西师范大学出版社(2003年4月)、文化艺术出版社(2005年8月)、天津人民出版社(2007年7月)等数家出版社已陆续有重印本问世。2005年1月,团结出版社据以重印,书名改作《罗素论幸福》。

罗素:《儿童教育原理》,"新中国教育丛书",北京:新中国书局,1948年版。
罗素:《罗素之西方文化论》,"现代文库",张其昀编,北京:华夏图书出版公司,1948年版。
罗素:《西方哲学史》,钟建闳译,台北:中华文化出版事业委员会,1955年版。
罗素:《哲学大纲》,高名凯译,台北:正中书局,1959年版。
罗素:《世界之希望》,张易译,台北:正中书局,1959年版。
罗素:《哲学中之科学方法》,台北:文星书店,1955年版。
罗素:《幸福之路》,台北:水牛出版社,1956年版。
罗素:《苦恼之克服》,方略、牛惠临译,台北:启智出版社,1957年版。
罗素:《罗素算理哲学》,台北:正文出版社,1958年版。
罗素:《罗素论选集》,张菘年等译,台北:水牛出版社,1958年版。
罗素:《罗素选集》,杨端六等译,台北:水牛出版社,1958年版。
罗素:《西方哲学史(上卷)》,何兆武、李约瑟译,北京:商务印书馆,1959年版。该书撰写于1945年,截至2010年8月已第25次印刷。
罗素:《哲学问题》,何兆武译(当时译者署名"何明"),北京:商务印书馆,1959年版。2007年4月,经过译者大幅修订后,出版新一版,截至2010年10月也已第4次印刷。
罗素:《社会改造原理》,张师竹译,上海:上海人民出版社,1959年版;截至2001年10月已第3次再版。
罗素:《自由之路》,何新译,北京:商务印书馆,1959年版。
罗素:《常识与核武器战争》,张师竹译,北京:商务印书馆,1959年版。
罗素:《哲学大纲》,高名凯译,台北:正中书局,1959年版。
罗素:《世界之希望》,张易译,台北:正中书局,1959年版
罗素:《罗素自传》,宋瑞、赖永松译,台北:水牛出版社,1962年版。
罗素:《科学对社会的影响》,邓宗培译,台北:协志工业丛书出版公司,1962年版。
罗素:《西方哲学史(下卷)》,马元德译,北京:商务印书馆,1963年版;截至2010年8月,《西方哲学史(下卷)》已第25次印刷。
罗素:《罗素回忆录》,林衡哲译,台北:志文出版社,1963年版。
罗素:《人类有前途吗?》,吴忆萱译,北京:商务印书馆,1964年版。
罗素:《算理哲学》,傅钟孙、张邦铭译,台北:台湾商务出版社,1965年版。
罗素:《婚姻与道德》,台北:水牛出版社,1966年版。
罗素:《哲学中的科学方法》,王星拱译,台北:台湾商务印书馆,1966年版。
罗素:《我为什么不是基督徒》,王若璧译,台北:牧童出版社,1966年版。
罗素:《罗素回忆集》,林衡哲译,台北:水牛出版社,1967年版。
罗素:《罗素教育论》,柳其伟译,台北:台湾商务印书馆,1967年版。
罗素:《哲学与科学知识》,张雄俊译,台北:正文出版社,1967年版。

罗素:《人类的命运》,黄兴宙译,台北:正文出版社,1968年版。
罗素:〈罗素选集》,李敖主编,台北:水牛出版社,1968年版。
罗素:《罗素论社会主义与自由主义》,刘福增主编,台北:水牛出版社,1968年版。
罗素:《罗素的战争伦理学》,刘福增主编,台北:水牛出版社,1968年版。
罗素:《罗素论哲学与政治》,刘福增主编,台北:水牛出版社,1968年版。
罗素:《哲学问题》,黄凌霜译,台北:水牛出版社,1968年版。
罗素:《罗素论文集》,大方出版社编译,台北:大方出版社,1968年版。
罗素:《科学观》,王光熙、蔡宾牟译,台北:台湾商务印书馆,1969年版。
罗素:《论科学》,黄兴宙译,台北:正文出版社,1969年版。
罗素:《罗素论世界的新希望》,刘福增主编,台北:水牛出版社,1970年版。
罗素:《懒散颂》,许丽玉译,台北:牧童出版社,1970年版。
罗素:《罗素杂文集》,蔡伸章译,台北:幼狮书店,1970年版。
罗素:《权威与个人》,李欣、李安迪译,台北:晨钟出版社,1970年版。
罗素:《罗素书简》,裴少青译,台北:牧童出版社,1972年版。
罗素:《宗教与科学》,台北:牧童出版社,1972年版。
罗素:《罗素散文集》,牟治中译,台北:志文出版社,1973年版。
罗素:《社会重建原理》,郑纬民译,台北:世界文物出版社,1973年版。
罗素:《怀疑论集》,杨耐冬译,台北:志文出版社,1974年版。
罗素:《人类的将来》,杜若洲译,台北:志文出版社,1975年版。
罗素:《罗素论快乐》,法迪译,德华出版社,1976年版。
罗素:《廿世纪命运与展望》,台北:志文出版社,1977年版。
罗素:《罗素》,台北:书华出版事业公司,1980年版。
罗素:《西洋哲学史及其有关的政治与社会》,邱言曦译,台北:台湾中华书局,1980年版。
罗素:《婚姻与道德》,肖瑞松译,台北:辅新书局,1982年版。
罗素:《罗素短论集》,梁祥美译,台北:志文出版,1984年。
罗素:《西洋哲学史》,台北:远景出版事业公司,1982年版。
罗素:《怀疑论集》,台北:志文出版社,1987年版。
罗素:《罗素论中西文化》,胡品清译,刘福增主编,台北:水牛出版社,1988年版。
罗素:《罗素论现代教育》,刘福增主编,台北:水牛出版社,1988年版。
罗素:《罗素论权威与个体》,刘福增主编,台北:水牛出版社,1988年版。
罗素:《真与爱:罗素散文集》,江燕译,上海:上海三联书店,1988年版。
罗素:《罗素论哲学与政治》,刘福增译,台北:水牛出版社,1989年版。
罗素:《婚姻革命》,靳建国译,台北:远流出版事业公司,2000年版。
罗素:《罗素的回忆:来自记忆里的肖像》,吴凯琳译,台北:左岸文化,2002年版。
罗素:《来自记忆里的肖像:罗素的回忆》,容士毅译,台北:左岸文化,2006年版。

罗素:《为什么我不是基督徒》,沈海康译,北京:商务印书馆,1982年版。
罗素:《数理哲学导论》,晏成书译,北京:科学出版社,1982年版;该书撰写于1919年,1982年6月商务印书馆(北京)据以重印并收入《汉译世界学术名著丛书》。
罗素:《我的哲学的发展》,温锡增译,北京:商务印书馆,1982年版;该书撰写于1959年,截至2008年9月已第10次印刷。
罗素:《心之分析》,蒋年丰译,台北:协志工业出版社,1982年版。
罗素:《人类的知识——其范围与限度》,张金言译,北京:商务印书馆,1983年版;该书撰写于1948年,1989年收入"汉译世界学术名著丛书",截至2008年9月已第8次印刷。
罗素:《怀疑论集》,杨耐冬译,台北:志文出版社,1984年版。
罗素:《西方的智慧》,何保中等译,台北:志文出版社,1986年版。
罗素:《西方的智慧》,何保中译,台北:业强出版社,1986年版。
罗素:《哲学问题》,张素瑢、简贞贞译,台北:业强出版社,1987年版。
罗素:《权力论》,靳建东译,北京:东方出版社,1988年版。
罗素:《权威与个人》,肖巍译,北京:中国社会科学出版社,1990年版。
罗素:《教育论》,靳建国译,北京:东方出版社,1990年版。
罗素:《权力论——一个新的社会分析》,吴友三译,北京:商务印书馆,1991年版。
罗素:《论历史》,何兆武、肖巍、张文杰译,北京:生活?读书?新知三联书店,1991年版;2001年1月广西师范大学出版社据以重印。
罗素:《西方的智慧:西方哲学在它的社会和政治背景中的历史考察》,马家驹译,北京:世界知识出版社,1992年版。
罗素:《走向幸福》,台北:林郁图书事业公司,1992年版。
罗素:《我们关于外在世界的知识》,任晓明译,北京:东方出版社,1992年。
罗素:《中国人的性格》,王正平译,北京:中国工人出版社,1993年版。
罗素:《逻辑与知识》,苑莉均译、张家龙校,北京:商务印书馆,1996年版;截至2009年7月,已第3次印刷。
罗素:《中国问题》,秦悦译,上海:学林出版社,1996年版。
罗素:《哲学问题及精彩附集》台北:心理出版社,1997年版。
罗素:《对莱布尼茨哲学的批评性解释》,段德智、张传有、陈家琪译,陈修斋、段德智校,北京:商务印书馆,1997年版;该书撰写于1900年,2010年12月收入"汉译世界学术名著丛书"后再版。
罗素:《西方的智慧》,崔权醴译,北京:文化艺术出版社,1997年版。
罗素:《罗素短论集》,梁祥美译,台北:志文出版社,1998年版。
罗素:《自由之路》,李国山译,北京:文化艺术出版社,1998年版;2003年1月,西苑出版社据以重印。
罗素:《抛弃烦恼掌握快乐》,刘桢译,台北:业强出版社,1998年版。

罗素:《西方的智慧:从社会政治背景对西方哲学所作的历史考察》,温锡增译,北京:商务印书馆,1999年版。

罗素:《教育与美好生活》,石家庄:河北人民出版社,1999年版。

罗素:《宗教与科学》,徐奕春、林国夫译,北京:商务印书馆,2000年版;2010年9月,收入《汉译世界学术名著丛书》后再版。

罗素:《社会改造原理》,张师竹译,上海:上海人民出版社,2001年版。

罗素:《罗素自传》第一卷,胡作玄、赵慧琪译,北京:商务印书馆,2002年版。

罗素:《中国问题》,李静译,北京:中国工人出版社,2002年版。

罗素:《伦理学和政治学中的人类社会》,肖巍译,石家庄:河北教育出版社,2003年版。

罗素:《罗素自传》第2卷,陈启伟译,北京:商务印书馆,2003年版。

罗素:《冲突的原由》,赵宗金译,长春:吉林大学出版社,2004年版。

罗素:《罗素自传》第3卷,徐奕春译,北京:商务印书馆,2004年版。

罗素:《罗素道德哲学》,李国山、张永红、张志明、许峰译,北京:九州出版社,2004年版。

罗素:《中国到自由之路:罗素在华讲演集》,袁刚编,北京:北京大学出版社,2004年版。

罗素:《自由之路》,李国山译,北京:西苑出版社,2004年版。

罗素:《俗物的道德与幸福》,文良文化译,北京:华文出版社,2004年。

罗素:《西方哲学史》,何兆武、李约瑟译,台北:左岸文化,2005年版。

罗素:《自由之路》,李国山译,北京:文化艺术出版社,2005年版。

罗素:《逻辑与知识:1901—1905年论文集》,苑莉均译,北京:商务印书馆,2005年版。

罗素:《西方哲学史》,钱发平译,重庆:重庆出版社,2006年版。

罗素:《罗素回忆录:来自记忆里的肖像》,吴凯琳译,太原:希望出版社,2006年版。

罗素:《罗素自选文集》,戴玉庆译,北京:商务印书馆,2006年版,《神秘主义与逻辑》《人类为何战斗》和《自由之路》等著名篇章均收录在内。

罗素:《我们关于外间世界的知识:哲学上科学方法应用的一个领域》,陈启伟译,上海:上海译文出版社,2006年版。

罗素:《罗素快乐智慧书》,荷兰译,北京:中国国际广播出版社,2006年版。

罗素:《罗素论幸福人生》,杨玉成、崔人元合译,北京:世界知识出版社,2007年版,即《幸福之路》一书之译。

罗素:《罗素论自由》,郭义贵译,北京:世界知识出版社,2007年版。此译本或与《自由之路》密切相关。

罗素:《幸福之路:贝特兰·罗素通情达理集》,傅雷译,天津:天津人民出版社,2007年版。

罗素:《西方哲学史》,张作成译,北京:北京出版社,2007年版。

罗素:《西方的智慧》,亚北译,北京:中央编译出版社,2007年版。
罗素:《哲学盛宴:罗素在华十大讲演》,姜继为编,合肥:安徽教育出版社,2007年版。
罗素:《我们关于外间世界的知识—哲学上科学方法应用的一个领域》,陈启伟译,上海:上海译文出版社,2008年版。
罗素:《西方的智慧》,亚北译,北京:中央编译出版社,2008年版。
罗素:《幸福之路》,吴默朗、金剑译,北京:中央编译出版社,2009年版。
罗素:《罗素论教育》,杨汉麟译,北京:人民教育出版社,2009年版。
罗素:《性爱与婚姻》,文良、文化译,北京:中央编译出版社,2009年版。
罗素:《罗素道德哲学》(包括西方的智慧、我的信仰、社会改造原理、自由之路、论权力、幸福之路、道德与婚姻等部分),李国山译,北京:九州出版社,2009年版。
罗素:《性爱与婚姻》,文良文化译,北京:中央编译出版社,2009年版。
罗素:《心的分析》,贾可春译,北京:商务印书馆,2009年版;2010年10月收入"汉译世界学术名著丛书"后再版。
罗素:《意义与真理的探究》,贾可春译,北京:商务印书馆,2009年版;书撰写于1940年。
罗素:《西方哲学史》,程舒伟等编译,北京:中国商业出版社,2009年版。
罗素:《西方的智慧》,王岚译,北京:中国致公出版社,2010年版。
罗素:《西方哲学史》,钱逊译,重庆:重庆出版社,2010年版。
罗素:《权威与个人》,储智勇译,北京:商务印书馆,2010年版。
罗素:《我的哲学的发展》,杨洋译,南京:江苏文艺出版社,2010年版。
罗素:《为什么我不是基督徒》,徐奕春译,北京:商务印书馆,2010年版(商务印书馆关于此书的第二个译本)。
罗素:《罗素论自由》,郭义贵译,北京:世界知识出版社,2010年版。
罗素:《罗素说幸福人生》,李子勋译,北京:现代出版社,2010年版。
罗素:《罗素论中西文化》,杨发庭译,北京:北京出版社,2010年版。
罗素:《罗素谈人生智慧》,丹明子译,北京:中国工人出版社,2011年版。

罗素生平年表

1872年:5月18日出生于英国威尔士的拉文斯克罗夫特(Ravenscroft, Wales)。
1874年:两岁的罗素与他的姐姐访问祖父母的府邸时,见到维多利亚女王。母亲与6岁的姐姐病故。
1876年:父亲去世。罗素的祖父约翰·罗素爵士(前英国首相)和祖母推翻罗素父亲的遗嘱,而获得罗素兄弟的监护权。
1878年:祖父去世;罗素的祖母培育他的成长。
1883年:向哥哥弗兰克学习欧几里得几何学,这是他少年时代一个重大的事件。
1886年:产生了与笛卡尔主义者十分相似的想法。
1889年:夏季来到叔叔皮洛家中住了3个月,认识了美国人斯密斯夫妇以及他们的女儿阿莉丝·斯密斯(Alys Smith)。
1890年:罗素进入剑桥大学三一学院学习。
1891年:加入剑桥秘密团体"社团(The Society)",也也称"使徒(The Apostles)"
1893年:获得数学毕业考试(Tripos)甲等(Wrangler)第七名。
1894年:通过道德科学考试(Moral Sciences Tripos, Part II)。成为黑格尔主义者。大学毕业,担任了英国驻巴黎使馆的名誉随员。与阿莉丝结婚。
1895年:在柏林研究经济学和德国社会民主党。
1896年:第一次访美3个月。出版第一部著作《德国社会民主》(*German Social Democracy*)一书。
1897年:发表一篇有关几何基础的论文。
1898年,罗素追随摩尔反叛黑格尔主义。在剑桥代课。
1900年:在巴黎国际会议上遇到皮阿诺(Peano);出版《莱布尼兹哲学的批判解说》(*A Critical Exposition of Philosophy of Leibniz*,)一书。
1901年:发现罗素悖论。开始反对第一次世界大战。
1902年:与弗雷格(Frege)联系。
1903年:出版《数学的原则》(*The Principles of Mathematics*)一书。
1905年:在《心灵》杂志上发表《论指称》(*On Denoting*)一文。
1908年:被选为皇家学会会员。
1910年:与怀特海合著出版了《数学原理》(*Principia Mathematica*)第一卷。希望参政竞选议员,但未实现。受聘三一学院担任数学讲师。结识奥托琳·莫瑞尔

（Ottoline Morrell）夫人。

1911 年：与阿莉丝分居。

1912 年：与怀特海合著出版了《数学原理》(*Principia Mathematica*)第二卷；并出版《哲学问题》(*The Problems of Philosophy*)。

1913 年：与怀特海合著出版了《数学原理》(*Principia Mathematica*)第三卷。

1914 年：出版了《我们对于外界的知识》(*Our Knowledge of the External World*)一书。

1915 年：出版了《战争是恐惧的源泉》(*War, the Offspring of Fear*)一书。

1916 年：因反战而被罚款 110 英镑，并遭到三一学院的开除；出版了《社会重建的原理》(*Principle of Social Reconstruction*)一书。结识考莱特·奥尼尔（Collette O'Neil）。

1917 年：出版了《政治理想》(*Political Ideals*)一书。

1918 年：因反战遭监禁 6 个月；在狱中撰写并出版了《神秘主义与逻辑》(*Mysticism and Logic*)、《自由之路》(*Roads to Freedom*)等书。

1919 年：出版了《数理哲学引论》(*Introduction to Mathematical Philosophy*)一书。

1920 年：在西班牙讲学后访问俄国，接着又访问了中国，并在那里停留近一年。

1921 年：在保定育德中学讲演后，突然患病，濒临死亡，传言散布到了全世界。7 月 11 日离开中国。与阿莉斯离婚，并与多拉·勃拉克（Dora Black）结婚。出版了《心的分析》(*The Analysis of Mind*)一书。11 月 16 日他们的第一个孩子约翰出生。

1922 年：出版了《中国问题》(*The Problem of China*)一书。

1924 年：12 月 29 日，女儿凯瑟琳出生。

1927 年：与多拉开办了灯塔山实验学校。出版了《物的分析》(*The Analysis of Matter*)一书。

1929 年：出版了《婚姻与道德》(*Marriage and Morals*)一书。

1931 年：在哥哥弗兰可去世后继承了伯爵的称号。

1934 年：由于数学上的成就，获得了英国皇家学会的西尔威斯特奖和皇家数学会的德摩根奖。

1935 年：与多拉离婚。

1936 年：与皮特·斯本斯（Peter Helen Spence）结婚。

1937 年：罗素亲笔写了一篇自我讣告。最小的儿子康拉德（Conrad）出生。

1938 年：应聘到美国芝加哥大学开了一个大型研讨班。

1939 年：第二次世界大战爆发，利用暑假探望父亲的约翰和凯特无法返英，便留美上学。

1940 年：受聘于纽约市立学院，但遭到公众的抗议，并纠缠于官司之中；出版了《意义与真理的探索》(*An Inquiry into Meaning and Truth*)一书。与发明家巴恩斯博士与他签了 5 年的约到费城授课。

1943年:遭到宾夕法尼亚巴恩斯基金毁约。

1944年:返英并重新执教于三一学院。

1945年:出版了《西方哲学史》(A History of Western Philosophy)一书。1948年:出版了《人类知识》(Human Knowledge: Its Scope and Limits)一书。11月20日,发表威斯敏斯特演讲。在从挪威奥斯陆到特隆赫姆大学的讲演途中,竟遭遇风暴而飞艇失事,掉入海中,后被救起。

1949年:荣获英王六世颁发的不列颠最高声望公民"荣誉勋章(the Order of Merit)"。

1950年:夏季第三次访美。荣获诺贝尔文学奖。年底,来到斯德哥尔摩参加颁奖仪式。

1952年:与皮特离婚,并与艾蒂斯·芬奇(Edith Finch)结婚。

1954年:12月23日,在BBC广播电台发表针对核威胁的"人类的危险"演说。

1955年:公布罗素—爱因斯坦宣言(Russell-Einstein Manifesto)。

1957年:组织了第一届普格瓦斯大会(Pugwash Conference)。

1958年:成为取消核军备运动的主席。因将科学普及化而获得加联合国教科文组织颁发的林达奖(the Kalinga Prize)。

1960年:获丹麦索宁奖(Soning Prize)。成立"百人委员会",并开展"公民反战不服从行动"。

1961年:因反核活动遭监禁一个星期。

1962年:参与古巴导弹危机的国际调停。参与中印边界冲突的调停。

1963年:获德国奥西斯基奖(Ossietzky Medal)和美国汤姆·潘恩奖(Tom·Paine Award)。创立和平基金会。

1966年:5月24日,通过民族解放阵线电台对美国士兵发表演说,宣讲越战的非正义性。建立了由各国的杰出人物组成的国际战争罪行特别法庭(后来称为"罗素法庭")。

1967年:出版了《罗素自传》(The Autobiography of Bertrand Russell)第一卷。罗素法庭在瑞典和丹麦分别开庭,象征性地传讯美国总统约翰逊。撰写了最后一篇只注了"1967"而没有标题的文章。

1968年:出版了《罗素自传》(The Autobiography of Bertrand Russell)第二卷。发表声明抗议苏联入侵捷克斯洛伐克。重新见到离别14年的小儿子康拉德。

1969年:出版了《罗素自传》(The Autobiography of Bertrand Russell)第三卷。

1970年:2月2日于英国威尔士的彭林德拉特去世(Penrhyndeudraeth, Wales);骨灰撒在群山中。

罗素访华大事记

1920年10月8日,罗素与后来的第二任妻子勃拉克乘海轮到达上海。
1920年10月9日,江苏教育总会、中华职业教育社、新教育共进社、中国公学、时事新报、申报、基督教救国会等团体在大东旅社召开欢迎晚会,超过百位的各界人士莅临。罗素发表即兴演讲。
1920年10月13日,应江苏教育会、中国公学、《时事新报》等团体的邀请,罗素在上海大东旅社发表"中国应保存固有之国粹"的演讲。
1920年10月14日,罗素在上海的中国公学发表题为"社会改造原理"的演讲。
1920年10月16日,罗素在上海中华职业教育社等三团体的会上,发表了题为"教育之效能"的演讲。
1920年10月19日,在杭州作了《教育问题》的讲演。
1920年10月20日,从杭州回上海,然后转道南京。
1920年10月21日,在南京大学作了"关于哲学"的讲演,还在南京讲了"爱因斯坦引力说"的讲演。
1920年10月26日,罗素访问汉口后,转道长沙。
1920年10月26—27日,罗素在长沙发表题为"布尔什维克与世界政治"的演讲。
1920年10月31日,罗素到达北京。
1920年11月7日,罗素在北大发表"哲学问题"的讲演。在此之后,还陆续做了"心之分析""物之分析""社会结构学""数理逻辑"等五大讲演。
1920年11月9日,在北京讲学社的欢迎会上,发表有关中西方文化比较的演讲。
1920年11月9日,罗素在北京女师大发表"布尔什维克之思想"的演讲。
1920年12月10日,在中国社会政治学会,发表"未开发国的工业"的讲演;
1920年12月14日,21日以及28日,罗素参与了"真理的客观性"和"共产主义何以不能实现于现在的中国"的讨论。
1921年3月14日,罗素在河北保定的育德中学演讲时受到风寒,感染了肺炎。他在一家德国医院治疗多日。
1921年3月26日,罗素濒于死亡。同在北京的杜威还为他拟好了遗嘱草稿。罗素挣扎着签了字。
1921年4月17日,罗素竟奇迹般地好起来了。此时,勃拉克已经有了身孕,罗素决定回国。
1921年7月6日,在教育部会场举行欢送大会上,发表题为"中国到自由之路"演讲。
1921年7月11日,罗素离开中国。